Paula

ISABEL ALLENDE

Paula

AVE FENIX / SERIE MAYOR

PLAZA & JANES

Diseño de la colección: A.M.3
Diseño de la portada: Alberto Castilla
Fotografía de la portada cedida por la autora
Fotografía de la autora de la solapa: © Marcia Lieberman

Primera edición: octubre, 1994

© 1994, Isabel Allende
Editado por Plaza & Janés Editores, S. A.
Enric Granados, 86-88. 08008 Barcelona

Printed in Spain – Impreso en España

ISBN: 84-01-37541-X
Depósito legal: B. 35.261 - 1994

Impreso en Printer Industria Gráfica, s. a.
Sant Vicenç dels Horts (Barcelona)

En diciembre de 1991 mi hija Paula cayó enferma de gravedad y poco después entró en coma. Estas páginas fueron escritas durante horas interminables en los pasillos de un hospital de Madrid y en un cuarto de hotel, donde viví varios meses. También junto a su cama, en nuestra casa de California, en el verano y el otoño de 1992.

PRIMERA PARTE

Diciembre 1991-Mayo 1992

Escucha, Paula, voy a contarte una historia, para que cuando despiertes no estés tan perdida.

La leyenda familiar comienza a principios del siglo pasado, cuando un fornido marinero vasco desembarcó en las costas de Chile, con la cabeza perdida en proyectos de grandeza y protegido por el relicario de su madre colgado al cuello, pero para qué ir tan atrás, basta decir que su descendencia fue una estirpe de mujeres impetuosas y hombres de brazos firmes para el trabajo y corazón sentimental. Algunos de carácter irascible murieron echando espumarajos por la boca, pero tal vez la causa no fue rabia, como señalaron las malas lenguas, sino alguna peste local. Compraron tierras fértiles en las cercanías de la capital que con el tiempo aumentaron de valor, se refinaron, levantaron mansiones señoriales con parques y arboledas, casaron a sus hijas con criollos ricos, educaron a los hijos en severos colegios religiosos, y así con el correr de los años se integraron a una orgullosa aristocracia de terratenientes que prevaleció por más de un siglo, hasta que el vendaval del modernismo la reemplazó en el poder por tecnócratas y comerciantes. Uno de ellos era mi abuelo. Nació en buena cuna, pero su padre murió temprano de un inexplicable escopetazo; nunca se divulgaron los detalles de lo ocurrido esa noche fatídica, quizás fue un duelo, una venganza o un accidente de amor, en todo caso, su familia quedó sin recursos y, por ser el mayor, debió abandonar la escuela y buscar empleo para mantener a su madre y educar a sus hermanos menores. Mucho después, cuando se había convertido en señor de fortuna ante quien los demás se quitaban el sombrero, me confesó que la peor pobreza es la de cuello y corbata, porque hay que disimularla. Se presentaba impecable con la ropa del padre ajustada a su tamaño, los cuellos tiesos y los trajes bien planchados para disimular el desgaste de la tela. Esa época de penurias le templó el carácter, creía que la existencia es sólo esfuerzo y trabajo, y que un hombre honorable no puede ir por este mundo sin ayudar al prójimo. Ya entonces tenía la expresión concentrada y la integridad que lo caracterizaron, estaba hecho del mismo material pétreo de sus antepasados y, como muchos de ellos, tenía los pies plantados en suelo firme, pero una parte de su alma escapaba hacia el abismo de los sueños. Por eso se enamoró de mi abuela, la menor de una familia de doce hermanos, todos locos excéntricos y deliciosos, como Teresa, a quien al final de su vida empezaron a brotarle alas de santa y cuando murió se secaron en una noche todos los rosales del Parque Japonés, o Ambrosio, gran rajadiablos y fornicador, que en sus momentos de generosidad se desnudaba en la calle para regalar su ropa a los pobres. Me crié oyendo comentarios sobre el talento de mi abuela para predecir el futuro, leer la mente ajena, dialogar con los animales y mover objetos con la mirada. Cuentan que una vez desplazó una mesa de billar por el salón, pero en verdad lo único que vi moverse en su presencia fue un azucarero insignificante, que a la hora del té solía deslizarse errático sobre la mesa. Esas facultades despertaban cierto recelo y a pesar del encanto de la muchacha los posibles pretendientes se acobardaban en su presencia; pero para mi abuelo la telepatía y la telequinesia eran diversiones inocentes y de ninguna manera obstáculos serios para el matrimonio, sólo le preocupaba la diferencia de edad, ella era mucho menor y cuando la conoció todavía jugaba con muñecas y andaba abrazada a una almohadita roñosa. De tanto verla como a una niña, no se dio cuenta de su pasión hasta que ella apareció un día con vestido largo y el cabello recogido y entonces la revelación de un amor gestado por años lo sumió en tal crisis de timidez que dejó de visitarla. Ella adivinó su estado de ánimo antes que él mismo pudiera desenredar la madeja de sus propios sentimientos y le mandó una carta, la primera de muchas que le escribiría en los momentos decisivos de sus vidas. No se trataba de una esquela perfumada tanteando terreno, sino de una breve nota a lápiz en papel de cuaderno preguntándole sin preámbulos si quería ser su marido y, en caso afirmativo, cuándo. Meses más tarde se llevó a cabo el matrimonio. La novia se presentó ante el altar como una visión de otras épocas, ataviada en encajes color marfil y con un desorden de azahares de cera enredados en el moño; al verla él decidió que la amaría porfiadamente hasta el fin de sus días.

Para mí esta pareja fueron siempre el Tata y la Memé. De sus hijos sólo mi madre interesa en esta historia, porque si empiezo a contar del resto de la tribu no terminamos nunca y además los que aún viven están muy lejos; así es el exilio, lanza a la gente a los cuatro vientos y después resulta muy difícil reunir a los dispersos. Mi madre nació entre dos guerras mundiales un día de primavera en los años veinte, una niña sensible, incapaz de acompañar a sus hermanos en las correrías por el ático de la casa cazando ratones para guardarlos en frascos de formol. Creció protegida entre las paredes de su hogar y del colegio, entretenida en lecturas románticas y obras de caridad, con fama de ser la más bella que se había visto en esa familia de mujeres enigmáticas. Desde la pubertad tuvo varios enamorados rondándola como moscardones, que su padre mantenía a la distancia y su madre analizaba con sus naipes del Tarot, hasta que los coqueteos inocentes terminaron con la llegada a su destino de un hombre talentoso y equívoco, quien desplazó sin esfuerzo a los demás rivales y le colmó el alma de inquietudes. Fue tu abuelo Tomás, que desapareció en la bruma, y lo menciono sólo porque llevas algo de su sangre, Paula, por ninguna otra razón. Este hombre de mente rápida y lengua despiadada, resultaba demasiado inteligente y desprejuiciado para esa sociedad provinciana, un ave rara en el Santiago de entonces. Se le atribuía un pasado oscuro, circulaban rumores de que pertenecía a la Masonería, por lo tanto era enemigo de la Iglesia, y que mantenía oculto un hijo bastardo, pero nada de eso podía esgrimir el Tata para disuadir a su hija porque carecía de pruebas y él no era persona capaz de manchar sin fundamento la reputación ajena. En esos tiempos Chile era una torta de milhojas —y en cierta forma todavía lo es–, había más castas que en la India y existía un epíteto peyorativo para colocar a cada cual en su sitio: *roto, pije, arribista, siútico* y muchos más hasta alcanzar la plataforma cómoda de la *gente como uno*. El nacimiento determinaba a las personas; era fácil descender en la jerarquía social, pero para subir no bastaban dinero, fama o talento, se requería el esfuerzo sostenido de varias generaciones. En favor de Tomás pesaba su linaje honorable, a pesar de que a los ojos del Tata existían antecedentes políticos sospechosos. Ya entonces sonaba el nombre de un tal Salvador Allende, fundador del Partido Socialista, que predicaba contra la propiedad privada, la moral conservadora y la autoridad de los patrones. Tomás era primo de ese joven diputado.

Mira, Paula, tengo aquí el retrato del Tata. Este hombre de facciones severas, pupila clara, lentes sin montura y boina negra, es tu bisabuelo. En la fotografía aparece sentado empuñando su bastón, y junto a él, apoyada en su rodilla derecha, hay una niña de tres años vestida de fiesta, graciosa como una bailarina en miniatura, mirando la cámara con ojos lánguidos. Ésa eres tú, detrás estamos mi madre y yo, la silla me oculta la barriga, estaba embarazada de tu hermano Nicolás. Se ve al viejo de frente y se aprecia su gesto altivo, esa dignidad sin aspavientos de quien se ha formado solo, ha recorrido su camino derechamente y ya no espera más de la vida. Lo recuerdo siempre anciano, aunque casi sin arrugas, salvo dos surcos profundos en las comisuras de la boca, con una blanca melena de león y una risa brusca de dientes amarillos. Al final de sus años le costaba moverse, pero se ponía trabajosamente de pie para saludar y despedir a las mujeres y apoyado en su bastón acompañaba a las visitas hasta la puerta del jardín. Me gustaban sus manos, ramas retorcidas de roble, fuertes y nudosas, su infaltable pañuelo de seda al cuello y su olor a jabón inglés de lavanda y desinfectante. Trató con humor desprendido de inculcar a sus descendientes su filosofía estoica; la incomodidad le parecía sana y la calefacción nociva, exigía comida simple –nada de salsas ni revoltijos– y le parecía vulgar divertirse. Por las mañanas soportaba una ducha fría, costumbre que nadie en la familia imitó y que hacia el final de su existencia, cuando parecía un anciano escarabajo, cumplía impávido sentado en una silla bajo el chorro helado. Hablaba en refranes contundentes y a cualquier interrogatorio contestaba con otras preguntas, de modo que no sé mucho de su ideología, pero conocí a fondo su carácter. Fíjate en mi madre, que en este retrato tiene algo más de cuarenta años y se encuentra en el apogeo de su esplendor, vestida a la moda con falda corta y el pelo como un nido de abejas. Está riéndose y sus grandes ojos verdes se ven como dos rayas enmarcadas por el arco en punta de las cejas negras. Ésa era la época más feliz de su vida, cuando había terminado de criar a sus hijos, estaba enamorada y todavía su mundo parecía seguro.

Me gustaría mostrarte una fotografía de mi padre, pero las quemaron todas hace más de cuarenta años.

¿Dónde andas, Paula? ¿Cómo serás cuando despiertes? ¿Serás la misma mujer o deberemos aprender a conocernos como dos extrañas? ¿Tendrás memoria o tendré que contarte pacientemente los veintiocho años de tu vida y los cuarenta y nueve de la mía?

Dios guarde a su niña, me susurra con dificultad don Manuel, el enfermo que ocupa la cama a tu lado. Es un viejo campesino, operado varias veces del estómago, que lucha todavía contra el estropicio y la muerte. Dios guarde a su niña, me dijo también ayer una mujer joven con un bebé en los brazos, que se había enterado de tu caso y acudió al hospital a ofrecerme esperanza. Sufrió un ataque de porfiria hace dos años y estuvo en coma más de un mes, tardó un año en volver a la normalidad y debe cuidarse por el resto de sus días, pero ya trabaja, se casó y tuvo un niño. Me aseguró que el estado de coma es como dormir sin sueños, un misterioso paréntesis. No llore más, señora, dijo, su hija no siente nada, saldrá de aquí caminando y después no se acordará de lo que le ha pasado. Cada mañana recorro los pasillos del sexto piso a la caza del especialista para indagar nuevos detalles. Ese hombre tiene tu vida en sus manos y no confío en él, pasa como una corriente de aire, distraído y apurado, dándome engorrosas expli-

caciones sobre enzimas y copias de artículos sobre tu enfermedad, que trato de leer, pero no entiendo. Parece más interesado en
hilvanar las estadísticas de su computadora y las fórmulas de su
laboratorio, que en tu cuerpo crucificado sobre esta cama. Así es
esta condición, unos se recuperan de la crisis en poco tiempo y
otros pasan semanas en terapia intensiva, antes los pacientes
simplemente se morían, pero ahora podemos mantenerlos vivos
hasta que el metabolismo funciona de nuevo, me dice sin mirarme a los ojos. Bien, si es así sólo cabe esperar. Si tú resistes, Paula,
yo también.

Cuando despiertes tendremos meses, tal vez años para pegar
los trozos rotos de tu pasado o mejor aún podemos inventar tus
recuerdos a medida según tus fantasías; por ahora te contaré de
mí y de otros miembros de esta familia a la cual las dos pertene-
cemos, pero no me pidas exactitudes porque se me deslizarán
errores, mucho se me olvida o se me tuerce, no retengo lugares,
fechas ni nombres, en cambio jamás se me escapa una buena historia. Sentada a tu lado observando en una pantalla las líneas lu-
minosas que señalan los latidos de tu corazón, trato de comunicarme contigo con los métodos mágicos de mi abuela. Si ella
estuviera aquí podría llevarte mis mensajes y ayudarme a sujetarte en este mundo. Has emprendido un extraño viaje por los
médanos de la inconsciencia. ¿Para qué tanta palabra si no puedes
oírme? ¿Para qué estas páginas que tal vez nunca leas? Mi vida se
hace al contarla y mi memoria se fija con la escritura; lo que no
pongo en palabras sobre papel, lo borra el tiempo.

Hoy es 8 de enero de 1992. En un día como hoy, hace once
años, comencé en Caracas una carta para despedirme de mi
abuelo, que agonizaba con un siglo de lucha a la espalda. Sus firmes huesos seguían resistiendo, aunque hacía mucho él se preparaba para seguir a la Memé, quien le hacía señas desde el umbral.
Yo no podía regresar a Chile y no era el caso molestarlo con el
teléfono que tanto lo fastidiaba, para decirle que se fuera tranquilo porque nada se perdería del tesoro de anécdotas que me
contó a lo largo de nuestra amistad, yo nada había olvidado.
Poco después el viejo murió, pero el cuento me había atrapado y
no pude detenerme, otras voces hablaban a través de mí, escribía

en trance, con la sensación de ir desenredando un ovillo de lana, y con la misma urgencia con que escribo ahora. Al final del año se habían juntado quinientas páginas en una bolsa de lona y comprendí que eso ya no era una carta, entonces anuncié tímidamente a la familia que había escrito un libro. ¿Cómo se titula? preguntó mi madre. Hicimos una lista de nombres, pero no logramos ponernos de acuerdo en ninguno y por fin tú, Paula, lanzaste una moneda al aire para decidirlo. Así nació y se bautizó mi primera novela, *La casa de los espíritus*, y yo me inicié en el vicio irrecuperable de contar historias. Ese libro me salvó la vida. La escritura es una larga introspección, es un viaje hacia las cavernas más oscuras de la conciencia, una lenta meditación. Escribo a tientas en el silencio y por el camino descubro partículas de verdad, pequeños cristales que caben en la palma de una mano y justifican mi paso por este mundo. También un 8 de enero comencé mi segunda novela y después ya no me atreví a cambiar aquella fecha afortunada, en parte por superstición, pero también por disciplina; he comenzado todos mis libros un 8 de enero.

Hace varios meses terminé *El plan infinito*, mi novela más reciente, y desde entonces me preparo para este día. Tenía todo listo: tema, título, primera frase, sin embargo no escribiré esa historia todavía, porque desde que enfermaste sólo me alcanzan las fuerzas para acompañarte, Paula. Llevas un mes dormida, no sé cómo alcanzarte, te llamo y te llamo, pero tu nombre se pierde en los vericuetos de este hospital. Tengo el alma sofocada de arena, la tristeza es un desierto estéril. No sé rezar, no logro hilar dos pensamientos, menos podría sumergirme en la creación de otro libro. Me vuelco en estas páginas en un intento irracional de vencer mi terror, se me ocurre que si doy forma a esta devastación podré ayudarte y ayudarme, el meticuloso ejercicio de la escritura puede ser nuestra salvación. Hace once años escribí una carta a mi abuelo para despedirlo en la muerte, este 8 de enero de 1992 te escribo, Paula, para traerte de vuelta a la vida.

Era mi madre una espléndida joven de dieciocho años cuando el Tata se llevó a la familia a Europa en un viaje de esfuerzo que entonces se hacía sólo una vez en la vida, Chile queda a los pies del mundo. Tenía intención de dejar a su hija en un colegio de Inglaterra para que adquiriera cultura y de paso olvidara sus amores con Tomás, pero Hitler le desbarató los planes y la Segunda Guerra Mundial estalló con estrépito de cataclismo, sorprendiéndolos en la Costa Azul. Con increíbles dificultades, avanzando contra la corriente por caminos atochados de gente que escapaba a pie, a caballo o en cualquier vehículo disponible, lograron llegar a Amberes y subir en el último barco chileno que zarpó del muelle. Las cubiertas y los botes salvavidas habían sido tomados por docenas de familias judías que huían dejando pertenencias —y en algunos casos fortunas— en manos de cónsules inescrupulosos que les vendieron visas a precio de oro. A falta de camarotes viajaban como ganado, durmiendo a la intemperie y pasando hambre porque el alimento estaba racionado. Durante esa penosa travesía la Memé consolaba a las mujeres que lloraban por sus hogares perdidos y por la incertidumbre del futuro, mientras el Tata negociaba comida en la cocina y frazadas con los marineros para repartir entre los refugiados. Uno de ellos, peletero de oficio, en agradecimiento le regaló a la Memé un suntuoso abrigo de astracán gris. Navegaron durante semanas por aguas infestadas de submarinos enemigos, con las luces apagadas por la noche y rezando de día, hasta que dejaron atrás el Atlántico y llegaron sanos y salvos a Chile. Al atracar en el puerto de Valparaíso lo primero que vislumbraron fue la figura inconfundible de Tomás en traje de lino blanco y sombrero de Panamá, entonces el Tata comprendió la futilidad de oponerse a los misteriosos mandatos del destino y, de muy mal talante, dio su consentimiento para la boda. La ceremonia se llevó a cabo en su casa, con participación del Nuncio Apostólico y algunos personajes del mundo oficial. La novia lucía un sobrio vestido de raso y una actitud desafiante; no sé cómo se presentó el novio, porque la fotografía está cortada, de él sólo nos queda un brazo. Al conducir a su hija al salón, donde habían levantado un altar adornado con cascadas de rosas, el Tata se detuvo al pie de la escalera.

–Todavía es tiempo de arrepentirse. No se case, hija, por favor piénselo mejor. Hágame una señal y yo me encargo de deshacer esta pelotera de gente y mandar el banquete al hospicio... –Ella replicó con una mirada glacial.

Tal como había sido advertida mi abuela en una sesión de espiritismo, el matrimonio de mis padres fue un desastre desde sus albores. Mi madre se embarcó de nuevo, esta vez rumbo al Perú, donde Tomás había sido nombrado secretario de la Embajada de Chile. Llevaba una colección de pesados baúles con su ajuar de desposada y un cargamento de regalos, tantos objetos de porcelana, cristal y plata, que medio siglo más tarde aún tropezamos con ellos en rincones inesperados. Cincuenta años de destinaciones diplomáticas en diversas latitudes, divorcios y largos exilios no lograron liberar a la familia de ese lastre; mucho me temo, Paula, que heredarás, entre otros objetos espeluznantes, una lámpara de ninfas caóticas y querubines rechonchos que mi madre aún preserva. Tu casa es de una sencillez monacal y en tu escuálido ropero sólo cuelgan cuatro blusas y dos pantalones, me pregunto qué haces con lo que te voy dando, eres como la Memé, que apenas descendió del barco y pisó tierra firme, se desprendió del abrigo de astracán para cubrir a una pordiosera. Mi madre pasó los dos primeros días de su luna de miel tan mareada por los brincos del océano Pacífico que no pudo dejar el camarote, y apenas se sintió algo mejor y salió a respirar a pleno pulmón, su marido cayó postrado con dolor de muelas. Mientras ella paseaba por las cubiertas, indiferente a las miradas codiciosas de oficiales y marineros, él gimoteaba en su litera. La puesta de sol pintaba de naranja el horizonte inmenso y por las noches las estrellas escandalosas invitaban al amor, pero el sufrimiento fue más poderoso que el romance. Habían de pasar tres días interminables antes que el paciente permitiera al médico de a bordo intervenir con un alicate para aliviarlo del suplicio, sólo entonces cedió la hinchazón y los esposos pudieron iniciar la vida de casados. La noche siguiente se presentaron juntos en el comedor invitados a la mesa del capitán. Después de un formal brindis por los recién casados apareció la entrada, langostinos servidos en copas talladas en hielo. En un gesto de coqueta intimidad mi madre estiró su tenedor y sacó un marisco del plato de su marido, con tan mala suerte que un minúsculo punto de salsa americana cayó en su corbata. Tomás cogió un cuchillo para raspar el agravio, pero la mancha se extendió. Y entonces, ante el asombro de los comensales y la mortificación de su mujer, el diplomático metió los dedos en el plato, cogió los crustáceos, se los restregó sobre el pecho, encharcando la camisa, el traje y el resto de la corbata, enseguida se pasó las manos por el cabello engominado, se puso de pie, saludó con una breve inclinación y partió a su camarote, donde permaneció durante el resto de la navegación sumido en taimado silencio. A pesar de esos percances, yo fui engendrada en alta mar.

Mi madre no había sido preparada para la maternidad, en aquel tiempo esos asuntos se trataban en susurros frente a las muchachas solteras, y la Memé no tuvo la ocurrencia de advertirla sobre los indecentes afanes de las abejas y las flores, porque su alma flotaba en otros niveles, más interesada en la translúcida naturaleza de los aparecidos que en las groseras realidades de este mundo, sin embargo apenas presintió su embarazo supo que sería una niña, la llamó Isabel y estableció con ella un diálogo permanente que no ha cesado hasta hoy. Aferrada a la criatura que crecía en su vientre, trató de compensar su soledad de mujer mal casada; me conversaba en alta voz asustando a quienes la veían actuar como una alucinada, y supongo que yo la escuchaba y le respondía, pero no me acuerdo de ese período intrauterino.

Mi padre tenía gustos espléndidos. La ostentación siempre fue vicio mal mirado en Chile, donde la sobriedad es signo de refinamiento, en cambio en Lima, ciudad de virreyes, el boato es de buen tono. Se instaló en una casa desproporcionada a su posición de segundo secretario de la Embajada, se rodeó de indios de servicio, encargó a Detroit un automóvil lujoso y despilfarró en fiestas, casinos y paseos en yate, sin que nadie se explicara cómo financiaba tales extravagancias. En breve tiempo consiguió relacionarse con lo más granado del mundillo político y social, descubrió las flaquezas de cada uno y mediante sus contactos llegó a enterarse de ciertas confidencias indiscretas y hasta de algunos secretos de Estado. Se convirtió en el invitado infaltable de las parrandas de Lima; en plena guerra obtenía el mejor whisky, la cocaína más pura y las cortesanas más complacientes, todas las puertas se le abrían. Mientras él trepaba los peldaños de su carrera, su mujer se sentía prisionera en una situación sin salida, unida a los veinte años a un hombre escurridizo de quien dependía por completo. Languidecía en el calor húmedo del verano escribiendo páginas interminables a su madre, que se cruzaban en el mar y se perdían en las bolsas del correo como una conversación de sordos. Esas cartas melancólicas apiladas sobre su escritorio convencieron a la Memé del desencanto de su hija, suspendió sus sesiones de espiritismo con sus tres amigas esotéricas de la Hermandad Blanca, puso las barajas de adivinación en un maletín y partió a Lima en un frágil bimotor, de los pocos que llevaban pasajeros, porque en ese período de guerra los aviones se reservaban para propósitos militares. Llegó justo a tiempo para mi nacimiento. Como había traído sus hijos al mundo en la casa, ayudada por su marido y una comadrona, se desconcertó con los modernos métodos de la clínica. Atontaron a la parturienta de un solo pinchazo sin darle oportunidad de participar en los acontecimientos y apenas nació el bebé lo trasladaron a una guardería aséptica. Mucho después, cuando se disiparon las brumas de la anestesia, informaron a la madre que había dado a luz una niña, pero que de acuerdo con el reglamento sólo podría tenerla consigo a las horas de amamantarla.

–¡Es un fenómeno y por eso no me dejan verla!

–Es una chiquilla preciosa –replicó mi abuela, procurando dar a su voz un tono convincente, aunque en realidad no había tenido ocasión de verme bien todavía. A través de un vidrio le habían asomado un bulto envuelto en una mantilla, que a sus ojos no tenía aspecto completamente humano.

Mientras yo chillaba de hambre en otro piso, mi madre forcejeaba furiosa, dispuesta a recuperar a su hija por la violencia, en caso necesario. Acudió un doctor, diagnosticó una crisis histérica, le colocó otra inyección y la dejó dormida por doce horas más. Para entonces mi abuela estaba convencida que se encontraban en la antesala del infierno y apenas su hija se espabiló un poco, la ayudó a lavarse la cara con agua fría y ponerse la ropa.

—Hay que escapar de aquí. Vístete y saldremos del brazo como dos señoras que han venido de visita.

—¡Pero no podemos irnos sin la niña, mamá por Dios!

—Cierto —replicó mi abuela, quien probablemente no había pensado en ese detalle.

Entraron con actitud decidida a la sala donde estaban secuestrados los recién nacidos, cogieron un bebé y se lo llevaron apresuradamente sin levantar sospechas. Pudieron identificar el sexo porque la criatura llevaba una cinta rosada en la muñeca, pero no dispusieron de tiempo para averiguar si acaso se trataba de la suya y por lo demás el asunto no era de vital importancia, todos los niños son más o menos iguales a esa edad. Es posible que en la prisa me confundieran y en alguna parte hay una mujer con dotes de clarividencia y ojos color de espinaca ocupando mi lugar. A salvo en la casa me desnudaron para ver si estaba completa y descubrieron un sol en la base de la espalda. Esta mancha es buen signo, aseguró la Memé, no debemos preocuparnos por ella, crecerá sana y afortunada. Nací en agosto, signo Leo, sexo femenino y si no me cambiaron en la clínica tengo sangre castellano-vasca, un cuarto de francesa y una cierta dosis de araucana o mapuche, como todos los de mi tierra. A pesar de haber venido al mundo en Lima, soy chilena; vengo de «*un largo pétalo de mar y vino y nieve*» como definió Pablo Neruda a mi país, y de allí vienes tú también, Paula, aunque tienes el sello indeleble del Caribe, donde creciste. Te cuesta un poco entender nuestra mentalidad del sur. En Chile estamos determinados por la presencia eterna de las montañas, que nos separan del resto del continente, y por la sensación de precariedad, inevitable en una región de catástrofes geológicas y políticas. Todo tiembla bajo nuestros pies, no conocemos seguridades, si nos preguntan cómo estamos, la respuesta es «sin novedad» o «más o menos»; nos movemos de una incertidumbre a otra, caminamos cautelosos en una región de claroscuros, nada es preciso, no nos gustan los enfrentamientos, preferimos negociar. Cuando las circunstancias nos empujan a los extremos despiertan nuestros peores instintos y la historia da un vuelco trágico, porque los mismos hombres que en la vida cotidiana parecen mansos, al contar con impunidad y un buen pretexto suelen convertirse en fieras sanguinarias. Pero en tiempos normales los chilenos son sobrios, circunspectos, formales y sienten pánico de llamar la atención, que para ellos es sinónimo de hacer el ridículo. Por lo mismo yo he sido un bochorno para la familia.

¿Y dónde estaba Tomás mientras su mujer daba a luz y su suegra llevaba a cabo el discreto rapto de su primogénita? No lo sé, mi padre es una gran ausencia en mi vida, se fue tan temprano y de manera tan rotunda, que no guardo recuerdos suyos. Mi madre convivió con él por cuatro años con dos largas separaciones entre medio, y se dio tiempo para dar a luz tres hijos. Era tan fértil que bastaba sacudir un calzoncillo en un radio de medio kilómetro para que ella quedara embarazada, condición que heredé, pero tuve la fortuna de llegar a tiempo a la época de la píldora. En cada parto desaparecía su marido, tal como hacía frente a cualquier problema significativo, y regresaba alegre con un regalo extravagante para su mujer una vez que la emergencia había sido superada. Ella veía proliferar cuadros en las paredes y porcelanas chinas en las repisas sin comprender el origen de tanto dispendio; era imposible explicar esos lujos con un sueldo que a otros funcionarios apenas alcanzaba, pero cuando intentaba averiguarlo, él le contestaba con evasivas, tal como ocurría al indagar ella sobre sus ausencias nocturnas, sus viajes misteriosos y sus turbias amistades. Ya tenía dos niños y estaba a punto de dar a luz el tercero, cuando el castillo de naipes de su inocencia se desmoronó. Una mañana Lima amaneció agitada por un rumor de escándalo que sin ser publicado en los periódicos, se deslizó en todos los salones. Se trataba de un viejo millonario que solía prestar su apartamento a los amigotes para citas clandestinas de amor. En el dormitorio, entre muebles antiguos y tapices persas colgaba un falso espejo de marco barroco, que en realidad era una ventana. Al otro lado se instalaba el dueño de casa con grupos selectos de sus invitados, bien provistos de licor y drogas, dispuestos a deleitarse con los juegos de la pareja de turno, que por lo general nada sospechaba. Esa noche se encontraba entre los mirones un político altamente colocado en el Gobierno. Al abrir la cortina para espiar a los incautos amantes, la primera sorpresa fue que se trataba de dos varones, y la segunda que uno de ellos, ataviado con corsé y portaligas de encaje, era el hijo mayor del político, un joven abogado a quien se le auguraba una carrera brillante. La humillación hizo perder el control al padre, a patadas rompió el espejo, se lanzó encima de su hijo para arrancarle los colgajos de mujer y si no lo atajan tal vez lo asesina. Pocas horas después los corrillos limeños comentaban los pormenores de lo ocurrido, agregando detalles cada vez más escabrosos. Se sospechaba que el incidente no fue casual, que alguien planeó la escena por puro afán de maldad. Asustado, Tomás desapareció sin dar explicaciones. Mi madre no se enteró del escándalo hasta varios días después; vivía aislada por las molestias de sus continuos embarazos y también para evitar a los acreedores que reclamaban cuentas impagas. Cansados de esperar sus sueldos, los criados de la casa habían desertado, sólo quedaba Margara, una empleada chilena de rostro hermético y corazón de piedra que servía a la familia desde tiempos inmemoriales. En esas condiciones comenzaron los síntomas del parto, apretó los dientes y se dispuso a dar a luz del modo más primitivo. Yo tenía cerca de tres años, y mi hermano Pancho apenas caminaba. Esa noche, encogidos en un pasillo, oímos los gemidos de mi madre y presenciamos el trasiego de Margara con teteras de agua caliente y toallas. Juan vino al mundo a medianoche, pequeño y arrugado, un desmigajado ratón sin pelo que apenas respiraba. Pronto se vio que no podía tragar, tenía un nudo en la garganta y el alimento no pasaba, estaba destinado a perecer de hambre mientras a su madre le reventaban los senos de leche, pero lo salvó la tenacidad de Margara, empeñada en mantenerlo vivo, primero con un algodón empapado en leche que exprimía gota a gota, y después metiéndole a la fuerza una papilla espesa con una cuchara de palo.

Por años dieron vuelta en mi cabeza razones morbosas para justificar la desaparición de mi padre, me cansé de preguntar a medio mundo, existe un silencio conspirativo en torno a él. Quienes lo conocieron y aún viven, me lo describen como un hombre muy inteligente y no agregan más. En mi niñez lo imaginé como un criminal y más tarde, cuando supe de perversiones sexuales, se las atribuí todas, pero parece que nada tan novelesco adorna su pasado, era sólo un alma cobarde; un día se vio acosado por sus mentiras, perdió el control de la situación y salió escapando. Dejó la Cancillería, no volvió a ver a su madre, sus familiares ni amigos, literalmente se hizo humo. Lo visualizo –un poco en broma, claro está– huyendo hacia Machu Picchu disfrazado de india peruana, con trenzas postizas y varias polleras multicolores. ¡No repitas eso jamás! ¿de dónde sacas tantas tonterías? me atajó mi madre cuando le mencioné aquella posibilidad. Fuera como fuera, partió sin dejar rastro, pero no se trasladó a las alturas transparentes de los Andes para diluirse en una aldea de aymaras, como yo suponía, simplemente descendió un peldaño en la implacable escalera de las clases sociales chilenas y se tornó invisible. Regresó a Santiago y continuó transitando por las calles céntricas, pero como no frecuentaba el mismo medio social, fue como si hubiera muerto. No volví a ver a mi abuela paterna ni a nadie de su familia, excepto Salvador Allende, quien se mantuvo cerca de nosotros por un firme sentimiento de lealtad. Nunca más vi a mi padre, no oí mencionar su nombre y nada sé de su aspecto físico, por lo tanto resulta irónico que un día me llamaran para identificar su cadáver en la morgue, pero eso fue mucho después. Lamento, Paula, que en este punto desaparezca este personaje, porque los villanos constituyen la parte más sabrosa de los cuentos.

Mi madre, que había sido criada en un ambiente privilegiado donde las mujeres no participaban en los asuntos económicos, se atrincheró en su casa cerrada, enjugó las lágrimas del abandono y sacó la cuenta que al menos por un tiempo no moriría de inanición porque contaba con el tesoro de las bandejas de plata que podía ir liquidando una a una para pagar las cuentas. Se encontraba sola con tres criaturas en un país extraño, rodeada de un boato inexplicable y sin un centavo en la cartera, pero era demasiado orgullosa para pedir ayuda. De todos modos la Embajada estaba alerta y se supo de inmediato que Tomás había desaparecido dejando a los suyos en bancarrota. El decoro del país estaba en juego, no se podía permitir que el nombre de un funcionario chileno rodara por el lodo y mucho menos que su mujer e hijos fueran puestos en la calle por los acreedores. El cónsul se presentó a visitar a la familia con instrucciones de enviarla de vuelta a Chile con la mayor discreción posible. Adivinaste, Paula, se trataba del tío Ramón, tu abuelo príncipe y descendiente directo de Jesucristo. Él mismo asegura que era uno de los hombres más feos de su generación, pero creo que exagera; no diremos que es guapo, pero lo que le falta en gallardía le sobra en inteligencia y encanto, además, los años le han dado un aire de gran dignidad. En la época en que fue enviado en nuestra ayuda era un caballero desmirriado, de tinte verdoso, con bigotes de morsa y cejas mefistofélicas, padre de cuatro hijos y católico observante, ni sombra del personaje mítico que llegó a ser después, cuando cambió la piel como las culebras. Margara abrió la puerta al visitante y lo condujo a la habitación de la señora, quien lo recibió en cama rodeada de sus niños, todavía machucada por el alumbramiento pero en todo el resplandor dramático y la ebullente fortaleza de su juventud. El señor cónsul, que apenas conocía a la esposa de su colega —la había visto siempre embarazada y con un aire distante que no invitaba a acercarse— permaneció de pie cerca de la puerta sumido en un manglar de emociones. Mientras la interrogaba sobre los pormenores de su situación y le explicaba el plan de repatriarla, lo atormentaba una furiosa estampida de toros en el pecho. Calculando que no existía una mujer más fascinante y sin comprender cómo su marido pudo abandonarla, porque él daría la vida por ella, suspiró abatido por la tremenda injusticia de haberla conocido demasiado tarde. Ella lo miró largamente.

—Está bien, volveré a la casa de mi padre —aceptó por fin.

—Dentro de pocos días sale un barco del Callao rumbo a Valparaíso, trataré de conseguir pasajes —tartamudeó él.

—Viajo con mis tres hijos, Margara y la perra. No sé si este niño, que nació muy débil, resistirá la travesía —y aunque le brillaban los ojos de lágrimas no se permitió llorar.

En un chispazo desfilaron por la mente de Ramón su esposa, sus hijos, su padre apuntándolo con un índice acusador y su tío obispo con un crucifijo en la mano lanzando rayos de condenación, se vio saliendo excomulgado de la Iglesia y sin honra de la Cancillería, pero no podía desprenderse del rostro perfecto de esa mujer y sintió que un huracán lo levantaba del suelo. Dio dos pasos en dirección a la cama. En esos dos pasos decidió su futuro.

—De ahora en adelante yo me hago cargo de ti y de tus hijos para siempre.

Para siempre... ¿Qué es eso, Paula? He perdido la medida del tiempo en este edificio blanco donde reina el eco y nunca es de noche. Se han esfumado las fronteras de la realidad, la vida es un laberinto de espejos encontrados y de imágenes torcidas. Hace un mes, a esta misma hora, yo era otra mujer. Hay una fotografía mía de entonces, estoy en la fiesta de presentación de mi reciente novela en España, con un vestido escotado color berenjena, collar y pulseras de plata, las uñas largas y la sonrisa confiada, un siglo más joven que ahora. No reconozco a esa mujer, en cuatro semanas el dolor me ha transformado. Mientras explicaba desde un micrófono las circunstancias que me llevaron a escribir *El plan infinito*, mi agente se abrió paso en el gentío para soplarme al oído que tú habías ingresado al hospital. Tuve el presentimiento feroz de que una desgracia fundamental nos había desviado las vidas. Cuando llegué a Madrid dos días antes, ya te sentías muy mal. Me extrañó que no estuvieras en el aeropuerto para recibirme, como siempre hacías, dejé las maletas en el hotel y, agotada por el esforzado viaje desde California, partí a tu casa donde te encontré vomitando y abrasada de fiebre. Acababas de regresar de un retiro espiritual con las monjas del colegio en el cual trabajas, cuarenta horas a la semana como voluntaria ayudando a niños sin recursos, y me contaste que había sido una experiencia intensa y triste, te abrumaban las dudas, tu fe era frágil.

—Ando buscando a Dios y se me escapa, mamá...

—Dios espera siempre, por ahora es más urgente buscar un médico. ¿Qué te pasa, hija?

—Porfiria —replicaste sin vacilar.

Desde hacía varios años, al saber que heredaste esa condición, te cuidabas mucho y te controlabas con uno de los pocos especialistas de España. Al verte ya sin fuerzas, tu marido te llevó a un servicio de emergencia, diagnosticaron una gripe y te mandaron de vuelta a casa. Esa noche Ernesto me contó que desde hacía semanas, incluso meses, estabas tensa y cansada. Mientras discutíamos una supuesta depresión, tú sufrías tras la puerta cerrada de tu pieza; la porfiria te estaba envenenando de prisa y ninguno de nosotros tuvo el buen ojo para darse cuenta. No sé cómo cumplí con mi trabajo, tenía la voluntad ausente y entre dos entrevistas de prensa corría al teléfono para llamarte. Apenas me dieron la noticia de que estabas peor cancelé el resto de la gira y volé a verte al hospital, subí corriendo los seis pisos y ubiqué tu sala en ese monstruoso edificio. Te encontré reclinada en la cama, lívida, con una expresión perdida, y me bastó una mirada para comprender cuán grave estabas.

—¿Por qué lloras? —me preguntaste con voz desconocida.

—Porque tengo miedo. Te quiero, Paula.

—Yo también te quiero, mamá...

Eso fue lo último que me dijiste, hija. Instantes después delirabas recitando números, los ojos fijos en el techo. Ernesto y yo nos quedamos a tu lado durante la noche, consternados, turnándonos la única silla disponible, mientras en otras camas de la sala agonizaba una anciana, gritaba una mujer demente e intentaba dormir una gitana desnutrida y marcada de golpes. Al amanecer convencí a tu marido que se fuera a descansar, llevaba varias noches en vela y estaba extenuado. Se despidió de ti con un beso en la boca. Una hora después se desencadenó el horror, un escalofriante vómito de sangre seguido de convulsiones; tu cuerpo tenso, arqueado hacia atrás, se agitaba en violentos espasmos que te levantaban de la cama, los brazos temblaban con las manos agarrotadas, como si intentaras aferrarte a algo, los ojos despavoridos, el rostro congestionado y babeante. Me lancé encima de ti para sujetarte, grité y grité pidiendo ayuda, la sala se llenó de gente vestida de blanco y me sacaron a viva fuerza. Recuerdo encontrarme de rodillas en el suelo, luego un bofetón en la cara. ¡Tranquila, señora, cállese o tendrá que irse! Su hija se encuentra mejor, puede entrar y quedarse con ella, me sacudió un enfermero. Traté de ponerme de pie, pero se me doblaban las piernas; me ayudaron a llegar hasta tu cama y despúes se fueron, quedé sola contigo y con las pacientes de las otras camas, que observaban en silencio, cada una sumida en sus propios males. Tenías el color ceniza de los espectros, los ojos volteados hacia arriba, un hilo de sangre seca junto a la boca, estabas fría. Esperé llamándote con los nombres que te he dado desde niña, pero te alejabas hacia otro mundo; quise darte de beber agua, te sacudí, me fijaste las pupilas dilatadas y vidriosas, mirando a través de mí hacia otro horizonte y de pronto te quedaste inmóvil, exangüe, sin respirar. Alcancé a llamar a gritos y enseguida intenté darte respiración boca a boca, pero el miedo me había bloqueado, hice todo mal, te soplé aire sin ritmo ni concierto, de cualquier modo, cinco o seis veces, y entonces noté que tampoco te latía el corazón y comencé a gol-pearte el pecho con los puños. Instantes más tarde llegó ayuda y lo último que vi fue tu cama alejándose a la carrera por el pasillo hacia el ascensor. Desde ese momento la vida se detuvo para ti y también para mí, las dos cruzamos un misterioso umbral y en-tramos a la zona más oscura.

—Su estado es crítico —me notificó el médico de guardia en la Unidad de Cuidados Intensivos.

—¿Debo llamar a su padre en Chile? Demorará más de veinte horas en llegar aquí —pregunté.

—Sí.

Se había corrido la voz y empezaban a llegar parientes de Er-nesto, amigos y monjas de tu colegio; alguien avisó por teléfono a la familia, repartida en Chile, Venezuela y los Estados Unidos. Al poco rato apareció tu marido, sereno y suave, más preocupado por los sentimientos ajenos que por los propios, se veía muy cansado. Le permitieron verte por unos minutos y al salir nos informó que estabas conectada a un respirador y recibías una transfusión de sangre. No está tan mal como dicen, siento el co-razón de Paula latiendo fuerte junto al mío, dijo, frase que en ese momento me pareció sin sentido, pero ahora que lo conozco más puedo comprender mejor. Ambos pasamos ese día y la noche siguiente sentados en la sala de espera, a ratos me dormía extenuada y cuando abría los ojos lo veía a él inmóvil, siempre en la misma postura, aguardando.

—Estoy aterrada, Ernesto —admití al amanecer.

—Nada podemos hacer, Paula está en manos de Dios.

—Para ti debe ser más fácil aceptarlo porque al menos cuentas con tu religión.

—Me duele como a ti, pero tengo menos miedo de la muerte y más esperanza en la vida —replicó abrazándome. Hundí la cara en su chaleco, aspirando su olor a hombre joven, sacudida por un atávico espanto.

Horas después llegaron de Chile mi madre y Michael, también Willie de California. Tu padre venía muy pálido, subió al avión en Santiago convencido que te encontraría muerta, el viaje debe haber sido eterno para él. Desconsolada abracé a mi madre y comprobé que a pesar de haberse reducido de tamaño con la edad, todavía es una enorme presencia protectora. A su lado Willie parece un gigante, pero cuando busqué un pecho donde apoyar la cabeza, el de ella me resultó más amplio y seguro que el de mi marido. Entramos a la sala de Cuidados Intensivos y alcanzamos a verte consciente y un poco mejor que el día anterior, los médicos comenzaban a reponerte el sodio, que perdías a raudales, y la sangre fresca te había reanimado; sin embargo la ilusión duró sólo unas horas, poco después tuviste una crisis de ansiedad y te administraron una dosis masiva de sedantes, que te tumbó en un coma profundo del que no has despertado hasta ahora.

—Pobrecita su niña, no merece esta suerte. ¿Por qué no me muero yo, que ya estoy viejo, en vez de ella? —me dice a veces don Manuel, el enfermo de la cama de al lado, con su trabajosa voz de agonizante.

Es muy difícil escribir estas páginas, Paula, recorrer de nuevo las etapas de este doloroso viaje, precisar los detalles, imaginar cómo habría sido si hubieras caído en mejores manos, si no te hubieran aturdido con drogas, si... ¿Cómo sacudirme la culpa? Cuando mencionaste la porfiria pensé que exagerabas y en vez de buscar más ayuda confié en esta gente vestida de blanco, les entregué sin reservas a mi hija. Es imposible retroceder en el tiempo, no debo mirar hacia atrás, sin embargo no puedo dejar de hacerlo, es una obsesión. Para mí sólo existe la certeza irremisible de este hospital madrileño, el resto de mi existencia se ha esfumado en una densa niebla.

Willie, quien a los pocos días debió regresar a su trabajo en California, me llama cada mañana y cada noche para darme fuerza, recordarme que nos amamos y tenemos una vida feliz al otro lado del mar. Me llega su voz de muy lejos y me parece que lo estoy soñando, que en realidad no existe una casa de madera colgada sobre la bahía de San Francisco, ni ese ardiente amante ahora convertido en un marido lejano. También me parece que he soñado a mi hijo Nicolás, a Celia mi nuera, al pequeño Alejandro con sus pestañas de jirafa. Carmen Balcells, mi agente, viene a veces para transmitirme condolencias de mis editores o noticias de mis libros y no sé de qué me habla, sólo existes tú, hija, y el espacio sin tiempo donde ambas nos hemos instalado.

En las largas horas de silencio se me atropellan los recuerdos, todo me ha sucedido en el mismo instante, como si mi vida entera fuera una sola imagen ininteligible. La niña y la joven que fui, la mujer que soy, la anciana que seré, todas las etapas son agua del mismo impetuoso manantial. Mi memoria es como un mural mexicano donde todo ocurre simultáneamente: las naves de los conquistadores por una esquina mientras la Inquisición tortura indios en otra, los libertadores galopando con banderas ensangrentadas y la Serpiente Emplumada frente a un Cristo sufriente entre las chimeneas humeantes de la era industrial. Así es mi vida, un fresco múltiple y variable que sólo yo puedo descifrar y que me pertenece como un secreto. La mente selecciona, exagera, traiciona, los acontecimientos se esfuman, las personas se olvidan y al final sólo queda el trayecto del alma, esos escasos momentos de revelación del espíritu. No interesa lo que me pasó, sino las cicatrices que me marcan y distinguen. Mi pasado tiene poco sentido, no veo orden, claridad, propósitos ni caminos, sólo un viaje a ciegas, guiada por el instinto y por acontecimientos incontrolables que desviaron el curso de mi suerte. No hubo cálculo, sólo buenos propósitos y la vaga sospecha de que existe un diseño superior que determina mis pasos. Hasta ahora no he compartido mi pasado, es mi último jardín, allí donde ni el amante más intruso se ha asomado. Tómalo, Paula, tal vez te sirva de algo, porque creo que el tuyo ya no existe, se te perdió en este largo sueño y no se puede vivir sin recuerdos.

Mi madre regresó a casa de sus padres en Santiago; un matrimonio fracasado se consideraba entonces la peor suerte para una mujer, pero ella todavía no lo sabía e iba con la frente en alto. Ramón, el cónsul seducido, la condujo al barco con sus hijos, la temible Margara, la perra, los baúles y las cajas con las bandejas de plata. Al despedirse retuvo sus manos y repitió la promesa de cuidarla para siempre, pero ella, distraída en los afanes de acomodarse en el reducido espacio del camarote, lo premió apenas con una sonrisa vaga. Estaba acostumbrada a recibir galanterías y carecía de razones para sospechar que ese funcionario de tan precario aspecto jugaría un papel fundamental en su futuro, tampoco olvidaba que ese hombre tenía esposa y cuatro hijos, y por lo demás la apremiaban asuntos más urgentes: el recién nacido respiraba a bocanadas como un pez en tierra seca, los otros dos niños lloraban asustados y Margara había entrado en uno de sus hoscos silencios reprobatorios. Cuando oyó el ruido de los motores y la ronca sirena anunciando la salida del barco, tuvo un primer atisbo del huracán que la había volteado. Podía contar con hospedaje en la casa paterna, pero ya no era una joven soltera y debía hacerse cargo de sus hijos como si fuera viuda. Empezaba a preguntarse cómo se las arreglaría, cuando el zangoloteo de las olas le trajo el recuerdo de los camarones de su luna de miel y entonces sonrió aliviada porque al menos estaba lejos de su extraño marido. Acababa de cumplir veinticuatro años y no sospechaba cómo ganarse el sustento, pero no en vano corría por sus venas la sangre aventurera de aquel remoto marinero vasco.

Así es como a mí me tocó crecer en casa de mis abuelos. Bueno, es una manera de hablar, la verdad es que no crecí mucho, con un esfuerzo desproporcionado alcancé el metro y medio, estatura que mantuve hasta hace un mes, cuando percibí que el espejo del baño estaba subiendo. Pamplinas, no te estás encogiendo, lo que pasa es que has perdido peso y andas sin tacones, asegura mi madre, pero noto que de reojo me observa preocupada. Al decir que crecí con esfuerzo no hablo en metáfora, se hizo todo lo posible por estirarme, excepto administrarme hormonas porque en esa época aún estaban en experimentación y Benjamín Viel, médico de la familia y eterno enamorado platónico de mi madre, temió que me salieran bigotes. No habría sido tan grave, eso se afeita. Durante años asistí a un gimnasio donde mediante un sistema de cuerdas y poleas me suspendían del techo para que la fuerza de gravedad extendiera mi esqueleto. En mis pesadillas me veo atada por los tobillos cabeza abajo, pero mi madre asegura que eso es totalmente falso, nunca padecí nada tan cruel, me colgaban del cuello con un moderno aparato que impedía la muerte instantánea por ahorcamiento. Aquel recurso extremo fue inútil, sólo se me alargó el cuello. Mi primera escuela fue de monjas alemanas, pero no duré mucho allí, a los seis años me expulsaron por perversa: organicé un concurso de mostrar los calzones, aunque tal vez la verdadera razón fue que mi madre escandalizaba a la pudibunda sociedad santiaguina con su falta de marido. De allí fui a parar a un colegio inglés más comprensivo, donde esas exhibiciones no acarreaban mayores consecuencias, siempre que se hicieran discretamente. Estoy segura que mi infancia habría sido diferente si la Memé hubiera vivido más. Mi abuela me estaba criando para Iluminada, las primeras palabras que me enseñó fueron en esperanto, un engendro impronunciable que ella consideraba el idioma universal del futuro, y aún andaba yo en pañales cuando ya me sentaba a la mesa de los espíritus, pero esas espléndidas posibilidades terminaron con su partida. La casona familiar, encantadora cuando ella la presidía, con sus tertulias de intelectuales, bohemios y lunáticos, se convirtió a su muerte en un espacio triste cruzado de corrientes de aire. El olor de entonces perdura en mi memoria: estufas a parafina en invierno y azúcar quemada en verano, cuando encendían una fogata en el patio para hacer dulce de moras en una enorme olla de cobre. Con la muerte de mi abuela se vaciaron las jaulas de pájaros, callaron las sonatas en el piano, se secaron las plantas y las flores en los jarrones, escaparon los gatos a los tejados, donde se convirtieron en bestias bravas, y poco a poco perecieron los demás animales domésticos, los conejos y las gallinas acabaron guisados por la cocinera, y la cabra salió un día a la calle y murió aplastada por el carretón del lechero. Sólo quedó la perra Pelvina López-Pun dormitando junto a la cortina que dividía la sala del comedor. Yo deambulaba llamando a mi abuela entre pesados muebles españoles, estatuas de mármol, cuadros bucólicos y pilas de libros, que se acumulaban por los rincones y se reproducían de noche como una fauna incontrolable de papel impreso. Existía una frontera tácita entre la parte ocupada por la familia y la cocina, los patios y los cuartos de las empleadas, donde transcurría la mayor parte de mi vida. Aquél era un submundo de habitaciones mal ventiladas, oscuras, con un camastro, una silla y una cómoda desvencijada como único mobiliario, decoradas con un calendario y estampas de santos. Ése era el único refugio de aquellas mujeres que trabajaban de sol a sol, las primeras en levantarse al amanecer y las últimas en acostarse después de servir la cena a la familia y limpiar la cocina. Salían un domingo cada dos semanas, no recuerdo que gozaran de vacaciones o tuvieran familia, envejecían sirviendo y morían en la casa. Una vez al mes aparecía un hombronazo medio chalado a encerar los pisos. Se colocaba virutillas de acero amarradas a los pies y bailaba una zamba patética raspando el parquet, luego aplicaba a gatas cera con un trapo y finalmente sacaba brillo a mano con un pesado escobillón. Cada semana venía también la lavandera, una mujercita de nada, en los huesos, siempre con dos o tres chiquillos colgados de sus faldas, que se llevaba una montaña de ropa sucia equilibrada sobre la cabeza. Se la entregaban contada, para que nada faltara cuando la traía de vuelta, limpia y planchada. Cada vez que me tocaba presenciar el humillante proceso de contar camisas, servilletas y sábanas, iba después a esconderme entre los pliegues de felpa del salón para abrazarme a mi abuela. No sabía por qué lloraba; ahora lo sé: lloraba de vergüenza. En la cortina reinaba el espíritu de la Memé y supongo que por eso la perra no se movía de aquel lugar. Las empleadas, en cambio, creían que rondaba en el sótano, de donde provenían ruidos y luces tenues, por eso evitaban acercarse por aquel lado. Yo conocía bien la causa de esos fenómenos, pero no tenía interés alguno en revelarla. En los cortinajes teatrales del salón buscaba el rostro translúcido de mi abuela; escribía mensajes en trozos de papel, los doblaba con cuidado y los prendía con un alfiler en la gruesa tela para que ella los encontrara y supiera que no la había olvidado.

La Memé se despidió de la vida con sencillez, nadie se dio cuenta de sus preparativos de viaje al Más Allá hasta última hora, cuando ya era demasiado tarde para intervenir. Consciente de que se requiere una gran ligereza para desprenderse del suelo, echó todo por la borda, se deshizo de sus bienes terrenales y eliminó sentimientos y deseos superfluos, quedándose sólo con lo esencial, escribió unas cuantas cartas y por último se tendió en su cama para no levantarse más. Agonizó una semana ayudada por su marido, quien usó toda la farmacopea a su alcance para ahorrarle sufrimiento, mientras la vida se le escapaba y un tambor sordo resonaba en su pecho. No hubo tiempo de avisar a nadie, sin embargo sus amigas de la Hermandad Blanca se enteraron telepáticamente y aparecieron en el último instante para entregarle mensajes destinados a las ánimas benevolentes que por años habían comparecido a las sesiones de los jueves en torno a la mesa de tres patas. Esta mujer prodigiosa no dejó rastro material de su paso por este mundo, excepto un espejo de plata, un libro de oraciones con tapas de nácar y un puñado de azahares de cera, restos de su tocado de novia. Tampoco me dejó muchos recuerdos y los que tengo deben estar deformados por mi visión infantil de entonces y el paso del tiempo, pero no importa, porque su presencia me ha acompañado siempre. Cuando el asma o la inquietud le cortaban el aliento, me estrechaba para aliviarse con mi calor, ésa es la imagen más precisa que guardo de ella: su piel de papel de arroz, sus dedos suaves, el aire silbando en su garganta, el abrazo apretado, el aroma de colonia y a veces un soplo del aceite de almendras que se echaba en las manos. He escuchado hablar de ella, conservo en una caja de lata las únicas reliquias suyas que han perdurado y el resto lo he inventado porque todos necesitamos una abuela. Ella no sólo ha cumplido ese papel a la perfección, a pesar del inconveniente de su muerte, sino que inspiró el personaje que más amo de todos los que aparecen en mis libros: Clara, clarísima, clarividente, en *La casa de los espíritus*.

Mi abuelo no pudo aceptar la pérdida de su mujer. Creo que vivían en mundos irreconciliables y se amaron en encuentros fugaces con una ternura dolorosa y una pasión secreta. El Tata tenía la vitalidad de un hombre práctico, sano, deportista y emprendedor, ella era extranjera en esta tierra, una presencia etérea e inalcanzable. Su marido debió conformarse con vivir bajo el mismo techo, pero en diferente dimensión, sin poseerla jamás. Sólo en algunas ocasiones solemnes, como al nacer los hijos que él recibió en sus manos, o cuando la sostuvo en sus brazos a la hora de la muerte, tuvo la sensación de que ella realmente existía. Intentó mil veces aprehender ese espíritu liviano que pasaba ante sus ojos como un cometa dejando una perdurable estela de polvo astral, pero quedaba siempre con la impresión de que se le escapaba. Al final de sus días, cuando le faltaba poco para cumplir un siglo de vida y del enérgico patriarca sólo quedaba una sombra devorada por la soledad y la implacable corrosión de los años, abandonó la idea de ser su dueño absoluto, como pretendió en la juventud, y sólo entonces pudo abrazarla en términos de igualdad. La sombra de la Memé adquirió contornos precisos y se convirtió en una criatura tangible que lo acompañaba en la minuciosa reconstrucción de los recuerdos y en los achaques de la vejez. Cuando recién quedó viudo se sintió traicionado, la acusó de haberlo desamparado a mitad de camino, se vistió de luto cerrado como un cuervo, pintó de negro sus muebles y para no sufrir más trató de eliminar otros afectos de su existencia, pero nunca lo logró del todo, era un hombre derrotado por su corazón gentil. Ocupaba una pieza grande en el primer piso de la casa, donde sonaban cada hora las campanadas fúnebres de un reloj de torre. La puerta se mantenía cerrada y rara vez me atreví a golpear, pero por las mañanas pasaba a saludarlo antes de ir al colegio y a veces me autorizaba para revisar el cuarto en busca de un chocolate que escondía para mí. Nunca lo oí quejarse, era de una reciedumbre heroica, pero a menudo se le aguaban los ojos y cuando se creía solo hablaba con el recuerdo de su mujer. Con los años y las penas ya no pudo controlar el llanto, se limpiaba las lágrimas a manotazos, furioso por su propia debilidad, me estoy poniendo viejo, caramba, gruñía. Al quedar viudo abolió las flores, los dulces, la música y todo motivo de alegría; el silencio penetró en la casa y en su alma.

La situación de mis padres era ambigua, porque en Chile no hay divorcio, pero no fue difícil convencer a Tomás de anular el matrimonio y así mis hermanos y yo quedamos convertidos en hijos de madre soltera. Mi padre, quien por lo visto no tenía gran interés en incurrir en gastos de manutención, cedió también la tutela de sus hijos y luego se esfumó sin bulla, mientras el círculo social en torno a mi madre se cerraba apretadamente para acallar el escándalo. El único bien que exigió al firmar la nulidad matrimonial fue la devolución de su escudo de armas, tres perros famélicos en un campo azul, que obtuvo de inmediato porque mi madre y el resto de la familia se reían a carcajadas de los blasones. Con la partida de ese irónico escudo desapareció cualquier linaje que pudiéramos reclamar, de un plumazo quedamos sin estirpe. La imagen de Tomás se diluyó en el olvido. Mi abuelo no quiso oír hablar de su antiguo yerno y tampoco admitió quejas en su presencia, por algo había advertido a su hija que no se casara. Ella consiguió un modesto empleo en un banco, cuyo principal atractivo era la posibilidad de jubilarse con sueldo completo al término de treinta y cinco años de abnegada labor y el mayor inconveniente era la concupiscencia del director que solía acosarla por los rincones. En el caserón familiar vivían también un par de tíos solteros que se encargaron de poblar mi infancia de sobresaltos. Mi preferido era el tío Pablo, un joven huraño y solitario, moreno, de ojos apasionados, dientes albos, pelo negro y tieso peinado con gomina hacia atrás, bastante parecido a Rodolfo Valentino, siempre ataviado con un abrigo de grandes bolsillos donde escondía los libros que se robaba en las bibliotecas públicas y en las casas de sus amigos. Le imploré muchas veces que se casara con mi mamá, pero me convenció que de las relaciones incestuosas nacen siameses pegados, entonces cambié de rumbo y le hice la misma súplica a Benjamín Viel, por quien sentía una admiración incondicional. El tío Pablo fue un gran aliado de su hermana, deslizaba billetes en su cartera, la ayudó a mantener a los hijos y la defendió de chismes y otras agresiones. Enemigo de sentimentalismos, no permitía que nadie lo tocara ni le respirara cerca, consideraba el teléfono y el correo como invasiones a su privacidad, se sentaba a la mesa con un libro abierto junto al plato para desalentar cualquier atisbo de conversación y trataba de atemorizar al prójimo con modales de salvaje, pero todos sabíamos que era un alma compasiva y que en secreto, para que nadie sospechara su vicio, socorría a un verdadero ejército de necesitados. Era el brazo derecho del Tata, su mejor amigo y socio en la empresa de criar ovejas y exportar lana a Escocia. Las empleadas de la casa lo adoraban y a pesar de sus hoscos silencios, sus mañas y bromas pesadas, le sobraban amigos. Muchos años más tarde, este excéntrico atormentado por el comején de la lectura, se enamoró de una prima encantadora que había sido criada en el campo y entendía la vida en términos de trabajo y religión. Esa rama de la familia, gente muy conservadora y formal, debió soportar estoicamente las rarezas del pretendiente. Un día mi tío compró una cabeza de vaca en el mercado, pasó dos días raspándola y limpiándola por dentro, ante el asco nuestro, que no habíamos visto de cerca nada tan fétido ni tan monstruoso, y terminada la faena se presentó el domingo después de misa en casa de su novia, vestido de etiqueta y con la cabezota puesta, como una máscara. Pase, don Pablito, lo saludó al instante y sin inmutarse la empleada que abrió la puerta. En el dormitorio de mi tío había repisas con libros del suelo hasta el techo y al centro un camastro de anacoreta, donde pasaba gran parte de la noche leyendo. Me había convencido que en la oscuridad los personajes abandonan las páginas y recorren la casa; yo escondía la cabeza bajo las sábanas por miedo al Diablo en los espejos y a esa multitud de personajes que deambulaban por las piezas reviviendo sus aventuras y pasiones: piratas, cortesanas, bandidos, brujas y doncellas. A las ocho y media debía apagar la luz y dormir, pero el tío Pablo me regaló una linterna para leer entre las sábanas; desde entonces tengo una inclinación perversa por la lectura secreta.

Resultaba imposible aburrirse en esa casa llena de libros y de parientes estrafalarios, con un sótano prohibido, sucesivas camadas de gatos recién nacidos –que Margara ahogaba en un balde con agua– y la radio de la cocina, encendida a espaldas de mi abuelo, donde atronaban canciones de moda, noticias de crímenes horrendos y novelas de despecho. Mis tíos inventaron los *juegos bruscos*, feroz diversión que consistía básicamente en atormentar a los niños hasta hacerlos llorar. Los recursos eran siempre novedosos, desde pegar en el techo el billete de diez pesos que nos daban de mesada, donde podíamos verlo pero no alcanzarlo, hasta ofrecernos bombones a los cuales les habían quitado con una jeringa el relleno de chocolate para reemplazarlo por salsa picante. Nos lanzaban dentro de un cajón desde lo alto de la escalera, nos colgaban cabeza abajo sobre el excusado y amenazaban con tirar la cadena, llenaban el lavatorio con alcohol, le encendían fuego y nos ofrecían una propina si metíamos la mano, apilaban cauchos viejos del automóvil de mi abuelo y nos colocaban dentro, donde chillábamos de susto en la oscuridad, medio asfixiados por el olor a goma podrida. Cuando cambiaron la antigua cocina a gas por una eléctrica, nos paraban sobre las hornillas, las encendían a temperatura baja y empezaban a contarnos un cuento, a ver si el calor en la suela de los zapatos podía más que el interés por la historia, mientras nosotros saltábamos de un pie a otro. Mi madre nos defendía con el ardor de una leona, pero no siempre estaba cerca para protegernos, en cambio el Tata tenía la idea que los *juegos bruscos* fortalecían el carácter, eran una forma de educación. La teoría de que la infancia debe ser un período de inocencia plácida no existía entonces, ése fue un invento posterior de los norteamericanos, antes se esperaba que la vida fuera dura y para eso nos templaban los nervios. Los métodos didácticos se fundamentaban en la resistencia: mientras más pruebas inhumanas superaba un crío, mejor preparado estaba para los albures de la edad adulta. Admito que en mi caso dio buen resultado y si fuera consecuente con esa tradición habría martirizado a mis hijos y ahora lo estaría haciendo con mi nieto, pero tengo el corazón blando.

Algunos domingos de verano íbamos con la familia al San Cristóbal, un cerro en el medio de la capital que entonces era salvaje y hoy es un parque. A veces nos acompañaban Salvador y Tencha Allende con sus tres hijas y sus perros. Allende ya era un político de renombre, el diputado más combativo de la izquierda y blanco del odio de la derecha, pero para nosotros era sólo un tío más. Subíamos a duras penas por senderos mal trazados entre malezas y pastizales, llevando canastos con comida y chales de lana. Arriba buscábamos un lugar despejado, con vista de la ciudad tendida a nuestros pies, tal como veinte años después haría yo durante el Golpe Militar por motivos muy diferentes, y dábamos cuenta de la merienda, defendiendo los trozos de pollo, los huevos cocidos y las empanadas de los perros y del invencible avance de las hormigas. Los adultos descansaban mientras los primos nos escondíamos entre los arbustos para jugar al doctor. A veces se escuchaba el rugido ronco y lejano de un león, que nos llegaba desde el otro lado del cerro, donde estaba el zoológico. Una vez por semana alimentaban a las fieras con animales vivos para que la excitación de la caza y la descarga de adrenalina los mantuviera sanos; los grandes felinos devoraban un burro viejo, las boas tragaban ratones, las hienas engullían conejos; decían que allí iban a parar los canes y gatos callejeros recogidos por la perrera y que siempre había listas de gente esperando una invitación para asistir a ese pavoroso espectáculo. Yo soñaba con esas pobres bestias atrapadas en las jaulas de los grandes carnívoros y me retorcía de angustia pensando en los primeros cristianos en el coliseo romano, porque en el fondo de mi alma estaba segura que si me daban a elegir entre renunciar a la fe o convertirme en almuerzo de un tigre de Bengala, no dudaría en escoger lo primero. Después de comer bajábamos corriendo, empujándonos, rodando por la parte más abrupta del cerro; Salvador Allende adelante con los perros, su hija Carmen Paz y yo siempre las últimas. Llegábamos abajo con las rodillas y las manos cubiertas de arañazos y peladuras, cuando los demás ya se habían cansado de esperarnos. Aparte de esos domingos y de las vacaciones del verano, la existencia era de sacrificio y esfuerzo. Esos años fueron muy difíciles para mi madre, enfrentaba penurias, chismes y desaires de quienes antes fueron sus amigos, su sueldo en el banco apenas alcanzaba para alfileres y lo redondeaba cosiendo sombreros. Me parece verla sentada a la mesa del comedor –la misma mesa de roble español que hoy me sirve de escritorio en California– probando terciopelos, cintas y flores de seda. Los enviaba por barco en cajas redondas a Lima, donde iban a dar a manos de las más encopetadas damas de la sociedad. Así y todo no podía subsistir sin ayuda del Tata y del tío Pablo. En el colegio me dieron una beca condicionada a mis notas, no sé cómo la consiguió, pero imagino que debe haberle costado más de una humillación. Pasaba horas haciendo cola en hospitales con mi hermano menor Juan, quien a punta de cuchara de palo aprendió a tragar, pero sufría los peores trastornos intestinales y se convirtió en caso de estudio para los médicos hasta que Margara descubrió que devoraba pasta dentífrica y lo curó del vicio a correazos. Se convirtió en una mujer agobiada de responsabilidades, padecía insoportables dolores de cabeza que la tumbaban por dos o tres días y la dejaban exangüe. Trabajaba mucho y tenía poco control sobre su vida o sus hijos. Margara, que con el tiempo se fue endureciendo hasta llegar a ser una verdadera tirana, intentaba por todos los medios alejarla de nosotros; cuando ella regresaba del banco por las tardes ya estábamos bañados, comidos y en la cama. No me alborote a los niños, gruñía. No molesten a su mamá, que está con jaqueca, nos ordenaba. Mi madre se aferraba a sus hijos con la fuerza de la soledad, tratando de compensar las horas de su ausencia y la sordidez de la existencia con giros poéticos. Los tres dormíamos con ella en la misma habitación y por la noche, únicas horas en que estábamos juntos, nos contaba anécdotas de sus antepasados y cuentos fantásticos salpicados de humor negro, nos hablaba de un mundo imaginario donde todos éramos felices y no regían las maldades humanas ni las leyes despiadadas de la naturaleza. Esas conversaciones a media voz, todos en la misma pieza, cada uno en su cama, pero tan cerca que podíamos tocarnos, fueron lo mejor de esa época. Allí nació mi pasión por los cuentos, a esa memoria echo mano cuando me siento a escribir.

Pancho, el más resistente de los tres a los temibles *juegos bruscos*, era un chiquillo rubio, fornido y calmado, que a veces perdía la paciencia y se convertía en una fiera capaz de arrancar pedazos a mordiscos. Adorado por Margara, que lo llamaba *el rey*, se encontró perdido cuando esa mujer se fue de la casa. En la adolescencia partió atraído por una extraña secta a vivir en una comunidad en pleno desierto del norte. Escuchamos rumores de que volaban a otros mundos con hongos alucinógenos, se abandonaban en orgías inconfesables y les lavaban el cerebro a los jóvenes para convertirlos en esclavos de los dirigentes; nunca supe la verdad, los que pasaron por esa experiencia no hablan del tema, pero quedaron marcados. Mi hermano renunció a la familia, se desprendió de los lazos afectivos y se escondió tras una coraza que sin embargo no lo ha protegido de penurias e incertidumbres. Más tarde se casó, se divorció, se volvió a casar y se divorció de nuevo de las mismas mujeres, tuvo hijos, ha vivido casi siempre fuera de Chile y dudo que regrese. Poco puedo decir de él, porque no lo conozco; es para mí un misterio, como mi padre. Juan nació con el raro don de la simpatía; aún ahora, que es un solemne profesor en la madurez de su destino, se hace querer sin proponérselo. Cuando niño parecía un querubín con hoyuelos en las mejillas y un aire de desamparo capaz de conmover los corazones más brutales, prudente, astuto y pequeño, sus múltiples males retardaron su crecimiento y lo condenaron a una salud enclenque. Lo consideramos el intelectual de la familia, un verdadero sabio. A los cinco años recitaba largas poesías y podía calcular en un instante cuánto debían darle de cambio si compraba con un peso tres caramelos de ocho centavos. Obtuvo dos maestrías y un doctorado en universidades de los Estados Unidos y en la actualidad estudia para obtener un título de teólogo. Era profesor de ciencias políticas, agnóstico y marxista, pero a raíz de una crisis espiritual, decidió buscar en Dios respuesta a los problemas de la humanidad, abandonó su profesión y emprendió estudios divinos. Está casado, por lo tanto no puede convertirse en sacerdote católico, como le hubiera correspondido por tradición, y optó por hacerse metodista, ante el desconcierto inicial de mi madre, quien poco sabía de esa iglesia e imaginó al genio de la familia reducido a cantar himnos al son de una guitarra en alguna plaza pública. Estas conversiones súbitas no son raras en mi tribu materna, tengo muchos parientes místicos. No imagino a mi hermano predicando en un púlpito porque nadie entendería sus doctos sermones, mucho menos en inglés, pero será un notable profesor de teología. Cuando supo que estabas enferma dejó todo, tomó el primer avión y se vino a Madrid a darme apoyo. Debemos tener esperanza de que Paula sanará, me repite hasta el cansancio.

¿Sanarás, hija? Te veo en esa cama, conectada a media docena de tubos y sondas, incapaz siquiera de respirar sin ayuda. Apenas te reconozco, tu cuerpo ha cambiado y tu cerebro está en sombra. ¿Qué pasa por tu mente? Háblame de tu soledad y tu miedo, de las visiones distorsionadas, del dolor de tus huesos que pesan como piedras, de esas siluetas amenazantes que se inclinan sobre tu cama, voces, murmullos, luces, nada debe tener sentido para ti; sé que oyes porque te sobresaltas con el sonido de un instrumento metálico, pero no sé si entiendes. ¿Quieres vivir, Paula? Pasaste la vida tratando de reunirte con Dios. ¿Quieres morir? Tal vez ya comenzaste a morir. ¿Qué sentido tienen tus días ahora? Has regresado al lugar de la inocencia total, has vuelto a las aguas de mi vientre, como el pez que eras antes de nacer. Cuento los días y ya son demasiados. Despierta, hija, por favor despierta...

Me pongo una mano sobre el corazón, cierro los ojos y me concentro. Adentro hay algo oscuro. Al principio es como el aire en la noche, tinieblas transparentes, pero pronto se transforma en plomo impenetrable. Procuro calmarme y aceptar aquella negrura que me ocupa por entero, mientras me asaltan imágenes del pasado. Me veo ante un espejo grande, doy un paso atrás, otro más y en cada paso se borran décadas y me achico hasta que el cristal me devuelve la figura de una niña de unos siete años, yo misma.

Ha llovido durante varios días, vengo saltando charcos, envuelta en un abrigo azul demasiado grande, con un bolsón de cuero a la espalda, un sombrero de fieltro metido hasta las orejas y los zapatos empapados. El portón de madera, hinchado por el agua, está trancado, necesito el peso de todo el cuerpo para moverlo. En el jardín de la casa de mi abuelo hay un álamo gigantesco con las raíces al aire, un maciento centinela vigilando la propiedad que parece abandonada, persianas zafadas de las bisagras, muros descascarados. Afuera apenas comienza a oscurecer, pero adentro ya es noche profunda, todas las luces están apagadas, menos la de la cocina. Hacia allá me dirijo pasando por el garaje, es una pieza grande, con las paredes manchadas de grasa, donde cuelgan de unos garfios cacerolas y cucharones renegridos. Un par de bombillos salpicados de moscas alumbran la escena; una olla hierve y silba la tetera, el cuarto huele a cebolla y un enorme refrigerador ronronea sin cesar. Margara, una mujerona de sólidos rasgos indígenas con una trenza flaca enrollada en la cabeza, escucha la novela de la radio. Mis hermanos están sentados a la mesa con sus tazas de cocoa caliente y sus panes con mantequilla. La mujer no levanta los ojos. Anda a ver a tu madre, está en cama otra vez, rezonga. Me quito el sombrero y el abrigo. No dejes tus cosas tiradas, no soy tu sirvienta, no tengo por qué recogerlas, me ordena subiendo el volumen de la radio. Salgo de la cocina y enfrento la oscuridad del resto de la casa, tanteo buscando el interruptor y enciendo una pálida luz que ilumina apenas un recibidor amplio al cual dan varias puertas. Un mueble con patas de león sostiene el busto de mármol de una muchacha pensativa; hay un espejo con grueso marco de madera, pero no lo miro porque puede aparecer el Diablo reflejado en el cristal. Subo la escalera a tiritones, se cuelan corrientes de aire por un hueco incomprensible en esa extraña arquitectura, llego al segundo piso aferrada al pasamano, el ascenso me parece interminable, percibo el silencio y las sombras, me acerco a la puerta cerrada del fondo y entro suavemente, sin golpear, en la punta de los pies. La única claridad proviene de una estufa, los techos están cubiertos del polvillo de pesadumbre de la parafina quemada, acumulado por años. Hay dos camas, una litera, un diván, sillas y mesas, apenas se puede circular entre tantos muebles. Mi madre, con la perra Pelvina López-Pun dormida a los pies, yace bajo una montaña de cobijas, media cara se vislumbra sobre la almohada: cejas bien dibujadas enmarcan sus ojos cerrados, la nariz recta, los pómulos altos, la piel muy pálida.

—¿Eres tú? —y saca una mano pequeña y fría buscando la mía.

—¿Te duele mucho, mamá?

—Me va a explotar la cabeza.

—Voy a buscarte un vaso de leche caliente y a decirles a mis hermanos que no metan ruido.

—No te vayas, quédate conmigo, ponme la mano en la frente, eso me ayuda.

Me siento sobre la cama y hago lo que me pide, temblando de compasión, sin saber cómo librarla de ese dolor maldito, Santa María, Madre de Dios, ruega por nosotros pecadores ahora y en la hora de nuestra muerte, amén. Si ella se muere mis hermanos y yo estamos perdidos, nos mandarán donde mi padre, esa idea me aterroriza. Margara me dice a menudo que si no me porto bien tendré que ir a vivir con él. ¿Será cierto? Necesito averiguarlo, pero no me atrevo a preguntarle a mi madre, empeoraría su jaqueca, no debo darle más preocupaciones porque el dolor crecerá hasta reventarle la cabeza, tampoco puedo tocar ese tema con el Tata, no hay que pronunciar el nombre de mi padre en su presencia, papá es una palabra prohibida, quien la pronuncia suelta a todos los demonios. Siento hambre, deseo ir a la cocina a tomar mi cocoa, pero no debo dejar a mi madre y tampoco me alcanza el valor para enfrentar a Margara. Tengo los zapatos mojados y los pies helados. Acaricio la frente de la enferma y me concentro, ahora todo depende de mí, si no me muevo y rezo sin distraerme podré vencer el dolor.

Tengo cuarenta y nueve años, me pongo una mano sobre el corazón y con voz de niña digo: no quiero ser como mi madre, seré como mi abuelo, fuerte, independiente, sana y poderosa, no aceptaré que nadie me mande ni deberé nada a nadie; quiero ser como mi abuelo y proteger a mi madre.

Creo que el Tata lamentó a menudo que yo no fuera hombre, porque en ese caso me habría enseñado a jugar pelota vasca, usar sus herramientas y cazar, me habría convertido en su compañero en esos viajes que hacía cada año a la Patagonia durante la esquila de las ovejas. En aquellos tiempos se iba al sur en tren o en automóvil por unos caminos torcidos y terrosos que solían convertirse en charcos de lodo, donde las ruedas quedaban pegadas y se necesitaban dos bueyes para rescatar la máquina. Se cruzaban lagos en lanchones tirados con cordeles y la cordillera en mula; eran expediciones de esfuerzo. Mi abuelo dormía bajo las estrellas forrado en una pesada manta de Castilla, se bañaba en aguas furiosas de ríos alimentados por la nieve derretida de las cumbres y comía garbanzos y sardinas en lata, hasta llegar al lado argentino, donde lo esperaba una cuadrilla de hombres toscos con una camioneta y un cordero asándose a fuego lento. Se instalaban alrededor de la hoguera en silencio, no eran personas comunicativas, vivían en una naturaleza inmensa y desamparada, allí el viento arrastra las palabras sin dejar huella. Con sus cuchillos de gauchos partían grandes trozos de carne y los devoraban con la vista fija en las brasas, sin mirarse. A veces uno tocaba canciones tristes en una guitarra mientras circulaba de mano en mano el mate cebado, esa aromática infusión de yerba verde y amarga que por esos lados se bebe como té. Guardo imágenes imborrables del único viaje al sur que hice con mi abuelo, a pesar de que el mareo en el automóvil casi me mata, la mula me lanzó al suelo un par de veces y después, cuando vi la forma en que trasquilaban las ovejas, me quedé sin habla y no volví a pronunciar palabra hasta que regresamos a la civilización. Los esquiladores, que ganaban por animal rapado, eran capaces de afeitar una oveja en menos de un minuto, pero a pesar de su pericia solían rebanar pedazos de piel y me tocó ver a más de un infeliz cordero abierto en canal, al cual le metían las tripas de cualquier modo dentro de la barriga, lo cosían con una aguja de colchonero y lo soltaban con el resto del rebaño para que en caso de sobrevivir siguiera produciendo lana.

De ese viaje perduró el amor por las alturas y mi relación con los árboles. He regresado varias veces al sur de Chile, y siempre vuelvo a sentir la misma indescriptible emoción ante el paisaje, el paso de la cordillera de los Andes está grabado en mi alma como uno de los momentos de revelación de mi existencia. Ahora y en otros tiempos desesperados, cuando intento recordar oraciones y no encuentro palabras ni ritos, la única visión de consuelo a que puedo recurrir son esos senderos diáfanos por la selva fría, entre helechos gigantescos y troncos que se elevan hacia el cielo, los abruptos pasos de las montañas y el perfil filudo de los volcanes nevados reflejándose en el agua color esmeralda de los lagos. Estar en Dios debe ser como estar en esa extraordinaria naturaleza. En mi memoria han desaparecido mi abuelo, el guía, las mulas, estoy sola caminando en el silencio solemne de aquel templo de rocas y vegetación. Aspiro el aire limpio, helado y húmedo de lluvia, se me hunden los pies en una alfombra de barro y hojas podridas, el olor de la tierra me penetra como una espada, hasta los huesos. Siento que camino y camino con paso liviano por desfiladeros de niebla, pero estoy siempre detenida en ese ignoto lugar, rodeada de árboles centenarios, troncos caídos, pedazos de cortezas aromáticas y raíces que asoman de la tierra como mutiladas manos vegetales. Me rozan la cara firmes telarañas, verdaderos manteles de encaje, que atraviesan la ruta de lado a lado perlados de gotas de rocío y de mosquitos de alas fosforescentes. Por aquí y por allá surgen resplandores rojos y blancos de copihues y otras flores que viven en las alturas enredadas a los árboles como luminosos abalorios. Se siente el aliento de los dioses, presencias palpitantes y absolutas en ese ámbito espléndido de precipicios y altas paredes de roca negra pulidas por la nieve con la sensual perfección del mármol. Agua y más agua. Se desliza como delgadas y cristalinas serpientes por las fisuras de las piedras y las recónditas entrañas de los cerros, juntándose en pequeños arroyos, en rumorosas cascadas. De pronto me sobresalta el grito de un pájaro cercano o el golpe de una piedra rodando desde lo alto, pero enseguida vuelve la paz completa de esas vastedades y me doy cuenta que estoy llorando de felicidad. Ese viaje lleno de obstáculos, de ocultos peligros, de soledad deseada y de indescriptible belleza es como el viaje de mi propia vida. Para mí, este recuerdo es sagrado, este recuerdo es también mi patria, cuando digo Chile, a eso me refiero. A lo largo de mi vida he buscado una y otra vez la emoción que me produce el bosque, más intensa que el más perfecto orgasmo o el más largo aplauso.

Cada año, cuando comenzaba la temporada de lucha libre, mi abuelo me llevaba al Teatro Caupolicán. Me vestían de domingo, con zapatos de charol negro y guantes blancos que contrastaban con la ruda apariencia del público. Así ataviada y bien cogida de la mano de ese viejo cascarrabias, me abría paso entre la rugiente multitud de espectadores. Nos sentábamos siempre en primera fila *para ver la sangre*, como decía el Tata, animado por una feroz anticipación. Una vez aterrizó sobre nosotros uno de los gladiadores, una salvaje mole de carne sudada aplastándonos como cucarachas. Mi abuelo se había preparado tanto para aquel momento, que cuando por fin ocurrió, no supo reaccionar y en vez de molerlo a bastonazos, como siempre anunció que lo haría, lo saludó con un cordial apretón de mano, al cual el hombre igualmente desconcertado respondió con una tímida sonrisa. Fue una de las grandes zozobras de mi infancia, el Tata descendió del Olimpo bárbaro donde hasta entonces había ocupado el único trono y se redujo a una dimensión humana; creo que en ese momento comenzaron mis rebeldías. El favorito era El Ángel, un apuesto varón de larga melena rubia, envuelto en una capa azul con estrellas plateadas, botas blancas y unos pantaloncitos ridículos que apenas cubrían sus vergüenzas. Cada sábado apostaba su magnífico pelo amarillo contra el temible Kuramoto, un indio mapuche que se fingía nipón y vestía kimono y zapatos de madera. Se trenzaban en una lucha aparatosa, se mordían, se retorcían el cuello, se pateaban los genitales y se metían los dedos en los ojos, mientras mi abuelo, con su boina en una mano y blandiendo el bastón con la otra, chillaba ¡mátalo! ¡mátalo! indiscriminadamente porque le daba lo mismo quién asesinara a quién. Dos de cada tres peleas Kuramoto vencía al Ángel, entonces el árbitro producía unas flamígeras tijeras y ante el silencio respetuoso del público, el falso guerrero japonés procedía a cortar los rizos de su rival. El prodigio de que una semana más tarde El Ángel luciera su cabellera hasta los hombros, constituía prueba irrefutable de su condición divina. Pero lo mejor del espectáculo era La Momia, que por años llenó mis noches de terror. Bajaban las luces del teatro, se escuchaba una marcha fúnebre en un disco rayado y aparecían dos egipcios caminando de perfil con antorchas encendidas, seguidos por otros cuatro que llevaban en andas un sarcófago pintarrajeado. La procesión colocaba la caja sobre el ring y se retiraba un par de pasos cantando en alguna lengua muerta. Con el corazón helado, veíamos levantarse la tapa del ataúd y emerger a un humanoide envuelto en vendajes, pero en perfecto estado de salud, a juzgar por sus bramidos y golpes de pecho. No tenía la agilidad de los otros luchadores, se limitaba a repartir patadas formidables y mazazos mortales con los brazos tiesos, lanzando a sus contrincantes a las cuerdas y despachurrando al árbitro. Una vez le asestó uno de sus puñetazos en la cabeza a Tarzán y por fin mi abuelo pudo mostrar en la casa algunas manchas rojas en su camisa. Esto no es sangre ni cosa que se le parezca, es salsa de tomate, gruñó Margara mientras remojaba la camisa en cloro. Aquellos personajes dejaron una huella sutil en mi memoria y cuarenta años más tarde traté de resucitarlos en un cuento, pero el único que me produjo un impacto imperecedero fue El Viudo. Era un pobre hombre en la cuarentena de su desafortunada existencia, la antítesis de un héroe, que subía al cuadrilátero vestido con un bañador antiguo, de esos que usaban los caballeros a principio de siglo, de tejido negro hasta las rodillas, con pechera y tirantes. Llevaba además una gorra de natación que daba a su aspecto un toque de irremediable patetismo. Lo recibía una tempestad de chiflidos, insultos, amenazas y proyectiles, pero a campanazos y toques de silbato el árbitro lograba finalmente acallar a las fieras. El Viudo elevaba una vocecita de notario para explicar que ésta era su última pelea, porque estaba enfermo de la espalda y se sentía muy deprimido desde el fallecimiento de su santa esposa, que en paz descanse. La buena mujer había partido al cielo dejándolo solo a cargo de dos tiernos hijos. Cuando la rechifla alcanzaba proporciones de batalla campal, dos niños de expresión compungida trepaban entre las cuerdas y se abrazaban a las rodillas del Viudo rogándole que no peleara, porque lo iban a matar. Un silencio súbito sobrecogía a la multitud mientras yo recitaba en un susurro mi poesía favorita: *Dos tiernos huerfanitos van al panteón / tomados de la mano en un mismo dolor / en la tumba del padre se arrodillan los dos / y una oración rezando le dirigen a Dios.* Cállese, me codeaba el Tata, pálido. Con un sollozo atravesado en la garganta, El Viudo explicaba que debía ganarse el pan, por eso enfrentaba al Asesino de Texas. En el enorme teatro se podía escuchar el salto de una pulga, en un instante la sed de tortazos y de sangre de aquella muchedumbre bestial se transformaba en lagrimeante compasión y una lluvia misericordiosa de monedas y billetes caía sobre el ring. Los huérfanos recogían el botín con rapidez y partían a la carrera, mientras se abría paso la figura panzuda del Asesino de Texas, que no sé por qué se vestía de galeote romano y azotaba el aire con un látigo. Por supuesto El Viudo siempre recibía una paliza descomunal, pero el vencedor debía retirarse protegido por carabineros para que el público no lo hiciera picadillo, mientras el machucado Viudo y sus hijitos salían llevados en andas por manos bondadosas, que además les repartían golosinas, dinero y bendiciones.

—Pobre diablo, mala cosa la viudez —comentaba mi abuelo, francamente conmovido.

A finales de la década de los sesenta, cuando trabajaba como periodista, me tocó hacer un reportaje sobre el «Cachascán», como llamaba el Tata a este extraordinario deporte. A los veintiocho años yo todavía creía en la objetividad del periodismo y no me quedó más remedio que hablar de las vidas miserables de esos pobres luchadores, desenmascarar la sangre de tomate, los ojos de vidrio que aparecían en los dedos engarfiados de Kuramoto, mientras el perdedor «ciego» salía aullando a tropezones y tapándose la cara con las manos teñidas de rojo, y la peluca apolillada de El Ángel, ya tan anciano que seguro sirvió de modelo para el mejor cuento de García Márquez, *Un señor muy viejo con unas alas enormes*. Mi abuelo leyó mi reportaje con los dientes apretados y pasó una semana sin hablarme, indignado.

Los veranos de mi infancia transcurrieron en la playa, donde la familia tenía una gran casona destartalada frente al mar. Partíamos en diciembre, antes de Navidad, y regresábamos a finales de febrero, negros de sol y ahítos de fruta y pescado. El viaje, que hoy se hace en una hora por autopista, entonces era una odisea que tomaba un día completo. Los preparativos comenzaban con una semana de anterioridad, se llenaban cajas de comida, sábanas y toallas, bolsas de ropa, la jaula con el loro, un pajarraco insolente capaz de arrancar el dedo de un picotazo a quien se atreviera a tocarlo, y por supuesto, Pelvina López-Pun. Sólo quedaban en la casa de la ciudad la cocinera y los gatos, animales salvajes que se alimentaban de ratones y palomas. Mi abuelo tenía un coche inglés negro y pesado como un tanque, con una parrilla en el techo donde se amarraba la montaña de bultos. En la cajuela abierta viajaba Pelvina junto a las cestas de la merienda, que no atacaba porque apenas veía las maletas caía en profunda melancolía perruna. Margara llevaba vasijas, paños, amoníaco y un frasco con tisana de manzanilla, un abyecto licor dulce de fabricación casera al cual se le atribuía la vaga virtud de encoger el estómago, pero ninguna de esas precauciones evitaba el mareo. Mi madre, los tres niños y la perra languidecíamos antes de salir de Santiago, empezábamos a gemir de agonía al entrar a la carretera y cuando llegábamos a la zona de las curvas en los cerros caíamos en estado crepuscular. El Tata, que debía detenerse a menudo para que nos bajáramos medio desmayados a respirar aire puro y estirar las piernas, conducía aquel carromato maldiciendo la ocurrencia de llevarnos a veranear. También paraba en las parcelas de los agricultores a lo largo del camino para comprar queso de cabra, melones y frascos de miel. Una vez adquirió un pavo vivo para engordarlo; se lo vendió una campesina con una barriga enorme a punto de dar a luz, y mi abuelo, con su caballerosidad habitual, se ofreció para atrapar el ave. A pesar de las náuseas, nos divertimos un buen rato ante el espectáculo inolvidable de ese viejo cojo corriendo en fragorosa persecución. Por fin logró cogerlo por el cuello con el mango del bastón y se le fue encima en medio de una ventolera indescriptible de polvo y plumas. Lo vimos regresar al automóvil cubierto de caca con su trofeo bajo el brazo, bien atado por las patas. Nadie imaginó que la perra lograría sacudirse el malestar por unos minutos para arrancarle la cabeza de un mordisco antes de llegar a destino. No hubo forma de quitar las manchas de sangre, que quedaron impresas en el automóvil como recordatorio eterno de aquellos viajes calamitosos.

Ese balneario en verano era un mundo de mujeres y niños. La Playa Grande era un paraíso hasta que se instaló la refinería de petróleo y arruinó para siempre la transparencia del mar y espantó a las sirenas, que no volvieron a oírse más por esas orillas. A las diez de la mañana comenzaban a llegar las empleadas en uniforme con los niños. Se instalaban a tejer, vigilando a las criaturas con el rabillo del ojo, siempre en los mismos lugares. Al centro de la playa se colocaban bajo carpas y quitasoles las familias más antiguas, dueñas de los caserones grandes; a la izquierda los nuevos ricos, los turistas y la clase media, que alquilaban las casas de los cerros, en el extremo derecho visitantes modestos que venían de la capital por el día en destartalados microbuses. En traje de baño todo el mundo se ve más o menos igual, sin embargo cada cual adivinaba de inmediato su sitio exacto. En Chile la clase alta tiene por lo general un aspecto europeo, pero al descender en la escala social y económica se acentúan los rasgos indígenas. La conciencia de clase es tan fuerte, que nunca vi a nadie traspasar las fronteras de su puesto. A mediodía llegaban las madres, con grandes sombreros de paja y botellas con jugo de zanahoria, que se usaba entonces para obtener un bronceado rápido. A eso de las dos, cuando el sol estaba en su apogeo, todos partían a almorzar y dormir la siesta, recién entonces aparecían los jóvenes con aire de aburrimiento, muchachas frutales y chicos impávidos que se echaban en la arena a fumar y frotarse unos con otros hasta que la excitación los obligaba a buscar alivio en el mar. Los viernes al anochecer llegaban los maridos de la capital y el sábado y domingo la playa cambiaba de aspecto. Las madres mandaban a los hijos de paseo con las nanas y se instalaban en grupos, con sus mejores bañadores y sombreros, compitiendo por la atención de los esposos ajenos, afán inútil puesto que éstos apenas las miraban, más interesados en comentar la política –único tema en Chile– calculando el momento de volver a la casa a comer y beber como cosacos. Mi madre, sentada como una emperatriz al centro del centro de la playa, tomaba sol por las mañanas y en las tardes se iba a jugar al Casino; había descubierto una martingala que le permitía ganar cada tarde lo suficiente para sus gastos. Para evitar que pereciéramos arrastrados por las olas de ese mar traicionero, Margara nos ataba con cuerdas que enrollaba en su cintura mientras tejía interminables chalecos para el invierno; cuando sentía un tirón, levantaba la vista brevemente para ver quién estaba en apuros y halando del cordel lo arrastraba de vuelta a tierra firme. Sufríamos a diario esa humillación, pero apenas nos zambullíamos en el agua olvidábamos las burlas de los otros chiquillos. Nos bañábamos hasta quedar azules de frío, juntábamos conchas y caracoles, comíamos pan de huevo con arena y helados de limón medio derretidos, que vendía un sordomudo en un carrito lleno de hielo con sal. Por las tardes salía de la mano de mi madre a ver la puesta de sol desde las rocas. Esperábamos para formular un deseo atentas al último rayo verde que surgía como una llamita en el instante preciso en que el sol desaparecía en el horizonte. Yo pedía siempre que mi mamá no encontrara marido y supongo que ella pedía exactamente lo contrario. Me hablaba de Ramón, a quien por su descripción yo imaginaba como un príncipe encantado cuya principal virtud era que se hallaba muy lejos. El Tata nos dejaba en el balneario al comienzo del verano y regresaba a Santiago casi de inmediato, era la única época en que gozaba de cierta paz, le gustaba su casa vacía, jugar a golf y a la brisca en el Club de la Unión. Si aparecía algún fin de semana en la costa no era para participar en el relajo de las vacacio-

nes, sino para probar sus fuerzas nadando por horas en ese mar
gélido de olas fuertes, salir a pescar y arreglar los innumerables
desperfectos de esa casa abatida por la humedad. Solía llevarnos a
un establo cercano a tomar leche fresca al pie de la vaca, un galpón
oscuro y fétido donde un peón con las uñas inmundas ordeñaba
directamente en tazones de lata. Bebíamos una leche cremosa y
tibia, con moscas flotando en la espuma. Mi abuelo, que no creía
en la higiene y era partidario de inmunizar a los niños mediante
contacto íntimo con las fuentes de infección, celebraba con grandes risotadas que nos tragáramos las moscas vivas.

Los habitantes del pueblo veían llegar la invasión de veraneantes con una mezcla de rencor y entusiasmo. Eran personas modestas, casi todos pescadores y pequeños comerciantes o dueños
de un pedazo de tierra junto al río, donde cultivaban unos pocos
tomates y lechugas. Se vanagloriaban de que allí nunca pasaba
nada, era una aldea muy tranquila, sin embargo un amanecer de
invierno encontraron crucificado a un conocido pintor en los
mástiles de un velero. Oí los comentarios en susurros, no era una
noticia adecuada para los niños, pero años más tarde averigüé algunos pormenores. El pueblo entero se encargó de borrar huellas, confundir evidencias y enterrar pruebas, y la policía no se
esmeró demasiado en aclarar el tenebroso crimen, porque todos
sabían quiénes habían clavado el cuerpo en los palos. El artista
vivía todo el año en su casa de la costa, dedicado a la pintura, escuchando su colección de discos clásicos y dando largos paseos
con su mascota, un afgano de pura raza tan esmirriado que la
gente lo creía una cruza de perro con aguilucho. Los pescadores
más apuestos posaban como modelos para los cuadros y pronto
se convertían en sus compañeros de jarana. Por las noches los
ecos de la música alcanzaban los confines del caserío y a veces los
jóvenes no regresaban a sus hogares ni a su trabajo durante días.
Madres y novias intentaron en vano recuperar a sus hombres,
hasta que, perdida la paciencia, empezaron a complotar sigilosamente. Las imagino cuchicheando mientras reparaban las redes,
intercambiando guiños en los afanes del mercado y pasándose
unas a otras las contraseñas del aquelarre. Esa noche se deslizaron
como sombras por la playa, se aproximaron a la casa grande, en-

traron silenciosas sin perturbar a sus hombres que dormían la borrachera y llevaron a cabo lo que habían ido a hacer sin que temblaran los martillos en sus manos. Dicen que también el esbelto perro afgano sufrió la misma suerte. Algunas veces me tocó visitar las míseras chozas de los pescadores, con su olor a brasas de carbón y sacos de pesca, y volvía a sentir la misma desazón que me invadía en los cuartos de las empleadas. En la casa de mi abuelo, larga como un ferrocarril, las paredes de cartón-piedra eran tan delgadas que de noche se mezclaban los sueños, las cañerías y objetos metálicos claudicaban pronto al óxido, el aire salado corroía los materiales como lepra perniciosa. Una vez al año había que repasar todo con pintura y despanzurrar los colchones para lavar y secar al sol la lana que comenzaba a pudrirse por la humedad. La casa fue construida junto a un cerro que el Tata hizo cortar como una torta sin pensar en la erosión, de donde manaba un chorro permanente de agua alimentando gigantescas matas de hortensias rosadas y azules, siempre en flor. En la cumbre del cerro, donde se accedía por una escala interminable, vivía una familia de pescadores. Uno de los hijos, un hombre joven de manos callosas por el desgraciado oficio de arrancar mariscos de las rocas, me llevó al bosque. Yo tenía ocho años. Era el día de Navidad.

Volvamos a Ramón, el único enamorado de mi madre que nos interesa, porque a los demás nunca les hizo mucho caso y pasaron sin dejar rastro. Se había separado de su mujer, quien regresó a Santiago con los hijos, y trabajaba en la Embajada en Bolivia ahorrando hasta el último céntimo para conseguir su nulidad matrimonial, procedimiento usual en Chile, donde a falta de una ley de divorcio se recurre a trampas, mentiras, testigos falsos y perjurio. Los años de amores postergados le sirvieron para cambiar su personalidad, se desprendió del sentido de culpa inculcado por un padre déspota y se alejó de la religión, que lo oprimía como una camisa de fuerza. Mediante apasionadas cartas y unas cuantas llamadas telefónicas había logrado derrotar a rivales tan poderosos como un dentista, mago en sus horas libres, que podía sacar un conejo vivo de una paila con aceite hirviendo; al rey de las ollas a presión, que introdujo esos artefactos en el país alterando para siempre la parsimonia de la cocina criolla; y a varios otros galanes que podrían haberse convertido en nuestro padrastro, incluyendo a mi favorito, Benjamín Viel, alto y recto como una lanza, con una risa contagiosa, asiduo visitante de la casa de mi abuelo en esa época. Mi madre asegura que el único amor de su existencia fue Ramón y como todavía ambos están vivos, no pienso desmentirla. Había pasado un par de años desde que salimos de Lima, cuando tramaron una escapada al norte de Chile. Para mi madre el riesgo de esa cita clandestina era inmenso, se trataba de un paso definitivo en dirección prohibida, de renunciar a la vida prudente de empleada bancaria y a las virtudes de viuda abnegada en casa de su padre, pero el impulso del deseo postergado y la fuerza de la juventud vencieron sus escrúpulos. Los preparativos de esa aventura llevaron meses y el único cómplice fue el tío Pablo, quien no quiso conocer la identidad del amante ni enterarse de los detalles, pero compró para su hermana la mejor tenida de viaje y le metió un atado de billetes en el bolsillo –por si se arrepiente a mitad de camino y decide volver, como dijo– y después la condujo taciturno al aeropuerto. Ella partió airosa sin dar explicaciones a mi abuelo porque supuso que jamás podría entender los abrumadores motivos del amor. Regresó una semana más tarde transformada por la experiencia de la pasión colmada y al descender del avión encontró al Tata vestido de negro y mortalmente serio, quien le salió al encuentro con los brazos abiertos y la estrechó contra su pecho, perdonándola en silencio. Supongo que en esos días fugaces Ramón cumplió con creces las fogosas promesas de sus cartas, eso explicaría la decisión de mi madre de aguardar por años en la esperanza de que él pudiera liberarse de sus ataduras matrimoniales. Aquella cita y sus consecuencias fueron diluyéndose con las semanas. Mi abuelo, que no creía en amores a la distancia, nunca habló del tema y como ella tampoco lo mencionaba, terminó por creer que el implacable desgaste del tiempo había acabado con esa pasión, por lo mismo se llevó una sorpresa tremenda cuando supo de la abrupta llegada del galán a Santiago. En cuanto a mí, apenas sospeché que el príncipe encantado no era material de cuentos sino una persona real, sentí pánico; la idea de que mi madre se entusiasmara con él y nos abandonara me producía retortijones de miedo. Ramón se había enterado que un misterioso pretendiente con más chances que las suyas se perfilaba en el horizonte –quiero pensar que era Benjamín Viel pero carezco de pruebas– y sin más trámite abandonó su puesto en La Paz y se encaramó en el primer avión que consiguió rumbo a Chile. Mientras estuvo en el extranjero no fue tan notoria la separación con su esposa, pero cuando llegó a Santiago y no se instaló bajo el techo conyugal, la situación explotó; se movilizaron parientes, amigos y conocidos en una campaña tenaz para devolverlo al seno del hogar legítimo. En esos días íbamos con mis hermanos por la calle de la mano de Margara cuando una señora muy acomodada nos gritó hijos de puta a voz en cuello. En vista de la testarudez de ese marido recalcitrante, el tío obispo se presentó ante mi abuelo para exigir su intervención. Exaltado de furor cristiano y envuelto en olor de santidad –no se había bañado en quince años– lo puso al día sobre los pecados de su hija, una Betsabé enviada por el Maligno para perder a los mortales. Mi abuelo no era hombre de aceptar aquella retórica referida a un miembro de su familia ni de dejarse apabullar por un cura, por mucha que fuera su fama de santo, pero comprendió que debía salir al encuentro del escándalo antes que fuera tarde. Arregló una cita con Ramón en su oficina para resolver el problema de raíz, pero se encontró con una voluntad tan pétrea como la suya.

–Estamos enamorados –explicó éste con el mayor respeto, pero con voz firme y hablando en plural, a pesar de que las últimas cartas sembraban dudas sobre la reciprocidad de tal amor–. Permítame demostrarle que soy hombre de honor y que puedo hacer feliz a su hija.

Mi abuelo no le despintó la mirada, tratando de indagar sus más secretas intenciones y debe haberle gustado lo que vio.

–Está bien –decidió por fin–. Si así son las cosas, usted se viene a vivir a mi casa, porque no quiero que mi hija ande suelta quién sabe por qué andurriales. De paso le advierto que me la cuide mucho. A la primera barrabasada tendrá que enfrentarse conmigo ¿estamos claros?

–Perfectamente –replicó el improvisado novio algo tembleque pero sin bajar la vista.

Fue el comienzo de una amistad incondicional que duró más de treinta años entre ese suegro improbable y ese yerno ilegítimo. Poco después llegó un camión a nuestra casa y desembarcó en el patio un cajón enorme del cual salieron una infinidad de bártulos. Al ver al tío Ramón por primera vez pensé que se trataba de una broma de mi madre. ¿Ése era el príncipe por el cual tanto había suspirado? Nunca había visto un tipo más feo. Hasta entonces mis hermanos y yo habíamos dormido en la habitación de ella; esa noche colocaron mi cama en el cuarto de planchar rodeada de armarios con diabólicos espejos, y Pancho y Juan fueron trasladados a otra pieza con Margara. No me di cuenta que algo fundamental había cambiado en el orden familiar, a pesar de que cuando la tía Carmelita llegaba de visita Ramón salía volando por una ventana. La verdad se me reveló algo después, un día que llegué del colegio a una hora intempestiva, entré al dormitorio de mi madre sin golpear, como siempre había hecho, y la encontré durmiendo la siesta con aquel desconocido a quien debíamos llamar tío Ramón. El tarascón de los celos no me soltó hasta diez años más tarde, cuando por fin pude aceptarlo. Se hizo cargo de nosotros, tal como había prometido ese día memorable en Lima, nos educó con mano firme y buen humor, nos dio límites y mensajes claros, sin demostraciones sentimentales, y jamás nos hizo concesiones; aguantó mis mañas sin tratar de comprar mi estima ni ceder un ápice de su terreno, hasta que me ganó por completo. Es el único padre que he tenido y ahora me parece francamente buenmozo.

La vida de mi madre es una novela que me ha prohibido escribir; no puedo revelar sus secretos y misterios hasta cincuenta años después de su muerte, pero para entonces estaré convertida en alimento de peces, si mis descendientes cumplen las instrucciones de arrojar mis cenizas al mar. A pesar de que rara vez logramos ponernos de acuerdo, ella es el amor más largo de mi vida, comenzó el día de mi gestación y ya dura medio siglo, además es el único realmente incondicional, ni los hijos ni los más ardientes enamorados aman así. Ahora está conmigo en Madrid. Tiene el pelo de plata y arrugas de setenta años, pero todavía brillan sus ojos verdes con la antigua pasión, a pesar de la amargura de estos meses, que todo lo torna opaco. Compartimos un par de piezas de hotel a pocas cuadras del hospital, donde contamos con una hornilla y una nevera. Nos alimentamos de chocolate espeso y churros comprados al pasar, a veces de unas contundentes sopas de lentejas con salchichón capaces de resucitar a Lázaro, que preparamos en nuestra cocinilla. Despertamos de madrugada, cuando todavía está oscuro, y mientras ella se despereza, yo me visto de prisa y preparo café. Parto primero, por calles parchadas de nieve sucia y hielo, y un par de horas más tarde ella se reúne conmigo en el hospital. El día se nos va en el corredor de los pasos perdidos, junto a la puerta de la Unidad de Cuidados Intensivos, solas hasta el anochecer, cuando aparece Ernesto de vuelta de su trabajo y comienzan a llegar de visita los amigos y las monjas. Según el reglamento sólo podemos atravesar esa puerta nefasta dos veces al día, vestirnos con los delantales verdes, calzarnos forros de plástico y caminar veintiún pasos largos con el corazón en la mano hasta tu sala, Paula. Tu cama es la primera de la izquierda, hay doce en esa habitación, algunas vacías, otras ocupadas: pacientes cardíacos, recién operados, víctimas de accidentes, drogas o suicidios, que pasan por allí unos días y luego desaparecen, algunos vuelven a la vida, a otros se los llevan cubiertos con una sábana. A tu lado yace don Manuel, muriéndose lentamente. A veces se incorpora un poco para mirarte con ojos nublados por el dolor, vaya qué guapa es su niña, me dice. Suele preguntarme qué te sucedió, pero está sumido en las miserias de su propia enfermedad y apenas termino de explicarle lo olvida. Ayer le conté un cuento y por primera vez me escuchó con atención: había una vez una princesa a quien el día del bautizo sus hadas madrinas colmaron de dones, pero un brujo colocó una bomba de tiempo en su cuerpo, antes que su madre pudiera impedirlo. Para la época en que la joven cumplió veintiocho años felices todos habían olvidado el maleficio, pero el reloj contaba inexorablemente los minutos y un día aciago explotó la bomba sin ruido. Las enzimas perdieron el rumbo en el laberinto de las venas y la muchacha se sumió en un sueño tan profundo como la muerte. Que Dios guarde a su princesa, suspiró don Manuel.

A ti te cuento otras historias, hija.

Mi infancia fue un tiempo de miedos callados: terror de Margara, que me detestaba, de que apareciera mi padre a reclamarnos, de que mi madre muriera o se casara, del diablo, los *juegos bruscos*, las cosas que los hombres malos pueden hacer con las niñas. No se te ocurra subir al automóvil de un desconocido, no hables con nadie en la calle, no dejes que te toquen el cuerpo, no te acerques a los gitanos. Siempre me sentí diferente, desde que puedo recordarlo he estado marginada; no pertenecía realmente a mi familia, a mi medio social, a un grupo. Supongo que de ese sentimiento de soledad nacen las preguntas que impulsan a escribir, en la búsqueda de respuestas se gestan los libros. El consuelo en los momentos de pánico fue el persistente espíritu de la Memé, que solía desprenderse de los pliegues de la cortina para acompañarme. El sótano era el oscuro vientre de la casa, lugar sellado y prohibido al cual me deslizaba por un ventanuco de ventilación. Me sentía bien en esa caverna olorosa a humedad, donde jugaba rompiendo tinieblas con una vela o con la misma linterna que usaba para leer de noche bajo las sábanas. Pasaba horas dedicada a juegos callados, lecturas clandestinas y esas complicadas ceremonias que inventan los niños solitarios. Había almacenado una buena provisión de velas robadas en la cocina y tenía una caja con trozos de pan y galletas para alimentar a los ratones. Nadie sospechaba de mis excursiones al fondo de la tierra, las empleadas atribuían los ruidos y las luces al fantasma de mi abuela y no se acercaban jamás por ese lado. El subterráneo consistía en dos cuartos amplios de techo bajo y suelo de tierra apisonada, donde quedaban expuestos los huesos de la casa, sus tripas de cañerías, su peluca de cables eléctricos; allí se amontonaban muebles rotos, colchones despanzurrados, pesadas maletas antiguas para viajes en barco que ya nadie recordaba. En un baúl metálico marcado con las iniciales de mi padre, encontré una colección de libros, fabulosa herencia que iluminó esos años de mi infancia: *El tesoro de la juventud*, Salgari, Shaw, Verne, Twain, Wilde, London y otros. Los supuse vedados porque pertenecían a ese T.A. de nombre impronunciable, no me atreví a sacarlos a la luz y, alumbrada por candiles, me los tragué con la voracidad que despiertan las cosas prohibidas, tal como años después leí a escondidas *Las mil y una noches*, aunque en realidad en esa casa no había libros censurados, nadie tenía tiempo para vigilar a los niños y mucho menos sus lecturas. A los nueve años me sumergí en las obras completas de Shakespeare, primer regalo del tío Ramón, una bella edición que repasé innumerables veces sin parar mientes en su calidad literaria, por el simple placer del chisme y la tragedia, es decir, por la misma razón que antes escuchaba los folletines de la radio y ahora escribo ficción. Vivía cada cuento como si fuera mi propia vida, yo era cada uno de los personajes, sobre todo los villanos, mucho más atrayentes que los héroes virtuosos. La imaginación se me disparaba inevitablemente hacia la truculencia. Si leía sobre los pieles rojas que arrancaban el cuero cabelludo a sus enemigos, suponía que las víctimas quedaban vivas y continuaban sus luchas con apretados gorros de piel de bisonte para sujetarse los sesos que asomaban entre las fisuras del cráneo despellejado, y de allí a imaginar que las ideas también se les escapaban había un paso. Dibujaba los personajes en cartulina, los recortaba y los sostenía con palitos, ése fue el comienzo de mis primeros intentos en el teatro. Les contaba cuentos a mis alelados hermanos, horribles historias de suspenso que llenaban sus días de terrores y sus noches de pesadillas, tal como después hice con mis hijos y con algunos hombres en la intimidad de la cama, donde una fábula bien contada suele tener un poderoso efecto afrodisíaco.

El tío Ramón tuvo una influencia fundamental en muchos aspectos de mi carácter, aunque en algunos casos me ha costado cuarenta años relacionar sus enseñanzas con mis reacciones. Poseía un Ford destartalado que compartía a medias con un amigo; él lo usaba lunes, miércoles, viernes y domingo por medio, y el otro lo tenía el resto del tiempo. Uno de esos domingos con automóvil, nos llevó con mis hermanos y mi madre al *Open Door*, un fundo en los alrededores de Santiago donde internaban a los locos mansos. Conocía bien esos parajes porque en su juventud pasaba las vacaciones allí invitado por unos parientes que administraban la parte agrícola del sanatorio. Entramos a barquinazos por un camino de tierra bordeado por grandes plátanos orientales formando una bóveda verde por encima de nuestras cabezas. A un lado quedaban los potreros y al otro los edificios rodeados de un huerto de árboles frutales, donde deambulaban unos cuantos dementes pacíficos vestidos con camisolas descoloridas, que acudieron a nuestro encuentro corriendo junto al coche y asomando las caras y las manos por las ventanillas entre gritos de bienvenida. Nos encogimos en el asiento espantados mientras el tío Ramón los saludaba por el nombre, algunos habían estado allí por muchos años y en los veranos de su juventud jugaba con ellos. Por un precio razonable negoció con el cuidador para que nos dejara entrar al huerto.

—Bájense, niños, los locos son buena gente —ordenó—. Pueden subirse a los árboles, comer todo lo que quieran y llenar este saco. *Somos inmensamente ricos.*

No sé cómo consiguió que los internos del sanatorio nos ayudaran. Pronto les perdimos el miedo y terminamos todos encaramados devorando damascos, chorreados de jugo, arrancándolos a manos llenas de las ramas para meterlos en la bolsa. Les dábamos un mordisco y si no nos parecían bien dulces los tirábamos y sacábamos otro, nos lanzábamos los damascos maduros, que nos reventaban encima en una verdadera orgía de fruta y de risa. Comimos hasta la saciedad y después de despedirnos a besos de los orates emprendimos el regreso en el viejo Ford con la gran bolsa repleta, de la cual seguimos engullendo hasta que nos vencieron los calambres de barriga. Ese día tuve conciencia por primera vez de que la vida puede ser generosa. Jamás habría tenido una experiencia así con mi abuelo o con otro miembro de mi familia, que consideraban la escasez una bendición y la avaricia una virtud. De vez en cuando el Tata aparecía con una bandeja de pasteles, siempre medidos, uno para cada uno, nada faltaba y nada sobraba; el dinero era sagrado y a los niños nos enseñaban desde temprano cuánto costaba ganarlo. Mi abuelo tenía fortuna, pero no lo sospeché hasta mucho después. El tío Ramón era pobre como un ratón de sacristía y tampoco lo supe entonces, porque se las arregló para enseñarnos a gozar de lo poco que tenía. En los momentos más duros de mi existencia, cuando me ha parecido que se cierran todas las puertas, el sabor de esos damascos me viene a la boca para consolarme con la idea de que la abundancia está al alcance de la mano, si uno sabe encontrarla.

Los recuerdos de mi niñez son dramáticos, como los de todo el mundo, supongo, porque las banalidades se pierden en el olvido, pero también puede deberse a mi tendencia a la tragedia. Dicen que el entorno geográfico determina el carácter. Vengo de un país muy bello, pero azotado por calamidades: sequía en verano, inundaciones en invierno, cuando se tapan las acequias y se mueren los indigentes de pulmonía; crecidas de los ríos al derretirse las nieves de las montañas y maremotos que con una sola ola trasladan barcos tierra adentro y los colocan en medio de las plazas;

incendios y volcanes en erupción; pestes de mosca azul, caracol y hormigas; terremotos apocalípticos y un rosario ininterrumpido de temblores menores, a los cuales ya nadie da importancia; y si a la pobreza de la mitad de la población sumamos el aislamiento, hay material de sobra para un melodrama.

Pelvina López-Pun, la perra que instalaron en mi cuna desde mi primer día de vida con la idea de inmunizarme contra pestes y alergias, resultó un animal lujurioso que cada seis meses quedaba preñada de cualquier can callejero, a pesar de los ingeniosos recursos improvisados por mi madre, como ponerle calzones de goma. Cuando estaba en celo colocaba el trasero pegado a la reja del jardín, mientras en la calle una jauría impaciente esperaba su turno para amarla entre los barrotes. A veces, al regresar del colegio, encontraba un perro atascado, al otro lado a Pelvina aullando y mis tíos, muertos de la risa, tratando de separarlos con manguerazos de agua fría. Después Margara ahogaba a las camadas de cachorros recién nacidos, tal como hacía con los gatos. Un verano estábamos listos para partir de vacaciones, pero el viaje debió postergarse porque la perra estaba en celo y resultaba imposible llevarla en esas condiciones, en la playa no había forma de encerrarla y ya estaba demostrado que las pantaletas de goma son inútiles ante el ímpetu de una pasión verdadera. Tanto reclamó el Tata, que mi madre decidió venderla mediante un anuncio en el periódico: «fina perra bull-dog traída del extranjero, buen carácter, busca dueños cariñosos que sepan apreciarla». Nos explicó sus razones, pero a nosotros nos pareció una infamia y dedujimos que si era capaz de desprenderse de Pelvina, lo mismo podía hacer con cualquiera de sus hijos. Suplicamos en vano; el sábado apareció una pareja interesada en adoptar a la perra. Escondidos bajo la escalera vimos la sonrisa esperanzada de Margara cuando los condujo a la sala, esa mujer odiaba a la bestia tanto como a mí. Poco después mi madre salió en busca de Pelvina para presentarla a los potenciales compradores. Recorrió la casa de arriba abajo, antes de encontrarla en el baño, donde los niños la teníamos encerrada después de afeitarle y pintarle con mercurocromo partes del lomo. Con forcejeos y amenazas logró abrir la puerta, el animal salió disparado escalera abajo y de un salto se montó en el sofá donde estaban los clientes, quienes al ver las lacras lanzaron alaridos y dispararon atropellándose por llegar a la puerta antes que los alcanzara el contagio. Tres meses más tarde Margara debió eliminar media docena de perritos bastardos, mientras nosotros ardíamos de fiebre culpable. Poco después Pelvina murió misteriosamente, sospecho que Margara tuvo algo que ver con eso.

Ese mismo año me enteré en el colegio que los recién nacidos no llegan transportados por una cigüeña, sino que crecen como melones en la barriga de las madres, y que el Viejo Pascuero nunca existió, eran los padres quienes compraban los regalos de Navidad. La primera parte de aquella revelación no me impactó porque no pensaba tener hijos todavía, pero la segunda fue devastadora. Me dispuse a pasar la Nochebuena en vela para descubrir la verdad, pero a pesar de mis esfuerzos acabó por vencerme el sueño. Atormentada por las dudas, había escrito una carta-trampa pidiendo lo imposible: otro perro, una multitud de amigos y varios juguetes. Al despertar por la mañana encontré una caja con frascos de témpera, pinceles y una nota astuta del miserable Viejo Pascuero, cuya caligrafía era sospechosamente parecida a la de mi madre, explicando que no me trajo lo pedido para enseñarme a ser menos codiciosa, pero en cambio me ofrecía las paredes de mi pieza para pintar el perro, los amigos y los juguetes. Miré a mi alrededor y vi que habían quitado los severos retratos antiguos y el lamentable Sagrado Corazón de Jesús, y en el muro desnudo frente a mi cama descubrí una reproducción a color recortada de un libro de arte. El desencanto me dejó atónita por varios minutos, pero finalmente me repuse lo suficiente como para examinar esa imagen, que resultó ser una pintura de Marc Chagall. Al principio me parecieron sólo manchas anárquicas, pero pronto descubrí en el pequeño recorte de papel un asombroso universo de novias azules volando patas arriba, un pálido músico flotando entre un candelabro de siete brazos, una cabra roja y otros veleidosos personajes. Había tantos colores y objetos diferentes que necesité un buen rato para moverme en el maravilloso desorden de la composición. Ese cuadro tenía música: un tic-tac de reloj, gemido de violines, balidos de cabra, roce de alas, un murmullo inacabable de palabras. Tenía también olores: aroma de velas encendidas, de flores silvestres, de animal en celo, de ungüentos de mujer. Todo parecía envuelto en la nebulosa de un sueño feliz, por un lado la atmósfera era cálida como una tarde de siesta y por el otro se percibía la frescura de una noche en el campo. Yo era demasiado joven para analizar la pintura, pero recuerdo mi sorpresa y curiosidad, ese cuadro era una invitación al juego. Me pregunté fascinada cómo era posible pintar así, sin respeto alguno por las normas de composición y perspectiva que la profesora de arte intentaba inculcarme en el colegio. Si este Chagall puede hacer lo que le da la gana, yo también puedo, concluí, abriendo el primer frasco de témpera. Durante años pinté con libertad y gozo un complejo mural donde quedaron registrados los deseos, los miedos, las rabias, las preguntas de la infancia y el dolor de crecer. En un sitio de honor, en medio de una flora imposible y una fauna desquiciada, pinté la silueta de un muchacho de espaldas, como si estuviera mirando el mural. Era el retrato de Marc Chagall, de quien me había enamorado como sólo se enamoran los niños. En la época en que yo pintaba furiosamente las paredes de mi casa en Santiago, el objeto de mis amores tenía sesenta años más que yo, era célebre en todo el mundo, acababa de poner término a su larga viudez casándose en segundas nupcias y vivía en el corazón de París, pero la distancia y el tiempo son convenciones frágiles, yo creía que era un niño de mi edad y muchos años después, en abril de 1985, cuando Marc Chagall murió a los 93 años de eterna juventud, comprobé que en verdad lo era. Siempre fue el chiquillo imaginado por mí. Cuando nos fuimos de esa casa y me despedí del mural, mi madre me dio un cuaderno para registrar lo que antes pintaba: un cuaderno de anotar la vida. Toma, desahógate escribiendo, me dijo. Así lo hice entonces y así lo hago ahora en estas páginas. ¿Qué otra cosa puedo hacer? Me sobra tiempo. Me sobra el futuro completo. Quiero dártelo, hija, porque has perdido el tuyo.

Aquí todos te llaman la niña, debe ser por tu cara de colegiala y ese pelo largo que las enfermeras trenzan. Le pidieron permiso a Ernesto para cortártelo, es muy engorroso mantenerlo limpio y desenredado, pero aún no lo han hecho, les da lástima, lo consideran tu mejor atributo de belleza porque aún no han visto tus ojos abiertos. Creo que están un poco enamoradas de tu marido, les conmueve tanto amor; lo ven inclinado sobre tu cama hablándote en susurros, como si pudieras oírlo, y quisieran ser amadas así. Ernesto se quita el chaleco y te lo pasa por las manos inertes, toca, Paula, soy yo, dice, es el chaleco que prefieres ¿lo reconoces? Ha grabado mensajes secretos y te los deja puestos con audífonos, para que escuches su voz cuando estás sola; lleva un algodón impregnado en su colonia y lo coloca bajo tu almohada, para que su olor te acompañe. A las mujeres de nuestra familia el amor les llega como un vendaval, así le pasó a mi madre con el tío Ramón, a ti con Ernesto, a mí con Willie y supongo que les sucederá igual a las nietas y bisnietas que vendrán. Un día de Año Nuevo, cuando ya estaba viviendo con Willie en California, te llamé por teléfono para darte un abrazo a la distancia, comentar el año viejo y preguntarte cuál era tu deseo para ese 1988 que comenzaba. Quiero un compañero, un amor como el que tú tienes ahora, me contestaste al punto. Habían pasado apenas cuarenta y ocho horas cuando me devolviste la llamada, eufórica.

–¡Ya lo tengo, mamá! ¡Anoche conocí en una fiesta al hombre con quien me voy a casar! –y me contaste atropelladamente que desde el primer instante fue como una hoguera, se miraron, se reconocieron y tuvieron la certeza de ser el uno para el otro.

–No seas cursi, Paula. ¿Cómo puedes estar tan segura?

–Porque me dieron náuseas y tuve que irme. Por suerte él salió detrás de mí...

Una madre normal te hubiera advertido contra tales pasiones, pero yo no tengo autoridad moral para dar consejos de temperancia, de modo que siguió una de nuestras conversaciones típicas.

–Formidable, Paula. ¿Vas a vivir con él?

–Primero debo terminar mis estudios.

–¿Piensas seguir estudiando?

—¡No puedo dejar todo tirado!

—Bueno, si se trata del hombre de tu vida...

—Calma, vieja, acabo de conocerlo.

—Yo también acabo de conocer a Willie y ya ves donde estoy. La vida es corta, hija.

—Es más corta a tu edad que a la mía. Está bien, no haré el doctorado, pero al menos terminaré la maestría.

Y así fue. Concluiste tus estudios con honores y después partiste a vivir con Ernesto en Madrid, donde los dos encontraron empleo, él como ingeniero electrónico y tú como psicóloga voluntaria en un colegio, y poco después se casaron. En el primer aniversario de matrimonio tú estabas en coma y tu marido te llevó de regalo un cuento de amor que te susurró al oído arrodillado junto a ti, mientras las enfermeras observaban conmovidas y en la cama de al lado lloraba don Manuel.

¡Ah, el amor carnal! La primera vez que padecí un ataque fulminante fue a los once años. El tío Ramón había sido destinado en Bolivia de nuevo, pero esta vez llevó a mi madre y sus tres hijos. No habían podido casarse y el Gobierno no pagaba los gastos de esa familia ilegal, pero ellos hicieron oídos sordos a los chismes malintencionados y se empeñaron en sacar adelante esa difícil relación a pesar de los obstáculos formidables que debían salvar. Lo consiguieron plenamente y hoy, más de cuarenta años después, constituyen una pareja legendaria. La Paz es una ciudad extraordinaria, tan cerca del cielo y con el aire tan delgado que se pueden ver los ángeles al amanecer, el corazón está siempre a punto de reventar y la vista se pierde en la pureza agobiadora de sus paisajes. Cadenas de montañas y cerros morados, rocas y pincelazos de tierra en tonos de azafrán, púrpura y bermellón, rodean la hondonada donde se extiende esa ciudad de contrastes. Recuerdo calles estrechas subiendo y bajando como serpentinas, comercios míseros, buses destartalados, indios vestidos de lanas multicolores masticando eternamente una bola de hojas de coca con los dientes verdes. Centenares de iglesias con sus campanarios y sus patios donde se sentaban las indias a vender yucas secas y maíz morado junto a fetos disecados de llamas para emplastos de buena salud, mientras espantaban moscas y amamantaban a sus hijos. El olor y los colores de La Paz se fijaron en mi memoria como parte del lento y doloroso despertar de la adolescencia. La ambigüedad de la niñez terminó en el momento preciso en que salimos de la casa de mi abuelo. La noche antes de partir me levanté sigilosamente, bajé la escalera con cuidado para que no crujieran los peldaños, recorrí la planta baja a oscuras y llegué hasta la cortina del salón, donde me aguardaba la Memé para decirme que dejara de lamentarme porque ella estaba dispuesta a irse de viaje conmigo, ya nada tenía que hacer en esa casa, que tomara su espejo de plata del escritorio del Tata y me lo llevara. Allí estaré de ahora en adelante, siempre contigo, agregó. Por primera vez me atreví a abrir la puerta cerrada del cuarto de mi abuelo. La luz de la calle se colaba a través de las rendijas de las persianas y mis ojos ya se habían acostumbrado a la oscuridad; vi su silueta inmóvil y su perfil austero, estaba de espaldas entre las sábanas, rígido e inmóvil como un cadáver en aquella habitación de muebles fúnebres donde el reloj de torre marcaba las tres de la mañana. Exactamente así lo vería treinta años más tarde, cuando se me apareció en un sueño para revelarme el final de mi primera novela. Sigilosamente recorrí el espacio hasta su escritorio, pasando tan cerca de su cama que pude percibir su soledad de viudo, y abrí uno a uno los cajones, aterrada de que despertara y me sorprendiera robando. Encontré el espejo con mango labrado junto a una caja de lata que no me atreví a tocar, lo cogí a dos manos y salí retrocediendo en punta de pies. A salvo en mi cama observé el cristal brillante donde tantas veces me habían dicho que de noche aparecen los demonios, y supongo que reflejó mi cara de diez años, redonda y pálida, pero en mi imaginación vi el rostro dulce de la Memé dándome las buenas noches. Al amanecer pinté por última vez en mi mural una mano escribiendo la palabra adiós. Ese día fue pleno de confusión, órdenes contradictorias, despedidas apresuradas y esfuerzos sobrehumanos para acomodar las maletas sobre el techo de los automóviles que nos conducirían al puerto para embarcarnos hacia el norte. El resto del viaje sería en un tren de trocha angosta que trepaba con lentitud de caracol milenario hacia las alturas bolivianas. Mi abuelo vestido de luto, con su bastón y su boina vasca, de pie junto a la puerta de la casa donde me crié, despidió mi infancia.

Los atardeceres de La Paz son como incendios astrales y en las noches sin luna se pueden ver todas las estrellas, incluso aquellas que murieron hace millones de años y las que nacerán mañana. A veces me tendía de espaldas en el jardín a mirar esos cielos formidables y sentía un vértigo de muerte, caía y caía hacia el fondo de un abismo infinito. Vivíamos en una propiedad de tres casas con un jardín común, al frente un oculista célebre y al fondo un diplomático uruguayo de quien se decía en susurros que era homosexual. Los niños creíamos que se trataba de una enfermedad sin cura, lo saludábamos con lástima y una vez nos atrevimos a preguntarle si la homosexualidad le dolía mucho. Al regresar del colegio buscaba soledad y silencio en los senderos de ese gran jardín, donde encontraba escondites para mi cuaderno de anotar la vida y rincones secretos para leer lejos del bullicio. Asistíamos a una escuela mixta, hasta entonces mi único contacto con muchachos había sido con mis hermanos, pero ellos no contaban, aún hoy pienso que Pancho y Juan no tienen sexo, son como bacterias. En la primera clase de historia la profesora habló de las guerras de Chile contra Perú y Bolivia en el siglo diecinueve. Había aprendido en mi país que los chilenos ganaron las batallas por su valor temerario y el patriotismo de sus jefes, pero en esa clase nos revelaron las brutalidades cometidas por mis compatriotas contra la población civil. Los soldados chilenos, drogados con una mezcla de aguardiente y pólvora, entraban a las ciudades ocupadas como hordas enloquecidas. Con bayoneta calada y cuchillos de matarifes ensartaban niños, abrían el vientre a las mujeres y mutilaban los genitales de los hombres. Levanté la mano dispuesta a defender el honor de nuestras Fuerzas Armadas, sin sospechar entonces de lo que son capaces, y me cayó una lluvia de proyectiles. La maestra me echó del salón y salí en medio de una silbatina feroz a cumplir castigo de pie en un rincón del pasillo con la cara contra la pared. Sujetando las lágrimas, para que nadie me viera humillada, rumié mi rabia durante tres cuartos de hora. En esos minutos decisivos mis hormonas, cuya existencia hasta entonces ignoraba, explotaron con la fuerza de una catástrofe volcánica; no exagero, ese mismo día tuve mi primera menstruación. En la esquina opuesta del pasillo, de pie contra el muro, cumplía también castigo un muchacho alto y flaco como una escoba, con el cuello largo, el cabello negro y enormes orejas protuberantes, que por detrás le daban un aire de ánfora griega. No he vuelto a ver orejas más sensuales que aquéllas. Fue amor al instante, me enamoré de sus orejas antes de verle la cara, con tal vehemencia, que en los meses siguientes se me arruinó el apetito y de tanto ayunar y suspirar caí con anemia. Este arrebato romántico estaba desprovisto de ideas sexuales; no relacioné lo sucedido en mi infancia en un bosque de pinos junto al mar con un pescador de manos calientes, con los prístinos sentimientos inspirados por esos apéndices extraordinarios. Padecí un enamoramiento casto, y por lo tanto mucho más devastador, que duró un par de años. Recuerdo ese período en La Paz como una cadena interminable de fantasías en el umbroso jardín de la casa, de páginas ardientes escritas en mis cuadernos y de sueños cursis en los cuales el orejudo doncel me rescataba de las fauces de un dragón. Para colmo el colegio entero lo supo y por culpa de ese amor y de mi indisimulable condición de chilena me hicieron víctima de las burlas más abrumadoras. Fue un romance destinado al fracaso, el objeto de mi pasión me trató siempre con tanta indiferencia que llegué a pensar que en su presencia me tornaba invisible. Poco antes de partir definitivamente de Bolivia, estalló una pelea en el recreo y sin saber cómo terminé abrazada a mi amado, rodando por el polvo entre golpes, tirones de pelo y patadas. Era mucho más grande que yo y a pesar de que puse en práctica lo aprendido con mi abuelo en las tardes de lucha libre en el Teatro Caupolicán, me dejó machucada y con sangre de narices, sin embargo en un momento de furia ciega una de sus orejas quedó al alcance de mis dientes y pude darle un apasionado mordisco. Durante semanas anduve en las nubes. Es el encuentro más erótico de mi larga vida, mezcla del placer intenso del abrazo y el dolor no menos agudo de la golpiza. Con ese despertar masoquista a la lujuria otra mujer con menos suerte sería hoy víctima complaciente de los azotes de un sádico, pero tal como se me dieron las cosas, no he tenido ocasión de practicar ese tipo de abrazo nunca más.

Poco después nos despedimos de Bolivia y no volví a ver esas orejas. El tío Ramón partió en avión directamente hacia París y de allí al Líbano, mientras mi madre y los niños descendíamos en tren a un puerto en el norte de Chile, donde nos embarcamos rumbo a Génova en una nave italiana, luego en autobús a Roma y de allí en avión a Beirut. El viaje duró cerca de dos meses y creo que mi madre sobrevivió de milagro. Ocupábamos el último vagón del tren en compañía de un indio enigmático, que no hablaba palabra y permanecía siempre en cuclillas en el suelo junto a una estufa, masticando coca y rascándose los piojos, armado con un rifle arcaico. Día y noche sus ojillos oblicuos nos observaban con expresión impenetrable, no lo vimos dormir nunca; mi madre temía que en un descuido nos asesinara, a pesar de que le habían asegurado que estaba contratado para protegernos. El tren avanzaba tan lento por el desierto, entre dunas y minas de sal, que mis hermanos se bajaban y corrían al lado. Para molestar a mi madre se retrasaban, fingiéndose extenuados, y gritaban pidiendo socorro, porque el tren los dejaba atrás. En el buque Pancho se atrapó tan a menudo los dedos en las pesadas puertas de hierro, que al final sus aullidos a nadie conmovían, y Juan se perdió un día por varias horas. Jugando al escondite se quedó dormido en un camarote desocupado y no lo encontraron hasta que despertó con las sirenas del barco, cuando el capitán estaba a punto de detener la navegación y echar botes al agua para buscarlo, mientras a mi madre la sujetaban dos recios contramaestres para evitar que se zambullera en el Atlántico. Me enamoré de todos los marineros con una pasión casi tan violenta como la inspirada por el joven boliviano, pero supongo que ellos se prendaron de mi madre. Esos esbeltos jóvenes italianos me alborotaban la imaginación, pero no lograban mitigar mi vicio inconfesable de jugar a las muñecas. Encerrada en el camarote las mecía, las bañaba, les daba biberón y les cantaba en voz baja para no ser sorprendida, mientras mis malvados hermanos me amenazaban con exhibirlas en la cubierta. Cuando por último desembarcamos en Génova, Pancho y Juan, leales a toda prueba, llevaban cada uno bajo el brazo un sospechoso bulto envuelto en una toalla, mientras yo me despedía suspirando de los marineros de mis amores.

Vivimos en el Líbano tres años surrealistas que me sirvieron para aprender algo de francés y conocer buena parte de los países vecinos incluyendo Tierra Santa e Israel, que en la década de los cincuenta, tal como ahora, vivía en guerra permanente contra los árabes. Cruzar la frontera en automóvil, como hicimos varias veces, constituía una aventura peligrosa. Nos instalamos en un apartamento moderno, amplio y feo. Desde la terraza podíamos ver un mercado libre y la Gendarmería, que más tarde, cuando empezó la violencia, cumplieron papeles importantes. El tío Ramón destinó una pieza para el Consulado y colgó en el edificio el escudo y la bandera de Chile. Ninguna de mis nuevas amistades había oído hablar jamás de ese país, pensaban que yo venía más bien de la China. Por lo general en aquella época y en esa parte del mundo las muchachas permanecían recluidas en su casa y en el colegio hasta el día de su boda, si tenían la desdicha de casarse, momento en que cambiaban la prisión paterna por la del marido. Yo era tímida y vivía muy aislada, vi la primera película de Elvis Presley cuando él ya estaba gordo. Nuestra vida familiar se complicó, mi madre no se adaptaba a la cultura árabe, al clima caliente, ni al carácter autoritario del tío Ramón, sufría jaquecas, alergias y súbitas crisis nerviosas con alucinaciones; cierta vez tuvimos que preparar maletas para regresar a casa de mi abuelo en Santiago porque ella juraba que por el ventanuco del baño la espiaba un cura ortodoxo con todos sus paramentos litúrgicos. Mi padrastro echaba de menos a sus hijos y tenía escaso contacto con ellos porque las comunicaciones con Chile sufrían atrasos de meses, lo cual contribuía a la sensación de habitar en el fin del mundo. La situación económica era muy apretada, el dinero se estiraba en laboriosas cuentas semanales y si sobraba algo íbamos al cine o a patinar en una cancha de hielo artificial, únicos lujos que podíamos permitirnos. Vivíamos con decencia, pero en un nivel diferente al de otros miembros del Cuerpo Diplomático y del círculo que frecuentábamos, entre quienes los clubes privados, los deportes de invierno, el teatro y las vacaciones en Suiza eran la norma. Mi madre se fabricó un vestido largo de seda que usaba para las recepciones de gala, lo transformaba de manera milagrosa con una cola de brocado, mangas de encaje o un lazo de terciopelo en la cintura, pero supongo que nadie se fijaba en su atuendo, sólo en su rostro. Se convirtió en una experta en ese arte supremo de mantener las apariencias sin dinero, preparaba platos baratos, los disimulaba con sofisticadas salsas de su invención y los servía en sus famosas bandejas de plata; se las arregló para que la sala y el comedor lucieran elegantes con los cuadros traídos de la casa de mi abuelo y tapices comprados a crédito en los muelles de Beirut, pero el resto era de gran modestia. El tío Ramón mantenía intacto su indoblegable optimismo. Con mi madre tenía demasiados problemas, a menudo me he preguntado qué los mantuvo juntos en ese tiempo y la única respuesta que se me ocurre es la tenacidad de una pasión nacida en la distancia, alimentada con cartas románticas y fortalecida por una verdadera montaña de inconvenientes. Son dos personas muy diferentes, no es raro que discutieran hasta la extenuación; algunas de sus peleas eran de tal magnitud que adquirían nombre propio y quedaban registradas en el anecdotario familiar. Admito que en ese tiempo nada hice por facilitarles la convivencia; cuando comprendí que ese padrastro había llegado a nuestras vidas para quedarse, le declaré una guerra sin cuartel. Ahora me cuesta recordar los tiempos en que planeaba maneras atroces de darle muerte. No resultó fácil su papel, no sé cómo logró sacar adelante a esos tres chiquillos Allende que le cayeron en la vida. Nunca lo llamamos papá, porque esa palabra nos traía malos recuerdos, pero se ganó el título de tío Ramón, símbolo de admiración y confianza. Hoy, a los setenta y cinco años, cientos de personas repartidas en cinco continentes, incluyendo algunos funcionarios del Gobierno y de la Academia Diplomática en Chile, lo llaman tío Ramón con los mismos sentimientos.

Con la idea de dar cierta continuidad a mi educación, fui enviada a un colegio inglés para niñas, cuyo objetivo era fortalecer el carácter mediante pruebas de rigor y disciplina, que a mí poca mella me hacían porque no en vano había sobrevivido incólume a los espantosos *juegos bruscos*. Que las alumnas memorizaran la Biblia constituía la meta de esa enseñanza: Deuteronomio capítulo cinco versículo tercero, ordenaba Miss Saint John, y debíamos recitarlo sin vacilar. Así aprendí algo de inglés y pulí hasta el ridículo el sentido estoico de la vida cuya semilla había sembrado mi abuelo en el caserón de las corrientes de aire. El idioma inglés y la resistencia ante la adversidad me han sido bastante útiles, la mayor parte de las otras destrezas que poseo me las enseñó el tío Ramón con su ejemplo y con unos métodos didácticos que la psicología moderna calificaría de brutales. Fue cónsul general en varios países árabes, con sede en Beirut, ciudad espléndida que entonces se consideraba el París del Medio Oriente, donde los camellos y los Cadillacs con parachoques de oro de los jeques obstaculizaban el tráfico, y las mujeres musulmanas, cubiertas por mantos negros con una mirilla a la altura de los ojos, compraban en el mercado codo a codo con las extranjeras escotadas. Los sábados algunas amas de casa de la colonia norteamericana lavaban los automóviles en pantalones cortos y con un trozo de barriga al aire. Los hombres árabes, que rara vez veían mujeres sin velo, hacían penosos viajes en burro desde aldeas remotas para asistir al espectáculo de esas extranjeras semidesnudas. Se alquilaban sillas y se vendía café y dulces de almíbar a los mirones, instalados en hileras al otro lado de la calle.

En verano soportábamos un calor húmedo de baño turco, pero mi colegio se regía por las normas impuestas por la Reina Victoria en la brumosa Inglaterra de fines del siglo pasado. El uniforme era un sayo medieval de tela gruesa atado con tiras porque los botones se consideraban frívolos, zapatones de aspecto ortopédico y un sombrero de explorador calado hasta las cejas, capaz de bajar los humos al más arrogante. La comida constituía material didáctico que se usaba para templarnos el carácter; todos los días servían arroz blanco sin sal y dos veces por semana lo presentaban quemado; lunes, miércoles y viernes se acompañaba con legumbres, los martes con yogur y el jueves con hígado cocido.

Me costó meses sobreponerme a las arcadas ante esos trozos de carne gris flotando en agua caliente, pero terminé por encontrarlos deliciosos y aguardaba el almuerzo de los jueves con ansiedad. Desde entonces soy capaz de digerir cualquier alimento, incluso comida inglesa. Las alumnas provenían de diversas regiones y casi todas estaban internas. Shirley era la chica más bonita del colegio, aun con el sombrero del uniforme se veía bien; venía de la India, tenía el pelo negro-azul, se maquillaba los ojos con un polvo nacarado y caminaba con paso de gacela desafiando la ley de gravedad. Encerradas en el baño me enseñó la danza del vientre, que de nada me ha servido hasta ahora porque nunca tuve valor suficiente para seducir a hombre alguno con esos menequeteos. Un día, cuando ella acababa de cumplir quince años, la retiraron del colegio y se la llevaron de vuelta a su país para casarla con un comerciante cincuentón, escogido por sus padres, a quien ella jamás había visto; lo conoció mediante una fotografía de estudio coloreada a mano. Elizabeth, mi mejor amiga, era un personaje de novela: huérfana, criada como sirvienta por sus hermanas que robaron su parte de la herencia paterna, cantaba como un ángel y hacía planes para escaparse a América. Treinta y cinco años más tarde nos encontramos en Canadá. Cumplió sus sueños de independencia, dirige una empresa propia, tiene casa de lujo, automóvil con teléfono, cuatro abrigos de piel y dos perros regalones, pero todavía llora cuando recuerda su juventud en Beirut. Mientras Elizabeth ahorraba centavos para huir al Nuevo Mundo y la hermosa Shirley cumplía su destino de novia por encargo, las demás estudiábamos la Biblia y comentábamos en susurros a un tal Elvis Presley, a quien nadie había visto ni escuchado cantar, pero decían que causaba estragos con su guitarra eléctrica y su revoltura de pelvis. Me movilizaba en el autobús del colegio, era la primera que recogía por la mañana y la última que dejaba por la tarde, pasaba horas dando vueltas por la ciudad, arreglo muy conveniente porque sentía pocos deseos de ir a la casa. De todos modos, tarde o temprano llegaba. A menudo encontraba al tío Ramón en camiseta, sentado bajo un ventilador, abanicándose con el periódico y escuchando boleros.

–¿Qué te enseñaron las monjas hoy? –me saludaba.

—No son monjas, son señoritas protestantes. Hablamos de Job —replicaba yo, sudando, pero flemática y digna en mi patibulario uniforme.

—¿Job? ¿Ese tonto a quien Dios puso a prueba enviándole toda suerte de desgracias?

—No era ningún tonto, tío Ramón, era un santo varón que jamás renegó del Señor, a pesar de sus sufrimientos.

—¿Te parece correcto? Dios apuesta con Satanás, castiga al pobre hombre sin piedad y además pretende que lo adore. Es un dios cruel, injusto y frívolo. Un patrón que se comporta así con sus siervos no merece lealtad ni respeto, mucho menos adoración.

El tío Ramón, educado por los jesuitas, empleaba un énfasis estremecedor y una lógica implacable —los mismos que usaba en las trifulcas con mi madre— para demostrar la estupidez del héroe bíblico; su actitud, lejos de constituir un ejemplo loable, era un problema de personalidad. En menos de diez minutos de oratoria echaba por tierra las virtuosas enseñanzas de Miss Saint John.

—¿Estás convencida de que Job era un pelotudo?

—Sí, tío Ramón.

—¿Podrías asegurarlo por escrito?

—Sí.

El señor cónsul cruzaba el par de metros que nos separaban de su oficina, redactaba en papel sellado un documento con tres copias diciendo que yo, Isabel Allende Llona, de catorce años, ciudadana chilena, certificaba que Job, el del Antiguo Testamento, era un pánfilo. Me hacía firmarlo, después de leerlo cuidadosamente porque jamás se debe firmar algo a ciegas, lo doblaba y lo guardaba en la caja fuerte del Consulado. Luego regresaba a sentarse bajo el ventilador y con un profundo suspiro de fastidio me decía:

—Bueno, hija, ahora voy a probarte que tú tenías razón, Job era un santo hombre de Dios. Te daré los argumentos que tú debieras haber empleado si supieras pensar. Conste que me doy este trabajo sólo para enseñarte a discutir, eso siempre sirve en la vida.

Y procedía a desmantelar su propio alegato anterior para convencerme de aquello que yo creía firmemente al principio. Poco después me tenía de nuevo derrotada, esta vez al borde del llanto.

–¿Aceptas que Job hizo lo correcto al permanecer fiel a su Señor a pesar de todas sus desgracias?

–Sí, tío Ramón.

–¿Estás absolutamente segura?

–Sí.

–¿Estás dispuesta a firmarme un documento?

Y redactaba otro humillante papel en el cual quedaba certificado que yo, Isabel Allende Llona, de catorce años, ciudadana chilena, me desdecía de la declaración anterior y aseguraba, en cambio, que Job era un hombre justo. Me pasaba su pluma y cuando estaba a punto de estampar mi nombre al pie de la página, me atajaba con un grito.

–¡No! ¿Cuántas veces te he dicho que no des tu brazo a torcer? Lo más importante para ganar una discusión es no vacilar, aunque tengas dudas y mucho menos si estás equivocada.

Así aprendí a defenderme y años después competí en Chile en un debate interescolar de oratoria contra el colegio San Ignacio, representado por cinco muchachos en actitud de abogados criminalistas y dos curas jesuitas, que les soplaban instrucciones. El equipo masculino se presentó con un cargamento de libros que citaba para apoyar sus alegatos y asustar a sus contrincantes. Yo llevaba como único sostén el recuerdo de aquellas tardes con Job y el tío Ramón en el Líbano. Perdí, por supuesto, pero al final mis compañeras me pasearon en andas, mientras los machos rivales se retiraban altivos con su carretilla de argumentos. No sé cuántos papeles con tres copias firmé en mi adolescencia sobre los temas más diversos, desde comerme las uñas hasta las ballenas en vías de extinción. Creo que el tío Ramón guardó por años algunos de esos testimonios, como uno en el cual juro que por su culpa no conoceré hombres y me quedaré solterona. Eso fue en Bolivia, cuando a los once años me dio una pataleta porque no me dejó ir a una fiesta donde pensaba ver al orejón de mis amores. Tres años después me invitaron a otra, esta vez en Beirut, en casa de los Embajadores de los Estados Unidos, y no quise asistir por prudencia, en ese tiempo las niñas teníamos un papel de rebaño pasivo, yo estaba segura que ningún muchacho en su sano juicio me invitaría a bailar y era difícil imaginar una humillación más grave que *planchar* en una fiesta. En esa ocasión mi padrastro me obligó a asistir porque, según dijo, si no vencía mis complejos nunca tendría éxito en la vida. La tarde anterior a la fiesta cerró el Consulado y se dedicó a enseñarme a bailar. Con irreductible tenacidad me hizo mover los huesos al ritmo de la música, primero apoyada en el respaldo de una silla, luego con una escoba y por último con él. En esas horas aprendí desde charlestón hasta samba, después me secó las lágrimas y me llevó a comprar un vestido. Al dejarme en la fiesta me dio un consejo inolvidable, que he aplicado en los momentos cruciales de mi vida: *piensa que los demás tienen más miedo que tú*. Agregó que no me sentara ni por un instante, me quedara de pie cerca del tocadisco y no comiera nada, porque los muchachos necesitaban mucho valor para cruzar el salón y acercarse a una niña anclada como una fragata en una silla y con un plato de torta en la mano. Además, los pocos chicos que saben bailar son los que cambian la música, por eso conviene permanecer cerca de los discos. A la entrada de la Embajada, una fortaleza de cemento en el peor estilo de los años cincuenta, había una jaula con unos pajarracos negros que hablaban inglés con acento de Jamaica. Me recibió la Embajadora —vestida de almirante y con un silbato colgado al cuello para dar instrucciones a los invitados— y nos condujo a un salón monumental donde se hallaba una multitud de adolescentes altos y feos, con las caras llenas de espinillas, que masticaban chicle, comían papas fritas y bebían Coca-cola. Los chicos vestían chaquetas a cuadros y corbatines de mariposa, las muchachas usaban faldas en forma de plato y chalecos de lana angora que dejaban el aire lleno de pelos y revelaban envidiables protuberancias en el pecho. Yo nada tenía para poner dentro de un sostén. Todos estaban en calcetines. Me sentí completamente ajena, mi vestido era un esperpento de tafetán y terciopelo y no conocía a nadie. Aterrada, me dediqué a darle migas de torta a los pájaros negros hasta que recordé las instrucciones del tío Ramón y, temblando, me quité los zapatos y me acerqué al tocadiscos. Pronto vi una mano masculina estirada en mi dirección y, sin poder creer tamaña buena suerte, salí a bailar una melodía azucarada con un muchacho con frenillos en los dientes y los pies planos, que no tenía ni la mitad de la gracia de mi padrastro. Se bailaba con las mejillas pegadas –«*cheek-to-cheek*» creo que se llamaba– pero ésa era una proeza imposible para mí, porque mi cara por lo general alcanza al esternón de cualquier hombre normal y en esa fiesta, cuando apenas tenía catorce años y además estaba sin zapatos, llegaba al ombligo de mi compañero. A esa canción siguió un disco completo de *rock'n roll*, del cual el tío Ramón no había oído ni hablar, pero me bastó observar a los demás por unos minutos y poner en práctica lo aprendido la tarde anterior. Por una vez sirvieron de algo mi escaso tamaño y mis articulaciones sueltas, sin ninguna dificultad mis compañeros de baile me lanzaban hacia el techo, me daban una voltereta de acróbata en el aire y me recogían a ras de suelo, justo cuando iba a partirme la nuca. Me encontré dando saltos ornamentales, alzada, arrastrada, vapuleada y sacudida por diversos jóvenes, que a esas alturas se habían quitado las chaquetas a cuadros y las corbatas de mariposa. No puedo quejarme, esa noche no *planché*, como tanto temía, sino que bailé hasta que me salieron ampollas en los pies y así adquirí la certeza de que conocer hombres no es tan difícil, después de todo, y que seguramente no me quedaría solterona, pero no firmé otro documento al respecto. Había aprendido a no dar mi brazo a torcer.

El tío Ramón tenía un armario desarmable de tres cuerpos, que llevaba consigo en los viajes, donde guardaba bajo llave su ropa y sus tesoros: una colección de revistas eróticas, cartones de cigarrillos, cajas de chocolates y licor. Mi hermano Juan descubrió la forma de abrirlo con un alambre enroscado y así nos convertimos en expertos rateros. Si hubiéramos tomado unos pocos chocolates o cigarrillos, se habría notado, pero sacábamos una capa completa de bombones y volvíamos a cerrar la caja con tal perfección que parecía intacta y sustraímos los cigarrillos por cartones, nunca por unidades o por cajetillas. El tío Ramón tuvo las primeras sospechas en La Paz. Nos llamó por separado, un niño a la vez, y trató de obtener una confesión o que delatáramos al culpable, pero no le sirvieron palabras dulces ni castigos, admitir el delito nos parecía una estupidez y en nuestro código moral una traición entre hermanos era imperdonable. Un viernes por la tarde, cuando regresamos del colegio, encontramos al tío Ramón y a un hombre desconocido esperándonos en la sala.

—Estoy cansado de la falta de honestidad que reina en esta familia, lo menos que puedo exigir es que no me roben en mi propia casa. Este señor es un detective de la policía. Les tomará las huellas digitales a los tres, las comparará con las marcas que hay en mi armario y así sabremos quién es el ladrón. Ésta es la última oportunidad de confesar la verdad...

Pálidos de terror, mis hermanos y yo bajamos la vista y apretamos los dientes.

—¿Saben lo que les pasa a los delincuentes? Se pudren en la cárcel —agregó el tío Ramón.

El detective sacó del bolsillo una caja de lata. Al abrirla vimos que contenía una almohadilla impregnada en tinta negra. Lentamente, con gran ceremonia, procedió a mancharnos los dedos uno por uno y registrar nuestras huellas en una cartulina.

—No se preocupe, señor cónsul, el lunes tendrá los resultados de mi investigación —se despidió el hombre.

Sábado y domingo fueron días de suplicio moral para nosotros, escondidos en el baño y en los rincones más privados del jardín contemplábamos en susurros nuestro negro futuro. Ninguno estaba libre de culpa, todos iríamos a parar a una mazmorra donde nos alimentarían de agua sucia y mendrugos de pan duro, como al Conde de Montecristo. El lunes siguiente el inefable tío Ramón nos citó en su escritorio.

—Ya sé exactamente quién es el bandido —anunció haciendo bailar sus grandes cejas satánicas—. Sin embargo, por consideración a su madre, que ha intercedido en su favor, esta vez no lo mandaré preso. El criminal sabe que yo sé quién es. Esto queda entre los dos. Les advierto que en la próxima ocasión no seré tan benevolente ¿me han entendido?

Salimos a tropezones, agradecidos, sin poder creer tanta magnanimidad. No volvimos a robar en mucho tiempo, pero un par de años más tarde, cuando estábamos en Beirut, pensé mejor el asunto y me entró la sospecha de que el supuesto detective fuera un chofer de la Embajada, el tío Ramón era bien capaz de hacernos esa broma. Usando otro alambre retorcido abrí nuevamente el armario y esta vez encontré, además de los previsibles tesoros, cuatro volúmenes con tapas de cuero rojo: *Las mil y una noches*. Deduje que sin duda existía una razón poderosa para que esos libros estuvieran bajo llave y por lo mismo me interesaron mucho más que los bombones, los cigarrillos o las mujeres en portaligas de las revistas eróticas. Durante los tres años siguientes los leí dentro del armario alumbrada por mi antigua linterna, en las horas en que el tío Ramón y mi madre iban a cocteles y cenas. A pesar de que los diplomáticos padecen por obligación una intensa vida social, nunca me alcanzaba el tiempo para terminar esas fabulosas historias. Al oírlos llegar debía cerrar el armario a toda prisa y volar a mi cama a fingirme dormida. Era imposible dejar marcas entre las páginas o recordar dónde había quedado y como además me saltaba pedazos buscando las partes cochinas, se confundían los personajes, se pegaban las aventuras y así fui creando innumerables versiones de los cuentos, en una orgía de palabras exóticas, de erotismo y fantasía. El contraste entre el puritanismo del colegio, que exaltaba el trabajo y no admitía las necesidades básicas del cuerpo ni los relámpagos de la imaginación, y el ocio creativo y la sensualidad arrolladora de esos libros, me marcó definitivamente. Durante décadas oscilé entre esas dos tendencias, desgarrada por dentro y perdida en un mar de confusos deseos y pecados, hasta que por fin en el calor de Venezuela, cuando me faltaba poco para cumplir cuarenta años, pude librarme de los rígidos preceptos de Miss Saint John. Tal como devoré los mejores libros de mi infancia escondida en el sótano de la casa del Tata, leí a hurtadillas *Las mil y una noches* en plena adolescencia, justo cuando mi cuerpo y mi mente despertaban a los misterios del sexo. Dentro del armario me perdí en cuentos mágicos de príncipes que se trasladaban en alfombras voladoras, de genios encerrados en lámparas de aceite, de simpáticos bandidos que se introducían al harem del sultán disfrazados de viejas para retozar incansables con mujeres prohibidas de cabellos negros como la noche, nalgas abundantes y senos de manzana, perfumadas de almizcle, suaves y siempre dispuestas al placer. En esas páginas el amor, la vida y la muerte tenían un carácter juguetón; las descripciones de comida, paisajes, palacios, mercados, olores, sabores y texturas eran de tal riqueza, que para mí el mundo nunca más volvió a ser el mismo.

Soñé que tenías doce años, Paula. Vestías un abrigo a cuadros, llevabas el pelo en media cola atado con una cinta blanca y el resto suelto sobre los hombros. Estabas de pie al centro de una torre hueca, como un silo para guardar granos, donde volaban cientos de palomas. La voz de la Memé me decía: *Paula ha muerto*. Yo corría a sujetarte por el cinturón del abrigo, pero comenzabas a elevarte arrastrándome contigo y flotábamos livianas, ascendiendo en círculos; me voy contigo, llévame, hija, te suplicaba. De nuevo la voz de mi abuela resonaba en la torre: *Nadie puede ir con ella, ha bebido la poción de la muerte*. Seguíamos subiendo y subiendo, tú alada y yo decidida a retenerte, nada me separaría de ti. Arriba había una apertura pequeña desde donde se veía un cielo azul con una nube blanca y perfecta, como un cuadro de Magritte, y entonces comprendía horrorizada que tú podías salir, pero el ventanuco era demasiado estrecho para mí. Intentaba sujetarte por la ropa, te llamaba y no me salía la voz. Sonriendo vagamente escapabas haciéndome una señal de adiós con la mano. Durante unos instantes preciosos podía ver cómo te alejabas cada vez más alto y luego yo comenzaba a descender dentro de la torre en medio de una turbulencia de palomas.

Desperté gritando tu nombre y tardé varios minutos en recordar que me encontraba en Madrid y reconocer el cuarto del hotel. Me vestí de prisa, sin dar tiempo a mi madre de detenerme, y partí corriendo al hospital. Por el camino logré subirme a un taxi y poco después golpeaba frenética la puerta de Cuidados Intensivos. Una enfermera me aseguró que nada te había sucedido, todo estaba igual, pero tanto supliqué y tan angustiada me vio, que me permitió entrar a verte por un instante. Comprobé que la máquina continuaba soplándote aire en los pulmones y no estabas fría, te di un beso en la frente y salí a esperar la madrugada. Dicen que los sueños no mienten. Con la primera luz de la mañana llegó mi madre. Traía un termo con café recién hecho y unas rosquillas aún tibias, compradas por el camino.

–Cálmate, no se trata de un mal presagio, esto nada tiene que ver con Paula. Tú eres todos los personajes del sueño –me explicó–. Eres la niña de doce años que todavía puede volar libremente. A esa edad se te acabó la inocencia, se murió la niña que tú eras, ingeriste la poción de la muerte que todas las mujeres bebemos tarde o temprano. ¿Has notado que en la pubertad se nos acaba la energía de amazonas que traemos desde la cuna y nos convertimos en seres castrados y llenos de dudas? La mujer que se queda atrapada en el silo eres tú también, presa de las limitaciones de la vida adulta. La condición femenina es una desgracia, hija, es como tener piedras atadas a los tobillos, no se puede volar.

–¿Y qué significan las palomas, mamá?

–El espíritu alborotado, supongo...

Cada noche los sueños me esperan agazapados bajo la cama con su cargamento de visiones terribles, campanarios, sangre, lúgubres lamentos, pero también con una cosecha siempre fresca de imágenes furtivas y felices. Tengo dos vidas, una despierta y otra dormida. En el mundo de los sueños hay paisajes y personas que ya conozco, allí exploro infiernos y paraísos, vuelo por el cielo negro del cosmos y desciendo al fondo del mar donde reina el silencio verde, encuentro decenas de niños de todas clases, también animales imposibles y los delicados fantasmas de los muertos más queridos. A lo largo de los años he aprendido a descifrar los códigos y entender las claves de los sueños, ahora los mensajes son más nítidos y me sirven para aclarar las zonas misteriosas de la existencia cotidiana y de la escritura.

Volvamos a Job, en quien he pensado mucho en estos días. Se me ocurre que tu enfermedad es una prueba, como las que tuvo que soportar aquel infeliz. Es mucha soberbia de mi parte imaginar que yaces en esta cama para que nosotros, los que aguardamos en el corredor de los pasos perdidos, aprendamos algunas lecciones, pero la verdad es que así lo creo a ratos. ¿Qué quieres enseñarnos, Paula? He cambiado mucho en estas interminables semanas, todos los que hemos vivido esta experiencia hemos cambiado, sobre todo Ernesto, que parece haber envejecido un siglo. ¿Cómo puedo consolarlo si yo misma estoy desesperada? Me pregunto si volveré a reírme con ganas, a abrazar una causa, a comer con gusto o a escribir novelas. Por supuesto que sí, pronto estarás celebrando con tu hija y no te acordarás de esta pesadilla, me promete mi madre, respaldada por el especialista en porfiria, quien asegura que una vez superada la crisis los pacientes se recuperan por completo, pero tengo un mal presentimiento, hija, no puedo negarlo, esto dura demasiado y no te veo mejor, me parece que estás peor. Tu abuela no se da por vencida, mantiene rutinas normales, ánimo para leer el periódico y hasta para salir de compras; de lo único que me arrepiento en la vida es de lo que no compré, dice esta mujer pecadora. Llevamos mucho tiempo aquí, quiero volver a casa. Madrid me trae malos recuerdos, aquí he pasado penas de amor que prefiero olvidar, pero en esta desgracia tuya me he reconciliado con la ciudad y sus habitantes, he aprendido a moverme por sus anchas avenidas señoriales y sus antiguos barrios de callejuelas torcidas, he aceptado las costumbres españolas de fumar, tomar café y licor a destajo, acostarse al amanecer, ingerir cantidades mortales de grasa, no hacer ejercicio y burlarse del colesterol. Sin embargo aquí la gente vive tanto como los californianos, sólo que mucho más contentos. A veces cenamos en un restaurante familiar del barrio, siempre el mismo porque mi madre se ha enamorado del mesonero, le gustan los hombres feos y éste podría ganar un concurso: arriba es macizo, jorobado, con largos brazos de orangután y hacia abajo un enano con piernecillas de alfeñique. Lo sigue con la vista seducida, suele quedarse contemplándolo con la boca abierta y la cuchara en el aire. Durante setenta años cultivó fama de mujer mimada, nos acostumbramos a evitarle emociones fuertes por estimar que no podía resistirlas, pero en esta ocasión ha salido a la luz su carácter de toro de lidia.

En la dimensión del cosmos y en el trayecto de la historia somos insignificantes, después de nuestra muerte todo sigue igual, como si jamás hubiéramos existido, pero en la medida de nuestra precaria humanidad tú, Paula, eres para mí más importante que mi propia vida y que la suma de casi todas las vidas ajenas. Cada día mueren setenta millones de personas y nacen aún más, sin embargo sólo tú naciste, sólo tú puedes morir. Tu abuela ruega por ti a su dios cristiano y yo lo hago a veces a una diosa pagana y sonriente que derrama bienes, una diosa que no sabe de castigos, sino de perdones, y le hablo con la esperanza de que me escuche desde el fondo de los tiempos y te ayude. Ni tu abuela ni yo tenemos respuesta, estamos perdidas en este silencio abismal. Pienso en mi bisabuela, en mi abuela clarividente, en mi madre, en ti y en mi nieta que nacerá en mayo, una firme cadena femenina que se remonta hasta la primera mujer, la madre universal. Debo movilizar esas fuerzas nutritivas para tu salvación. No sé cómo alcanzarte, te llamo pero no me oyes, por eso te escribo. La idea de llenar estas páginas no fue mía, hace varias semanas que no tomo iniciativas. Apenas se enteró de tu enfermedad mi agente vino a darme apoyo. Como primera medida nos arrastró a mi madre y a mí a un mesón donde nos tentó con un lechón asado y una botella de vino de la Rioja, que nos cayeron como rocas en el estómago, pero también tuvieron la virtud de devolvernos la risa, luego nos sorprendió en el hotel con docenas de rosas rojas, turrones de Alicante y un salchichón de aspecto obsceno —el mismo que nos sirve todavía para las sopas de lentejas— y me depositó en las rodillas una resma de papel amarillo con rayas.

—Toma, escribe y desahógate, si no lo haces morirás de angustia, pobrecita mía.

—No puedo, Carmen, algo se me ha hecho trizas por dentro, tal vez no vuelva a escribir nunca más.

—Escríbele una carta a Paula... La ayudará a saber lo que pasó en este tiempo que ha estado dormida.

Así me entretengo en los momentos vacíos de esta pesadilla.

¿Sabrás que soy tu madre cuando despiertes, Paula? La familia y los amigos no fallan, por las tardes vienen tantas visitas que parecemos tribu de indios, algunos llegan de muy lejos, pasan unos días aquí y luego vuelven a sus vidas normales, incluso tu padre, quien tiene un edificio a medio construir en Chile y debió regresar. En estas semanas compartiendo el dolor en el corredor de los pasos perdidos he vuelto a recordar los buenos momentos de nuestra juventud, se han ido borrando los pequeños rencores y he aprendido a estimar a Michael como a un amigo antiguo y leal, siento por él una consideración sin aspavientos, me cuesta imaginar que alguna vez hicimos el amor o que al final de nuestra relación llegué a detestarlo. Un par de amigas y mi hermano Juan vinieron de los Estados Unidos, el tío Ramón de Chile y el padre de Ernesto directamente de la jungla amazónica. Nicolás no puede viajar, su visa no le permite entrar de vuelta a los Estados Unidos y tampoco puede dejar solos a Celia y al niño, es mejor así, prefiero que tu hermano no te vea como estás. Y también Willie, que cruza el mundo cada dos o tres semanas para pasar un domingo conmigo y amarnos como si fuera la última vez. Voy a esperarlo al aeropuerto para no perder ni un minuto con él; lo veo llegar arrastrando el carro con sus maletas, una cabeza más alto que los demás, sus ojos azules buscándome ansiosos en la multitud, su sonrisa luminosa cuando me divisa por allá abajo, corremos para encontrarnos y siento su abrazo apretado que me levanta del suelo, el olor de su chaqueta de cuero, el roce áspero de su barba de veinte

88

horas y sus labios aplastando los míos, y después la carrera en el taxi acurrucada bajo su brazo, sus manos de dedos largos reconociéndome y su voz en mi oído murmurando en inglés Dios mío cómo te he echado de menos, cómo has adelgazado, qué son estos huesos, y de repente se acuerda por qué estamos separados y con otra voz me pregunta por ti, Paula. Llevamos más de cuatro años juntos y todavía siento por él la misma indefinible alquimia del primer día, una atracción poderosa que el tiempo ha matizado con otros sentimientos, pero que sigue siendo la materia primordial de nuestra unión. No sé en qué consiste ni cómo definirla, porque no es sólo sexual, aunque así lo creí al principio; él sostiene que somos dos luchadores impulsados por la misma clase de energía, juntos tenemos la fuerza de un tren en plena marcha, podemos alcanzar cualquier meta, unidos somos invencibles, dice. Ambos confiamos en que el otro nos cuida la espalda, no traiciona, no miente, sostiene en los momentos de flaqueza, ayuda a enderezar el timón cuando se pierde el rumbo. Creo que también hay un componente espiritual, si creyera en la reencarnación pensaría que nuestro karma es encontrarnos y amarnos en cada vida, pero tampoco te hablaré de eso todavía, Paula, porque voy a confundirte. En estas citas urgentes se mezclan deseo y tristeza, me aferro a su cuerpo buscando placer y consuelo, dos cosas que este hombre sufrido sabe dar, pero tu imagen, hija, sumida en un sueño mortal, se nos atraviesa y los besos se tornan de hielo.

—Paula no estará con su marido por mucho tiempo, quizás nunca más. Ernesto aún no cumple treinta años y su mujer puede quedar inválida para el resto de sus días... ¿Por qué le tocó a ella y no a mí, que ya he vivido y amado de sobra?

—No pienses en esas cosas. Hay muchas maneras de hacer el amor —me dice Willie.

Es cierto, el amor tiene inesperados recursos. En los escasos minutos que pueden pasar juntos, Ernesto te besa y abraza, a pesar del enjambre de tubos que te envuelven. Despierta, Paula, te estoy esperando, te extraño, necesito oír tu voz, estoy tan lleno de amor que voy a estallar, vuelve por favor, te suplica. Lo imagino por las noches, cuando regresa a su casa vacía y se acuesta en esa cama donde dormía contigo y que todavía conserva la huella de tus hombros y tus caderas. Debe sentirte a su lado, tu fresca sonrisa, tu piel cuando te acariciaba, el silencio compartido en armonía, los secretos de enamorados murmurados a media voz. Recuerda aquellas ocasiones en que salían a bailar hasta quedar borrachos de canciones, tan habituados a los pasos del otro que parecían un solo cuerpo. Te ve moviéndote como un junco, tu largo cabello suelto envolviendo a los dos al ritmo de la música, tus brazos delgados en torno a su cuello, tu boca en su oreja. ¡Ah, la gracia tuya, Paula! Tu aire suave, tu intensidad impredecible, tu feroz disciplina intelectual, tu generosidad, tu alocada ternura. Echa de menos tus bromas, tus risas, tus lágrimas ridículas en el cine y tu llanto serio cuando te conmovía el sufrimiento ajeno. Se acuerda cuando te escondiste en Amsterdam y él corría como un enajenado llamándote a gritos en el mercado de los quesos, ante la mirada atónita de los comerciantes holandeses. Despierta mojado de sudor, se sienta en la cama en la oscuridad, trata de rezar, de concentrarse en su respiración buscando paz, como ha aprendido en el aikido. Tal vez se asoma al balcón a mirar las estrellas en el cielo de Madrid y se repite que no puede perder la esperanza, todo saldrá bien, pronto estarás de nuevo a su lado. Siente la sangre agolpada en las sienes, las venas palpitantes, el calor en el pecho, se sofoca, entonces se pone un pantalón y sale a correr por las calles vacías, pero nada logra apaciguar la inquietud del deseo frustrado. El amor de ustedes está recién estrenado, es la primera página de un cuaderno en blanco. Ernesto es un alma vieja, mamá, me dijiste una vez, pero no ha perdido la inocencia, es capaz de jugar, de asombrarse, de quererme y aceptarme, sin juicios, como quieren los niños; desde que estamos juntos algo se ha abierto dentro de mí, he cambiado, veo el mundo de otra manera y yo misma me quiero más, porque me veo a través de sus ojos. Por su parte Ernesto me ha confesado en los momentos de más terror que no imaginó encontrar el arrebato visceral que siente cuando te abraza, eres su perfecto complemento, te ama y te desea hasta los límites del dolor, se arrepiente de cada hora que estuvieron separados. ¿Cómo iba a saber yo que dispondríamos de tan poco tiempo? me ha dicho temblando. Sueño con ella, Isabel, sueño incansablemente con estar a su lado otra vez y hacer el amor hasta la inconsciencia, no puedo explicarte estas imágenes que me asaltan, que sólo ella y yo conocemos, esta ausencia suya es una brasa que me quema, no dejo de pensar en ella ni un instante, su recuerdo no me abandona, Paula es la única mujer para mí, mi compañera soñada y encontrada. ¡Qué extraña es la vida, hija! Hasta hace poco yo era para Ernesto una suegra distante y algo formal, hoy somos confidentes, amigos íntimos.

El hospital es un gigantesco edificio cruzado de corredores, donde nunca es de noche ni cambia la temperatura, el día se ha detenido en las lámparas y el verano en las estufas. Las rutinas se repiten con majadera precisión; es el reino del dolor, aquí se viene a sufrir, así lo comprendemos todos. Las miserias de la enfermedad nos igualan, no hay ricos ni pobres, al cruzar este umbral los privilegios se hacen humo y nos volvemos humildes.

Mi amigo Ildemaro vino en el primer vuelo que consiguió en Caracas durante una interminable huelga de pilotos y se quedó conmigo una semana. Por más de diez años este hombre cultivado y suave ha sido para mí un hermano, mentor intelectual y compañero de ruta en los tiempos en que me consideraba desterrada. Al abrazarlo sentí una certeza absurda, se me ocurrió que su presencia te haría reaccionar, que al oír su voz despertarías. Hizo valer su condición de médico para interrogar a los especialistas, ver informes, exámenes y radiografías, te revisó de pies a cabeza con ese cuidado que lo distingue y con el cariño especial que siente por ti. Al salir me cogió de la mano y me llevó a caminar por los alrededores del hospital. Hacía mucho frío.

—¿Cómo ves a Paula?

—Muy mal...

—La porfiria es así. Me aseguran que se recuperará por completo.

—Te quiero demasiado para mentirte, Isabel.

—Dime lo que piensas entonces. ¿Crees que puede morir?

—Sí —replicó después de una larga pausa.
—¿Puede quedarse en coma por mucho tiempo?
—Espero que no, pero también ésa es una posibilidad.
—¿Y si no despierta más, Ildemaro...?
Nos quedamos en silencio bajo la lluvia.

Trato de no caer en sentimentalismos, que tanto horror te producen, hija, pero deberás disculparme si de repente me quiebro. ¿Me estaré volviendo loca? No reconozco los días, no me interesan las noticias del mundo, las horas se arrastran penosamente en una espera eterna. El momento de verte es muy breve, pero el tiempo se me gasta aguardándolo. Dos veces al día se abre la puerta de Cuidados Intensivos y la enfermera de turno llama por el nombre del paciente. Cuando dice Paula entro temblando, no hay caso, no he podido habituarme a verte siempre dormida, al ronroneo del respirador, a las sondas y agujas, a tus pies vendados y tus brazos manchados de moretones. Mientras camino de prisa hacia tu cama por el corredor blanco que se estira interminable, pido ayuda a la Memé, la Granny, el Tata y tantos otros espíritus amigos, voy rogando que estés mejor, que no tengas fiebre ni el corazón agitado, que respires tranquila y tu presión sea normal. Saludo a las enfermeras y a don Manuel, que empeora día a día, ya apenas habla. Me inclino sobre ti y a veces aplasto algún cable y suena una alarma, te reviso de pies a cabeza, observo los números y líneas en las pantallas, los apuntes en el libro abierto sobre una mesa a los pies de la cama, tareas inútiles porque nada entiendo, pero mediante esas breves ceremonias de la desesperación vuelves a pertenecerme, como cuando eras un bebé y dependías por completo de mí. Pongo mis manos sobre tu cabeza y tu pecho y trato de transmitirte salud y energía; te visualizo dentro de una pirámide de cristal, aislada del mal en un espacio mágico donde puedes sanar. Te llamo por los sobrenombres que te he dado a lo largo de tu vida y te digo mil veces te quiero, Paula, te quiero, y lo repito una y otra vez hasta que alguien me toca el hombro y anuncia que la visita ha terminado, debo salir. Te doy un último beso y luego camino lentamente hacia la salida. Afuera espera mi madre. Le hago un gesto optimista con el pulgar hacia arriba y las dos ensayamos una sonrisa. A veces no la logramos.

Silencio, busco silencio. El ruido del hospital y de la ciudad se me ha metido en los huesos, añoro la quietud de la naturaleza, la paz de mi casa en California. El único sitio sin ruido en el hospital es la capilla, allí busco refugio para pensar, leer y escribirte. Acompaño a mi madre a misa, donde por lo general estamos solas, el sacerdote oficia sólo para nosotras. Suspendido sobre el altar y rodeado de mármol negro, un Cristo sangra coronado de espinas, no puedo mirar ese pobre cuerpo torturado. No conozco la liturgia, pero de tanto escuchar las palabras rituales, empieza a conmoverme la fuerza del mito: pan y vino, fruto de la tierra y del trabajo del hombre, convertidos en cuerpo y sangre de Cristo. La capilla queda detrás de la sala de Cuidados Intensivos, para llegar allí debemos dar la vuelta completa al edificio; he calculado que tu cama se encuentra justamente al otro lado del muro, y puedo dirigir el pensamiento en línea recta hacia ti. Mi madre sostiene que no morirás, Paula. Está negociando el asunto directamente con el cielo, dice que has vivido al servicio de los demás y que aún puedes hacer mucho bien en este mundo, tu muerte sería una pérdida absurda. La fe es un regalo, Dios te mira a los ojos y dice tu nombre, así te escoge, pero a mí me apuntó con el dedo para llenarme de dudas. La incertidumbre comenzó a los siete años, el día de mi Primera Comunión cuando avancé por la nave de la iglesia vestida de blanco, con un velo en la cabeza, un rosario en una mano y un cirio adornado con un lazo en la otra. Cincuenta niñas marchábamos en dos filas bajo los acordes del órgano y el coro de las novicias. Lo habíamos ensayado tantas veces, que en el proceso memoricé cada gesto, pero se me perdió el propósito del sacramento. Sabía que masticar la hostia consagrada significaba condena segura en las pailas del infierno, pero ya no recordaba que era a Jesús a quien recibía. Al acercarme al altar mi vela se quebró por la mitad. Se partió sin provocación alguna, la parte superior quedó colgando de la mecha, como el cuello de un cisne muerto, y yo sentí que desde lo alto me habían señalado entre mis compañeras para castigarme por alguna falta que tal vez olvidé confesar el día anterior. En realidad había elaborado una lista de pecados mayores para impresionar al sacerdote, no deseaba aburrirlo con bagatelas y también saqué la cuenta que si cumplía penitencia por pecados mortales, aunque no los hubiera cometido, en el lote quedaban perdonados los veniales. Me confesé de todo lo imaginable, aunque en algunos casos no sabía el significado: homicidio, fornicación, mentira, adulterio, malos actos contra mis padres, pensamientos impuros, herejía, envidia... El cura escuchó en pasmado silencio, luego se levantó apesadumbrado, le hizo una seña a la monja, cuchichearon un rato y enseguida ella me cogió por un brazo, me llevó a la sacristía y con un profundo suspiro me lavó la boca con jabón y me ordenó rezar tres Ave Marías. Por la tarde la capilla del hospital está iluminada apenas por velas votivas. Ayer sorprendí allí a Ernesto y su padre, las cabezas entre las manos, las anchas espaldas vencidas, y no me atreví a acercarme. Se parecen mucho, ambos son grandes, morenos y firmes, con rasgos de moros y una manera de moverse que es una rara mezcla de virilidad y gentileza. El padre tiene la piel curtida por el sol, el pelo gris muy corto y arrugas profundas, como cicatrices de cuchillo, que hablan de sus aventuras en la selva y de cuarenta años viviendo en la naturaleza. Parece inquebrantable, por eso me conmovió verlo así de rodillas. Se ha convertido en la sombra de su hijo, no lo deja nunca solo, tal como mi madre no se mueve de mi lado, lo acompaña a clases de aikido y lo saca a caminar por los campos durante horas, hasta que ambos quedan extenuados. Tienes que quemar energía, si no estallarás, le dice. A mí me lleva al parque cuando el día está despejado, me coloca de cara al sol y me dice que cierre los ojos y sienta el calor en la piel y escuche los sonidos de los pájaros, del agua, del tráfico lejano, a ver si me calmo. Apenas supo de la enfermedad de su nuera voló desde las profundidades amazónicas para acudir al lado de su hijo; no le gustan las ciudades ni las aglomeraciones, se sofoca en el hospital, le molesta la gente, va y viene por el corredor de los pasos perdidos con la impaciencia triste de una bestia enjaulada. Eres más valiente que el

94

más macho de los hombres, Isabel, me dice seriamente, y sé que es lo más halagador que puede pensar de mí este hombre acostumbrado a matar serpientes a machetazos.

Vienen médicos de otros hospitales a observarte, nunca habían visto un caso de porfiria tan complicado, te has convertido en una referencia y me temo que ganarás fama en los textos de medicina; la enfermedad te golpeó como un rayo, sin escatimar nada. Tu marido es el único tranquilo, los demás estamos aterrados, pero también él habla de la muerte y de otras posibilidades peores.

—Sin Paula nada tiene sentido, nada vale la pena, desde que ella cerró los ojos se fue la luz del mundo —dice—. Dios no puede arrebatármela ¿para qué nos juntó entonces? ¡Tenemos tanta vida para compartir todavía! Ésta es una prueba brutal, pero la pasaremos. Me conozco bien, sé que estoy hecho para Paula y ella para mí, nunca la abandonaré, nunca amaré a otra, la protegeré y la cuidaré siempre. Pasarán mil cosas, tal vez la enfermedad o la muerte nos separen físicamente, pero estamos destinados a reunirnos y estar juntos en la eternidad. Puedo esperar.

—Se recuperará por completo, Ernesto, pero la convalecencia será larga, prepárate para eso. Te la llevarás a casa, estoy segura. ¿Te imaginas cómo será ese día?

—Pienso en eso a cada rato. Tendré que subir los tres pisos con ella en brazos... Le voy a llenar el apartamento de flores...

Nada lo asusta, se considera tu compañero en espíritu, a salvo de las vicisitudes de la vida o de la muerte, no le alarman tu cuerpo inmóvil ni tu mente ausente, nos dice que está en contacto con tu alma, que puedes oírlo, que sientes, te emocionas y no eres un vegetal, como prueban las máquinas a las cuales estás conectada. Los médicos se encogen de hombros, escépticos, pero las enfermeras se conmueven ante ese amor obstinado y a veces lo dejan visitarte a horas prohibidas porque han comprobado que cuando te toma la mano, varían los signos en las pantallas. Tal vez se puede medir la intensidad de los sentimientos con los mismos aparatos que vigilan las pulsaciones del corazón.

Un día más de espera, uno menos de esperanza. Un día más de silencio, uno menos de vida. La muerte anda suelta por los pasillos y mi tarea es distraerla para que no encuentre tu puerta.

–¡Qué larga y confusa es la vida, mamá!

–Al menos tú puedes escribirla para tratar de entenderla –replicó.

El Líbano en los años cincuenta era un país floreciente, puente entre Europa y los riquísimos emiratos árabes, cruce natural de varias culturas, torre de Babel donde se hablaba una docena de lenguas. El comercio y las transacciones bancarias de toda la región pagaban su tributo a Beirut, donde llegaban por tierra caravanas agobiadas de mercancía, por aire los aviones de Europa con las últimas novedades y por mar los barcos que debían esperar turno para atracar en el puerto. Mujeres cubiertas de velos negros, cargadas con bultos, arrastrando a sus hijos, andaban de prisa por las calles con la mirada siempre baja, mientras los hombres ociosos conversaban en los cafés. Burros, camellos, autobuses repletos de gente, motocicletas y automóviles se detenían simultáneamente en los semáforos, pastores con el mismo atuendo de sus antepasados bíblicos cruzaban las avenidas arreando piños de ovejas camino al matadero. Varias veces al día la voz aguda del muecín llamaba a la oración desde los minaretes de las mezquitas, a coro con las campanas de las iglesias cristianas. En las tiendas de la capital se ofrecía lo mejor del mundo, pero más atractivo para nosotros era recorrer los zocos, laberintos de callejuelas estrechas orilladas por un sinfín de comercios donde era posible comprar desde huevos frescos hasta reliquias faraónicas. ¡Ah, el olor de los zocos! Todos los aromas del planeta se paseaban por esas calles torcidas, tufo de exóticos comistrajos, frituras en grasa de cordero, pasteles de hojaldre, nueces y miel, alcantarillas abiertas donde flotaban basura y excrementos, sudor de animales, tinturas de cueros, atosigantes perfumes de incienso y pachulí, café recién hervido con semillas de cardamomo, especias de Oriente: canela, comino, pimienta, azafrán... Por fuera los bazares parecían insignificantes, pero cada uno se extendía hacia el interior en una serie de recintos cerrados donde relucían lámparas, bandejas y ánforas de ricos metales con intrincados dibujos caligráficos. Los tapices cubrían el suelo en varias capas, colgaban de las paredes y se amontonaban enrollados en los rincones; muebles de madera tallada con incrustaciones de nácar, marfil y bronce desaparecían bajo pilas de manteles y babuchas bordadas. Los comerciantes salían al encuentro de los clientes y los conducían casi a la rastra al interior de esas cuevas de Alí Babá atiborradas de tesoros, ponían a su disposición jofainas para enjuagarse los dedos con agua de rosas y les servían un café retinto y azucarado, el mejor del mundo. El regateo era parte esencial de la compra, así lo entendió mi madre desde el primer día. Al precio de apertura ella replicaba con una exclamación horrorizada, levantaba las manos al cielo y se dirigía a la puerta con paso decidido. El vendedor la cogía por un brazo y la halaba hacia adentro alegando que ésta era la primera venta del día, que ella era su hermana, que le traería suerte y por eso estaba dispuesto a escuchar su proposición, aunque en verdad el objeto era único y el precio más que justo. Mi madre impasible ofrecía la mitad, mientras el resto de la familia salíamos a tropezones, rojos de vergüenza. El dueño de la tienda se golpeaba las sienes con los puños poniendo a Alá por testigo. ¿Quieres arruinarme, hermana? Tengo hijos, soy un hombre honesto... Después de tres tazas de café y casi una hora de regateo, el objeto cambiaba de dueño. El mercader sonreía satisfecho y mi madre se reunía con nosotros en la calle segura de haber adquirido una ganga. A veces encontraba un par de tiendas más allá lo mismo por mucho menos de lo que había pagado, eso le arruinaba el día, pero no la curaba de la tentación de volver a comprar. Fue así como en un viaje a Damasco negoció la tela para mi vestido de novia. Yo acababa de cumplir catorce años y no mantenía relación con persona alguna del sexo opuesto, salvo mis hermanos, mi padrastro y el hijo de un opulento comerciante libanés que solía visitarme de vez en cuando bajo la vigilancia de sus padres y los míos. Era tan rico que tenía una motoneta con chofer. En plena fiebre de las Vespas italianas fastidió a su padre hasta que le compró una, pero no quiso correr el riesgo de que su primogénito se estrellara en ese vehículo suicida y puso un chofer para acarrear al chiquillo montado atrás. En todo caso, yo contemplaba la idea de meterme a monja para disimular que no conseguiría marido y así se lo hice ver a mi madre en el mercado de Damasco, pero ella insistió: tonterías, dijo, ésta es una oportunidad única. Salimos del bazar con metros y metros de organza blanca bordada con hilos de seda, además de varios manteles para el futuro ajuar y un biombo que han durado tres décadas, innumerables viajes y exilio.

El aliciente de estas gangas no bastaba para que mi madre se sintiera a gusto en el Líbano, vivía con la sensación de estar prisionera en su propia piel. Las mujeres no debían andar solas, en cualquier tumulto una irrespetuosa mano de varón podía surgir para ofenderlas y si intentaban defenderse se encontraban con un coro de burlas agresivas. A diez minutos de la casa había una playa interminable de arenas blancas y mar tibio, que invitaba a refrescarse en la canícula de las tardes de agosto. Debíamos bañarnos en familia, en un grupo cerrado para protegernos de los manotazos de otros nadadores; era imposible echarse en la arena, equivalía a llamar la desgracia, apenas asomábamos la cabeza fuera del agua corríamos a refugiarnos a una cabaña que alquilábamos para ese fin. El clima, las diferencias culturales, el esfuerzo de hablar francés y mascullar árabe, los malabarismos para estirar el presupuesto, la falta de amigas y de su familia agobiaban a mi madre.

El Líbano se las había arreglado para sobrevivir en paz y prosperidad, a pesar de las luchas religiosas que desgarraban la región desde hacía siglos, sin embargo, después de la crisis del Canal de Suez, el creciente nacionalismo árabe dividió profundamente a los políticos y las rivalidades se tornaron irreconciliables. Se produjeron desórdenes muy violentos que culminaron en junio de 1958 con el desembarco de la VI Flota de los Estados Unidos. Nosotros, instalados en el tercer piso de un edificio ubicado en la confluencia de los barrios cristiano, musulmán y druso, gozábamos de una posición privilegiada para observar las escaramuzas. El tío Ramón nos hizo colocar los colchones en las ventanas para atajar balas perdidas y nos prohibió atisbar por el balcón, mientras mi madre se las arreglaba con gran dificultad para mantener la bañera llena de agua y conseguir alimentos frescos. En las peores semanas de la crisis se impuso toque de queda al ponerse el sol, sólo personal militar estaba autorizado para transitar por las calles, pero en realidad ésa era la hora del relajo en que las dueñas de casa regateaban en el mercado negro y los hombres hacían sus negocios. Desde nuestra terraza presenciamos feroces balaceras entre grupos antagónicos, que duraban buena parte del día, pero que apenas oscurecía cesaban como por encantamiento y al amparo de la noche figuras furtivas se escabullían a comerciar con el enemigo y misteriosos paquetes pasaban de mano en mano. En esos días vimos azotar prisioneros en el patio de la Gendarmería, atados a unos maderos con el torso desnudo; divisamos el cadáver cubierto de moscas de un hombre con el cuello cercenado, a quien dejaron expuesto en la calle durante dos días para atemorizar a los drusos, y presenciamos también la venganza, cuando dos mujeres veladas abandonaron en la calle un burro cargado con quesos y aceitunas. Tal como estaba previsto, los soldados lo confiscaron y poco después escuchamos una explosión que redujo a polvo los vidrios de las ventanas y dejó el patio del cuartel encharcado de sangre y trozos humanos. A pesar de estas violencias, tengo la impresión de que los árabes no tomaron realmente en serio el desembarco norteamericano. El tío Ramón consiguió un salvoconducto y nos llevó a ver los buques de guerra cuando entraron a la bahía con los cañones preparados. Había una multitud de curiosos en los muelles, esperando a los invasores para comerciar con ellos y conseguir pases para subir a los portaviones. Aquellos monstruos de acero abrieron sus fauces y vomitaron lanchones repletos de *marines* armados hasta los dientes, que fueron recibidos con una salva de aplausos en la playa, y apenas los aguerridos soldados pisaron tierra firme, se vieron rodeados por una alegre turbamulta tratando de venderles toda suerte de mercaderías, desde sombrillas hasta hachís y condones japoneses en forma de peces multicolores. Imagino que no fue fácil para los oficiales mantener la moral de la tropa e impedir que fraternizaran con el enemigo. Al día siguiente, en la cancha artificial de patinaje en hielo tuve mi primer contacto con la fuerza bélica más poderosa del mundo. Patiné toda la tarde en compañía de centenares de muchachones en uniforme, con el pelo rapado y tatuajes en los músculos, que bebían cerveza y hablaban una jerga gutural muy diferente a la que intentaba enseñarme Miss Saint John en el colegio británico. Pude comunicarme poco con ellos, pero aunque hubiéramos compartido la misma lengua no teníamos mucho que decirnos. Aquel día memorable recibí mi primer beso en la boca, fue como morder un sapo con olor a goma de mascar, cerveza y tabaco. No recuerdo quién me besó porque no podía distinguirlo entre los demás, me parecieron todos iguales, pero sí recuerdo que a partir de ese momento decidí explorar el asunto de los besos. Por desgracia debí esperar bastante para ampliar mis conocimientos al respecto, porque apenas el tío Ramón descubrió que la ciudad estaba invadida de *marines* ávidos de muchachas, dobló su vigilancia y quedé recluida en la casa, como una flor de harén.

Tuve la suerte de que mi colegio fue el único que no cerró sus puertas cuando empezó la crisis, en cambio mis hermanos dejaron de ir a clases y pasaron meses de mortal aburrimiento encerrados en el apartamento. Miss Saint John consideró una vulgaridad esa guerra en la cual no participaban los ingleses, de modo que prefirió ignorarla. La calle frente al colegio se dividió en dos bandos separados por pilas de sacos de arena, tras los cuales acechaban los contrincantes. En las fotos de los periódicos tenían un aspecto patibulario y sus armas resultaban aterradoras, pero vistos detrás de sus barricadas desde lo alto del edificio, parecían veraneantes en un picnic. Entre los sacos de arena escuchaban radio, cocinaban y recibían visitas de sus mujeres y niños, mataban las horas jugando a los naipes o a las damas y durmiendo la siesta. A veces se ponían de acuerdo con los enemigos para ir en busca de agua o cigarrillos. La impasible Miss Saint John se caló su sombrero verde de las grandes ocasiones y salió a parlamentar en su pésimo árabe con aquellos sujetos que obstaculizaban las calles para pedirles que permitieran el paso del autobús escolar, mientras las pocas niñas que aún quedaban y las asustadas profesoras la observábamos desde el techo. No sé qué argumentos esgrimió, pero el caso es que el vehículo siguió funcionando puntualmente hasta que se quedó sin alumnas, sólo yo lo usaba. Me guardé bien de contar en la casa que otros padres habían retirado a sus hijas del colegio y nunca mencioné las negociaciones diarias del chofer con los hombres de las barricadas para que nos dejaran pasar. Asistí a clases hasta que se vació el establecimiento y Miss Saint John me solicitó cortésmente que no regresara por unos días, hasta que se resolviera ese desagradable incidente y la gente volviera a sus cabales. Para entonces la situación se había tornado muy violenta y un vocero del Gobierno libanés aconsejó a los diplomáticos sacar a sus familias del país porque no se podía garantizar su seguridad. Después de secretos conciliábulos el tío Ramón me puso junto a mis hermanos en uno de los últimos vuelos comerciales de esos días. El aeropuerto era un hervidero de hombres luchando por salir; algunos pretendían llevar a sus mujeres e hijas como carga, no las consideraban del todo humanas y no podían comprender la necesidad de comprarles un pasaje. Apenas despegamos de la pista una señora cubierta de pies a cabeza con un manto oscuro se dispuso a cocinar en el pasillo del avión sobre un quemador a queroseno, ante la alarma de la azafata francesa. Mi madre se quedó en Beirut con el tío Ramón donde permanecieron unos meses hasta que fueron trasladados a Turquía. Entretanto los *marines* norteamericanos volvieron a sus portaaviones y desaparecieron sin dejar huella, llevándose con ellos la prueba de mi primer beso. Fue así como emprendimos viaje de regreso al otro extremo del mundo, a la casa de mi abuelo en Chile. Yo tenía quince años y era la segunda vez que estaba lejos de mi madre, la primera había sido cuando ella se juntó con el tío Ramón en esa cita clandestina al norte de Chile, que consagró sus amores. No sabía entonces que estaríamos separadas la mayor parte de nuestras vidas. Comencé a escribirle mi primera carta en el avión, he continuado haciéndolo casi a diario a lo largo de muchos años y ella hace otro tanto. Juntamos esa correspondencia en un canasto y al final del año la atamos con una cinta de color y la guardamos en lo alto de un closet, así hemos coleccionado montañas de páginas. Nunca las hemos releído, pero sabemos que el registro de nuestras vidas está a salvo de la mala memoria.

Hasta entonces mi educación había sido caótica, había aprendido algo de inglés y francés, buena parte de la Biblia de memoria y las lecciones de defensa personal del tío Ramón, pero ignoraba lo más elemental para funcionar en este mundo. Cuando llegué a Chile a mi abuelo se le ocurrió que con un poco de ayuda yo podía terminar la escolaridad en un año y decidió enseñarme personalmente historia y geografía. Después averiguó que tampoco sabía sumar y me envió a clases privadas de matemáticas. La profesora era una viejuca de pelos teñidos color azabache y varios dientes sueltos, que vivía muy lejos en una casa modesta decorada con los regalos de sus alumnos a lo largo de cincuenta años de vocación docente, donde flotaba imperturbable el olor de coliflores cocidas. Para llegar hasta allá era necesario encaramarse en dos autobuses, pero valía la pena, porque esa mujer fue capaz de meterme en el cerebro suficientes números como para pasar el examen, después de lo cual se me borraron para siempre. Subir a un bus en Santiago podía ser una aventura peligrosa que requería temperamento decidido y agilidad de saltimbanqui, el vehículo jamás pasaba a tiempo, había que esperarlo por horas, y siempre venía tan repleto que avanzaba ladeado, con pasajeros colgando de las puertas. Mi formación estoica y mis articulaciones dobles me ayudaron a sobrevivir a esas batallas cotidianas. Compartía la clase con cinco estudiantes, uno de los cuales se sentaba siempre a mi lado, me prestaba sus apuntes y me acompañaba hasta el paradero del bus. Mientras aguardábamos con paciencia bajo el sol o la lluvia, él escuchaba callado mis cuentos exagerados sobre viajes a sitios que yo no sabía ubicar en el mapa, pero cuyos nombres investigaba en la Enciclopedia Británica de mi abuelo. Al llegar el autobús me ayudaba a trepar sobre el racimo humano que colgaba de la pisadera, empujándome con ambas manos por el trasero. Un día me invitó al cine. Le dije al Tata que debía quedarme estudiando con la profesora y partí con el galán a un teatro de barrio, donde nos calamos una película de terror. Cuando el monstruo de la Laguna Verde asomó su horrenda cabeza de lagarto milenario a escasos centímetros de la doncella que nadaba distraída, yo lancé un grito y él aprovechó para tomarme la mano. Me refiero al muchacho, no al lagarto, por supuesto. El resto de la película transcurrió en una nebulosa, no me importaron los colmillos del gigantesco reptil ni la suerte de la rubia tonta que se bañaba en esas aguas, mi atención estaba concentrada en el calor y la humedad de esa mano ajena acariciando la mía, casi tan sensual como el mordisco en la oreja de mi amado en La Paz y mil veces más que el beso robado del soldado norteamericano en la cancha de patinaje en hielo de Beirut. Llegué a casa de mi abuelo levitando, convencida de haber encontrado al hombre de mi vida y que esas manos entrelazadas eran un compromiso formal. Había oído decir a mi amiga Elizabeth en el colegio del Líbano que se puede quedar embarazada por chapotear en la misma piscina con un muchacho y sospeché lógicamente que una hora completa intercambiando sudores manuales podía tener el mismo efecto. Pasé la noche despierta, imaginando mi vida futura casada con él y esperando con ansias la próxima clase de matemáticas, pero al día siguiente mi amigo no llegó a casa de la profesora. Durante toda la clase estuve observando la puerta, angustiada, pero no vino ese día ni el resto de la semana ni nunca más, simplemente se hizo humo. Con el tiempo me repuse de ese humillante abandono y por muchos años no pensé en ese joven. Creí volver a verlo doce años más tarde, el día en que me llamaron de la morgue para identificar el cuerpo de mi padre. Me pregunté muchas veces por qué desapareció tan de súbito y de tanto darle vueltas en la cabeza llegué a una conclusión truculenta, pero prefiero no seguir especulando, porque sólo en las telenovelas los enamorados descubren un día que son hermanos.

Una de las razones para olvidar aquel amor fugaz fue que conocí a otro muchacho, y aquí, Paula, entra tu padre en la historia. Michael tiene raíces inglesas, es producto de una de esas familias de inmigrantes que han nacido y vivido en Chile por generaciones y todavía se refieren a Inglaterra como *home*, leen periódicos británicos con semanas de atraso y mantienen un estilo de vida y un código social decimonónico, cuando eran los arrogantes súbditos de un gran imperio, pero que hoy ya no se usan ni en el corazón de Londres. Tu abuelo paterno trabajaba para una compañía norteamericana del cobre, en un pueblo al norte de Chile, tan insignificante, que escasamente figura en los mapas. El campamento de los gringos consistía en una veintena de casas cercadas por alambres de púas, donde sus habitantes intentaban reproducir lo más fielmente posible el modo de vida de sus ciudades de origen, con aire acondicionado, agua en botellas y profusión de catálogos para encargar a los Estados Unidos desde leche condensada hasta muebles de terraza. Cada familia cultivaba porfiadamente su jardín, a pesar de las inclemencias del sol y la sequía; los hombres jugaban al golf en los arenales y las señoras competían en concursos de rosas y tortas. Al otro lado de la alambrada subsistían los trabajadores chilenos en hileras de casuchas con baños comunes, sin otras diversiones que una cancha de fútbol trazada con un palo sobre la tierra dura del desierto y un bar en las afueras del campamento donde se embriagaban los fines de semana. Dicen que también había un prostíbulo, pero no di con él cuando salí a buscarlo, tal vez porque yo esperaba por lo menos un farol rojo, pero debe haber sido un rancho igual a los otros. Michael nació y vivió los primeros años de su existencia en ese lugar, protegido de todo mal, en una inocencia edénica, hasta que lo enviaron interno a un colegio británico en el centro del país. Creo que no tuvo idea cabal de que estaba en Chile hasta que alcanzó la edad de los pantalones largos. Su madre, a quien todos recordamos como Granny, tenía grandes ojos azules y un corazón virgen de mezquindades. Su vida transcurrió entre la cocina y el jardín, olía a pan recién horneado, a mantequilla, a dulce de ciruelas. Años después, cuando renunció a sus sueños, olía a alcohol, pero pocos llegaron a saberlo, porque se mantenía a prudente distancia y se tapaba la boca con un pañuelo al hablar, y también porque tú, Paula, que entonces tenías ocho o nueve años, escondías las botellas vacías para que nadie descubriera su secreto. El padre de Michael era buenmozo y moreno, con aspecto de andaluz, pero por sus venas corría sangre alemana de la cual se enorgullecía, cultivó en su carácter las virtudes que él consideraba teutónicas y llegó a ser un ejemplo de hombre honesto, responsable y puntual, aunque también se mostraba inflexible, autoritario y seco. Jamás tocaba a su mujer en público, pero la llamaba *young lady* y le brillaban los ojos cuando la miraba. Pasó treinta años en el campamento norteamericano ganando buenos dólares, se jubiló a los cincuenta y ocho años y se trasladó a la capital, donde construyó una casa junto a la cancha de golf de un club. Michael creció entre los muros de un colegio para muchachos, dedicado al estudio y a deportes viriles, lejos de su madre, el único ser que pudo enseñarle a expresar sus sentimientos. Con su padre sólo compartía frases de buena educación y partidas de ajedrez en las vacaciones. Cuando lo conocí acababa de cumplir veinte años, estudiaba el primer semestre de Ingeniería Civil, manejaba una motocicleta y vivía en un apartamento con una empleada que lo atendía como a un señorito, nunca tuvo que lavar sus calcetines o cocinar un huevo. Era un muchacho alto, apuesto, muy delgado, con grandes ojos color caramelo, que se sonrojaba cuando estaba nervioso. Una amiga nos presentó, vino a verme un día con el pretexto de enseñarme química y enseguida pidió permiso formal a mi abuelo para llevarme a la ópera. Fuimos a ver *Madame Butterfly* y yo, que carecía por completo de formación musical, pensé que se trataba de un espectáculo humorístico y me reí a carcajadas cuando vi caer del techo una lluvia de flores de plástico sobre una gorda que cantaba a pleno pulmón mientras se abría la barriga a cuchillazos delante de su hijo, una pobre criatura con los ojos vendados y con un par de banderas en las manos. Así comenzaron unos amores muy lentos y dulces, destinados a durar muchos años antes de consumarse, porque a Michael le faltaban como seis años de universidad y yo aún no terminaba la escuela. Pasaron varios meses antes que nos tomáramos de las manos en el concierto de los miércoles y casi un año antes del primer beso.

—Me gusta este joven, viene a mejorar la raza —se rió mi abuelo cuando finalmente admití que estábamos enamorados.

El lunes te agarró la muerte, Paula. Vino y te señaló, pero se encontró frente a frente con tu madre y tu abuela y por esta vez retrocedió. No está derrotada y todavía te ronda, rezongando con su revuelo de harapos sombríos y rumor de huesos. Te fuiste para el otro lado por algunos minutos y en verdad nadie se explica cómo ni por qué estás de vuelta. Nunca te habíamos visto tan mal, ardías de fiebre, un ronroneo aterrador te salía del pecho, se te asomaba el blanco de los ojos a través de los párpados entrecerrados, de pronto la tensión te bajó casi a cero y comenzaron a sonar las alarmas de los monitores y la sala se llenó de gente, todos tan afanados en torno a ti, que se olvidaron de nosotras, y así es como estuvimos presentes cuando se te escapaba el alma del cuerpo, mientras te inyectaban drogas, te soplaban oxígeno y trataban de poner de nuevo en marcha tu corazón agotado. Trajeron un aparato y empezaron a darte golpes eléctricos, terribles corrientazos en el pecho, que te hacían saltar de la cama. Oímos órdenes, voces alteradas y carreras, llegaron otros médicos con diferentes máquinas y jeringas, quién sabe cuántos minutos eternos transcurrieron, parecieron muchas horas. No podíamos verte, te tapaban los cuerpos de quienes te atendían, pero pudimos percibir con nitidez tu zozobra y el aliento triunfal de la muerte. Hubo un momento en el cual la febril agitación se congeló de súbito, como en una fotografía, y entonces escuché el murmullo en sordina de mi madre exigiéndote que lucharas, hija, ordenándole a tu corazón que siguiera andando en nombre de Ernesto y de los años preciosos que te faltan por vivir y del bien que aún puedes sembrar. El tiempo se detuvo en los relojes, las curvas y picos verdes en las pantallas de las máquinas se convirtieron en líneas rectas y un zumbido de consternación reemplazó el chillido de las alarmas. Alguien dijo *no hay más que hacer...* y otra voz agregó *ha muerto*, la gente se apartó, algunos se alejaron y pudimos verte inerte y pálida, como una niña de mármol. Entonces sentí la mano de mi madre en la mía impulsándome hacia adelante y dimos unos pasos al frente acercándonos a la orilla de tu cama y sin una lágrima te ofrecimos la reserva completa de nuestro vigor, toda la salud y fortaleza de nuestros más recónditos genes de navegantes vascos y de indómitos indios americanos, y en silencio invocamos a los dioses conocidos y por conocer y a los espíritus benéficos de nuestros antepasados y a las fuerzas más formidables de la vida, para que corrieran a tu rescate. Fue tan intenso el clamor que a cincuenta kilómetros de distancia Ernesto sintió el llamado con la claridad de un campanazo, supo que rodabas hacia un abismo y echó a correr en dirección al hospital. Entretanto en torno a tu cama se helaba el aire y se confundía el tiempo y cuando los relojes marcaron de nuevo los segundos, ya era tarde para la muerte. Los médicos vencidos se habían retirado y las enfermeras se preparaban para desconectar los tubos y cubrirte con una sábana, cuando una de las pantallas mágicas dio un suspiro y la caprichosa línea verde empezó a ondular señalando tu retorno a la vida. ¡Paula! te llamamos mi madre y yo en una sola voz y las enfermeras repitieron el grito y la sala se llenó con tu nombre.

Ernesto llegó una hora más tarde; había devorado la autopista y atravesado la ciudad como una exhalación. Hasta entonces no tenía duda que sanarías, pero en esta ocasión, vencido, de rodillas en la capilla, rogó simplemente para que cesara este martirio y descansaras por fin. Sin embargo, cuando te abrazó en la siguiente visita la vehemencia del amor y el deseo de retenerte fueron más poderosos que la resignación. Te siente en su propio cuerpo, se adelanta a los diagnósticos clínicos, percibe signos invisibles para otros ojos, es el único que pareciera comunicarse contigo. Vive, vive por mí, por nosotros, Paula, somos un equipo chica mía, te rogaba, verás que todo sale bien, no te vayas, seré tu apoyo, tu refugio, tu amigo, te sanaré con mi amor, acuérdate de ese bendito 3 de enero en que nos conocimos y todo cambió para siempre, no puedes dejarme ahora, estamos recién comenzando, nos queda medio siglo por delante. No sé qué otras súplicas, secretos o promesas te susurró al oído ese lunes tenebroso, ni cómo te sopló ganas de vivir en cada beso que te dio, pero estoy segura que hoy respiras por obra de su tenaz ternura. Tu vida es una misteriosa victoria del amor. Ya has superado la peor parte de la crisis, te están administrando el antibiótico preciso, han controlado tu presión y poco a poco cede la fiebre. Has vuelto al punto de partida, no sé qué significa esta especie de resurrección. Llevas más de dos meses en coma, no me engaño, hija, sé cuán grave estás, pero puedes recuperarte por completo; el especialista en porfiria asegura que no tienes daño cerebral, la enfermedad sólo te ha atacado los nervios periféricos. Palabras, palabras benditas, las repito una y otra vez como una fórmula de encantamiento que puede traerte la salvación. Hoy te habían colocado de costado en la cama y a pesar del aspecto torturado de tu pobre cuerpo, tu cara estaba intacta y te veías hermosa como una novia dormida, con sombras azules bajo tus largas pestañas. Las enfermeras te habían refrescado con agua de colonia y recogido el cabello en una gruesa trenza, que colgaba fuera de la cama como una cuerda marinera. No hay señas de tu inteligencia, pero vives y tu espíritu aún te habita. Respira, Paula, tienes que respirar...

Mi madre sigue regateando con Dios, ahora le ofrece su vida por la tuya, dice que de todos modos setenta años son mucho tiempo, mucho cansancio y muchas penas. También yo quisiera ocupar tu lugar, pero no existen recursos de ilusionista para estos trueques, cada una de nosotras, abuela, madre e hija, deberá cumplir su propio destino. Al menos no estamos solas, somos tres. Tu abuela está cansada, trata de disimularlo, pero le pesan los años y durante estos meses de sufrimiento en Madrid el invierno se le ha metido en los huesos, no hay forma de darle calor, duerme bajo una montaña de frazadas y de día anda envuelta en chalecos y bufandas, pero no deja de temblar. Hablé largamente por teléfono con el tío Ramón para que me ayude a convencerla de que es hora de volver a Chile. No he podido escribir en varios días, sólo ahora, que empiezas a salir de la agonía, vuelvo a estas páginas.

La relación discreta que compartimos con Michael floreció con parsimonia, a la antigua, en el salón de la casa del Tata, entre tazas de té en invierno y copas de helados en verano. El descubrimiento del amor y la dicha de sentirme aceptada me transformaron, la timidez dio paso a un carácter más bien explosivo y se terminaron esos largos períodos de rabioso silencio de la infancia y la adolescencia. Una vez por semana íbamos en su motocicleta a escuchar un concierto, sábado por medio me permitían ir al cine, siempre que regresara temprano, y algunos domingos mi abuelo lo invitaba a los almuerzos familiares, verdaderos torneos de resistencia. La sola comilona era una prueba rompehuesos: bocadillos de marisco, empanadas picantes, cazuela de gallina o pastel de choclo, torta de manjar blanco, vino con fruta y una jarra descomunal de *pisco sour*, el más fatídico brebaje chileno. Los comensales competían en la hazaña de tragarse aquel ágape y a veces, por afán de desafío, antes del postre pedían huevos fritos con tocino. Los sobrevivientes ganaban así el privilegio de manifestar sus locuras particulares. A la hora del café ya estaban discutiendo a gritos y antes que pasaran las copitas de licor dulce habían jurado que ése era el último domingo de parranda familiar, sin embargo a la semana siguiente se repetía con pocas variantes la misma mortificación porque ausentarse habría sido un desaire inconcebible, mi abuelo no lo habría perdonado. Yo temía esas reuniones casi tanto como los almuerzos en casa de Salvador Allende, donde las primas me miraban con disimulado desprecio porque no sabía de qué diablos hablaban. Vivían en una casa pequeña, acogedora, atiborrada de obras de arte, libros valiosos y fotografías que si aún existen, son documentos históricos. La política era el único tema en esa familia inteligente y bien informada. La conversación volaba por las alturas en torno a los acontecimientos mundiales y de vez en cuando aterrizaba en los últimos detalles de la chismografía nacional, pero en cualquier caso yo quedaba en la luna. En ese tiempo sólo leía novelas de ciencia ficción y mientras los Allende planeaban con fervor socialista la transformación del país, yo deambulaba de asteroide en asteroide en compañía de extraterrestres tan escurridizos como los ectoplasmas de mi abuela.

En la primera oportunidad en que sus padres viajaron a Santiago, Michael me llevó a conocerlos. Mis futuros suegros me esperaban a tomar té a las cinco de la tarde, mantel almidonado, porcelana inglesa pintada, panecillos hechos en casa. Me recibieron con simpatía, sentí que sin conocerme me aceptaban agradecidos por el amor que yo prodigaba a su hijo. El padre se lavó las manos una docena de veces durante mi breve visita y al sentarse a la mesa retiró la silla con los codos, para no ensuciárselas antes de la comida. Hacia el final me preguntó si era pariente de Salvador Allende y cuando asentí le cambió la expresión, pero su natural cortesía le impidió manifestar sus ideas al respecto en nuestro primer encuentro, ya habría ocasión de hacerlo más adelante. La madre de Michael me cautivó desde el comienzo, era un alma candorosa, incapaz de una mala intención, la bondad se asomaba en sus ojos líquidos color aguamarina. Me acogió con sencillez, como si nos conociéramos desde hacía años, y esa tarde sellamos un pacto secreto de ayuda mutua, que nos sería de gran utilidad en las pruebas dolorosas de los años siguientes. A los padres de Michael, que deben haber deseado para su hijo una muchacha tranquila y discreta de la colonia inglesa, no les costó mucho adivinar las fallas de mi carácter desde el comienzo, por lo mismo es admirable que me abrieran los brazos con tal prontitud.

No había cumplido aún diecisiete años cuando comencé a trabajar y desde entonces lo he hecho siempre. Terminé el colegio y no supe qué hacer con mi futuro; debí plantearme ir a la universidad, pero estaba confundida, quería independencia y de todos modos pensaba casarme pronto y tener hijos, ése era el destino de las muchachas de entonces. Deberías estudiar teatro, me sugirió mi madre, que me conocía más que nadie, pero esa idea me pareció completamente descabellada. Al día siguiente de mi graduación me apresuré en buscar empleo de secretaria, porque no estaba preparada para otra cosa. Había oído decir que en las Naciones Unidas pagaban bien y decidí aprovechar mis conocimientos de inglés y francés. En la guía de teléfono encontré en lugar destacado una extraña palabra: FAO y sin sospechar de qué se trataba me presenté a la puerta, donde me recibió un joven de aspecto descolorido

—¿Quién es el dueño aquí? —le pregunté a quemarropa.

—No sé... Creo que esto no tiene dueño —murmuró algo perturbado.

—¿Quién es el que manda más?

—Don Hernán Santa Cruz —replicó sin vacilar.

—Quiero hablar con él.

—Anda en Europa.

—¿Quién es el encargado de dar empleo cuando él no está?

Me dio el nombre de un conde italiano, pedí una cita y cuando estuve ante el impresionante escritorio de ese apuesto romano, le zampé que el señor Santa Cruz me mandaba a hablar con él para que me diera trabajo. El aristocrático funcionario no sospechó que yo no conocía a su jefe ni de vista y me tomó a prueba por un mes, a pesar de que presenté el peor examen de dactilografía de la historia de esa organización. Me sentaron frente a una pesada máquina Underwood y me ordenaron que redactara una carta con tres copias, sin decirme que debía ser comercial. Escribí una carta de amor y despecho salpicada de faltas porque las teclas parecían tener vida propia, además puse el papel carbón al revés y las copias salieron impresas en la parte de atrás de la hoja. Buscaron el puesto donde pudiera hacer menos daño y fui asignada temporalmente de secretaria a un experto forestal argentino cuya misión era llevar la contabilidad de los árboles del globo terráqueo. Comprendí que mi suerte no podía durar mucho más y me dispuse a aprender a escribir a máquina correctamente en cuatro semanas, contestar el teléfono y servir café como una profesional, rogando en secreto para que el temido Santa Cruz tuviera un accidente mortal y no regresara jamás. Sin embargo, mis súplicas no fueron escuchadas y al mes justo regresó el dueño de la FAO, un hombronazo enorme, con aspecto de jeque árabe y vozarrón de trueno, ante quien los empleados en general y el noble italiano en particular, se inclinaban con respeto, por no decir terror. Antes que se enterara de mi existencia por otros medios, me presenté en su oficina para contarle que había usado su santo nombre en vano y estaba dispuesta a hacer las penitencias correspondientes. Una carcajada estentórea recibió mi confesión.

—Allende... ¿de cuáles Allendes eres tú? —rugió por fin, cuando terminó de secarse las lágrimas.

—Parece que mi padre se llamaba Tomás.

—¡Cómo que parece! ¿No sabes cómo se llama tu padre?

—Nadie puede estar seguro de quién es su padre, sólo se puede estar seguro de la madre —repliqué con la dignidad en alto.

—¿Tomás Allende? ¡Ah, ya sé quién es! Un hombre muy inteligente... —y se quedó mirando el vacío, como quien se muere de ganas de contar un secreto y no puede.

Chile es del tamaño de un pañuelo. Resultó que ese caballero con actitud de sultán era uno de los mejores amigos de juventud de Salvador Allende, además conocía bien a mi madre y a mi padrastro, por esas razones no me puso en la calle, como el conde romano esperaba, sino que me trasladó al Departamento de Información, donde alguien con mis recursos imaginativos estaría mejor empleada que copiando estadísticas forestales, según me explicó. Me soportaron en la FAO durante varios años, allí hice amigos, aprendí los rudimentos del oficio de periodista y tuve mi primera oportunidad de hacer televisión. En los ratos libres hacía traducciones de novelas rosa del inglés al español. Eran historias románticas cargadas de erotismo, todas cortadas por el mismo molde: hermosa e inocente joven sin fortuna conoce a hombre maduro, fuerte, poderoso, viril, desilusionado del amor y solitario, en un lugar exótico, por ejemplo una isla polinésica donde ella trabaja como institutriz y él posee un latifundio. Ella es siempre virgen, aunque sea viuda, de senos mórbidos, labios túrgidos y ojos lánguidos; mientras él luce sienes de plata, piel dorada y músculos de acero. El terrateniente es superior a ella en todo, pero la institutriz es buena y bonita. Después de sesenta páginas de pasión ardiente, celos e incomprensibles intrigas, se casan, por supuesto, y la doncella esdrújula es desflorada por el varón metálico en una atrevida escena final. Se necesitaba firmeza de carácter para permanecer fiel a la versión original y a pesar de los esmeros de Miss Saint John en el Líbano, la mía no alcanzaba para tanto. Casi sin darme cuenta introducía pequeñas modificaciones para mejorar la imagen de la heroína, empezaba con algunos cambios en los diálogos, para que ella no pareciera completamente retardada, y luego me dejaba arrastrar por la inspiración y alteraba los finales, de modo que a veces la virgen concluía sus días vendiendo armas en el Congo y el hacendado partía a Calcuta a cuidar leprosos. No duré mucho tiempo en ese trabajo, a los pocos meses me despidieron. Para entonces mis padres habían regresado de Turquía y vivía con ellos en un caserón estilo español de adobe y tejas en los faldeos de la cordillera, donde era bastante difícil trasladarse en bus e imposible conseguir teléfono. Tenía una torre, dos hectáreas de huerto, una vaca melancólica que jamás dio leche, un cerdo a quien debíamos sacar a escobazos de los dormitorios, gallinas, conejos y una mata de calabazas enredada en el techo; los enormes frutos solían rodar desde lo alto, poniendo en peligro a quienes tuvieran la mala suerte de encontrarse abajo. Atrapar el bus para ir y venir de la oficina se convirtió en una obsesión, me levantaba al amanecer para llegar a tiempo en las mañanas y en la tarde el vehículo iba repleto, de modo que visitaba a mi abuelo y allí esperaba la noche para encaramarme en uno con menos pasajeros. Así nació la costumbre de ir cada día a ver al viejo y llegó a ser tan importante para ambos, que sólo fallé cuando nacieron mis hijos, durante los primeros días del Golpe Militar y una vez que quise pintarme los pelos de amarillo y por un error del peluquero terminé con la cabeza verde. No me atreví a aparecer delante del Tata hasta que conseguí una peluca de mi color original. En invierno nuestra casa era una mazmorra gélida goteando por los techos, pero en primavera y verano resultaba encantadora, con sus vasijas de barro desbordantes de petunias, el zumbido de las abejas y trinar de los pájaros, el aroma de flores y frutas, los tropezones del cerdo entre las piernas de las visitas y el aire puro de las montañas. Los almuerzos dominicales se trasladaron de la casa del Tata a la de mis padres, allí se juntaba la tribu para destrozarse puntualmente cada semana. Michael, quien provenía de un hogar pacífico donde imperaba la mayor cortesía, y a quien el colegio había condicionado para disimular sus emociones en todo momento, excepto en las canchas deportivas donde había libertad para comportarse como un bárbaro, era mudo testigo de las pasiones desmedidas de mi familia.

Ese año murió el tío Pablo en un extraño accidente aéreo. Volaba sobre el desierto de Atacama en una avioneta y el aparato estalló en el aire. Algunos vieron la explosión y una bola incandescente cruzando el cielo, pero no quedaron restos y, después de peinar la región meticulosamente, las cuadrillas de rescate regresaron con las manos vacías. Nada había para enterrar, el funeral se llevó a cabo con un ataúd vacío. Tan abrupta y total fue la desaparición de este hombre a quien tanto amé, que he cultivado la fantasía de que no quedó reducido a cenizas sobre esas dunas desoladas; tal vez salvó de milagro, pero sufrió un trauma irrecuperable y hoy vaga en otras latitudes convertido en un anciano plácido y sin memoria, que nada sospecha de la joven esposa y los cuatro niños que dejó atrás. Estaba casado con una de esas raras personas de alma diáfana destinadas a purificarse en el esfuerzo y el sufrimiento. Mi abuelo recibió la amarga noticia sin un gesto, apretó la boca, se puso de pie apoyado en su bastón y salió cojeando a la calle para que nadie pudiera ver la expresión de sus ojos. No volvió a hablar de su hijo favorito, tal como no mencionaba a la Memé. Para ese viejo valiente, mientras más profunda la herida más privado era el dolor.

Había cumplido tres años de amores relativamente castos, cuando oí hablar entre mis compañeras de oficina de una maravillosa píldora para evitar embarazos, que había revolucionado la cultura en Europa y los Estados Unidos y ahora se podía conseguir en algunas farmacias locales. Traté de indagar más y me enteré que sólo era posible comprarla con una receta médica, pero no me atreví a recurrir al inefable doctor Benjamín Viel, quien para entonces se había convertido en el gurú de la planificación familiar en Chile, y tampoco me alcanzó la confianza para hablar del tema con mi madre. Por lo demás, ella tenía demasiados problemas con sus hijos adolescentes como para pensar en píldoras mágicas para una hija soltera. Mi hermano Pancho había desaparecido de la casa tras las huellas de un santón que reclutaba discípulos proclamándose el nuevo Mesías. En realidad este personaje tenía una ferretería en Argentina y el asunto resultó un complejo fraude teológico, pero la verdad afloró mucho después, cuando mi hermano y otros jóvenes ya habían malgastado años persiguiendo un mito. Mi madre hizo lo posible por arrancar a su hijo de aquella misteriosa secta y de hecho fue a buscarlo un par de veces cuando mi hermano tocó el fondo de la desilusión y pidió socorro a la familia. Lo rescataba de oscuras pocilgas, donde lo encontraba hambriento, enfermo y traicionado, sin embargo apenas recuperaba fuerzas desaparecía de nuevo y durante meses no sabíamos su paradero. De vez en cuando llegaban noticias de sus andanzas en Brasil aprendiendo artes de vudú, o en Cuba entrenándose para revolucionario, pero ninguno de esos rumores tenía verdadero fundamento, en realidad nada sabíamos de él. Entretanto mi hermano Juan pasó un par de años poco afortunados en la Escuela de Aviación. Al poco tiempo de ingresar comprendió que carecía de aptitud y resistencia para soportar aquello, que detestaba los absurdos principios y ceremonias militares, que la mismísima patria le importaba un bledo y que si no salía de allí pronto perecería en manos de los cadetes mayores o cometería suicidio. Un día se escapó, pero la desesperación no lo llevó muy lejos, llegó a la casa con el uniforme en harapos y tartamudeando que había desertado y si lo agarraban sería sometido a juicio militar, y en caso de salvarse de ser fusilado por traición a la patria pasaría el resto de su juventud en una mazmorra. Mi madre actuó rápido, lo escondió en la despensa, hizo una promesa a la Virgen del Carmen, patrona de las Fuerzas Armadas de Chile para que la ayudara en su empresa, luego partió a la peluquería, se vistió con su mejor vestido y pidió audiencia con el Director de la Escuela. Una vez en su presencia, no le dio tiempo de abrir la boca, se le fue encima, lo cogió por la ropa y le gritó que él era el único responsable de la suerte de su hijo, que si acaso no se daba cuenta de las humillaciones y torturas que sufrían los cadetes, que si algo le sucedía a Juan ella se encargaría de arrastrar por el barro el nombre de la Escuela, y siguió bombardeándolo de argumentos y sacudiéndolo hasta que el general, vencido por esos ojos de pantera y el instinto maternal suelto, aceptó a mi hermano de regreso en sus filas.

Pero volvamos a la píldora. Con Michael no hablábamos de esos groseros detalles, nuestra formación puritana pesaba demasiado. Las sesiones de caricias en algún rincón del jardín por la noche nos dejaban a ambos extenuados y a mí furiosa. Tardé bastante en comprender la mecánica del sexo, porque no había visto a un hombre desnudo, salvo estatuas de mármol con un pirulín de infante, y no tenía muy claro en qué consistía una erección, al sentir algo duro creía que eran las llaves de la motocicleta en el bolsillo de su pantalón. Mis lecturas clandestinas de *Las mil y una noches* en el Líbano me dejaron la cabeza llena de metáforas y giros poéticos; me hacía falta un simple manual de instrucciones. Después, cuando tuve claras las diferencias entre hombres y mujeres y el funcionamiento de algo tan sencillo como un pene, me sentí estafada. No veía entonces y no veo todavía la diferencia moral entre esas hirvientes sesiones de manoseos insatisfactorios y alquilar una habitación en un hotel y hacer lo que dicte la fantasía, pero ninguno de los dos se atrevía a sugerirlo. Sospecho que no quedaban por los alrededores muchas doncellas castas de mi edad, pero ese tema era tabú en aquellos tiempos de hipocresía colectiva. Cada cual improvisaba como mejor podía, con las hormonas alborotadas, la conciencia sucia y el terror de que después de *llegar hasta el final* el muchacho no sólo podía hacerse humo, sino también divulgar su conquista. El papel de los hombres era atacar y el nuestro defendernos fingiendo que el sexo no nos interesaba porque no era de buen tono aparecer colaborando con nuestra propia seducción. ¡Qué diferentes fueron las cosas para ti, Paula! Tenías dieciséis años cuando viniste una mañana a decirme que te llevara al ginecólogo porque querías averiguar sobre anticonceptivos. Muda de impresión, porque comprendí que había terminado tu infancia y empezabas a escapar de mi tutela, te acompañé. Mejor no lo comentamos, vieja, nadie entendería que me ayudes en este asunto, me aconsejaste entonces. A tu edad yo navegaba en aguas confusas, aterrada por advertencias apocalípticas: cuidado con aceptar una bebida, puede estar drogada con unos polvos que les dan a las vacas para ponerlas en celo; no te subas a su coche porque te llevará a un descampado y ya sabes lo que te puede suceder. Desde el principio me rebelé contra esa doble moral que autorizaba a mis hermanos pasar la noche fuera de casa y regresar al amanecer oliendo a licor sin que nadie se ofendiera. El tío Ramón se encerraba con ellos a solas, eran «cosas de hombres» en las cuales mi madre y yo no teníamos derecho a opinar. Se consideraba natural que se deslizaran de noche a la pieza de la empleada; hacían chistes al respecto que me resultaban doblemente ofensivos, porque a la prepotencia del macho se sumaba el abuso de clase. Imagino el escándalo si yo hubiera invitado al jardinero a mi cama. A pesar de mi rebeldía, el temor a las consecuencias me paralizaba, nada enfría tanto como la amenaza de un embarazo inoportuno. Nunca había visto un condón, excepto aquellos en forma de peces tropicales que los comerciantes libaneses ofrecían a los *marines* en Beirut, pero entonces pensé que eran globos de cumpleaños. El primero que cayó en mis manos me lo mostraste tú en Caracas, Paula, cuando andabas para todos lados con un maletín de adminículos para tu curso de sexualidad. Es el colmo que a tu edad no sepas cómo se usa esto, me dijiste un día cuando yo tenía más de cuarenta años, había publicado mi primera novela y estaba escribiendo la segunda. Ahora me asombra tamaña ignorancia en alguien que había leído tanto como yo. Además algo sucedió en mi infancia que podría haberme dado algunas luces o al menos haber provocado curiosidad para aprender sobre ese asunto, pero lo tenía bloqueado en el fondo más oscuro de la memoria.

Ese día de Navidad de 1950 iba por el paseo de la playa, una larga terraza bordeada de geranios. Tenía ocho años, la piel quemada por el sol, la nariz en carne viva y la cara llena de pecas, vestía un delantal de piqué blanco y un collar de conchas ensartadas en un hilo. Me había pintado las uñas con acuarela roja, los dedos parecían machucados, y empujaba un coche de mimbre con mi muñeca nueva, un siniestro bebé de goma con un orificio en la boca y otro entre las piernas, al que se le daba agua por arriba para que saliera por abajo. La playa estaba vacía, la noche anterior los habitantes del pueblo habían cenado tarde, asistido a la misa de medianoche y celebrado hasta la madrugada, a esa hora nadie se había levantado aún. Al final de la terraza empezaba un roquerío donde el océano se estrellaba rugiendo con un escándalo de espuma y de algas; la luz era tan intensa que se borraban los colores en el blanco incandescente de la mañana. Rara vez llegaba tan lejos, pero ese día me aventuré por esos lados buscando un sitio para dar agua a la muñeca y cambiarle los pañales. Abajo, entre las rocas, un hombre salió del mar, llevaba lentes submarinos y un tubo de goma en la boca, que se quitó con gesto brusco, aspirando a todo pulmón. Vestía un pantalón de baño negro, muy gastado, y un cordel en la cintura del cual colgaban unos hierros con las puntas curvas, sus herramientas de mariscar. Traía tres erizos, que metió en un saco, y luego se echó a descansar de espaldas sobre una piedra. Su piel lisa y sin vellos era como cuero curtido y su pelo muy negro y crespo. Cogió una botella y bebió largos sorbos de agua, reuniendo fuerzas para sumergirse otra vez, con el revés de la mano se quitó el cabello de la cara y se secó los ojos, entonces levantó la vista y me vio. Al principio tal vez no se dio cuenta de mi edad, vislumbró una figura meciendo un bulto y en la reverberación de las once de la mañana puede haberme confundido con una madre y su niño. Me llamó con un silbido y levantó la mano en un gesto de saludo. Me puse de pie desconfiada y curiosa. Para entonces sus ojos se habían acostumbrado al sol y me reconoció, repitió el saludo y me gritó que no me asustara, que no me fuera, que tenía algo para mí, sacó un par de erizos y medio limón de su bolsa y empezó a trepar las rocas. Cómo has cambiado, el año pasado parecías un mocoso igual a tus hermanos, dijo. Retrocedí un par de pasos, pero luego lo reconocí también y le devolví la sonrisa, tapándome la boca con una mano, porque todavía no terminaba de cambiar los dientes. Solía llegar por las tardes a ofrecer su mercadería en nuestra casa, el Tata insistía en escoger el pescado y los mariscos personalmente. Ven, siéntate aquí, a mi lado, déjame ver tu muñeca, si es de goma seguro se puede bañar, vamos a meterla al mar, yo te la cuido, no le va a pasar nada, mira, allá abajo tengo un saco lleno de erizos, en la tarde le llevaré unos cuantos a tu abuelo ¿quieres probarlos? Tomó uno con sus grandes manos callosas, indiferente a las duras espinas, le introdujo la punta de un garfio en la coronilla, donde la concha tiene la forma de un pequeño collar de perlas enroscado, y lo abrió. Apareció una cavidad anaranjada y vísceras flotando en un líquido oscuro. Me acercó el marisco a la nariz y me dijo que lo oliera, que ése era el olor del fondo del mar y de las mujeres cuando están calientes. Aspiré, primero con timidez y luego con fruición esa fragancia pesada de yodo y sal. Me explicó que el erizo sólo debe comerse cuando está vivo, de otro modo es veneno mortal, exprimió unas gotas de limón en el interior de la concha y me mostró cómo se movían las lenguas, heridas por el ácido. Extrajo una con los dedos, echó la cabeza hacia atrás y la deslizó en su boca, un hilo de jugo oscuro chorreaba entre sus labios gruesos. Acepté probar, había visto a mi abuelo y a mis tíos vaciar las conchas en un tazón y devorarlos con cebolla y cilantro, y el pescador sacó otro pedazo y me lo puso en la boca, era suave y blando, pero también un poco áspero, como toalla mojada. El gusto y el olor no se parecen a nada, al principio me pareció repugnante, pero enseguida sentí palpitar la carne suculenta y se me llenó la boca de sabores distintos e inseparables. El hombre sacó de la concha uno a uno los trozos de carne rosada, comió algunos y me dio otros; después abrió el segundo erizo y dimos cuenta también de él, riéndonos, salpicando jugo, chupándonos los dedos mutuamente. Al final hurgó en el fondo sanguinolento de las conchas y retiró unas pequeñas arañas que se alimentan del marisco, son puro sabor concentrado. Colocó una en la punta de su lengua y esperó con la boca abierta que caminara hacia el interior, la aplastó contra el paladar y luego me mostró el bicho despachurrado antes de tragárselo. Cerré los ojos. Sentí sus dedos gruesos recorriendo el contorno de mis labios, la punta de la nariz y la barbilla, haciéndome cosquillas, abrí la boca y pronto sentí las patitas del cangrejo moviéndose, pero no pude controlar una arcada y lo escupí. Tonta, me dijo, al tiempo que atrapaba el animalejo entre las rocas y se lo comía. No te creo que tu muñeca hace pipí, a ver, muéstrame el hoyito. ¿Es hombre o mujer tu muñeca? ¡Cómo que no sabes! ¿Tiene pito o no tiene? Y entonces se quedó mirándome con una expresión indescifrable y de pronto tomó mi mano y la puso sobre su sexo. Percibí un bulto bajo la tela húmeda del pantalón de baño, algo que se movía, como un grueso trozo de manguera; traté de retirar la mano, pero él la sostuvo con firmeza mientras susurraba con una voz diferente que no tuviera miedo, no me haría nada malo, sólo cosas ricas. El sol se volvió más caliente, la luz más lívida y el rugido del océano más abrumador, mientras bajo mi mano cobraba vida esa dureza de perdición. En ese instante la voz de Margara me llamó desde muy lejos, rompiendo el encantamiento. Atolondrado, el hombre se puso de pie y me dio un empujón, apartándome, tomó el garfio de mariscar y bajó saltando por las rocas hacia el mar. A medio camino se detuvo brevemente, se volvió y me señaló su bajo vientre. ¿Quieres ver lo que tengo aquí, quieres saber cómo hacen el papá y la mamá? Hacen como los perros, pero mucho mejor; espérame aquí mismo en la tarde, a la hora de la siesta, a eso de las cuatro, y nos vamos al bosque, donde nadie nos vea. Un instante después desapareció entre las olas. Puse la muñeca en el coche y partí de vuelta a la casa. Iba temblando.

Almorzábamos siempre en el patio de las hortensias, bajo el parrón, en torno a una mesa grande cubierta con manteles blancos. Ese día estaba la familia completa celebrando la Navidad, había guirnaldas colgadas, ramas de pino sobre la mesa y platillos con nueces y frutas confitadas. Sirvieron los restos del pavo de la noche anterior, ensalada de lechuga y tomate, maíz tierno y un congrio gigantesco horneado con mantequilla y cebolla. Trajeron el pescado entero, con cola, una cabezota con ojos suplicantes y la piel intacta como un guante de plata manchada que mi madre retiró con un solo gesto, exponiendo la carne reluciente. Pasaban de mano en mano las jarras de vino blanco con duraznos y las bandejas con pan amasado, todavía tibio. Como siempre, todos hablaban a gritos. Mi abuelo, en mangas de camisa y con un sombrero de paja, era el único ajeno al alboroto, absorto en la tarea de quitar las semillas a un ají para rellenarlo con sal, a los pocos minutos conseguía un líquido salado y picante capaz de perforar cemento, que él bebía con deleite. En un extremo de la mesa estábamos los niños, cinco primos bulliciosos arrebatándonos los panes más dorados. Yo sentía aún el sabor de los erizos en la boca y pensaba solamente que a las cuatro de la tarde tenía una cita. Las empleadas habían preparado las habitaciones, aireadas y frescas, y después del almuerzo la familia se retiró a descansar. Los cinco primos compartíamos unas literas en la misma pieza, era difícil evadirse de la siesta porque el ojo tremebundo de Margara vigilaba, pero después de un rato hasta ella partió agotada a su pieza. Esperé que los otros chiquillos cayeran vencidos por el sueño y la casa se apaciguara, entonces me levanté sigilosa, me puse el delantal y las sandalias, escondí la muñeca debajo de la cama y salí. El piso de madera crujía con cada pisada, pero en esa casa todo sonaba: las tablas, las cañerías, el motor de la nevera y el de la bomba de agua, los ratones y el loro del Tata, que pasaba el verano insultándonos desde su percha.

El pescador me esperaba al final del paseo de la playa, vestido con un pantalón oscuro, una camisa blanca y zapatillas de goma. Cuando me aproximé echó a caminar adelante y yo lo seguí sin decir palabra, como una sonámbula. Cruzamos la calle, nos metimos por un callejón y empezamos a trepar el cerro rumbo al bosque. Arriba no había casas, sólo pinos, eucaliptos y arbustos; el aire era fresco, casi frío, el sol apenas penetraba en la umbrosa bóveda verde. La intensa fragancia de los árboles y las matas salvajes de tomillo y yerbabuena se mezclaba con la otra que subía del mar. Por el suelo cubierto de hojas podridas y agujas de pinos, corrían lagartijas verdes; esas patitas sigilosas, algún grito de pájaro y el rumor de las ramas agitadas por la brisa, eran los únicos sonidos perceptibles. Me tomó de la mano y me condujo bosque adentro, avanzamos rodeados de vegetación, no podía orientarme, no escuchaba el mar y me sentí perdida. Ya nadie nos veía. Tenía tanto miedo que no podía hablar, no me atrevía a soltarme de esa mano y echar a correr, sabía que él era mucho más fuerte y más rápido. No hables con desconocidos, no dejes que te toquen, si te tocan entre las piernas es pecado mortal y además quedas embarazada, te crece la barriga como un globo, más y más, hasta que explota y te mueres, la voz de Margara me machacaba horrendas advertencias. Sabía que estaba haciendo algo prohibido, pero no podía retroceder ni escapar, atrapada en mi propia curiosidad, una fascinación más poderosa que el terror. He sentido ese mismo vértigo mortal ante el peligro otras veces en mi vida y a menudo he cedido, porque no puedo resistir la urgencia de la aventura. En algunas ocasiones esa tentación me arruinó la vida, como en tiempos de la dictadura militar, y en otras me la enriqueció, como cuando conocí a Willie y el gusto por el riesgo me impulsó a seguirlo. Finalmente el pescador se detuvo. Aquí estamos bien, dijo, acomodando unas ramas para formar un lecho, tiéndete aquí, pon la cabeza en mi brazo para que no se te llene el pelo de hojas, así, quédate quieta, vamos a jugar a la mamá y al papá, dijo, con la respiración entrecortada, acezando, mientras su mano áspera me palpaba la cara y el cuello, bajaba por la pechera del delantal buscando los pezones infantiles, que al contacto se recogieron, acariciándome como nadie lo había hecho jamás, en mi familia nadie se toca. Sentía un sopor caliente disolviéndome los huesos y la voluntad, me invadió un pánico visceral y empecé a llorar. ¿Qué te pasa chiquilla tonta? No te voy a hacer nada malo, y la mano del hombre abandonó el escote y descendió a mis piernas, tanteando lentamente, separándolas con firmeza, pero sin violencia, subiendo y subiendo, hasta el centro mismo. No llores, déjame, sólo voy a tocarte con el dedo bien suave, eso no tiene nada de malo, abre las piernas, suéltate, no tengas miedo, no te lo voy a meter, no soy imbécil, si te hago cualquier cosa tu abuelo me mata, no pienso joderte, sólo vamos a jugar un poco. Me desabrochó el delantal y me lo quitó, pero me dejó puestas las bragas, supongo que sentía el aliento amenazante del Tata en su cuello. Su voz se había vuelto ronca, musitaba sin parar una mezcla de obscenidades y palabras cariñosas y me besaba la cara con la camisa empapada, medio asfixiado, respirando a bocanadas, apretándose contra mí. Creí morir aplastada, baboseada, machucada por sus huesos y su peso, atragantada por su olor a sudor y mar, por su aliento de vino y ajo, mientras sus dedos fuertes y calientes, se movían como langostas entre mis piernas presionando, refregando, su mano envolviendo esa parte secreta que nadie debía tocar. No pude resistirlo, sentí que algo en el fondo de mí se abría, se resquebrajaba y explotaba en mil fragmentos, mientras él se frotaba contra mí más y más de prisa, en un incomprensible paroxismo de gemidos y un desafuero de estertores, hasta que por fin se desplomó a mi lado con un grito sordo, que no salió de él, sino del fondo mismo de la tierra. No supe bien lo que había sucedido, ni cuánto tiempo pasé junto a ese hombre, sin más ropa que mis bragas de algodón celestes, intactas. Busqué el delantal y me lo puse torpemente, me temblaban las manos. El pescador me abrochó los botones en la espalda y me acarició el pelo, no llores, no te pasó nada, dijo, y enseguida se puso de pie, me tomó de la mano y me llevó corriendo cerro abajo, hacia la luz. Mañana te espero a la misma hora, no se te ocurra dejarme plantado, y no digas ni una sola palabra de esto a nadie. Si tu abuelo lo sabe, me mata, me advirtió al despedirse. Pero al día siguiente él no acudió a la cita.

Imagino que esta experiencia me dejó una cicatriz en alguna parte, porque en todos mis libros figuran niños seducidos o seductores, casi siempre sin maldad, excepto en el caso de la niña negra que dos tipos atrapan violentamente en *El plan infinito*. Al revivir el recuerdo del pescador no siento repugnancia o terror, por el contrario, siento una vaga ternura por la niña que fui y por el hombre que no me violó. Por años mantuve el secreto tan escondido en un compartimiento separado de la mente, que no lo relacioné con el despertar a la sexualidad cuando me enamoré de Michael.

Acordamos con el neurólogo sacarte del respirador por un minuto, Paula, pero no se lo anunciamos al resto de la familia porque todavía no se reponen de ese lunes fatídico en que estuviste a punto de irte a otro mundo. Mi madre no logra mencionarlo sin echarse a llorar, despierta por las noches con la visión de la muerte inclinada sobre tu cama. Creo que, como Ernesto, ella ya no reza para que sanes sino para que no sufras más, pero yo no he perdido las ganas de seguir peleando por ti. El doctor es un hombre gentil, con lentes montados en la punta de la nariz y un delantal arrugado que le dan un aire vulnerable, como si acabara de levantarse de la siesta. Es el único médico por estos lados que no parece insensible a la angustia de quienes pasamos el día en el corredor de los pasos perdidos. En cambio el especialista en porfiria, más interesado en los tubos de su laboratorio donde a diario analiza tu sangre, te visita poco. Hoy en la mañana te desconectamos por primera vez. El neurólogo revisó tus signos vitales y leyó el informe de la noche, mientras yo invocaba a mi abuela y a la tuya, esa Granny encantadora que se fue hace ya catorce años, para que vinieran en nuestra ayuda. ¿Lista? me preguntó, mirándome por encima de sus lentes, y respondí con una inclinación de cabeza, porque no me salía la voz. Movió un interruptor y cesó de súbito el ronroneo líquido del aire en la manguera transparente en tu cuello. Dejé de respirar también, mientras reloj en mano contaba los segundos suplicándote, exigiéndote que respiraras, Paula, por favor. Cada instante se me marcó como un latigazo, treinta, cuarenta segundos, nada, cinco segundos más y pareció que se movía un poco tu pecho, pero tan levemente que pudo ser una ilusión, cincuenta segundos... y ya no se pudo esperar más, estabas exangüe y yo misma me estaba ahogando. La máquina volvió a funcionar y pronto algo de color te volvió a la cara. Guardé el reloj temblando, me ardía la piel, estaba empapada de transpiración. El médico me pasó una gasa.

—Límpiese, tiene sangre en los labios —dijo.

—En la tarde intentaremos de nuevo y mañana otra vez, y así poco a poco hasta que respire sola —decidí apenas pude hablar.

—Tal vez Paula no pueda hacerlo...

—Sí lo hará, doctor. La sacaré de este lugar y más vale que ella me ayude.

—Supongo que las madres siempre saben más que uno. Le bajaremos paulatinamente la intensidad al respirador para obligarla a ejercitar los músculos. No se preocupe, no le faltará oxígeno —sonrió dándome un golpecito cariñoso en el hombro.

Salí con los ojos empañados a reunirme con mi madre, supongo que la Memé y la Granny se quedaron contigo.

Willie llegó apenas supo de la nueva crisis y esta vez pudo dejar su oficina por cinco días, cinco días completos con él...¡cuánto los necesitaba! Estas largas separaciones son peligrosas, el amor resbala por arenas inciertas. Temo perderte, me dice, siento que te alejas cada vez más y no sé cómo retenerte, acuérdate que eres mi mujer, mi alma. No lo he olvidado, pero es verdad que me voy distanciando, el dolor es un camino solitario. Este hombre me trae una ventolera de aire fresco, las adversidades le han templado el carácter, nada lo apabulla, tiene inagotable fortaleza para las luchas cotidianas, es inquieto y apresurado, pero lo invade una calma budista cuando se trata de soportar infortunios, por lo mismo resulta buen compañero en las dificultades. Ocupa por completo el territorio diminuto de nuestro apartamento en el hotel, alterando las delicadas rutinas que hemos establecido con mi madre, moviéndonos como dos bailarinas en una estrecha coreografía. Alguien del tamaño y las características de Willie no pasa desapercibido, cuando él viene hay desorden y ruido y la cocinilla no descansa, el edificio entero huele a sus sabrosos guisos. Alquilamos otro cuarto y nos turnamos con mi madre para ir al hospital, así puedo estar algunas horas a solas con él. Por las mañanas él prepara desayuno y luego llama a su suegra, que aparece en camisa de dormir, con calcetas de lana, envuelta en sus chales y con las marcas de la almohada en las mejillas, como una dulce abuela de cuento, se instala en nuestra cama y empezamos el día con tostadas y tazones de aromático café traído de San Francisco. Willie no supo lo que era una familia hasta los cincuenta años, pero se habituó rápidamente a compartir su espacio con la mía y no le parece extraño amanecer de a tres en la cama. Anoche salimos a cenar a un restaurante de la Plaza Mayor, donde nos dejamos tentar por unos bulliciosos mesoneros disfrazados de contrabandistas de ópera, que nos atendieron en sala de piedra con techos abovedados. Todo el mundo fumaba y no había una sola ventana abierta, estábamos muy lejos de la obsesión norteamericana por la buena salud. Nos atosigamos de manjares mortales: calamares fritos y setas al ajillo, cordero asado en una fuente de barro, dorado, crujiente, chorreando grasa, fragante a hierbas tradicionales y una jarra de sangría, ese deleite de vino con fruta que se bebe como agua, pero después, cuando uno intenta ponerse de pie, golpea como mazazo en la nuca. No había comido así en semanas, con mi madre a menudo engañamos el día con tazas de chocolate. Pasé una noche lamentable con visiones pavorosas de cerdos despellejados llorando su suerte y calamares vivos trepándome por las piernas, y hoy al amanecer juré convertirme en vegetariana como mi hermano Juan. No más pecados de gula. Estos días con Willie me renuevan, siento otra vez mi propio cuerpo, olvidado por semanas, me palpo los pechos, las costillas, que ahora se me marcan en la piel, la cintura, los muslos gruesos, reconociéndome. Ésta soy yo, soy una mujer, tengo un nombre, me llamo Isabel, no me estoy convirtiendo en humo, no he desaparecido. Me observo en el espejo de plata de mi abuela: esta persona de ojos desolados soy yo, he vivido casi medio siglo, mi hija se está muriendo, y sin embargo todavía quiero hacer el amor. Pienso en la sólida presencia de Willie, siento que se me eriza la piel y no puedo menos que sonreír ante el abismal poder del deseo, que me estremece a pesar de la tristeza, y es capaz de hacer retroceder a la muerte. Cierro por un instante los ojos y recuerdo con nitidez la primera vez que dormimos juntos, el primer beso, el primer abrazo, el descubrimiento asombroso de un amor surgido cuando menos lo buscábamos, de la ternura que nos tomó por asalto cuando nos creíamos a salvo en una aventura de una sola noche, de la profunda intimidad creada desde el comienzo, como si durante todas nuestras vidas nos hubiéramos preparado para ese encuentro, de la facilidad, la calma y la confianza con que nos amamos, como las de una vieja pareja que ha compartido mil y una noches. Y cada vez después de la pasión satisfecha y del amor renovado nos dormimos muy juntos sin importarnos dónde empieza uno ni termina el otro, ni de quién son estas manos o estos pies, en tan perfecta complicidad que nos encontramos en los sueños y al otro día no sabemos quién soñó a quién, y cuando uno se mueve entre las sábanas el otro se acomoda en los ángulos y curvas, y cuando uno suspira el otro suspira y cuando uno despierta el otro despierta también. Ven, me llama Willie, y me acerco a ese hombre que me espera en la cama, y tiritando por el frío del hospital y de la calle y de los sollozos contenidos, que se convierten en escarcha en las venas, me quito la camisa y me arropo contra su cuerpo grande, envuelta por su abrazo hasta que entro en calor. Poco a poco los dos tomamos conciencia de la respiración jadeante del otro y las caricias se hacen cada vez más intensas y lentas a medida que nos rendimos al placer. Me besa y vuelve a sorprenderme, como cada vez en estos cuatro años, la suavidad y la frescura de su boca; me aferro a sus hombros y su cuello firmes, acaricio su espalda, beso la cavidad de sus orejas, la horrible calavera tatuada en su brazo derecho, la línea de vellos de su vientre, y aspiro su olor sano, ese olor que siempre me excita, entregada al amor y agradecida, mientras por las mejillas me corre un río de lágrimas inevitables, que cae sobre su pecho. Lloro de lástima por ti, hija, pero supongo que también lloro de felicidad por este amor tardío que ha venido a cambiarme la vida.

¿Cómo era mi vida antes de Willie? Era una buena vida también, plena de emociones fuertes. He vivido en los extremos, pocas cosas han sido fáciles o suaves para mí, tal vez por eso mi primer matrimonio duró tantos años, era un oasis tranquilo, una zona sin conflicto en medio de las batallas. Lo demás era sólo esfuerzo, conquistar cada bastión con una espada en la mano, ni un instante de tregua o de aburrimiento, grandes éxitos y tremendos fracasos, pasiones y amores, también soledad, trabajo, pérdidas y abandonos. Hasta el día del Golpe Militar pensaba que la juventud me duraría para siempre, el mundo me parecía un lugar espléndido y la gente esencialmente buena, creía que la maldad era una especie de accidente, un error de la naturaleza. Todo eso terminó de súbito el 11 de septiembre de 1973 cuando desperté a la brutalidad de la existencia, pero no he llegado todavía a ese punto en estas páginas, para qué te voy a confundir con saltos de la memoria, Paula. No me quedé solterona, como predije en aquellos documentos dramáticos que yacen en la caja fuerte del tío Ramón, al contrario, me casé demasiado pronto. A pesar de la promesa hecha por Michael a su padre, decidimos casarnos antes de que él terminara sus estudios de ingeniería porque la alternativa era que yo partiera con mis padres a Suiza, donde habían sido nombrados representantes de Chile ante las Naciones Unidas. Mi trabajo me permitía alquilar un cuarto y sobrevivir con dificultad, pero en el Santiago de esa época la idea de que una muchacha optara por independizarse a los diecinueve años, con novio y sin vigilancia, resultaba inaceptable. Por unas semanas me debatí en la duda, hasta que mi madre tomó la iniciativa de hablar con Michael y ponerlo entre la espada y el matrimonio, tal como veintiséis años más tarde lo hizo con mi segundo marido. Sacamos cuentas con papel y lápiz y llegamos a la conclusión de que dos personas apenas podían sobrevivir con mi sueldo, pero valía la pena intentarlo. Mi madre se entusiasmó de inmediato con los preparativos; como primera medida vendió la gran alfombra persa del comedor y enseguida anunció que una boda era ocasión para tirar la casa por la ventana y la mía sería espléndida. Sigilosamente comenzó a almacenar provisiones en un cuarto secreto, para evitar al menos que pasáramos hambre, llenó baúles de mantelerías, toallas y aparatos de cocina y averiguó cómo podíamos conseguir un préstamo para construirnos una casa. Cuando nos puso los documentos por delante y vimos el tamaño de la deuda, a Michael le dio fatiga. No tenía trabajo y su padre, molesto por esa decisión precipitada, no estaba dispuesto a ayudarlo, pero el poder de convicción de mi madre es apabullante y al final firmamos los papeles. El casamiento civil se llevó a cabo en la hermosa propiedad colonial de mis padres un día de primavera, en una reunión íntima a la cual asistieron sólo las dos familias, es decir, casi cien personas. El tío Ramón insinuó que invitáramos a mi padre, le parecía que no debía estar ausente en ese momento tan importante de mi vida, pero me negué y en representación de mi familia paterna acudió Salvador Allende, a quien le tocó firmar en el libro del registro civil como mi testigo de boda. Poco antes de aparecer el juez, mi abuelo me cogió de un brazo, me llevó aparte y repitió las mismas palabras que veinte años antes le dijo a mi madre: Todavía es tiempo de arrepentirse, no se case por favor, piénselo mejor. Hágame una señal y yo me encargo de deshacer esta pelotera de gente ¿qué le parece? Consideraba el matrimonio como un pésimo negocio para las mujeres, en cambio lo recomendaba sin reservas a su descendencia masculina. Una semana más tarde nos casamos en el rito católico a pesar de que yo no practicaba esa religión y Michael era anglicano, porque el peso de la Iglesia en el medio en que nací es como una piedra de molino. Entré orgullosa del brazo del tío Ramón, quien no volvió a sugerir iniciativas con respecto a mi padre hasta mucho después, cuando nos tocó enterrarlo. En las fotos de ese día los novios parecemos niños disfrazados, él con un frac hecho a medida y yo envuelta en metros y metros de la tela adquirida en el zoco de Damasco. De acuerdo a la tradición inglesa, mi suegra me regaló una liga celeste para la suerte. Debajo del vestido llevaba tanto relleno de espuma plástica en el busto, que en el primer abrazo de felicitaciones, todavía ante el altar, me aplastaron por delante y me quedaron los pechos cóncavos. Se me cayó la liga de la pierna y quedó tirada en la nave de la iglesia, como frívolo testigo de la ceremonia; también se pinchó un caucho del coche que nos conducía a la fiesta, y Michael tuvo que quitarse el vestón de colas y ayudar al chofer a cambiar la rueda, pero no creo que estos detalles fueran presagios de mal agüero.

Mis padres partieron a Ginebra y nosotros comenzamos nuestra vida de pareja en esa enorme casa, con seis meses de renta pagados por el tío Ramón y la despensa que mi madre había almacenado como una generosa urraca, suficientes sacos de granos, tarros de conserva y hasta botellas de vino, como para resistir un cataclismo de fin de mundo. De todos modos, era una solución poco práctica porque no teníamos muebles para decorar tantos cuartos ni dinero para calefacción, limpieza y jardín y además la propiedad quedaba abandonada cuando ambos partíamos al amanecer rumbo a la oficina y la universidad. Se robaron la vaca, el cerdo, las gallinas y la fruta de los árboles, después rompieron las ventanas y nos desvalijaron de los regalos de matrimonio y la ropa, finalmente descubrieron la entrada a la cueva secreta de la despensa y se llevaron su contenido, dejando una nota de agradecimiento en la puerta como última ironía. Así comenzó el rosario de robos que tanto sabor le ha dado a nuestra existencia, calculo que los ladrones han entrado a las diferentes casas que hemos habitado más de diecisiete veces y nos han quitado casi todo, incluyendo tres automóviles. Por milagro el espejo de plata de mi abuela nunca fue tocado. Entre hurtos, exilio, divorcio y viajes he perdido tantas cosas, que ahora apenas compro algo empiezo a despedirme, porque sé cuán poco durará en mis manos. Cuando desaparecieron el jabón del baño y el pan de la cocina decidimos salir de aquella mansión decrépita y vacía donde las arañas tejían encajes en los techos y se paseaban arrogantes los ratones. Entretanto mi abuelo había dejado de trabajar, despidiéndose para siempre de sus ovejas y se había trasladado a la destartalada casona de la playa a pasar el resto de su vejez lejos del ruido de la capital, aguardando la muerte en paz con sus recuerdos, sin sospechar que aún debería permanecer en este mundo veinte años más. Nos cedió su casa en Santiago, donde nos instalamos entre muebles solemnes, cuadros decimonónicos, la estatua de mármol de la muchacha pensativa y la mesa ovalada del comedor sobre la cual se deslizaba por encantamiento el azucarero de la Memé. No fue por mucho tiempo, porque en los meses siguientes construimos a punta de audacia y crédito la casita donde nacieron mis hijos.

Al mes de casada me atacaron unos dolores agudos en el bajo vientre y de puro ignorante y atolondrada los atribuí a una enfermedad venérea. No sabía muy bien de qué se trataba, pero suponía que estaba relacionado con el sexo y por lo tanto con el matrimonio. No me atreví a hablarlo con Michael porque había aprendido en mi familia y en el colegio inglés que los temas relacionados con el cuerpo son de mal gusto; mucho menos podía acudir donde mi suegra en busca de consejo y mi madre estaba demasiado lejos, de modo que aguanté sin chistar hasta que apenas podía caminar. Un día, mientras empujaba con dificultad el carrito de las compras en el mercado, me encontré con la madre de la antigua novia de mi hermano, una señora suave y discreta a quien apenas conocía. Pancho andaba todavía tras las huellas del nuevo Mesías y su relación amorosa con la muchacha había sido temporalmente interrumpida, años después se casaría con ella dos veces y se divorciaría otras tantas. La buena señora me preguntó amablemente cómo estaba y antes que terminara de formular la frase me colgué de su cuello y le zampé sin preámbulos que me estaba muriendo de sífilis. Con una calma admirable me tomó del brazo, me condujo a una confitería cercana, pidió café con pasteles y luego me interrogó sobre los detalles de mi explosiva confesión. Dimos cuenta del último pedazo de torta y me llevó enseguida donde un médico amigo suyo, quien diagnosticó una infección en las vías urinarias, posiblemente provocada por las corrientes heladas de la casa colonial, me recetó cama y antibióticos y me despidió con una sonrisa burlona: la próxima vez que le dé sífilis no espere tanto, venga a verme antes, dijo. Ése fue el comienzo de una amistad incondicional con esa señora. Nos adoptamos mutuamente porque yo necesitaba otra madre y ella tenía espacio libre en el corazón, pasó a llamarse Abuela Hilda y desde entonces ha cumplido su papel con lealtad.

Los hijos condicionaron mi existencia, desde que nacieron no he vuelto a pensar en términos individuales, soy parte de un trío inseparable. En una oportunidad, hace varios años, quise darle prioridad a un amante, pero no me resultó y al final renuncié a él para volver a mi familia. Éste es un tema que debemos hablar más adelante, Paula, ya está bueno de mantenerlo en silencio. Nunca se me ocurrió que la maternidad fuera optativa, la consideraba inevitable, como las estaciones. Supe de mis embarazos antes que fueran confirmados por la ciencia, apareciste en un sueño, tal como después se me reveló tu hermano Nicolás. No he perdido esa habilidad y ahora puedo adivinar los hijos de mi nuera, soñé a mi nieto Alejandro antes que sus padres sospecharan que lo habían engendrado y sé que la criatura que nacerá en primavera será una niña y se llamará Andrea, pero Nicolás y Celia todavía no me creen y están planeando un ecosonograma y haciendo listas de nombres. En el primer sueño tenías dos años y te llamabas Paula, eras una chiquilla delgada, de pelo oscuro, grandes ojos negros y una mirada lánguida, como la de los mártires en los vitrales medievales de algunas iglesias. Vestías un abrigo y un sombrero a cuadros, parecidos al clásico atuendo de Sherlock Holmes. En los meses siguientes engordé tanto, que una mañana me agaché a ponerme los zapatos y me fui de cabeza con los pies en el aire, la sandía en la barriga había rodado hacia mi garganta desviando el centro de gravedad que nunca más regresó a su posición original porque todavía ando a tropezones en el mundo. Ese tiempo que estuviste dentro de mí fue de felicidad perfecta, no he vuelto a sentirme tan bien acompañada. Aprendimos a comunicarnos en un lenguaje cifrado, supe cómo serías a lo largo de tu vida, te vi de siete, quince y veinte años, te vi con el pelo largo y la risa alegre y también vestida de bluyines y con traje de novia, pero nunca te soñé como estás ahora, respirando por un tubo en el cuello, inerte y sin conciencia. Pasaron más de nueve meses y como no tenías intención de abandonar la caverna tranquila donde estabas instalada, el médico decidió tomar medidas drásticas y me abrió la panza para traerte a la vida un 22 de octubre de 1963. La Abuela Hilda fue la única que estuvo a mi lado durante aquel trance, porque Michael cayó en cama afiebrado de nervios, mi mamá estaba en Suiza y no quise avisar a mis suegros hasta que todo hubiera pasado. Eras un bebé peludo con un cierto aire de armadillo, pero yo no te habría cambiado por ningún otro, por lo demás el vello se cayó pronto, dando paso a una niña delicada y hermosa, adornada con dos flamantes perlas en las orejas que mi madre insistió en regalarte, de acuerdo a una larga tradición familiar. Volví pronto al trabajo, pero nada volvió a ser como antes, la mitad de mi tiempo, mi atención y mi energía estaban siempre pendientes de ti, desarrollé antenas para adivinar tus necesidades aun a la distancia, iba a la oficina arrastrando los pies y buscaba pretextos para escapar, llegaba tarde, me iba temprano y me declaraba enferma para quedarme en casa. Verte crecer y descubrir el mundo me parecía mil veces más interesante que las Naciones Unidas y sus ambiciosos programas para mejorar la suerte del planeta; no veía las horas que Michael obtuviera su título de ingeniero y pudiera mantener a la familia, para quedarme contigo. Entretanto mis suegros se habían trasladado a una casa amplia a una cuadra de la que estábamos construyendo nosotros, y se preparaban para dedicar el resto de sus días a mimarte. Tenían una idea ingenua de la vida porque no habían salido jamás del pequeño círculo donde permanecieron protegidos de las inclemencias, para ellos el futuro se presentaba benigno, tal como lo era para nosotros. Nada malo podía sucedernos si nada malo cometíamos. Yo estaba dispuesta a convertirme en esposa y madre ejemplar, aunque no sabía muy bien cómo. Michael planeaba encontrar un buen trabajo en su profesión, vivir con comodidad, viajar un poco y mucho más tarde heredar la casa grande de sus padres, donde transcurriría su vejez rodeado de nietos, jugando al bridge y al golf con sus mismos amigos de siempre.

El Tata no soportó mucho tiempo el fastidio y la soledad de la playa. Debió renunciar a los baños de mar porque la temperatura glacial de la corriente de Humboldt le fosilizó los huesos, y a sus salidas a pescar, porque la refinería de petróleo liquidó los peces tanto de agua dulce como salada. Estaba cada vez más cojo y achacoso, pero permaneció fiel a su teoría de que las enfermedades son castigos naturales de la humanidad y los dolores se sienten menos si uno los ignora. Se mantenía en pie a punta de ginebra y aspirinas, que reemplazaron sus pastillas homeopáticas cuando dejaron de hacerle efecto. No era raro que así fuera, porque siendo niños mis hermanos y yo no podíamos resistir la tentación de ese antiguo botiquín de madera repleto de frasquitos misteriosos y no sólo nos comíamos sus homeopatías a puñados, sino que también las mezclábamos en los envases. El viejo dispuso de muchos meses de silencio para repasar sus recuerdos y concluyó que la vida es una buena vaina, y no hay que tener tanto miedo de dejarla. Nos olvidamos que de todos modos caminamos hacia la muerte, decía a menudo. El fantasma de la Memé se perdía en los vericuetos gélidos de esa casa construida para los placeres del verano, pero jamás para la ventolera y la lluvia del invierno. Para colmo el loro cogió un mal catarro y no sirvieron las homeopatías ni las aspirinas disueltas en ginebra que su dueño le metía por el pico con un gotario, un lunes amaneció tieso a los pies de la percha donde pasó tantos años insultándonos. El Tata lo mandó envuelto en hielo a un taxidermista en Santiago, quien se lo devolvió poco después embalsamado, con plumaje nuevo y una expresión de inteligencia que nunca tuvo en vida. Cuando mi abuelo terminó de componer los últimos desperfectos de la casa y se cansó de luchar contra la erosión inevitable del cerro y las plagas de hormigas, cucarachas y ratones, ya había pasado un año y la soledad le había agriado el carácter. Comenzó a ver las novelas de televisión como última medida desesperada contra el aburrimiento, pero sin darse cuenta lo fue atrapando el vicio y al poco tiempo la suerte de esos acartonados personajes llegó a ser más importante para él que la de sus propios familiares. Seguía varias teleseries simultáneamente, se le confundían las historias y acabó perdido en un laberinto de pasiones ajenas, entonces comprendió que había llegado el momento de regresar a la civilización, antes que la vejez le diera el último garrotazo y lo dejara convertido en un anciano medio chiflado. Volvió a la capital cuando nosotros estábamos listos para trasladarnos a nuestra nueva casa, una cabaña prefabricada construida a burdos martillazos por media docena de obreros y coronada por una peluca de paja en el techo, que le daba un aire africano. Retomé la antigua costumbre de visitar a mi abuelo por las tardes después de mi trabajo. Había aprendido a manejar y me turnaba el automóvil con Michael, un vehículo de plástico muy primitivo, con una sola puerta al frente de modo que al abrirla se desprendían los comandos y el volante; no soy buena conductora y sortear el tráfico en ese huevo mecánico era una acción suicida. Las visitas diarias donde el Tata me dieron material suficiente para todos los libros que he escrito y posiblemente los que escribiré; era un narrador virtuoso, provisto de humor pérfido, capaz de contar las historias más espeluznantes a carcajadas. Me entregó sin reservas las anécdotas acumuladas en sus muchos años de existencia, los principales eventos históricos del siglo, las extravagancias de mi familia y los infinitos conocimientos adquiridos en sus lecturas. Los únicos temas vedados en su presencia eran religión y enfermedades; consideraba que Dios no es materia de discusión y todo lo relacionado con el cuerpo y sus funciones era muy privado, hasta mirarse en el espejo le parecía una vanidad ridícula, se afeitaba de memoria. A pesar de su carácter autoritario, no era inflexible. Cuando empecé a trabajar como periodista y encontré por fin un lenguaje articulado para expresar mis frustraciones de mujer en esa cultura machista, en un comienzo no quiso oír mis argumentos, que a sus ojos eran un disparate, un atentado contra los fundamentos de la familia y la sociedad, pero cuando percibió el silencio instalado entre los dos durante nuestras meriendas de té con bollos, comenzó a interrogarme con disimulo. Un día lo sorprendí hojeando un libro cuya tapa me pareció reconocer y con el tiempo llegó a aceptar la liberación femenina como un asunto de justicia elemental, pero la larqueza no le alcanzó para cambios sociales, en política era individualista y conservador, tal como lo era en materia religiosa. En cierta ocasión me exigió que lo ayudara a morir, porque la muerte suele ser lenta y torpe.

—¿Cómo lo haremos? —le pregunté divertida, creyendo que bromeaba.

—Ya lo veremos cuando llegue el momento. Por ahora quiero que me lo prometa.

—Eso es ilegal, Tata.

—No se preocupe, yo asumo toda la responsabilidad.

—Usted estará en el ataúd y a mí me mandarán derecho al patíbulo. Además debe ser pecado. ¿Usted es cristiano o no?

—¡Cómo se atreve a preguntarme algo tan personal!

—Mucho más personal es que lo mate por encargo ¿no le parece?

—Si no lo hace usted, que es mi nieta mayor y la única que podría ayudarme ¿quién lo hará? ¡Un hombre tiene derecho a morir con dignidad!

Comprendí que hablaba en serio. Se lo prometí finalmente porque lo vi tan sano y fuerte, a pesar de sus ochenta años, que di por hecho que nunca me tocaría cumplir mi palabra. Dos meses más tarde comenzó a toser, una tos seca de perro enfermo. Furioso, se amarró una cincha de caballo en el torso y cuando la tos lo ahogaba se daba un apretón brutal para sujetarse los pulmones, como me explicó. Se negó a echarse a la cama, convencido de que ése era el principio del fin —de la cama a la tumba, decía— y mucho menos aceptó ver médicos porque Benjamín Viel andaba en los Estados Unidos embolinado en el asunto de los anticonceptivos, los de su generación ya estaban muertos o patulecos y según él los jóvenes eran una manga de charlatanes inflados de teorías modernas. Sólo confiaba en un viejo ciego que le acomodaba los huesos a tirones y en su caja de caprichosas píldoras homeopáticas que administraba con más esperanza que conocimiento. Pronto ardía de fiebre y trató de curarse con grandes vasos de ginebra y duchas heladas, pero un par de noches más tarde sintió que un rayo le partía la cabeza y un ruido de terremoto lo dejaba sordo. Cuando recuperó la respiración no podía moverse, medio cuerpo se le había convertido en granito. Nadie se atrevió a recurrir a una ambulancia, porque con la media boca que aún funcionaba murmuró entre dientes que al primero que lo moviera de su casa lo desheredaba, sin embargo no se libró del médico. Alguien llamó a un servicio de emergencia y ante el asombro de los presentes apareció una señora vestida de seda y con tres vueltas de perlas en el cuello. Lo siento, salía para una fiesta, se disculpó, quitándose los guantes de gamuza para examinar al paciente. Mi abuelo pensó que además de quedarse paralítico estaba alucinando y trató de atajar a esa dama, quien con inexplicable familiaridad pretendía desabrocharle la ropa y toquetearlo por donde nadie en su sano juicio se habría aventurado; se defendió con las pocas fuerzas que le quedaban, gruñendo desesperado, pero al cabo de algunos minutos de tira y afloja ella lo derrotó con una sonrisa de labios pintados. Al examinarlo descubrió que además del derrame cerebral, ese anciano testarudo sufría de pulmonía y de varias costillas rotas, se las había quebrado con los apretones de la cincha de caballo. El pronóstico no es bueno, susurró a los familiares reunidos a los pies de la cama, sin calcular que el paciente estaba oyendo. Ya veremos, replicó el Tata con un hilo de voz, dispuesto a demostrar a esa señora qué clase de hombre era él. Gracias a eso me liberé de cumplir una promesa hecha a la ligera. Pasé los días críticos de la enfermedad junto a su cama. De espaldas entre las sábanas blancas, sin almohada, pálido, inmóvil, con los huesos marcados a cincel y su perfil ascético, parecía la figura de un rey celta esculpida en el mármol de un sarcófago. Atenta a cada uno de sus gestos, le rogaba en silencio para que siguiera luchando y no se acordara de la idea de morir. Durante esas largas vigilias me pregunté a menudo cómo lo haría, en caso que me lo pidiera, y concluí que jamás sería capaz de apurar su muerte. En esas semanas comprendí cuán resistente es el cuerpo y cuánto se aferra a la vida, aun demolido por la enfermedad y la vejez.

Al poco tiempo mi abuelo podía hablar bastante bien, se vestía sin ayuda y se arrastraba a duras penas hasta su sillón en la sala, donde se instalaba con una pelota de goma a ejercitar los músculos de las manos, mientras releía la Enciclopedia, colocada sobre un atril, y bebía lentamente grandes vasos de agua. Más tarde descubrí que no era agua, sino ginebra, enfáticamente prohibida por la doctora, pero como con eso parecía ir sanando, yo misma me encargué de traérsela. La compraba en una licorería de la esquina cuya dueña solía perturbar el sueño de aquel patriarca concupiscente; era una viuda madura con pecho enérgico de soprano y trasero heroico, que lo atendía con consideraciones de cliente favorito y le ponía el licor en botellas de agua mineral para evitar problemas con el resto de la familia. Una tarde el viejo habló de la muerte de mi abuela, tema que hasta entonces jamás había mencionado.

—Ella sigue viva —dijo— porque yo no la he olvidado ni por un solo momento. Suele venir a verme.

—¿Quiere decir que se le aparece, como un fantasma?

—Me habla, siento su aliento en la nuca, su presencia en mi pieza. Cuando estaba enfermo me tomaba la mano.

—Ésa era yo, Tata...

—No crea que estoy chocho, sé que a veces era usted. Pero otras veces era ella.

—Usted tampoco morirá porque yo lo recordaré siempre. No he olvidado nada de lo que me ha dicho a lo largo de estos años.

—No puedo confiar en usted, porque todo lo cambia. Cuando yo me muera no habrá quien le ponga freno y seguro irá por allí contando mentiras de mí —y se rió tapándose la boca con el pañuelo, porque todavía no controlaba bien los gestos de la cara.

Durante los meses siguientes se ejercitó con tesón hasta que pudo volver a moverse, se recuperó por completo y vivió casi veinte años más, dándose tiempo para conocerte, Paula. Eras la única que distinguía en el montón de nietos y bisnietos, no era hombre de ternuras, pero le brillaban los ojos cuando te veía, esta chiquilla tiene un destino especial, decía. ¿Qué haría él si te viera como estás ahora? Creo que espantaría a bastonazos a doctores y enfermeras y con sus propias manos te arrancaría los tubos y las sondas para ayudarte a morir. Si no estuviera segura que te recuperarás, tal vez yo haría lo mismo.

Hoy murió don Manuel. Sacaron su cuerpo en una camilla por la puerta de atrás y la familia se lo llevó para darle sepultura en su aldea. Su mujer y su hijo han compartido con nosotros en el corredor de los pasos perdidos el peor tiempo de sus vidas, la angustia de cada visita a Cuidados Intensivos, la larga paciencia de las horas, días y semanas de agonía. En cierta forma nos hemos convertido en una familia. Ella trae quesos y panes del campo, que reparte entre mi madre y yo; a veces se duerme, agotada, con la cabeza en mis rodillas, tendida sobre la hilera de sillas de la sala de espera, mientras yo le acaricio discretamente la frente. Es una mujer pequeña, compacta y morena, con la cara surcada de arrugas festivas, siempre vestida de negro. Al llegar al hospital se quita los zapatos y se coloca unas chancletas. En la sesentena de su vida don Manuel era fuerte como un caballo, pero después de tres operaciones al estómago se cansó de soportar humillaciones y dejó de luchar. Lo vimos apagarse poco a poco. En los últimos días se volvió hacia la pared negándose a recibir consuelos del capellán, que pasa a menudo por la sala. Murió de la mano de los suyos y también yo alcancé a despedirme, acuérdese de pedir por Paula al otro lado, le recordé calladamente antes que escapara del cuerpo. Cuando su niña mejore vendrán a visitarnos al campo, tenemos un pedazo de tierra muy bonito, el aire sano y la comida contundente le harán bien a Paula, me dijo la viuda. Se fueron en un taxi, siguiendo al coche fúnebre. Ella parecía haberse achicado, iba sin lágrimas, con sus chancletas en la mano.

Durante varios días te hemos desconectado del respirador, cada vez por un momento más largo, y ya resistes hasta diez minutos con el poco aire que logras meter en tu cuerpo. Es una respiración lenta y corta, los músculos de tu pecho luchan contra la parálisis y ya empiezan a moverse suavemente. En una semana tal vez podamos sacarte de la Unidad de Cuidados Intensivos y colocarte en una sala normal. No hay piezas individuales, salvo el cuarto cero donde van a parar los moribundos; quisiera llevarte a una habitación asoleada y silenciosa, con una ventana por donde asomen pájaros y flores como a ti te gustaría, pero me temo que sólo dispondremos de una cama en la sala común. Espero que mi madre aguante hasta entonces, me parece que está a punto de quebrarse.

Los peores presagios me asaltan de noche, cuando siento pasar las horas una a una hasta que empiezan los ruidos del amanecer mucho antes del primer atisbo de luz y recién entonces me duermo tan profundamente como si hubiera muerto, envuelta en el chaleco gris de cachemira de Willie. Me lo trajo en su primera visita, como si hubiera sabido que pasaríamos mucho tiempo separados. Esta prenda cargada de recuerdos simboliza para mí los aspectos mágicos de nuestro encuentro. Las primeras semanas tomaba unas pastillas azules, otro de los muchos remedios misteriosos que mi madre receta a su criterio y extrae generosamente de una gran bolsa, donde acumula medicamentos desde tiempos inmemoriales. Una vez me inyectó una dosis doble de un reconstituyente para casos extremos de debilidad, que había conseguido en Turquía diecinueve años antes, y estuvo a punto de matarme. Las píldoras azules me sumían en un sopor confuso, despertaba con los ojos cruzados, y tardaba media mañana en adquirir cierta lucidez. Después descubrí en una callejuela cercana, una farmacia del tamaño de un armario atendida por una boticaria larga y seca, toda vestida de negro y abotonada hasta la barbilla, a quien le conté mis pesares. Me vendió valeriana en un frasco de vidrio oscuro y ahora sueño siempre lo mismo, con pocas variaciones. Sueño que soy tú, Paula, tengo tu pelo largo y tus grandes ojos, las manos de dedos finos y tu anillo de casada, que uso desde que me lo entregaron en el hospital, cuando caíste enferma. Me lo coloqué para no perderlo en la prisa de esos momentos y después ya no quise quitármelo. Cuando recuperes la consciencia se lo devolveré a Ernesto para que él te lo ponga, como hizo el día del matrimonio, hace poco más de un año. ¿No te parece un lío casarse por la iglesia? sugerí en esa oportunidad. Me lanzaste una mirada severa y, con ese tono admonitorio que nunca empleas con tus alumnos, pero a veces usas conmigo, replicaste que Ernesto y tú eran creyentes y querían consagrar su unión en público, porque en privado ya se habían casado ante Dios el primer día que durmieron juntos. En la ceremonia tenías el aspecto de un hada campesina. La familia llegó desde puntos muy lejanos para celebrar el acontecimiento en Caracas y yo viajé de California con tu traje de novia en brazos, medio sofocada bajo una montaña de tela blanca. Te vestiste en casa de mi amigo Ildemaro, que estaba tan orgulloso como tu padre, y quisiste que él te condujera a la iglesia en su viejo automóvil, bien lavado y pulido para la ocasión. Cuando pienso en Paula siempre la veo vestida de novia y coronada de flores, me dijo Ildemaro conmovido cuando vino a verte a Madrid en los primeros días de tu enfermedad.

Desde hace cinco días hay huelga de trabajadores de la limpieza en el hospital, el edificio parece una plaza de mercado en plena Edad Media, pronto habrá cucarachas y ratas repartiendo pestes entre los humanos. En la entrada del edificio se reúnen los huelguistas rodeados de guardias de seguridad, sonriendo ante las cámaras de televisión. Médicos, enfermeras, pacientes en pijama y zapatillas y otros en sillas de rueda, aprovechan la ocasión para distraerse, charlan, fuman, beben café de las máquinas y nadie se da prisa por resolver el problema, mientras la basura sube como espuma. Por el suelo se ven guantes de goma usados, vasos de papel, montañas de colillas de cigarros, manchas asquerosas. Los familiares de los enfermos limpian las salas como pueden, los desperdicios aterrizan en los pasillos, donde son arrastrados por los pies de vuelta a las mismas habitaciones. Los depósitos de basura rebosan, por los rincones se acumulan grandes bolsas de plástico llenas a reventar, los baños repugnantes ya no pueden usarse y la mayoría han sido clausurados, el aire hiede a establo. He tratado de averiguar si podemos llevarte a una clínica privada;

dicen que el riesgo de moverte es muy grande, pero se me ocurre que el peligro de otra infección debe ser peor.

—Calma —me aconsejó imperturbable el neurólogo—. Paula está en el único sitio limpio del edificio.

—¡Pero la gente arrastra la contaminación con los zapatos! ¡Entran y salen a través de pasillos inmundos!

Mi madre me cogió de un brazo, me llevó aparte y me recordó la virtud de la paciencia: éste es un hospital público, el Estado no tiene presupuesto para resolver la huelga, nada sacamos con ponernos nerviosas, por lo demás Paula se crió con el agua de Chile y puede resistir perfectamente unos míseros gérmenes madrileños, dijo. En eso la enfermera abrió la puerta para autorizar las visitas y por una vez llamó tu nombre primero. Veintiún pasos con el delantal de lienzo y los forros de plástico en los zapatos, que el personal no usa sino que trafica impunemente por encima de los desperdicios, pero debo admitir que al otro lado todo parecía recién enjabonado. Llegué hasta tu cama agitada, con el corazón al galope como siempre me ocurre en el momento de acercarme a ti, y todavía furiosa por la huelga. Salió a mi encuentro la enfermera de la mañana, esa que llora cuando ve a Ernesto hablarte de amor.

—¡Buenas noticias! ¡Paula respira sola! —me saludó—. Ya no tiene fiebre y está más reactiva. Háblale, mujer, creo que escucha...

Te cogí en brazos, tomé tu cara a dos manos y te besé en la frente, las mejillas, los párpados, te sacudí por los hombros llamándote, Paula, Paula. Y entonces, hija por Dios... ¡entonces abriste los ojos y me miraste!

—Ha reaccionado bien al antibiótico. Ya no pierde tanto sodio. Con suerte en unos días más podremos sacarla de aquí —me notificó escuetamente el médico de turno.

—¡Abrió los ojos!

—Eso nada significa, no se haga ilusiones. El nivel de consciencia es nulo, tal vez oye un poco, pero no entiende ni reconoce. No creo que sufra.

—Vamos a tomarnos un chocolate con churros, para celebrar esta mañana espléndida —dijo mi madre y salimos alegres, sorteando la porquería.

Saliste de Cuidados Intensivos el mismo día que concluyó la huelga de empleados de la limpieza. Mientras un equipo de gente con botas y guantes de goma cepillaba los suelos con desinfectante, tú viajabas en una camilla de la mano de tu marido rumbo a una sala del Departamento de Neurología. Aquí hay seis camas, todas ocupadas, un lavatorio y dos ventanas grandes por donde se vislumbra el fin del invierno, éste será tu hogar hasta que podamos llevarte a casa. Ahora puedo quedarme contigo todo el tiempo, pero a las cuarenta y ocho horas sin moverme de tu lado comprendí que a este ritmo no me alcanzarían las fuerzas y más valía contratar ayuda. Mi madre y las monjas consiguieron un par de enfermeras para atenderte, la del día es una chica joven, rechoncha y sonriente que canta sin cesar, y la de la noche es una señora taciturna y eficiente de uniforme almidonado. Tu mente anda todavía en el limbo, abres los ojos y miras asustada, como si vieras fantasmas. El neurólogo está preocupado, después de las vacaciones de Semana Santa te hará varias pruebas para investigar el estado de tu cerebro, existen máquinas prodigiosas capaces de fotografiar hasta los más antiguos recuerdos. Trato de no pensar en el mañana; el futuro no existe, dicen los indios del altiplano, sólo contamos con el pasado para extraer experiencia y conocimiento, y el presente, que es apenas un chispazo, puesto que en el mismo instante se convierte en ayer. No controlas el cuerpo, no puedes moverte y sufres espasmos violentos como corrientazos, por una parte agradezco tu estado de completa inocencia, sería mucho peor si comprendieras lo mal que estás. De error en error voy aprendiendo a cuidarte, al principio el hueco en tu garganta, los tubos y sondas me producían horror, pero ya me he acostumbrado, puedo asearte y cambiar la ropa de la cama sin ayuda. Me compré delantal y zuecos blancos para diluirme entre el personal y ahorrar explicaciones. Nadie ha oído hablar de porfiria por estos lados, no creen que puedas sanar. Qué guapa es su niña, pobrecita, ruegue a Dios para que se la lleve pronto, me dicen los pacientes que aún pueden hablar. El ambiente de la sala es deprimente, parece un depósito de locos; hay una mujer convertida en caracol aullando en su cama, empezó a reducirse y enrollarse sobre sí misma hace un par de años y desde entonces su metamorfosis avanza despiadada. Su marido viene por las tardes después del trabajo, la lava con un trapo húmedo, la peina, revisa las amarras que la sostienen en la cama y luego se sienta a su lado a observarla sin hablar con nadie. En el otro extremo, cerca de la ventana, patalea Elvira, una sólida campesina de mi edad, totalmente lúcida, a quien se le confundió el significado de las palabras y se le desordenaron los movimientos. Tiene las ideas claras, pero no puede expresarlas, quiere pedir agua y sus labios forman la palabra tren, tampoco le obedecen las manos y las piernas, se debate como una marioneta con las cuerdas enredadas. Cuenta el marido que al volver un día a su casa después del trabajo, la encontró desmoronada sobre una silla balbuceando incoherencias. Creyó que fingía una borrachera para divertir a los nietos, pero cuando pasaron las horas y los niños lloraban asustados, decidió traerla a Madrid. Desde entonces nadie logra ponerle nombre a su enfermedad. Por las mañanas pasan profesores y estudiantes de medicina y la examinan como a un animal, la pinchan con agujas, le hacen preguntas que no puede contestar y luego parten encogiéndose de hombros. Sus hijas y una muchedumbre de amigos y vecinos desfilan a visitarla los fines de semana, era el alma del pueblo. El marido no se mueve de la silla junto a su cama, allí pasa el día y duerme por la noche, la atiende sin flaquear, mientras la increpa: vamos, coño, traga la sopa o te la lanzo por la cabeza, hostias, esta mujer me da en los cachos. Acompaña ese lenguaje con gestos solícitos y la mirada más tierna. Me confesó sonrojándose que Elvira es la luz de su vida, sin ella nada le importa. ¿Percibes lo que te rodea, Paula? No sé si oyes, si ves, si entiendes algo de lo que sucede en esta habitación demencial, o si acaso me conoces. Sólo miras hacia la derecha, con los ojos abiertos y las pupilas dilatadas fijas en la ventana donde a veces se asoman las palomas. El pesimismo de los médicos y la sordidez de la sala común me están haciendo huecos en el alma. También Ernesto se ve muy cansado, pero quien está peor es mi madre.

Cien días. Han pasado exactamente cien días desde que caíste en coma. A mi madre le fallaron las últimas fuerzas, ayer no pudo levantarse por la mañana, está agotada y aceptó finalmente las presiones para regresar a Chile, compré el pasaje y hace un par de horas fui a dejarla al avión. No se te ocurra morirte y dejarme infinitamente huérfana, le advertí al despedirnos. Al volver al hotel encontré mi cama abierta, una cacerola con sopa de lentejas y su libro de oraciones que me dejó por compañía, así terminó nuestra luna de miel. Nunca antes dispusimos de tanto tiempo para estar juntas; con nadie salvo con los hijos recién nacidos he gozado de una intimidad tan profunda y larga. Con los hombres que he amado la convivencia ha tenido siempre elementos de pasión, coquetería y pudor, o bien ha degenerado en franco disgusto, no sabía cuán cómodo es compartir el espacio con otra mujer. La echaré de menos, pero necesito estar sola y reunir energía en silencio, el ruido del hospital me está volviendo sorda.

El padre de Ernesto partirá pronto y también él me hará falta, he pasado muchas horas acompañada por este hombronazo, que se instala junto a tu cama a cuidarte con rara delicadeza y a distraerme con las aventuras de su existencia. Durante la Guerra Civil de España perdió a su padre y a sus tíos, en su familia sólo quedaron vivas las mujeres y los niños más pequeños. El abuelo de tu marido fue fusilado contra el muro de una iglesia y en la confusión de esos tiempos su mujer escapó de pueblo en pueblo sin saber que era viuda con sus tres niños en brazos, pasando hambre e incontables penurias. Logró salvar a sus hijos, que crecieron en la España franquista sin que flaquearan jamás sus firmes convicciones republicanas. A los dieciocho años el padre de Ernesto era un joven estudiante en plena dictadura del General Franco, cuando la represión estaba en su apogeo. Como sus hermanos, él también pertenecía secretamente al Partido Comunista. Un día una compañera cayó en manos de la policía, a él le avisaron de inmediato, se despidió de su madre y sus hermanos y alcanzó a huir antes que la joven delatara su paradero. Anduvo primero por el norte de África, pero sus pasos lo llevaron finalmente al Nuevo Mundo y terminó refugiado en Venezuela, allí trabajó, se casó, tuvo hijos y permaneció más de treinta años. A la muerte de Franco volvió a su pueblo en Córdoba en busca de su pasado. Logró encontrar a algunos de sus antiguos camaradas y así, de uno en otro, averiguó el paradero de la muchacha en quien había pensado cada día durante tres décadas. En un piso pobretón de paredes manchadas lo esperaba una mujer bordando junto a la ventana; no la reconoció pero ella no lo había olvidado y le tendió las manos, agradecida por esa visita tardía. Entonces él se enteró que a pesar de la tortura ella no había confesado y comprendió que su huida y su largo exilio fueron inútiles, la policía nunca anduvo tras sus pasos porque no fue delatado. Ya es tarde para pensar en cambios, el destino de este hombre está trazado, no puede regresar a España, se le ha curtido el alma en los bosques amazónicos. En las horas interminables que compartimos en el hospital me relata sus andanzas por ríos anchos como mares, cumbres nunca antes pisadas por seres humanos, valles donde los diamantes brotan de la tierra como semillas y las serpientes matan con el solo olor de su veneno; me describe tribus que vagan desnudas bajo árboles centenarios, indios guajiros que venden como ganado a sus mujeres y sus hijas, soldados a sueldo de los traficantes de drogas, cuatreros que violan, matan e incendian impunemente. Iba un día por la selva con un grupo de trabajadores y una recua de mulas, abriéndose paso a machetazos en la vegetación, cuando uno de los hombres erró el golpe y el machete le cayó en una pierna abriendo un tajo profundo y partiéndole el hueso. Comenzó a desangrarse como un torrente a pesar del torniquete y otras medidas de emergencia. En eso alguien se acordó del indio que conducía las mulas, un viejo candongo con fama de brujo, y fueron a buscarlo al otro extremo de la fila. El hombre se acercó plácido, le echó una mirada a la pierna, apartó a los curiosos y procedió a realizar sus ensalmos con la parsimonia de quien ha visto a menudo la muerte. Abanicó la herida con su sombrero para espantar a los mosquitos, le lanzó una lluvia de salivazos y trazó unas cuantas cruces en el aire, mientras canturreaba en lengua del bosque. Así detuvo la hemorragia, concluyó el padre de Ernesto en tono casual. Envolvieron el horrible tajo con un trapo, colocaron al herido en una improvisada angarilla y viajaron con él durante horas, sin que derramara ni una gota de sangre, hasta llegar al puesto de socorro más cercano donde fue posible coserlo y entablillarlo. Quedó cojo, pero todavía tiene su pierna. Les conté esta anécdota a las monjas que te visitan a diario y no parecieron sorprendidas, están acostumbradas a los milagros. Si un indio del Amazonas puede detener un chorro de sangre con saliva, cuánto más podrá hacer la ciencia por ti, hija. Debo conseguir ayuda. Ahora que estoy sola, los días se hacen más largos y las noches más oscuras. Me sobra tiempo para escribir, porque una vez que cumplo los rituales de tu cuidado ya no hay más que hacer, salvo recordar.

A comienzo de los años sesenta mi trabajo había progresado de las estadísticas forestales a unos tambaleantes inicios en el periodismo, que me condujeron por casualidad a la televisión. En el resto del mundo ya se transmitía a color, pero en Chile, último rincón del continente americano, estábamos dando recién los primeros pasos con programas experimentales en blanco y negro. Los privilegiados dueños de un televisor se convirtieron en las personas más influyentes de su barrio, los vecinos se amontonaban en torno a los escasos aparatos existentes para observar hipnotizados en la pantalla un dibujo geométrico inmóvil y escuchar música de ascensor. Pasaban las tardes con la boca abierta y la vista fija esperando alguna revelación que cambiara el curso de sus vidas, pero nada ocurría, sólo el cuadrado, el círculo y la misma majadera melodía. Lentamente pasamos de la geometría básica a unas pocas horas de programación didáctica sobre el funcionamiento de un motor, el temperamento industrioso de las hormigas y clases de primeros auxilios en las cuales le daban respiración boca a boca a un lívido muñeco. También nos ofrecían un noticiario sin imágenes narrado como en la radio y de vez en cuando una película del cine mudo. A falta de temas más interesantes, le ofrecieron a mi jefe en la FAO quince minutos para exponer el problema del hambre en el mundo. Era la época de las profecías apocalípticas: la humanidad se reproducía sin control, los alimentos no alcanzaban, la tierra estaba agotada, el planeta iba a perecer y en menos de cincuenta años los pocos sobrevivientes estarían destrozándose unos a otros por el último mendrugo de pan. El día del programa mi jefe se indispuso y tuve que ir al canal para dar una disculpa. Lo lamento, me dijo secamente el productor, a las tres de la tarde una persona de esa oficina deberá aparecer ante la cámara, porque así lo habíamos acordado y no dispongo de otro material para llenar el espacio. Imaginé que si los telespectadores soportaban el cuadrado y el círculo y a Chaplin en *La quimera del oro* cinco veces por semana, el asunto no era realmente en serio. Me presenté provista de unos trozos de película cortados a tijeretazos, donde aparecían unos búfalos raquíticos arando el suelo agrietado por la sequía de un remoto rincón del Asia. Como el documental era en portugués, inventé un texto dramático que más o menos se ajustara al escuálido ganado y lo narré con tal énfasis que a nadie le cupo dudas sobre el próximo fin de los búfalos, el arroz y la humanidad completa. Al terminar el productor me pidió, con un suspiro de resignación, que volviera todos los miércoles a predicar contra el hambre, el infeliz estaba ansioso por completar su horario. Fue así como terminé a cargo de un programa en el cual me tocaba hacer desde el guión hasta los dibujos de los créditos. El trabajo en el Canal consistía en llegar puntual, sentarme ante una luz roja y hablar al vacío; nunca tomé conciencia de que al otro lado de la luz un millón de orejas esperaban mis palabras y de ojos juzgaban mi peinado, de ahí mi sorpresa cuando desconocidos me saludaban por la calle. La primera vez que me viste aparecer en la pantalla, Paula, tenías un año y medio y el susto de ver la cabeza decapitada de tu mamá asomando tras un vidrio, te dejó un buen rato en estado catatónico. Mis suegros poseían el único televisor en un kilómetro a la redonda y cada tarde se les llenaba la sala de espectadores a quienes la Granny atendía como visitas. Pasaba la mañana horneando galletas y dando vueltas a la manivela de una máquina para hacer helados y la noche lavando platos y barriendo la basura de circo que quedaba en los suelos de su casa, sin que nadie se lo agradeciera. Me convertí en la persona más conspicua del barrio, los vecinos me saludaban con respeto y los niños me señalaban con el dedo. Habría podido seguir en ese oficio por el resto de mis días, pero finalmente el país se cansó de vacas famélicas y pestes de arrozales. Cuando eso ocurrió yo era una de las pocas personas con experiencia en televisión –muy rudimental, por cierto– y pude optar a otros programas, pero ya Michael se había graduado de ingeniero y a los dos nos picaba el comején de la aventura, deseábamos viajar antes de tener más hijos. Conseguimos un par de becas, partimos a Europa y llegamos a Suiza contigo de la mano, tenías casi dos años y eras una mujer en miniatura.

El tío Ramón no ha inspirado ninguno de los personajes de mis libros, tiene demasiada decencia y sentido común. Las novelas se hacen con dementes y villanos, con gente torturada por sus obsesiones, con víctimas de los engranajes implacables del destino. Desde el punto de vista de la narración, un hombre inteligente y de buenos sentimientos como el tío Ramón no sirve para nada, en cambio como abuelo es perfecto, lo supe apenas le presenté a su primera nieta en el aeropuerto de Ginebra y lo vi sacar a luz un caudal secreto de ternura que había mantenido oculto hasta entonces. Apareció con una gran medalla colgada al cuello de una cinta tricolor, te entregó las llaves de la ciudad en una caja de terciopelo y te dio la bienvenida en nombre de los Cuatro Cantones, la Banca Suiza y la Iglesia Calvinista. En ese instante comprendí cuánto amaba en realidad a mi padrastro y se borraron de una plumada los celos tormentosos y las rabietas del pasado. En esa ocasión vestías el sombrero y el abrigo de Sherlock Holmes que yo había soñado antes de tu nacimiento y que la Abuela Hilda, siguiendo mis precisas instrucciones, te fabricó en su máquina de coser. Hablabas con propiedad y te comportabas con los modales educados de una señorita, tal como te había enseñado la Granny. Yo trabajaba a horario completo y poco sospechaba de cómo criar hijos, me resultaba muy cómodo delegar esa tarea y ahora, a la vista de los espléndidos resultados, comprendo que mi suegra lo hizo mucho mejor. La Granny se encargó, entre otras cosas, de quitarte los pañales. Compró dos bacinillas, una pequeña para ti y una grande para ella, y ambas se sentaban por horas en la sala a jugar a las visitas, hasta que aprendiste el truco. La suya era la única casa con teléfono en el barrio y los vecinos que acudían a pedirlo prestado se acostumbraron a ver a esa dulce dama inglesa con el trasero a la vista sentada frente a su nieta. La Abuela Hilda por su lado descubrió la manera de darte de comer, porque eras inapetente como los ruiseñores. Improvisó una montura amarrada al lomo de su perra, una bestia negra y grande con resistencia de burro, sobre la cual cabalgabas mientras ella te perseguía con la cuchara de sopa. En Europa estas dos abuelas ejemplares fueron reemplazadas por el tío Ramón, quien te convenció que él era el dueño universal de la Coca-Cola y que nadie podía consumirla sin su autorización en todo el universo y más allá. Aprendiste a llamarlo por teléfono en francés, interrumpiendo las sesiones del Consejo de las Naciones Unidas para pedirle permiso para tomar una gaseosa. Del mismo modo te hizo creer que era el amo del zoológico, de los programas infantiles de la televisión y del famoso chorro de agua en el lago de Ginebra. Atento al horario del chorro, cronometró su reloj y, confiado en la puntualidad suiza, fingía dar la orden por teléfono al Presidente de la República, te asomaba a la ventana y se deleitaba con la expresión maravillada de tu cara cuando surgía el agua en el lago como una majestuosa columna elevándose hacia el cielo. Compartía contigo juegos tan surrealistas, que llegué a temer por tu salud mental. Guardaba una caja con seis muñequitos llamados *Los condenados a la muerte*, cuyo fin era ser ejecutados al amanecer del día siguiente. Cada noche te presentabas ante ese inefable verdugo a solicitar clemencia y así obtenías una prórroga de veinticuatro horas en la sentencia. Te dijo que descendía directamente de Jesucristo y para probar que ambos llevaban el mismo apellido te llevó años más tarde al Cementerio Católico en Santiago a ver el mausoleo de don Jesús Huidobro. También te aseguró que era príncipe, que el día de su nacimiento la gente se abrazaba en la calle mientras repicaban alegremente las campanas de las iglesias anunciando la buena nueva ¡Ha nacido Ramón! ¡Ha nacido Ramón! Se prendía al pecho las múltiples condecoraciones recibidas a lo largo de su carrera diplomática diciéndote que eran medallas de heroísmo ganadas en batallas contra los enemigos de su reino. Todo se lo creíste por años, hija.

Ese año dividimos el tiempo entre Suiza y Bélgica, donde Michael estudiaba ingeniería y yo televisión. En Bruselas vivíamos en un diminuto apartamento en lo alto de una peluquería. El resto de los inquilinos eran muchachas con faldas cortas, escotes muy bajos, pelucas de colores imposibles y perritos lanudos con lazos al cuello. A toda hora se escuchaba música, jadeos y peleas, mientras entraban y salían los apurados clientes de esas damiselas. El ascensor daba directamente al único cuarto de nuestro piso y cuando se nos olvidaba pasar el cerrojo solíamos despertar a media noche con un desconocido junto a la cama, preguntando por Pinky o Suzanne. Mi beca formaba parte de un programa para congoleses con quienes Bélgica estaba en deuda por los muchos años de brutal colonización. Yo constituía la única excepción, mujer de piel clara entre treinta varones negros. A la semana de sufrir humillaciones comprendí que no estaba preparada para semejante prueba y renuncié, a pesar de que sin el dinero de la beca pasaríamos angustias. El director me pidió que explicara a la clase mi brusca partida y no me quedó más remedio que enfrentar aquel compacto grupo de estudiantes y decir en mi lamentable francés, que en mi país los hombres no entran al baño de mujeres desabrochándose la bragueta, no empujan a las damas para pasar primero por las puertas, no se atropellan para sentarse a la mesa o subir al autobús, que me sentía maltratada y me retiraba porque no estaba acostumbrada a tales modales. Un silencio glacial recibió mi perorata. Después de una larga pausa uno de ellos tomó la palabra para decir que en su país ninguna mujer decente manifestaba necesidad de ir al baño en público, tampoco trataba de pasar por las puertas antes que los hombres sino que caminaba varios pasos atrás, y que su madre y sus hermanas no se sentaban a la mesa con él, comían después las sobras de la cena. Agregó que se sentían permanentemente ofendidos por mí, jamás habían visto una persona tan mal educada, y como yo constituía una minoría en el grupo debía aguantar como mejor pudiera. Es cierto que soy una minoría en este curso, pero ustedes lo son en este país, repliqué, estoy dispuesta a adaptarme, pero también deberán hacerlo ustedes si quieren evitar problemas en Europa. Era una solución salomónica, acordamos ciertas normas básicas de convivencia y me quedé. Nunca quisieron sentarse conmigo a la mesa o en el bus, pero dejaron de invadir el baño y de apartarme a empujones. Durante ese año el feminismo se me fue al diablo: caminaba modestamente dos metros más atrás de mis compañeros, no levantaba la mirada ni la voz y pasaba última por las puertas. Una vez dos de ellos aparecieron por nuestro apartamento en busca de unos apuntes de clases y esa misma tarde llegó la administradora del edificio a advertirnos que la «*gente de color*» no era bienvenida y que habían hecho una excepción con nosotros, porque a pesar de ser sudamericanos no éramos completamente oscuros. Guardo como recuerdo de mi aventura belgo-africana una fotografía donde estoy al centro de mis compañeros; entre treinta rostros de ébano se pierde mi cara color de pan crudo. Nuestras becas eran exiguas, pero Michael y yo estábamos en la edad en que la pobreza es de buen tono. Muchos años después regresé a Bélgica para recibir un premio literario de manos del Rey Balduino. Esperaba un gigante de capa y corona, como el de los retratos reales, y me encontré frente a un caballero pequeño, suave, cansado y algo cojo, a quien no reconocí. Me preguntó amablemente si conocía su país y le conté sobre mis tiempos de estudiante, cuando vivíamos tan ajustados que sólo comíamos papas fritas y carne de caballo. Me miró desconcertado y temí haberlo ofendido. ¿A usted le gusta la carne de caballo? le pregunté para tratar de arreglar las cosas.

Gracias a esa dieta y otros ahorros, nos alcanzó el dinero para recorrer Europa desde Andalucía hasta Oslo en un Volkswagen destartalado, convertido en carromato gitano, que avanzaba por los caminos estornudando con una pila de bártulos en el techo. Nos sirvió con lealtad de dromedario hasta el final del viaje y cuando llegó el momento de dejarlo estaba en tan malas condiciones que debimos pagar para que lo llevaran a un depósito de chatarra. Durante meses vivimos en una carpa, tú creías que no había otra forma de existencia, Paula, y cuando entrábamos a un edificio sólido preguntabas asombrada cómo se plegaban las paredes para subirlas al automóvil. Recorrimos incontables castillos, catedrales y museos, llevándote en una mochila a la espalda y alimentándote de Coca-Cola y bananas. No tenías juguetes, pero te entretenías imitando a los guías turísticos; a los tres años sabías la diferencia entre un fresco romano y uno del Renacimiento. En mi memoria se mezclan ruinas, plazas y palacios de todas esas ciudades, no sé bien si estuve en Florencia o si la vi en una tarjeta postal, si asistí a una corrida de toros o si fue una carrera de caballos, no logro diferenciar la Costa Azul de la Costa Brava y en el atolondramiento del exilio perdí las fotografías que prueban mi paso por aquellos lugares, de modo que aquel pedazo de mi pasado puede ser simplemente un sueño, como tantos que me tuercen la realidad. Parte de la confusión se debía a un segundo embarazo ocurrido en momento inoportuno, porque el vapuleo del carromato y el esfuerzo de montar la carpa y cocinar a gatas en el suelo me pusieron enferma. Nicolás fue engendrado en un saco de dormir, durante los primeros atisbos de una primavera fría, posiblemente en el Bois de Boulogne, a treinta metros de los homosexuales vestidos de muchachitas impúberes que se prostituían por diez dólares y a pocos pasos de una carpa vecina desde donde nos llegaban humo de mariguana y estrépito de jazz. Con tales antecedentes, ese hijo debió ser un aventurero desenfrenado, pero resultó ser un tipo apacible de esos que inspiran confianza al primer golpe de vista, desde el vientre se acomodaba a las circunstancias sin dar guerra, era parte del tejido de mi propio cuerpo, tal como en cierta forma lo es todavía; sin embargo, aun en el mejor de los casos el embarazo es una tremenda invasión, una ameba creciendo adentro de una, pasando por múltiples etapas de evolución –pez, cucaracha, dinosaurio, mono– hasta alcanzar un aspecto humano. Durante aquel esforzado recorrido por Europa, Nicolás se mantuvo agazapado dentro de mí muy quieto, pero de todos modos su presencia causaba estragos en mis pensamientos. Perdí interés por los restos de pasadas civilizaciones, me aburría en los museos, me mareaba en el carromato y apenas podía comer. Supongo que por eso no logro recordar detalles del viaje.

Regresamos a Chile en plena euforia de la Democracia Cristiana, un partido que prometía reformas sin cambios drásticos y que había sido elegido con apoyo de la derecha para evitar un posible triunfo de Salvador Allende, a quien muchos temían como a Satanás. Las elecciones fueron teñidas desde el comienzo por una campaña de terror en la cual la derecha estaba empeñada desde el comienzo de la década, cuando triunfó la Revolución Cubana desencadenando un torrente de esperanza por toda América Latina. Grandes afiches mostraban madres embarazadas defendiendo a sus hijos de las garras de soldados rusos. Nada nuevo bajo el sol: lo mismo se había dicho treinta años antes, en tiempos del Frente Popular, y lo mismo se diría de Allende poco después durante las elecciones de 1970. La política de conciliación de los demócrata-cristianos, amparada por los norteamericanos de las compañías del cobre, estaba destinada al fracaso porque no satisfacía a la izquierda ni a la derecha. El proyecto agrario, que la gente llamaba «reforma de macetero», repartió unos cuantos terrenos abandonados o mal explotados, pero los latifundios siguieron en manos de los de siempre. Cundió el descontento y dos años más tarde buena parte de la población comenzaría a virar hacia la izquierda, los múltiples partidos políticos que propiciaban reformas reales se juntarían en una coalición y, ante la sorpresa del mundo en general y de los Estados Unidos en particular, Salvador Allende se convertiría en el primer Presidente marxista de la historia elegido por votación popular. Pero no debo adelantarme, en 1966 todavía se celebraba el triunfo de la Democracia Cristiana en las elecciones parlamentarias del año anterior, y se hablaba de que ese partido gobernaría el país durante los próximos cincuenta años, que la izquierda había sufrido una derrota irrecuperable y Allende estaba reducido a un cadáver político. Era también la época de las mujeres con aspecto de huérfanas desnutridas y los vestidos tan cortos que apenas les cubrían las nalgas. Se veían algunos hippies en los barrios más sofisticados de la capital, con sus ropajes de la India, collares, flores y largas melenas, pero para quienes habíamos estado en Londres y los habíamos visto drogados bailando semidesnudos en la Plaza Trafalgar, los de Chile resultaban patéticos. Ya entonces mi vida se caracterizaba por el trabajo y las responsabilidades, nada más lejos de mi temperamento que el ocio bucólico de los Hijos de las Flores, sin embargo me acomodé de inmediato a los signos externos de esa cultura porque me quedaban mucho mejor los vestidos largos, sobre todo en los últimos meses del embarazo, cuando estaba redonda. No sólo adopté las flores en mi ropa, las pinté también en las paredes de la casa y en el automóvil, enormes girasoles amarillos y dalias multicolores que escandalizaban a mis suegros y al vecindario. Por suerte Michael parece que no se dio cuenta, andaba ocupado en un nuevo trabajo de construcción y en largas partidas de ajedrez.

Nicolás vino al mundo en un parto laborioso que demoró un par de días y me dejó más recuerdos que todo el año viajando por Europa. Tuve la impresión de caer por un precipicio, ganando impulso y velocidad con cada segundo, hasta un estrepitoso final en el cual se me abrieron los huesos y una fuerza telúrica incontrolable empujó a la criatura hacia afuera. Nada así había experimentado cuando naciste tú, Paula, porque fue una limpia cesárea. Con tu hermano no hubo nada romántico, sólo esfuerzo, sufrimiento y soledad. No había oído que los padres podían tener alguna participación en el evento, y por lo demás Michael no era el hombre ideal para ayudar en ese trance, desfallece a la vista de una aguja o de sangre. El parto me parecía entonces un asunto estrictamente personal, como la muerte; no sospechaba que mientras yo padecía sola en una pieza del hospital, otras mujeres de mi generación daban a luz en sus casas en compañía de una matrona, el marido, los amigos y un fotógrafo, fumando mariguana y con música de los Beatles.

Nicolás nació sin un solo pelo, con un cuerno en la frente y un brazo morado; temí que de tanto leer ciencia ficción había traído a la tierra una criatura de otro planeta, pero el médico me aseguró que era humano. El unicornio fue producto de los fierros que utilizaron para arrancármelo en el momento del parto y el color púrpura del brazo desapareció al poco tiempo. De niño lo recuerdo calvo, pero en algún momento deben haberse normalizado sus células capilares, porque hoy tiene una mata de cabello negro ondulado y cejas gruesas. Si tuviste celos de tu hermano nunca los demostraste, fuiste una segunda madre para él. Compartían una habitación muy pequeña, con personajes de cuentos pintados en las paredes y una ventana por donde asomaba la sombra siniestra de un dragón que por las noches agitaba sus pavorosas zarpas. Tú llegabas a mi cama arrastrando al bebé, no podías levantarlo en brazos y tampoco eras capaz de dejarlo solo a merced del monstruo del jardín. Más tarde, cuando él aprendió los fundamentos del miedo, dormía con un martillo bajo el colchón para defender a su hermana. Durante el día el dragón se convertía en un robusto cerezo, entre sus ramas ustedes colgaban columpios, construían refugios y en verano se enfermaban con las frutas verdes que disputaban a los pájaros. Ese diminuto jardín era un mundo seguro y encantado, allí montaban una tienda para pasar las noches jugando a los indios, enterraban tesoros y criaban gusanos. En una piscina absurda al fondo del patio se bañaban con los niños y perros del vecindario; sobre el techo crecía una parra salvaje y ustedes exprimían las uvas para fabricar un vino repugnante. En la casa de mis suegros, a una cuadra de distancia, contaban con un desván atiborrado de sorpresas, árboles frutales, panes recién horneados por una abuela perfecta y un hueco en la cerca para pasar a gatas a la cancha de golf y corretear a gusto en propiedad ajena. Nicolás y tú se criaron oyendo las canciones inglesas de la Granny y mis cuentos. Cada noche cuando los acomodaba en sus camas, me daban el tema o la primera frase y en menos de tres segundos yo producía una historia a la medida; no he vuelto a gozar de esa inspiración instantánea, pero espero que no haya muerto y en el futuro mis nietos logren resucitarla.

Tantas veces oí decir que en Chile vivíamos en un matriarcado, que casi lo creo; hasta mi abuelo y mi padrastro, señores autoritarios de estilo feudal, lo afirmaban sin sonrojarse. No sé quién inventó el mito del matriarcado ni cómo se ha perpetuado por más de cien años; tal vez un visitante de otras épocas, uno de esos geógrafos daneses o comerciantes de Liverpool de paso por nuestras costas advirtió que las chilenas son más fuertes y organizadas que la mayoría de los hombres, concluyó frívolamente que tienen el mando, y de tanto repetir aquella falacia, acabó convertida en dogma. Ellas sólo reinan a veces entre las paredes de su casa. Los varones controlan el poder político y económico, la cultura y las costumbres, proclaman las leyes y las aplican a su antojo y cuando las presiones sociales y el aparato legal no bastan para someter a las mujeres más alzadas, interviene la religión con su innegable sello patriarcal. Lo imperdonable es que son las madres quienes se encargan de perpetuar y reforzar el sistema, criando hijos arrogantes e hijas serviciales; si se pusieran de acuerdo para hacerlo de otro modo podrían terminar con el machismo en una generación. Por siglos la pobreza ha obligado a los hombres a recorrer el delgado territorio nacional de una punta a otra en busca de sustento, no es raro que el mismo que en invierno escarba en las entrañas de las minas del norte, se encuentra en verano en el valle central cosechando fruta o en el sur en un bote pesquero. Los hombres pasan y se van, pero las mujeres no se mueven, son árboles anclados en el suelo firme. En torno a ellas giran los hijos propios y otros allegados, se hacen cargo de los viejos, los enfermos, los desamparados, son el eje de la comunidad. En todas las clases sociales, menos las privilegiadas por el dinero, la abnegación y el trabajo se consideran las máximas virtudes femeninas; el espíritu de sacrificio es una cuestión de honor, mientras más sufren por la familia, más orgullosas se sienten. Se acostumbran desde temprano a considerar al compañero como un hijo bobalicón, a quien perdonan graves defectos, desde ebriedad hasta violencia doméstica, *porque es hombre*. En los años sesenta un reducido grupo de mujeres jóvenes, que habían tenido la buena fortuna de divisar el mundo más allá de la cordillera de los Andes, se atrevieron a plantear un desafío. Mientras se trataba de quejas vagas nadie le dio importancia, pero en 1967 apareció la primera publicación feminista sacudiendo el estupor provinciano en el cual vegetábamos. Nació como otro capricho del dueño de la más poderosa editorial del país, un millonario errático cuyo propósito no era despertar conciencia ni nada que se le parezca, sino fotografiar adolescentes andróginas para las páginas de moda. Se reservó el trato exclusivo con las hermosas modelos, buscó dentro de su medio social quien hiciera el resto del trabajo y la elección cayó en Delia Vergara, una periodista recién graduada cuyo aspecto aristocrático ocultaba voluntad de acero e intelecto subversivo. Esta mujer produjo una elegante revista con el mismo aspecto glamoroso y las frivolidades de tantas otras publicaciones de entonces y de ahora, pero destinó parte de ella a la divulgación de sus ideas feministas. Se rodeó de un par de audaces colegas y crearon un estilo y un lenguaje que hasta entonces no se habían visto en letras de molde en el país. Desde el primer número la revista provocó acaloradas polémicas; los jóvenes la recibieron con entusiasmo y los grupos más conservadores se alzaron en defensa de la moral, la patria y la tradición, que seguramente peligraban con el asunto de la igualdad entre los sexos. Por una de esas extrañas vueltas de la suerte, Delia había leído en Ginebra una carta mía, que mi madre le mostró, y así se enteró de mi existencia. Le llamó la atención el tono de algunos párrafos y cuando volvió a Chile me buscó para que participara en su proyecto. Cuando me conoció yo no tenía trabajo, estaba a punto de dar a luz y mi falta de credenciales era bochornosa, no había pasado por la Universidad, tenía el cerebro lleno de fantasías y, producto de mi escolaridad trashumante, escribía con gruesas faltas gramaticales, pero igual me ofreció una página sin poner más condiciones que un toque irónico, porque en medio de tantos artículos combativos hacía falta algo liviano. Acepté sin saber cuán difícil es escribir en broma por encargo. En privado los chilenos tenemos la risa pronta y el chiste fácil, pero en público somos un pueblo de tontos graves paralizados por el temor de hacer el ridículo, eso me ayudó porque me enfrenté con escasa competencia. En mi columna trataba a los varones de trogloditas y supongo que si cualquier hombre se atreviera a escribir con esa insolencia sobre el sexo opuesto, sería linchado en una plaza pública por una turba de mujeres enfurecidas, pero a mí nadie me tomaba en serio. Cuando se publicaron los primeros números de la revista con reportajes sobre anticonceptivos, divorcio, aborto, suicidio y otros temas impronunciables, se armó un lío. Los nombres de quienes trabajábamos en la revista andaban de boca en boca, a veces con admiración, pero en general acompañados de una mueca. Soportamos muchas agresiones y en los años siguientes todas menos yo, que estaba casada con un híbrido inglés, terminaron separadas de sus maridos criollos, incapaces de tolerar la combativa celebridad de sus esposas.

Tuve un primer atisbo de la desventaja de mi sexo cuando era una mocosa de cinco años y mi madre me enseñaba a tejer en el corredor de la casa de mi abuelo, mientras mis hermanos jugaban en el álamo del jardín. Mis dedos torpes intentaban anudar la lana con los palillos, se me iban los puntos, se me enredaba la madeja, transpiraba por el esfuerzo de concentración, y en eso mi madre me dijo: siéntate con las piernas juntas como una señorita. Lancé el tejido lejos y en ese momento decidí que iba a ser hombre; me mantuve firme en ese propósito hasta los once años, cuando me traicionaron las hormonas a la vista de las orejas monumentales de mi primer amor y empezó inexorablemente a cambiar mi cuerpo. Habrían de pasar cuarenta años para aceptar mi condición y comprender que, con el doble de esfuerzo y la mitad de reconocimiento, había logrado lo mismo que a veces consiguen algunos hombres. Hoy no me cambiaría por ninguno, pero en mi juventud las injusticias cotidianas me amargaban la existencia. No se trataba de envidia freudiana, no hay razón para codiciar ese pequeño y caprichoso apéndice masculino, si tuviera uno no sabría qué hacer con él. Delia me prestó un alto de libros de autoras norteamericanas y europeas y me mandó leerlos por orden alfabético, a ver si despejaba las brumas románticas de mi cerebro envenenado por exceso de literatura de ficción, y así fui descubriendo de a poco una manera articulada de expresar la rabia sorda que me había acompañado siempre. Me convertí en una formidable antagonista para el tío Ramón, que debió recurrir a sus peores trampas de oratoria para hacerme frente; ahora era yo quien redactaba documentos con tres copias en papel sellado y él quien se negaba a firmarlos.

Cierta noche fuimos invitados con Michael a cenar en casa de un conocido político socialista, que había hecho una carrera luchando por justicia e igualdad para el pueblo. A sus ojos el pueblo se componía sólo de hombres, no se le había ocurrido que las mujeres también estaban incluidas. Su esposa tenía un cargo directivo en una gran corporación y solía aparecer en la prensa como uno de los escasos ejemplos de mujer emancipada; no sé por qué estaba casada con aquel protomacho. Los demás invitados eran también personajes de la política o la cultura y nosotros, diez años menores, para nada calzábamos en aquel sofisticado grupo. En la mesa alguien celebró mis artículos de humor, me preguntó si no pensaba escribir en serio y en un rapto de inspiración repliqué que me gustaría entrevistar a una mujer infiel. Un silencio gélido cayó en el comedor, los comensales conturbados fijaron la vista en sus platos y nadie dijo palabra por un buen rato. Finalmente la dueña de casa se puso de pie, partió rumbo a la cocina a preparar café y yo la seguí con el pretexto de ayudarla. Mientras colocábamos las tazas sobre una bandeja me dijo que si prometía guardar el secreto y no revelar jamás su identidad, estaba dispuesta a concederme la entrevista. Al día siguiente me presenté con una grabadora en su oficina, una sala luminosa en un edificio de vidrio y acero en pleno centro de la ciudad, donde ella reinaba sin rivales femeninas en un puesto de mando entre una multitud de tecnócratas de traje gris y corbata a rayas. Me recibió sin muestras de ansiedad, delgada, elegante, con la falda corta y la sonrisa ancha, vestida con un traje Chanel y varias vueltas de cadenas doradas al cuello, dispuesta a contar su historia sin escrúpulos de conciencia. En noviembre de ese año la revista publicó diez líneas sobre el asesinato del Che Guevara que había convulsionado al mundo, y cuatro páginas con mi entrevista a esa mujer infiel que estremeció a la pacata sociedad chilena. En una semana se duplicaron las ventas y me contrataron como parte del personal de planta. Llegaron miles de cartas a la oficina, muchas de organizaciones religiosas y de conocidos jerarcas de la derecha política espantados por el mal ejemplo público de aquella sinvergüenza, pero también recibimos otras de lectoras confesando sus propias aventuras. Cuesta imaginar hoy día que algo tan banal provocara semejante reacción, después de todo la infidelidad es tan antigua como la institución del matrimonio. Nadie perdonó que la protagonista del reportaje tuviera las mismas motivaciones para el adulterio que un hombre: oportunidad, aburrimiento, despecho, coquetería, desafío, curiosidad. La señora de mi entrevista no estaba casada con un borracho brutal ni con un inválido en silla de ruedas, tampoco padecía el tormento de un amor imposible; en su vida no había tragedia, simplemente carecía de buenas razones para guardar lealtad a un marido que a su vez la traicionaba. Muchos se horrorizaron ante su organización perfecta, alquilaba un apartamento discreto con dos amigas, lo mantenían impecable y se lo turnaban en la semana para llevar a sus amantes, así no pasaban el mal rato de frecuentar hoteles donde podían ser reconocidas. A nadie se le había ocurrido que las mujeres podían disfrutar de tal comodidad, un apartamento propio para citas de amor era privilegio sólo de varones, incluso había un nombre francés para llamarlo: *garçonnière*. En la generación de mi abuelo eran de uso común entre los señorones, pero ya muy pocos podían darse ese lujo y en general cada cual fornicaba como y donde mejor podía de acuerdo a su presupuesto. En todo caso, no faltaban habitaciones de alquiler para amores furtivos y todo el mundo sabía exactamente el precio y dónde estaban localizadas.

Veinte años más tarde, en una vuelta de mi largo periplo, me encontré en otro rincón del mundo, muy lejos de Chile, con el marido de la señora del traje Chanel. El hombre había sufrido prisión y tortura durante los primeros años de la dictadura militar y llevaba el cuerpo y el alma marcados de cicatrices. Entonces vivía en exilio, separado de su familia, y le fallaba la salud, porque el frío de la cárcel se le había metido por dentro y le estaba devorando los huesos, sin embargo no había perdido su encanto ni su tremenda vanidad. Apenas se acordaba de mí, sólo me distinguía en su memoria por aquella entrevista, que había leído fascinado.

—Siempre quise saber quién era esa mujer infiel —me dijo en tono confidencial—. Comenté el caso con todos mis amigos. En Santiago no se hablaba de otra cosa en esos días. Me habría encantado hacer una visita a ese apartamento, ojalá con sus dos amigas también. Perdona la falta de modestia, Isabel, pero creo que esas tres tipas merecían encontrarse con un macho bien plantado.

—Para serte franca, creo que eso nunca les faltó.

—Ha pasado mucho tiempo ¿no vas a decirme quién era ella?

—No.

—¡Dime al menos si la conozco!

—Sí... bíblicamente.

El trabajo en la revista y más tarde en televisión fue una válvula de escape a la chifladura heredada de mis antepasados; sin eso la presión acumulada habría estallado enviándome directo a una casa de orates. El ambiente prudente y moralista, la mentalidad pueblerina y la rigidez de las normas sociales de esos tiempos en Chile eran agobiadores. Pronto mi abuelo se acostumbró a mi vida pública y dejó de lanzar mis artículos a la basura, no los comentaba, pero de vez en cuando me preguntaba qué opinaba Michael y me recordaba que debía sentirme muy agradecida por tener un marido tan tolerante. No le gustaba mi reputación de feminista, ni mis vestidos largos y sombreros antiguos, y mucho menos mi viejo Citroën pintado como una cortina de baño, pero me perdonaba las extravagancias porque en la vida real yo cumplía el papel de madre, esposa y ama de casa. Por el placer de escandalizar al prójimo era capaz de desfilar por la calle con un sostén ensartado en un palo de escoba –sola, por supuesto, nadie estaba dispuesto a acompañarme– pero en la vida privada había interiorizado las fórmulas para la eterna felicidad doméstica. Por las mañanas le servía desayuno en cama a mi marido, por las tardes lo esperaba de punta en blanco y con la aceituna de su martini entre los dientes, por las noches le dejaba sobre una silla el traje y la camisa que se pondría al día siguiente, le lustraba los zapatos, le cortaba el pelo y las uñas y le compraba la ropa sin que tuviera la molestia de probársela, tal como hacía con mis hijos. No era tan sólo estupidez de mi parte, sino exceso de energía.

De los hippies cultivaba el aspecto exterior, en realidad vivía como una hormiga obrera trabajando doce horas diarias para pagar las cuentas. La única vez que probé mariguana, que un verdadero hippie me ofreció, comprendí que no era para mí. Fumé seis pitos seguidos y no me invadió la euforia alucinante de la que tanto había oído hablar, sólo dolor de cabeza; mis pragmáticos genes vascos son inmunes a la dicha fácil de las drogas. Volví a la televisión, esta vez con un programa feminista de humor, y colaboraba en la única revista infantil del país, que acabé dirigiendo cuando su fundador murió de un mal fulminante. Por años me divertí entrevistando asesinos, videntes, prostitutas, necrofílicos, saltimbanquis, santones de confusos milagros, psiquiatras dementes y mendigas con falsos muñones que alquilaban recién nacidos para conmover a las almas caritativas. Escribía recetas de cocina inventadas en la inspiración de un instante y de vez en cuando improvisaba el horóscopo guiándome por los cumpleaños de mis amistades. La astróloga vivía en el Perú y el correo solía atrasarse o bien sus envíos se perdían en los vericuetos del destino. Cierta vez la llamé para anunciarle que disponíamos del horóscopo de marzo, pero nos faltaba el de febrero, y me contestó que publicara el que teníamos, cuál era el problema, el orden no altera el producto; desde entonces empecé a fabricarlos con el mismo porcentaje de aciertos. La tarea más ardua era el Correo del Amor, que firmaba con el seudónimo de Francisca Román. A falta de experiencia personal recurría a la intuición heredada de la Memé y los consejos de la Abuela Hilda, que veía todas las telenovelas de moda y era una verdadera experta en asuntos del corazón. El archivo de cartas de Francisca Román me serviría hoy para escribir varios volúmenes de cuentos ¿dónde habrán ido a parar esos cajones repletos de epístolas melodramáticas? No me explico cómo me alcanzaba el tiempo para la casa, los niños y el marido, pero de algún modo me las arreglaba. En los ratos libres cosía mis vestidos, escribía cuentos infantiles y obras de teatro y mantenía con mi madre un continuo torrente de cartas. Entretanto Michael permanecía siempre al alcance de la mano, celebrando esa dicha sin conflictos en la cual nos habíamos instalado con la ingenua certeza de que si cumplíamos con las normas, todo resultaría bien para siempre. Parecía enamorado y yo ciertamente lo estaba. Era un padre permisivo y algo ausente; de todos modos los castigos y las recompensas corrían por mi cuenta, se suponía que a los hijos los criaban las madres. El feminismo no me alcanzó para repartir las tareas domésticas, en verdad esa idea no me pasó por la cabeza, creía que la liberación consistía en salir al mundo y echarme encima los deberes masculinos, pero no pensé que también se trataba de delegar parte de mi carga. El resultado fue mucho cansancio, como le pasó a millones de mujeres de mi generación que hoy cuestionan los movimientos feministas.

Los muebles de la casa solían desaparecer y en su lugar surgían dudosas antigüedades del Mercado Persa, donde un comerciante sirio cambiaba trastos viejos por trajes de caballero; en la medida en que Michael se quedaba sin ropa, la casa se llenaba de bacinillas desportilladas, máquinas de coser a pedal, ruedas de carreta y faroles a gas. Mis suegros, atemorizados por ciertos personajes que desfilaban por nuestro hogar, hacían lo posible por proteger a sus nietos de peligros potenciales. Mi cara en la televisión y mi nombre en la revista eran invitaciones abiertas para algunos seres estrafalarios, como un empleado del Correo que mantenía correspondencia con los marcianos, o una muchacha que abandonó a su hija recién nacida sobre el escritorio de mi oficina. Tuvimos a la niña con nosotros por un tiempo y ya habíamos decidido adoptarla, cuando al regresar una tarde a casa descubrimos que sus abuelos legítimos se la habían llevado bajo protección policial. Un minero del Norte, vidente de oficio, quien de tanto pronosticar catástrofes había perdido la cordura, durmió sobre el sofá de nuestra sala por dos semanas, hasta que se resolvió un paro del Servicio Nacional de Salud. El infeliz llegó a la capital para ser atendido en el Hospital Psiquiátrico justo el día que se declaró la huelga. Escaso de dinero y sin conocer a nadie, pero con su facultad profética intacta, fue capaz de ubicar a una de las pocas personas dispuestas a ampararlo en esa ciudad hostil. A este hombre le falta un tornillo, puede sacar una navaja y degollarlos a todos, me advirtió la Granny muy nerviosa. Cogió a sus dos nietos y se los llevó a dormir con ella mientras duró la visita del vidente, quien por lo demás resultó completamente inofensivo y hasta puede ser que nos salvara la vida. Predijo que en un temblor fuerte se caerían algunas paredes de la casa, Michael hizo una inspección completa, reforzó algunos puntos y cuando vino el remezón sólo se desplomó el muro del patio, aplastando las dalias y el conejo del vecino.

La Granny y la Abuela Hilda ayudaron a cuidar a los niños, Michael les dio estabilidad y decencia, el colegio los educó y el resto lo adquirieron por viveza y talento naturales. Yo traté simplemente de entretenerlos. Tú eras una niña sabia, Paula. Desde pequeña tenías vocación pedagógica, a tu hermano, los perros y las muñecas les tocó cumplir el papel de alumnos. El tiempo libre que te dejaban tus actividades docentes se repartía entre juegos con la Granny, visitas a una residencia de ancianos del vecindario y sesiones de costura con la Abuela Hilda. A pesar de los primorosos vestidos de batista bordada que mi madre te compraba en Suiza, lucías como huérfana con trapos mal cosidos por ti. Mientras mi suegro gastaba sus años de jubilado tratando de resolver la cuadratura del círculo y otros interminables problemas de matemáticas, la Granny gozaba a sus nietos en una verdadera orgía de abuela, subían al desván para jugar a los bandidos, se introducían clandestinamente al club para bañarse en la piscina y organizaban bochornosas representaciones teatrales ataviados con mis camisas de dormir. Con esa adorable mujer pasabas el verano horneando galletas y el invierno tejiendo bufandas a rayas para tus amigos de la residencia geriátrica; más tarde, cuando salimos de Chile, les escribías cartas a cada uno hasta que el último de esos bisabuelos ajenos murió de soledad. Esos años fueron los más felices y los más seguros en nuestras vidas. Nicolás y tú atesoran recuerdos dichosos que los sostuvieron en los tiempos duros, cuando pedían llorando que volviéramos a Chile; pero entonces no había retorno posible, la Granny yacía bajo una mata de jazmín, su marido se había extraviado en los laberintos de la demencia senil, los amigos habían muerto o estaban dispersos por el mundo y nosotros no teníamos lugar en ese país. Sólo quedaba la casa. Todavía está allí, intacta. No hace mucho fui a visitarla y me sorprendió su tamaño, parece una casita de muñecas con una peluca medio calva en el techo.

Michael tuvo loable paciencia conmigo, no lo apabullaron los chismes ni las críticas que yo provocaba, no interfería en mis proyectos por descabellados que fueran y me respaldó con lealtad aún en los errores, sin embargo nuestros caminos se fueron separando más y más. Mientras yo me movía entre feministas, bohemios, artistas e intelectuales, él se dedicaba a sus planos, sus cálculos, sus edificios en construcción, sus partidas de ajedrez y juegos de bridge. Se quedaba en la oficina hasta muy tarde, porque entre los profesionales chilenos es de buen tono trabajar de sol a sol y no tomar vacaciones, lo contrario se considera indicio de mentalidad de burócrata y lleva a un fracaso seguro en la empresa privada. Era buen amigo y buen amante, pero no guardo muchos recuerdos de él, se me ha desdibujado como una fotografía fuera de foco. Nos educaron en la tradición de que el marido provee para la familia y la mujer se hace cargo del hogar y los hijos, pero en nuestro caso no fue del todo así; empecé a trabajar antes que él y corría con gran parte de nuestros gastos, su sueldo se destinaba a pagar la deuda de la casa y hacer inversiones, el mío se esfumaba en lo cotidiano. En todo caso él permaneció fiel a sí mismo, ha cambiado poco a lo largo de su vida, pero yo le daba demasiadas sorpresas, ardía de inquietud, veía injusticias por todas partes, pretendía transformar el mundo y abrazaba tantas causas distintas que yo misma perdía la cuenta y mis hijos vivían en permanente estado de desconcierto. Diez años más tarde, cuando estábamos instalados en Venezuela y mis ideales estaban bastante estropeados por las vicisitudes del exilio, les pregunté a esos niños –formados en la era de los hippies y los sueños socialistas– cómo les gustaría vivir, y los dos respondieron al unísono y sin ponerse de acuerdo: como burgueses acomodados.

El tío Ramón y mi madre regresaron de Suiza el mismo año de la muerte de mi padre. Mi padrastro había escalado los lentos peldaños de la carrera diplomática y alcanzado un puesto importante en la Cancillería. Llevaba a los nietos al palacio de Gobierno, diciéndoles que era su residencia particular, y los instalaba en el largo comedor de los Embajadores, entre cortinajes de felpa y retratos de próceres de la Patria, donde mozos con guantes blancos les servían jugo de naranja. A los siete años te tocó hacer una composición en el colegio, cuyo tema era la familia y escribiste que tu único pariente interesante era el tío Ramón, príncipe y descendiente directo de Jesucristo, dueño de un palacio con criados en uniforme y guardias armados. La profesora me dio el nombre de un psiquiatra infantil, pero tu reputación quedó a salvo poco después, un día que debía llevarte al dentista, lo olvidé y te quedaste esperando durante horas en la puerta del colegio. La maestra intentó sin éxito ubicar a tu padre o a mí y por último llamó al tío Ramón. Dígale a Paula que no se mueva, iré a buscarla de inmediato, replicó él, y en efecto, media hora más tarde apareció una limusina presidencial embanderada y con una escolta de dos policías en moto, se bajó un chofer con la gorra en la mano, abrió la puerta de atrás y descendió tu abuelo con el pecho cubierto de condecoraciones y la capa negra de las grandes ceremonias, que había pasado a buscar a su casa en un rapto de inspiración poética. No recuerdas el tremendo plantón, hija, sólo aquella comitiva imperial y la cara de tu maestra, tan desconcertada que se inclinó en una profunda reverencia para saludar al tío Ramón.

Mi padre murió de un ataque fulminante, no tuvo tiempo de sacar la cuenta de sus grandezas ni de sus miserias porque una ola de sangre le inundó las cavidades más profundas del corazón y quedó tirado en la calle como un indigente. Fue recogido por la Asistencia Pública y trasladado a la morgue, donde una autopsia determinó el motivo de su muerte. Al revisar los bolsillos de su ropa encontraron algunos papeles, relacionaron el apellido y se pusieron en contacto conmigo para que identificara el cadáver. Al oír el nombre no imaginé que se tratara de mi padre, porque no había pensado en él desde hacía muchos años y no quedaban vestigios de su paso por mi vida, ni siquiera el rencor de su abandono, sino en mi hermano, cuyo segundo nombre es Tomás y que en esa época todavía andaba perdido en aquella secta misteriosa del Mesías argentino. Llevábamos meses sin noticias suyas y por ese sentido trágico propio de mi familia, suponíamos lo peor. Mi madre había agotado los recursos para ubicarlo, sin el menor resultado, y se inclinaba a creer los rumores de que su hijo se había enganchado con los revolucionarios cubanos, porque la idea de que anduviera tras las huellas del difunto Che Guevara le resultaba más llevadera que saberlo hipnotizado por un santón. Antes de partir a la morgue llamé al tío Ramón a su oficina para comunicarle tartamudeando que mi hermano había muerto. Llegué antes que él al siniestro edificio, me presenté ante un funcionario impasible quien me condujo a una sala fría donde había una camilla con un bulto cubierto por una sábana. Levantaron la tela y apareció un hombre gordo, lívido y desnudo, con un costurón de colchonero desde el cuello hasta el sexo, con quien no sentí ni la más remota conexión. Instantes después llegó el tío Ramón, le echó una mirada breve y anunció que era mi padre. Me acerqué otra vez y observé sus facciones con cuidado porque no tendría oportunidad de verlo nunca más.

Ese día me enteré de la existencia de un medio hermano mayor, hijo de mi padre y de otro amor, notablemente parecido al muchacho de quien me enamoré en una clase de matemáticas cuando tenía quince años. También supe de tres niños menores que tuvo con una tercera mujer, a quienes irónicamente les dio nuestros nombres. El tío Ramón se encargó del funeral y de redactar un documento en el cual renunciábamos a cualquier herencia en favor de esa otra familia; Juan y yo estampamos nuestros nombres de inmediato y enseguida falsificamos la firma de Pancho para evitar dilaciones engorrosas. Al día siguiente caminamos tras el ataúd de ese desconocido por un sendero del Cementerio General, nadie más se presentó a ese modesto entierro, mi padre dejó en este mundo muy pocos amigos. No he vuelto a tener contacto con mis medios hermanos. Cuando pienso en mi padre sólo puedo visualizarlo inerte en la soledad abismante de esa helada sala de la morgue.

El cadáver de mi padre no fue el primero que había visto de cerca. De lejos había divisado algunos cuerpos tirados en la calle en la batahola de la guerra que sacudió al Líbano y en un amago de revolución en Bolivia, pero más parecían marionetas que personas, a la Memé sólo puedo recordarla viva y del tío Pablo no quedaron rastros. El único muerto real y presente de mi niñez me tocó cuando tenía ocho años y las circunstancias lo hicieron inolvidable.

Esa noche del 25 de diciembre de 1950 permanecí despierta por horas, con los ojos abiertos en la oscuridad poblada de ruidos de la casa de la playa. Mis hermanos y mis primos ocupaban otras literas en la misma habitación y a través de las delgadas paredes de cartón escuchaba el aliento de los que dormían en otros cuartos, el ronroneo constante de la nevera y los pasos sigilosos de las ratas. Varias veces quise levantarme y salir al patio a refrescarme con la brisa salina que venía del mar, pero me disuadía el tráfico incesante de las cucarachas ciegas. Entre las sábanas húmedas por el rocío eterno de la costa palpaba mi cuerpo con asombro y terror, mientras las imágenes de esa tarde de revelación pasaban como ráfagas ante los pálidos reflejos de luna en la ventana. Sentía todavía la boca húmeda del pescador en mi cuello, su voz susurrando en mi oído. Desde lejos me llegaba el bullicio sordo del océano y cada tanto pasaba un automóvil por la calle, alumbrando brevemente los resquicios de las persianas. En el pecho sentía un rumor de campanario, una pesadez de lápida, una garra poderosa trepando hacia la garganta, ahogándome. El Diablo aparece de noche en los espejos... No había ninguno en ese cuarto, el único de la casa era un rectángulo oxidado en el baño donde mi madre se pintaba los labios, demasiado alto para mí; pero el Mal no sólo habita los espejos, me había dicho Margara, también deambula en la oscuridad a la caza de los pecados humanos y se mete dentro de las niñas perversas para devorarles las tripas. Ponía mi mano donde él la había puesto y enseguida la retiraba asustada, sin entender esa mezcla de repugnancia y de turbio placer. Volvía a sentir los dedos ásperos y firmes del pescador explorándome, el roce de sus mejillas mal afeitadas, su olor y su peso, sus obscenidades en mi oreja. Seguramente me había salido en la frente la marca del pecado. ¿Cómo nadie se había dado cuenta? Al llegar a la casa no me había atrevido a mirar a los ojos a mi madre ni a mi abuelo, me había escondido de Margara y pretextando dolor de barriga escapé temprano a la cama después de darme una larga ducha y refregarme entera con el jabón azul de lavar ropa, pero nada podía quitarme las manchas. Sucia, estaba sucia para siempre... Sin embargo no se me ocurría desobedecer la orden de ese hombre, al día siguiente volvería a encontrarme con él en el camino de los geranios y lo seguiría fatalmente hacia el bosque, aunque en ello se me fuera la vida. Si tu abuelo lo sabe, me mata, me había advertido. Mi silencio era sagrado, yo era responsable de su vida. La proximidad de esa segunda cita me llenaba de terror, pero también de fascinación ¿qué había más allá del pecado? Las horas pasaban con una lentitud colosal, mientras escuchaba la respiración rítmica de mis hermanos y mis primos y calculaba cuánto faltaba para el amanecer. Apenas asomaran los primeros rayos de sol podría salir de la cama y pisar el suelo, porque con la luz las cucarachas vuelven a sus rincones. Tenía hambre, pensaba en el frasco de manjar blanco y las galletas en la cocina, sentía frío y me arropaba en las pesadas mantas, pero de inmediato empezaba a sofocarme en la fiebre de los recuerdos prohibidos y el delirio de la anticipación.

A la mañana siguiente muy temprano, cuando la familia dormía todavía, me levanté sin ruido, me vestí y salí al patio, di vuelta a la casa y entré a la cocina por atrás. Las ollas de hierro y cobre colgaban de garfios en las paredes, sobre la mesa de granito gris había un balde con agua de mar lleno de almejas frescas y una bolsa de pan del día anterior. No pude abrir el frasco de manjar blanco, pero corté un trozo de queso y una tajada de dulce de membrillo y salí al camino a mirar el sol, que asomaba por el cerro como una naranja incandescente. Eché a andar sin saber por qué hacia la boca del río, centro de esa pequeña aldea de pescadores, donde a esa hora todavía no había el menor trajín. Pasé la iglesia, el correo, el almacén, pasé la población de casas nuevas, todas iguales con sus techos de cinc y sus terrazas de madera asomadas hacia el mar, pasé el hotel donde los jóvenes iban por las noches a bailar ritmos antiguos, porque los nuevos no llegaban por esos lados; pasé la calle larga del comercio con sus ventas de verduras y frutas, la farmacia, la tienda de telas del turco, el quiosco de periódicos, el bar y el billar, sin ver a nadie. Llegué a la zona de los pescadores, con sus chozas de madera y toscos mesones de mariscos y pescados, las redes colgadas a secar como portentosas telarañas, los botes panza arriba sobre la arena esperando que sus dueños se repusieran de la parranda de Noche Buena para salir mar adentro. Escuché voces y vi un grupo de personas junto a una de las últimas casuchas, donde el río se vuelca en el mar. El sol ya se había elevado y me picaba como un hormigueo caliente en los hombros. Con el último mordisco de queso y dulce de membrillo alcancé el final de la calle, me aproximé cautelosa al pequeño círculo de gente y traté de abrirme paso, pero me empujaron hacia atrás. En ese momento aparecieron dos carabineros en bicicleta, uno tocó un silbato y el otro gritó que se apartaran, carajo, que había llegado la ley. El círculo se abrió fugazmente y alcancé a ver al pescador sobre la arena oscura del lecho del río, tendido de boca, los brazos abiertos en cruz, con los mismos pantalones negros, la misma camisa blanca y las mismas zapatillas de goma del día anterior, cuando me llevó al bosque. Uno de los policías dijo que le habían asestado un golpe en la cabeza y entonces vi la mancha de sangre seca en la oreja y el cuello. Algo me explotó en el pecho y me invadió un sabor de toronjas agrias, me doblé sacudida por arcadas violentas, caí de rodillas y expulsé sobre la arena una mezcolanza de queso, dulce de membrillo y culpa. ¿Qué hace aquí esta chiquilla? exclamó alguien y una mano intentó sujetarme por un brazo, pero me puse de pie y eché a correr desesperada. Corrí y corrí con un dolor punzante en el costado y el gusto amargo en la boca, sin detenerme hasta que aparecieron los techos rojos de mi casa y entonces me desplomé a la orilla de la calle, ovillada entre unos arbustos. ¿Quién me vio en el bosque con el pescador? ¿Cómo lo supo el Tata? No podía pensar, lo único cierto era que ese hombre no volvería nunca más a meterse al mar para sacar mariscos, que estaba muerto sobre la arena pagando el crimen de los dos, que yo estaba libre y no tendría que acudir a la cita, no me llevaría de nuevo al bosque. Mucho rato después escuché los sonidos de la casa, las empleadas preparando desayuno, las voces de mis hermanos y mis primos. Pasó la burra del lechero con su sonajera de tarros y el repartidor de pan en su triciclo y Margara salió refunfuñando a comprar. Me deslicé hasta el patio de las hortensias, me lavé la cara y las manos en la vertiente que caía del cerro, me acomodé un poco el pelo y me presenté en el comedor, donde ya estaba mi abuelo en su sillón con el periódico en las manos y una taza humeante de café con leche. ¿Por qué me mira así? me saludó sonriendo.

Dos días más tarde, cuando lo autorizó el médico forense, velaron al hombre en su modesta vivienda. Todo el pueblo incluyendo los veraneantes desfilaron para verlo, rara vez sucedía algo interesante y nadie quiso perderse la novedad de un asesinato, el único registrado en la memoria de ese balneario desde los tiempos del pintor crucificado. Margara me llevó, a pesar de que mi madre lo consideraba un espectáculo morboso, porque el Tata –quien se ofreció para pagar el entierro– declaró que la muerte es natural y más valía acostumbrarse a ella desde temprano. Al atardecer subimos el cerro y llegamos a una casucha de tablas adornada con guirnaldas de papel, una bandera chilena y humildes ramos de flores de los jardines costeros. Para entonces los cantos desafinados de las guitarras ya languidecían y la concurrencia, aturdida de vino litreado, dormitaba en sillas de paja dispuestas en círculo en torno al ataúd, un simple cajón de madera de pino sin pulir, alumbrado por cuatro velas. La madre, vestida de luto, murmuraba a media voz rezos intercalados de sollozos y maldiciones, mientras avivaba las llamas de una cocina a leña donde hervía una tetera negra de hollín. Las vecinas juntaban tazas para ofrecer té y los hermanos menores, engominados y con zapatos de domingo, correteaban en el patio entre gallinas y perros. Sobre una cómoda destartalada había una fotografía del pescador en uniforme del servicio militar, cruzada por una cinta negra. Toda la noche se turnarían familiares y amigos para acompañar al cadáver antes que descendiera a la tierra, rasgando malamente las guitarras, comiendo lo que las mujeres traían de sus cocinas, recordando al difunto en la media lengua de los ebrios tristes. Margara avanzó mascullando entre dientes y arrastrándome de un brazo, porque yo me iba quedando atrás. Cuando estuvimos frente al ataúd me obligó a acercarme y rezar un Padrenuestro de despedida, porque según ella las ánimas de los asesinados nunca encuentran descanso y vienen de noche a penar a los vivos. Acostado sobre una sábana blanca vi al hombre que tres días antes me había manoseado en el bosque. Lo miré primero con un miedo visceral y luego con curiosidad buscando el parecido, pero no pude hallarlo. Ese rostro no era el de mis pecados, era una máscara lívida de labios pintados, el pelo partido al medio y duro de brillantina, dos algodones en los huecos de las narices y un pañuelo atado en torno a la cabeza, sujetando la mandíbula.

Aunque por las tardes el hospital se llena de gente, los sábados y domingos por la mañana parece vacío. Llego cuando todavía está oscuro, con el cansancio acumulado de la semana me sorprendo arrastrando los pies y la cartera por el suelo, exhausta. Recorro los eternos pasillos solitarios, donde hasta el latido de mi corazón suena con eco, y me parece que camino sobre una correa transportadora que va en sentido contrario, no avanzo, siempre estoy en el mismo sitio, cada vez más fatigada. Voy murmurando fórmulas mágicas de mi invención y a medida que me acerco al edificio, al largo corredor de los pasos perdidos, a tu sala y a tu cama, se me cierra el pecho de angustia. Estás convertida en un bebé grande, Paula. Hace dos semanas que saliste de la Unidad de Cuidados Intensivos y hay pocos cambios. Llegaste a la sala común muy tensa, como aterrorizada, y poco a poco te has calmado, pero no hay indicios de inteligencia, sigues con la mirada fija en la ventana, inmóvil. No estoy desesperada aún, creo que a pesar de los nefastos pronósticos, volverás con nosotros y aunque no serás la mujer brillante y graciosa de antes, tal vez puedas tener una vida casi normal y ser feliz, yo me encargaré de ello. Los gastos se han disparado, paso en el banco cambiando dinero que se esfuma de mi cartera tan de prisa que no alcanzo a darme cuenta cómo desaparece, pero prefiero no sacar cuentas, éste no es momento para la prudencia. Debo encontrar un fisioterapeuta porque los servicios del hospital son mínimos; de vez en cuando aparecen dos muchachas distraídas que te mueven brazos y piernas con desgana durante diez minutos, de acuerdo a las vagas instrucciones de un bigotudo enérgico que parece ser su jefe y sólo te ha visto una vez. Son muchos los pacientes y pocos los recursos, por eso yo misma te hago los ejercicios. Cuatro veces al día recorro tu cuerpo obligándolo a moverse, empiezo por los dedos de los pies, uno a uno, y sigo hacia arriba, con lentitud y fuerza, porque no es fácil abrirte las manos o doblarte las rodillas y los codos; te siento en la cama y te golpeo la espalda para limpiarte los pulmones, refresco con gotas de agua el áspero hueco de tu garganta porque la calefacción seca el aire, y para evitar deformaciones te coloco libros en las plantas de los pies, que amarro con vendas, también te separo los dedos de las manos con trozos de goma y procuro mantenerte la cabeza derecha con un improvisado collar hecho con un cojín de viaje y esparadrapo, pero estos recursos de emergencia son desoladores, Paula, debo llevarte pronto a un lugar donde puedan ayudarte, dicen que la rehabilitación hace milagros. El neurólogo me pide paciencia, asegura que aún no es posible trasladarte a ninguna parte y mucho menos cruzar el mundo contigo en un avión. Paso el día y buena parte de la noche en el hospital, me he hecho amiga de los enfermos de tu sala y sus familiares. A Elvira le doy masajes y estamos inventando un lenguaje de gestos para comunicarnos, en vista que las palabras la traicionan; a los demás les cuento historias y a cambio ellos me regalan café de sus termos y bocadillos de jamón que traen de sus casas. La mujer-caracol fue trasladada al cuarto cero, su fin se acerca. El marido de Elvira me dice a cada rato «su niña está más espabilada», pero puedo leer en sus ojos que en el fondo no lo cree. Les he mostrado fotos de tu boda y contado tu vida, ya te conocen bien y algunos lloran con disimulo cuando Ernesto viene a verte y te habla al oído, abrazándote. Tu marido está tan cansado como yo, tiene sombras moradas bajo los ojos, ha perdido peso y la ropa le cuelga.

Willie vino de nuevo, trata de hacerlo seguido para aliviar esta larga separación que parece eternizarse. Cuando nos juntamos hace cuatro años hicimos la promesa de no separarnos más, pero la vida se ha encargado de arruinarnos los planes. Este hombre es pura fuerza, tiene tantas virtudes como defectos, se traga todo el aire a su alrededor y me deja tembleque, pero me hace mucho bien estar con él. A su lado duermo sin pastillas, anestesiada por la seguridad y el calor de su cuerpo. Al amanecer me sirve café en la cama, me obliga a quedarme una hora más descansando y él parte al hospital a recibir el turno de la enfermera de noche. Se presenta en la sala común con sus bluyins descoloridos, zapatones de leñador, chaqueta de cuero negro y una boina como la que usaba mi abuelo, que se compró en la Plaza Mayor; a pesar del atuendo, parece un antiguo marinero genovés, temo que lo detengan en la calle para preguntarle las rutas de navegación hacia el Nuevo Mundo. Saluda a los enfermos en una jerigonza con acento mexicano y se instala junto a tu cama a acariciarte las manos y hablarte de lo que haremos cuando vayas a California, mientras los otros pacientes observan atónitos. Willie no logra disimular su preocupación, en su oficio de abogado le ha tocado ver innumerables accidentes y tiene poca esperanza de que te recuperes, me prepara el ánimo para lo peor.

—Nos haremos cargo de ella, muchas familias lo hacen, no seremos los únicos, cuidar y querer a Paula nos dará un nuevo propósito, aprenderemos una forma distinta de felicidad. Nosotros seguimos con nuestras vidas y la llevamos para todas partes ¿cuál es el problema? —me consuela con ese pragmatismo generoso y un poco ingenuo que me sedujo cuando lo conocí.

—¡No! —replico sin darme cuenta de que estoy gritando—. No pienso escuchar tus nefastas profecías. ¡Paula sanará!

—Estás obsesionada, sólo hablas de ella, no puedes pensar en nada más, vas rodando por un abismo con tanto impulso que no puedes detenerte. No me dejas ayudarte, no quieres oírme... Debes poner algo de distancia emocional entre ustedes dos o te volverás loca. Si tú te enfermas ¿quién se hará cargo de tu hija? Por favor, déjame cuidarte...

Los brujos aparecen por las tardes, no sé cómo llegaron aquí, están empeñados en pasarte energía y salud. En sus vidas diarias son empleados, técnicos, funcionarios, gente común y corriente, pero en sus horas libres estudian ciencias esotéricas y pretenden curar con el poder de sus convicciones. Me aseguran que pueden cargar las baterías agotadas de tu cuerpo enfermo, que tu espíritu está creciendo, renovándose, y de esta inmovilidad emergerá una mujer diferente y mejor. Me dicen que no debo mirarte con ojos de madre, sino con el ojo de oro, entonces te veré en otro plano, flotando imperturbable ajena a los terrores y las miserias de esta sala de hospital; pero también me aconsejan que me prepare, porque si ya has cumplido tu destino en este mundo y estás lista para seguir el largo viaje del alma, no regresarás. Forman parte de una organización mundial y se comunican con otros sanadores para enviarte fuerzas, tal como las monjas están en contacto con otras congregaciones para rezar por ti, dicen que tu recuperación depende de tu propia voluntad de vivir, la decisión última está en tus manos. No me atrevo a comentar nada de esto con la familia en California, seguro no verían con buenos ojos a estos médicos espirituales. Tampoco Ernesto aprueba esta invasión de curanderos, no quiere que su mujer sea un espectáculo público, pero yo pienso que no te hacen daño, ni siquiera los percibes. Las monjas también participan en esas ceremonias, tocan las campanas tibetanas, echan incienso y claman a su dios cristiano y toda la corte celestial, mientras los demás en la sala observan los procedimientos de curación con ciertas reservas. No te asustes, Paula, no bailan cubiertos de plumas ni decapitan gallos para salpicarte con sangre, sólo te abanican un poco para remover la energía negativa, luego te aplican las manos en el cuerpo, cierran los ojos y se concentran. Me piden que los ayude, que imagine un rayo de luz entrando por mi cabeza, pasando a través de mí y saliendo de mis manos hacia ti, que te visualice sana y deje de llorar, porque la tristeza contamina el aire y aturde al alma. No sé si esto te hace bien, pero una cosa es segura: el ánimo de la gente en la sala ha cambiado, estamos más alegres. Nos hemos propuesto controlar la tristeza, ponemos sevillanas en la radio, repartimos galletas, y advertimos a los visitantes que no traigan caras largas. También se ha prolongado la hora de los cuentos, ya no soy sólo yo quien habla, todos participan. El más locuaz es el marido de Elvira con su caudal de anécdotas, vamos por turnos contándonos las vidas y cuando se agotan las aventuras personales comenzamos a inventarlas, de tanto agregar detalles y dar rienda a la imaginación nos hemos perfeccionado y suelen venir de otras habitaciones a escucharnos.

En la cama donde antes estaba la mujer-caracol tenemos ahora una enferma nueva, es una chica morena, llena de cortaduras y moretones, a quien cuatro desalmados violaron en un parque. Sus cosas están marcadas con un círculo rojo, el personal no la toca sin guantes, pero nosotros la incorporamos a la extraña familia de esta sala, la lavamos y le damos la comida en la boca. Al principio creyó haber despertado en un asilo de alienados y temblaba con la cabeza oculta bajo las sábanas, pero poco a poco, entre las campanas tibetanas, las canciones de la radio y las confidencias de todos, fue ganando entusiasmo y empezó a sonreír. Se ha hecho amiga de las monjas y de los sanadores, me pide que le lea en voz alta los chismes de la realeza europea y de los actores de cine, porque ella no puede alzar la cabeza. Frente a Elvira, hay una paciente recién llegada del Departamento de Psiquiatría, se llama Aurelia y deberán operarle un tumor del cerebro porque sufre repetidas crisis de convulsiones. Al amanecer del día señalado para la cirugía se vistió y maquilló con esmero, se despidió de cada uno con un sentido abrazo y salió. Buena suerte, aquí estaremos pensando en usted, ánimo y valor, le decíamos mientras ella se alejaba por el corredor. Cuando llegó la camilla a buscarla para conducirla al pabellón de los suplicios, ya no estaba, se había largado a la calle y no regresó hasta dos días más tarde, cuando la policía se había cansado de buscarla. Se fijó otra fecha para la operación, pero tampoco esa vez pudieron hacerla porque Aurelia se atragantó con medio jamón serrano que trajo escondido en su bolso y el anestesista dijo que ni loco se metía con ella en esas condiciones. Ahora el cirujano anda de vacaciones de Semana Santa y quién sabe cuánto tiempo pasará hasta que dispongan de un quirófano, por el momento nuestra amiga está a salvo. Atribuye el origen de su enfermedad a que su marido es *imponente* y por sus gestos deduzco que quiere decir *impotente*. A él no le funciona la polla y es a mí a quien le abren la sesera, suspira resignada, si él cumpliera yo estaría contenta como unas Pascuas y ni me acordaría de la enfermedad, la prueba es que los ataques comenzaron en mi luna de miel, cuando el jilipollas estaba más interesado en oír el boxeo por la radio que en mi camisón con plumas de cisne en el escote. Aurelia baila y canta flamenco, habla en verso rimado y si me descuido te esparce su perfume de lilas y te pinta con su lápiz de labios, Paula. Se burla por igual de médicos, brujos y monjas, los considera una pandilla de carniceros. Si hasta ahora la niña no se ha curado con el amor de su madre y su marido, es que no tiene remedio, dice. Entretanto la policía suele dar unas vueltas para hacer preguntas a la muchacha violada y por el trato que le dan parece que ella no fuera la víctima sino la autora del crimen: ¿qué hacías a las diez de la noche sola en ese barrio? ¿por qué no gritaste? ¿estabas drogada? Esto te pasa por andar buscando guerra, mujer, de qué te quejas. Aurelia es la única con agallas para enfrentarlos, se les pone por delante con los brazos en jarra y los increpa. No es para eso que les pagan, coño, siempre las mujeres llevan las de perder. Cállese señora, usted no tiene nada que ver en esto, replican indignados, pero los demás aplaudimos, porque cuando Aurelia no está en uno de sus trances, es de una lucidez asombrosa. Guarda bajo su cama tres maletas de ropa de bataclana y se cambia de vestuario varias veces al día, se pinta a brochazos y se bate el pelo como una torta de rizos oxigenados, a la menor provocación se desnuda para mostrar sus carnes renacentistas y nos desafía a que adivinemos su edad y tomemos nota de su cintura, la misma que conserva desde soltera, le viene por familia, su madre también era una belleza.

Y agrega con cierta mala leche que de poco le sirven tantos atributos, puesto que su marido es un eunuco. Cuando el hombre viene a visitarla se instala en una silla a dormitar aburrido mientras ella lo insulta y los demás hacemos esfuerzos tremendos para fingir que no nos damos cuenta.

Willie está averiguando dónde llevarte, Paula, necesitamos más ciencia y menos exorcismos, mientras yo trato de convencer a los médicos que te dejen ir y a Ernesto que acepte la situación. No quiere separarse de ti, pero no hay otra alternativa. En la mañana vinieron las dos muchachas de Rehabilitación y decidieron llevarte por primera vez al gimnasio en la planta baja. Yo estaba preparada con mi uniforme blanco y fui con ellas conduciendo la silla de ruedas, hay tanta gente en este lugar y hace tanto tiempo que me ven circulando por los pasillos que ya nadie duda de mi condición de enfermera. Al jefe del servicio le bastó una mirada superficial para decidir que no podía hacer nada por ti, el nivel de conciencia es cero, dijo, no obedece instrucciones de ninguna clase y tiene una traqueotomía abierta, no puedo responsabilizarme por un paciente en tales condiciones. Eso me decidió a sacarte cuanto antes de este hospital y de España, a pesar de que no puedo imaginar el viaje, conducirte en ascensor un par de pisos es una faena que requiere estrategia militar, veinte horas volando desde Madrid hasta California es impensable, pero ya encontraré la forma de hacerlo. Conseguí una silla de ruedas y con ayuda del marido de Elvira te senté atada al respaldo con una sábana torcida, porque te desmoronas como si no tuvieras huesos, te llevé a la capilla por algunos minutos y después a la terraza. Aurelia me acompañó envuelta en su bata de terciopelo azul, que le da un aire de ave del paraíso, y por el camino le hacía morisquetas a los curiosos cuando te miraban demasiado, en realidad tu aspecto es lamentable, hija. Te instalé frente al parque, entre decenas de palomas que acudieron a picotear migas de pan. Voy a alegrar un poco a Paula, dijo Aurelia, y empezó a cantar y contonearse con tanto salero, que pronto se llenó el lugar de espectadores. De súbito abriste los ojos, con dificultad al principio, agobiada por la luz del sol y el aire limpio que no habías tenido en tanto tiempo, y cuando lograste enfocar la vista apareció ante ti la figura insólita de esa matrona rolliza vestida de azul bailando una apasionada sevillana en medio de un torbellino de palomas asustadas. Levantaste las cejas con expresión de asombro y no sé qué pasó entonces por tu mente, Paula, empezaste a llorar con enorme tristeza, un llanto de impotencia y de miedo. Te abracé, te expliqué lo sucedido, por ahora no puedes moverte pero poco a poco te recuperarás, no puedes hablar porque tienes un hueco en el cuello y no te llega el aire a la boca, pero cuando te lo cierren podremos contarnos todo, tu tarea en esta etapa es sólo respirar profundo, te dije que te quiero mucho, hija, y nunca te dejaré sola. Te fuiste calmando de a poco, sin despegarme los ojos y creo que me reconociste, pero tal vez lo imaginé. Entretanto Aurelia cayó en otra de sus pataletas y así terminó nuestra primera aventura en la silla de ruedas. En opinión del neurólogo el llanto nada significa, no comprende por qué sigues en el mismo estado, teme daño cerebral y me ha anunciado una serie de pruebas a partir de la próxima semana. No quiero más exámenes, sólo quiero envolverte en una manta y salir corriendo contigo en brazos hasta el otro lado de la tierra, donde hay una familia esperándote.

Ésta es una extraña experiencia de inmovilidad. Los días se miden grano a grano en un reloj de paciente arena, tan lentos que se pierden en el calendario, me parece que he estado siempre en esta ciudad invernal entre iglesias, estatuas y avenidas imperiales. Los recursos de magia resultan inútiles; son mensajes lanzados en una botella al mar con la ilusión de que sean encontrados en otra orilla y alguien venga a rescatarnos, pero hasta ahora no hay respuesta. He pasado cuarenta y nueve años a la carrera, en la acción y la lucha, tras metas que no recuerdo, persiguiendo algo sin nombre que siempre estaba más allá. Ahora estoy obligada a permanecer quieta y callada; por mucho que corra no llego a ninguna parte, si grito nadie me oye. Me has dado silencio para examinar mi paso por este mundo, Paula, para retornar al pasado verdadero y al pasado fantástico, recuperar las memorias que otros han olvidado, recordar lo que nunca sucedió y lo que tal vez sucederá. Ausente, muda y paralizada, tú eres mi guía. El tiempo transcurre muy lento. O tal vez el tiempo no pasa, sino que nosotros pasamos a través del tiempo. Me sobran los días para reflexionar, nada que hacer, sólo esperar, mientras tú existes en este misterioso estado de insecto en capullo. Me pregunto qué clase de mariposa emergerá cuando despiertes... Se me van las horas escribiendo a tu lado. El marido de Elvira me trae café y me pregunta para qué me afano tanto con esta carta sin fin que no puedes leer. La leerás algún día, estoy segura, y te burlarás de mí con esa socarronería que sueles emplear para demoler mis sentimentalismos. Observo hacia atrás la totalidad de mi destino y con un poco de suerte encontraré sentido a la persona que soy. Con un esfuerzo brutal he ido toda mi vida remando río arriba; estoy cansada, quiero dar media vuelta, soltar los remos y dejar que la corriente me lleve suavemente hacia el mar. Mi abuela escribía en sus cuadernos para salvar los fragmentos evasivos de los días y engañar a la mala memoria. Yo intento distraer a la muerte. Mis pensamientos giran en un infatigable remolino, en cambio tú estás fija en un presente estático, ajena por completo a las pérdidas del pasado o los presagios del futuro. Estoy asustada. Algunas veces antes tuve mucho miedo, pero siempre había una salida de escape, incluso en el terror del Golpe Militar existía la salvación del exilio. Ahora estoy en un callejón ciego, no hay puertas a la esperanza y no sé qué hacer con tanto miedo.

Imagino que deseas oír de la época más feliz de tu infancia, cuando la Granny estaba viva, tus padres aún se amaban y Chile era tu país, pero este cuaderno va llegando a los años setenta, cuando las cosas comenzaron a cambiar. No me di cuenta que la historia había dado un vuelco hasta muy tarde. En septiembre de 1970 Salvador Allende fue elegido Presidente por una coalición de marxistas, socialistas, comunistas, grupos de la clase media desilusionados, cristianos radicales y millares de hombres y mujeres pobres agrupados bajo el emblema de la Unidad Popular y decididos a embarcarse en un programa de transición al socialismo, pero sin alterar la larga tradición burguesa y democrática del país. A pesar de las contradicciones evidentes del proyecto, una oleada de esperanza irracional movilizó a buena parte de la sociedad que esperaba ver emerger de ese proceso al *hombre nuevo*, motivado por altos ideales, más generoso, compasivo y justo. En el mismo instante en que se anunció el triunfo de Allende, sus adversarios comenzaron el sabotaje y la rueda de la fortuna viró en una dirección trágica. La noche de la elección no salí a la calle a celebrar con sus partidarios para no ofender a mis suegros y mi abuelo, que temían ver surgir en Chile a un nuevo Stalin. Allende había sido candidato tres veces y triunfó a la cuarta, a pesar de la creencia generalizada de que había quemado su suerte en las fracasadas campañas anteriores. Hasta la Unidad

Popular dudaba de él y estuvo a punto de escoger como su representante a Pablo Neruda. El poeta no tenía ninguna ambición política, se sentía viejo y fatigado, sólo le interesaba su novia, la poesía; sin embargo, como miembro disciplinado del Partido Comunista, se dispuso a acatar órdenes. Cuando finalmente Salvador Allende fue designado candidato oficial, después de muchas discusiones internas entre los partidos, Neruda fue el primero en sonreír aliviado y correr a felicitarlo. La herida profunda que partió al país en fracciones irreconciliables comenzó durante la campaña, cuando se dividieron familias, se deshicieron parejas y se pelearon amigos. Mi suegro cubrió los muros de su casa con propaganda de la derecha; discutíamos con pasión, pero no llegamos a insultarnos porque el cariño de ambos por la Granny y los niños era más fuerte que nuestras diferencias. En esa época él era todavía un hombre apuesto y sano, pero ya había comenzado el lento deterioro que lo condujo al abismo del olvido. Pasaba la mañana en cama enfrascado en sus matemáticas y seguía con fervor tres telenovelas que ocupaban buena parte de su tarde; a veces no se vestía, circulaba en pijama y zapatillas, atendido por su mujer, quien le llevaba la comida en bandeja. Su obsesión por lavarse las manos se hizo incontrolable, tenía la piel cubierta de llagas y sus manos elegantes acabaron convertidas en garras de cóndor. Estaba seguro de la victoria de su candidato, pero a ratos sentía el hormigueo de la duda. A medida que se acercaba la elección retrocedía el invierno y aparecían los brotes de la primavera. La Granny, afanada en la cocina haciendo las primeras conservas de la estación y jugando con los nietos, no participaba en las discusiones políticas, pero se inquietaba mucho cuando oía nuestras voces acaloradas. Ese año me di cuenta que mi suegra bebía a escondidas, pero lo hacía con tal discreción, que nadie más lo percibió.

El día de la elección los más sorprendidos con el triunfo fueron los vencedores, porque en el fondo no lo esperaban. Detrás de las puertas y ventanas cerradas del barrio alto los derrotados temblaban, seguros que las turbas se alzarían con odio de clase acumulado por siglos, pero no fue así, sólo hubo manifestaciones pacíficas de alegría popular. Una muchedumbre cantando que *el pueblo unido jamás será vencido* invadió las calles agitando banderas y estandartes, mientras en la Embajada de los Estados Unidos se reunía el personal en una sesión de emergencia; los norteamericanos habían comenzado a conspirar un año antes, financiando a los extremistas de derecha y tratando de seducir a algunos generales de tendencia golpista. En los cuarteles los militares en estado de alerta esperaban instrucciones. El tío Ramón y mi madre estaban dichosos con el triunfo de Salvador Allende; el Tata reconoció su derrota y fue hidalgamente a saludarlo cuando esa misma noche llegó sorpresivamente de visita a la casa de mis padres. Al día siguiente me presenté como de costumbre a mi trabajo y encontré el edificio hirviendo de rumores contradictorios y al dueño de la editorial empaquetando sigiloso sus cámaras y preparando su avión privado para cruzar la frontera con su familia y buena parte de sus bienes, mientras un guardia privado cuidaba su automóvil italiano de carrera para evitar que el populacho supuestamente enardecido lo rayara. Nosotras seguimos trabajando como si nada pasara, anunció Delia Vergara en el mismo tono empleado años antes en el Líbano por Miss Saint John cuando decidió ignorar la guerra. Así lo hicimos durante los tres años siguientes. Al amanecer del otro día mi suegro fue uno de los primeros en colocarse en fila ante las puertas del banco para retirar su dinero, planeaba escapar al extranjero apenas desembarcaran las hordas cubanas o la dictadura soviética empezara a fusilar ciudadanos. Yo no me voy a ninguna parte, me quedo aquí con los niños, me aseguró la Granny llorando a espaldas de su marido. Los nietos se habían convertido en la razón de su existencia. La decisión de partir fue postergada, los pasajes quedaron sobre la chimenea, siempre listos, pero no se usaron porque las peores predicciones no se cumplieron; nadie tomó el país por asalto, las fronteras permanecieron abiertas, no hubo ejecuciones en un paredón, como mi suegro temía, y la Granny se puso firme en que ningún marxista iba a separarla de sus nietos y mucho menos uno que llevaba el mismo apellido de su nuera.

Como no hubo mayoría absoluta, el Congreso pleno debía decidir la elección. Hasta entonces siempre se había respetado la primera mayoría, se decía que gana quien tenga un solo voto de ventaja, pero la Unidad Popular despertaba demasiados recelos. De todos modos el peso de la tradición pudo más que el temor de los parlamentarios y el poder de la Embajada norteamericana y después de largas deliberaciones el Congreso –dominado por la Democracia Cristiana– redactó un documento exigiendo a Allende respeto por las garantías constitucionales; éste lo firmó y dos meses más tarde recibió la banda presidencial en un acto solemne. Por primera vez en la historia un marxista era elegido por votación democrática, los ojos del mundo estaban puestos en Chile. Pablo Neruda partió como embajador a París, donde dos años después recibió la noticia de que había ganado el Premio Nobel de literatura. El anciano rey de Suecia le entregó una medalla de oro, que el poeta dedicó a todos los chilenos, *«porque mi poesía es propiedad de mi patria»*.

El Presidente Allende nombró al tío Ramón Embajador en Argentina y así es como mi madre se convirtió en la administradora de un edificio monumental en la única colina de Buenos Aires, con varios salones, un comedor para cuarenta y ocho comensales, dos bibliotecas, veintitrés baños y un número indeterminado de alfombras y obras de arte provenientes de Gobiernos anteriores, suntuosidad difícil de explicar para la Unidad Popular, que pretendía proyectar una imagen de austeridad y sencillez. Era tanto el personal de servicio –choferes, cocineros, mozos, mucamas y jardineros– que se necesitaba estrategia militar para organizar el trabajo y los turnos de comidas. La cocina funcionaba sin respiro preparando cocteles, almuerzos, tés de damas, banquetes oficiales y dietas para mi madre, que de tanto afanarse pasaba enferma del estómago. Aunque ella apenas probaba bocado, inventaba recetas que dieron fama a la mesa de la Embajada. Era capaz de presentar un pavo intacto con plumas en el trasero y los ojos abiertos, y al quitar cuatro alfileres la piel se desprendía como un vestido revelando la carne jugosa y el interior relleno con pajaritos, que a su vez estaban rellenos con almendras, a mil años luz de los trozos de hígado flotando en agua caliente de mis almuerzos escolares en el Líbano. En uno de esos ágapes conocí a la vidente más célebre de Buenos Aires. Me clavó los ojos desde el lado opuesto de la mesa y no dejó de observarme durante toda la cena. Debe haber tenido unos sesenta años, de porte aristocrático, vestida de negro en un estilo sobrio y algo anticuado. Al salir del comedor se me acercó manifestando que deseaba hablar conmigo en privado, mi madre me la presentó como María Teresa Juárez y nos acompañó a una biblioteca. Sin decir palabra la mujer se sentó en un sofá y me señaló el sitio a su lado, luego tomó mis manos, las retuvo entre las suyas por unos minutos que se me hicieron muy largos porque no sabía qué pretendía, y finalmente me anunció cuatro profecías que apunté en un papel y no he olvidado nunca: habrá un baño de sangre en tu país, estarás inmóvil o paralizada por largo tiempo, tu único camino es la escritura y uno de tus hijos será conocido en muchas partes del mundo. ¿Cuál de ellos? quiso saber mi madre. Ella pidió ver fotografías, las estudió por unos segundos y te señaló a ti, Paula. Como los otros tres pronósticos se cumplieron, supongo que también será verdad el último, eso me da esperanza de que no morirás, hija, todavía te falta realizar tu destino. Apenas salgamos de este hospital pienso ponerme en contacto con esa dama, si es que todavía vive, para preguntarle qué te espera en el futuro.

El tío Ramón, entusiasmado con su misión en Argentina, abrió las puertas de la Embajada a políticos, intelectuales, prensa y todo aquel que contribuyera al proyecto de Salvador Allende. Secundado por mi madre, quien en esos tres años dio muestras de gran fortaleza, organización y valentía, se empeñó en normalizar las difíciles relaciones entre Chile y Argentina, dos vecinos que habían tenido muchos roces en el pasado y ahora debían superar el recelo provocado por el experimento socialista chileno. En horas robadas al sueño revisó el inventario y las engorrosas cuentas de la Embajada para evitar que en la abundancia y el desorden se distrajeran fondos. La gestión de la Unidad Popular era examinada con lupa por sus enemigos políticos, siempre a la caza del menor pretexto para denigrarla. Su primera sorpresa fue el presupuesto de seguridad, preguntó a sus colegas del Cuerpo

Diplomático y descubrió que los guardaespaldas privados se habían convertido en un problema en Buenos Aires. Comenzaron como protección contra secuestros y atentados, pero pronto no hubo forma de controlarlos y para esa época ya había más de treinta mil y su número seguía aumentando. Constituían un verdadero ejército armado hasta los dientes, sin ética, jefes, normas ni reglamentos, que se encargaba de promover el terror para justificar su existencia. También se sospechaba que era muy sencillo secuestrar o asesinar a alguien, bastaba ponerse de acuerdo en la suma con sus propios guardias y ellos se encargaban del trabajo. El tío Ramón decidió correr el riesgo y despidió a los suyos porque le pareció que el representante de un Gobierno del pueblo no podía rodearse de matones a sueldo. Poco después estalló una bomba en el edificio, que redujo las lámparas y ventanas a una montaña de polvo de cristal y destrozó para siempre los nervios de la perra suiza de mi madre, pero nadie resultó herido. Para acallar el escándalo se anunció a la prensa que había sido una explosión de gas en una cañería deficiente. Ése fue el primer atentado terrorista que enfrentaron mis padres en esa ciudad. Cuatro años más tarde tendrían que huir entre gallos y medianoche para salvar sus vidas. Cuando aceptaron el puesto no imaginaron cuánto trabajo significaba esa Embajada, la más importante para Chile después de Washington, pero se dispusieron a cumplir su misión con la experiencia acumulada en muchos años de oficio diplomático. Lo hicieron con tanto brillo, que después debieron pagarlo con muchos años de exilio.

En los tres años siguientes el Gobierno de la Unidad Popular nacionalizó los recursos naturales del país —cobre, hierro, nitratos, carbón— que desde siempre habían estado en manos extranjeras, negándose a pagar ni un dólar simbólico de compensación; expandió dramáticamente la reforma agraria, repartiendo entre los campesinos latifundios de antiguas y poderosas familias, lo cual desató una odiosidad sin precedentes; desarmó los monopolios que por décadas habían impedido la competencia en el mercado y los obligó a vender a un precio conveniente para la mayoría de los chilenos. Los niños recibían leche en la escuela, se organizaron clínicas en las poblaciones marginales y los ingresos de los más pobres subieron a un nivel razonable. Estos cambios iban acompañados de alegres demostraciones populares de apoyo al Gobierno, sin embargo los mismos partidarios de Allende se negaban a admitir que había que pagar las reformas y que la solución no estaba en imprimir más billetes. Pronto empezó el caos económico y la violencia política. Afuera se seguía el proceso con curiosidad, se trataba de un pequeño país latinoamericano que había escogido el camino de una revolución pacífica. En el extranjero Allende tenía la imagen de un líder progresista empeñado en mejorar la situación de los trabajadores y superar las injusticias económicas y sociales, pero dentro de Chile la mitad de la población lo detestaba y el país estaba dividido en fuerzas irreconciliables. Los Estados Unidos, en ascuas ante la posibilidad de que sus ideas tuvieran éxito y el socialismo se extendiera irremisiblemente por el resto del continente, eliminó los créditos y estableció un bloqueo económico. El sabotaje de la derecha y los errores de la Unidad Popular produjeron una crisis de proporciones nunca vistas, la inflación alcanzó límites tan increíbles que no se sabía en la mañana cuánto costaría un litro de leche por la tarde, sobraban billetes pero había muy poco para comprar, empezaron las colas para conseguir productos esenciales, aceite, pasta de dientes, azúcar, cauchos para los vehículos. No pudo evitarse el mercado negro. Para mi cumpleaños mis compañeras de trabajo me regalaron dos rollos de papel para el baño y un tarro de leche condensada, los más preciosos artículos del momento. Como todos los demás, fuimos víctimas de la angustia del abastecimiento, a veces nos parábamos en cola para no perder una oportunidad, aunque la recompensa fuera betún de zapatos amarillo. Surgieron profesionales que guardaban los puestos o adquirían productos al precio oficial para revenderlos al doble. Nicolás se especializó en conseguir cigarrillos para la Granny. Desde Buenos Aires mi madre me enviaba por misteriosos conductos cajones de alimentos, pero se confundían sus instrucciones y a veces recibíamos un galón de salsa de soya o veinticuatro frascos de cebollitas en vinagre. A cambio nosotros le mandábamos sus nietos de visita cada dos o tres meses; viajaban solos con sus nombres y datos en un letrero colgado al cuello. El tío Ramón los convenció que el magnífico edificio de la Embajada era su casa de veraneo, de modo que si alguna duda tenían los niños sobre su origen principesco, allí se disiparon. Para que no se aburrieran les daba empleo en su oficina, el primer sueldo de sus vidas lo recibieron de manos de ese abuelo formidable por servicios prestados como subsecretarios de las secretarias del Consulado. Allí pasaron también las paperas y la peste cristal, escondiéndose en los veintitrés baños para que no les tomaran una muestra de heces para un examen médico.

Los chilenos nos enorgullecíamos de que los Jefes de Estado circularan sin guardaespaldas y que el patio del Palacio de La Moneda era una calle pública, sin embargo con Salvador Allende eso terminó; el odio se había exacerbado y se temía por su vida. Sus enemigos acumulaban material para atacarlo. El Presidente socialista se movilizaba con veinte hombres armados en una flotilla de automóviles azules sin distintivos, todos iguales, para que nunca se supiera en cuál iba él. Hasta entonces los mandatarios vivían en sus propias casas, pero la suya era pequeña y no se prestaba para el cargo. En medio de una batahola de críticas odiosas, el Gobierno adquirió una mansión en el barrio alto para la Presidencia y la familia se trasladó con las cerámicas precolombinas, cuadros coleccionados a lo largo de los años, obras de arte regaladas por los propios artistas, primeras ediciones de libros dedicados por los autores y fotografías que testimoniaban momentos importantes de la carrera política de Allende. En la nueva residencia me tocó asistir a un par de reuniones, donde el único tema de conversación seguía siendo la política. Cuando mis padres venían de Argentina, el Presidente nos invitaba a una casona de campo encaramada en los cerros cercanos a la capital, donde solía pasar los fines de semanas. Después del almuerzo veíamos absurdas películas de vaqueros, que a él lo relajaban. En unos dormitorios que daban al patio vivían guardaespaldas voluntarios, que Allende llamaba su *grupo de amigos personales* y sus opositores calificaban de guerrilleros terroristas y asesinos. Andaban siempre rondando alertas, armados y dispuestos a protegerlo con sus propios cuerpos. En uno de esos días campestres Allende intentó enseñarnos a disparar al blanco con un fusil que le había regalado Fidel Castro, el mismo que encontraron junto a su cadáver el día del Golpe Militar. Yo, que nunca había tenido un arma en mis manos y me había criado con el dicho del Tata que a las armas de fuego las carga el Diablo, agarré el fusil como si fuera un paraguas, lo moví torpemente y sin fijarme lo apunté a su cabeza, de inmediato se materializó en el aire uno de esos guardias, me saltó encima y rodamos por el suelo. Es uno de los pocos recuerdos que tengo de él durante los tres años de su Gobierno. Lo vi menos que antes, no participé en política y seguí trabajando en la editorial que él consideraba su peor enemigo, sin comprender realmente lo que sucedía en el país.

¿Quién era Salvador Allende? No lo sé y sería pretencioso de mi parte intentar describirlo, se requieren muchos volúmenes para dar una idea de su compleja personalidad, su difícil gestión y el papel que ocupa en la historia. Por años lo consideré un tío más en una familia numerosa, único representante de mi padre; fue después de su muerte, al salir de Chile, cuando comprendí su dimensión legendaria. En privado fue buen amigo de sus amigos, leal hasta la imprudencia, no podía concebir una traición y le costó mucho darse cuenta cuando fue traicionado. Recuerdo la rapidez de sus respuestas y su sentido del humor. Había sido derrotado en un par de campañas y era todavía joven cuando una periodista le preguntó qué le gustaría ver en su epitafio y él replicó al instante: *aquí yace el futuro presidente de Chile*. Me parece que sus rasgos más notorios fueron integridad, intuición, valentía y carisma; seguía sus corazonadas, que rara vez le fallaban, no retrocedía ante el riesgo y era capaz de seducir tanto a las masas como a los individuos. Se comentaba que podía manipular cualquier situación a su favor, por eso el día del Golpe Militar los generales no se atrevieron a enfrentarlo en persona y prefirieron comunicarse con él por teléfono y a través de mensajeros. Asumió el cargo de Presidente con tal dignidad que parecía arrogante, tenía gestos ampulosos de tribuno y una manera de caminar característica, muy erguido, sacando pecho y casi en la punta de los pies, como un gallo de pelea. Descansaba muy poco por la noche, sólo tres o cuatro horas, solía ver el amanecer leyendo o jugando al ajedrez con sus más fieles amigos, pero podía dormir durante pocos minutos, por lo general en el automóvil, y despertaba fresco. Era un hombre refinado, amante de perros de raza, objetos de arte, ropa elegante y mujeres fuertes. Cuidaba mucho su salud, era prudente con la comida y el alcohol. Sus enemigos lo acusaban de rajadiablo y llevaban minuciosa cuenta de sus gustos burgueses, amoríos, chaquetas de gamuza y corbatas de seda. La mitad de la población temía que llevara al país a una dictadura comunista y se dispuso a impedirlo a toda costa, mientras la otra mitad celebraba el experimento socialista con murales de flores y palomas.

Entretanto yo andaba en la luna, escribiendo frivolidades y haciendo locuras en televisión, sin sospechar las verdaderas proporciones de la violencia que se gestaba en la sombra y que finalmente nos caería encima. Cuando el país estaba en plena crisis, la directora de la revista me mandó a entrevistar a Salvador Allende para averiguar qué pensaba de la Navidad. Preparábamos el número de diciembre con mucha anticipación y no era fácil acercarse en octubre al Presidente, que tenía en la mente urgentes asuntos de Estado, pero aproveché una visita en casa de mis padres para abordarlo con timidez. No me preguntes huevadas, hija, fue su escueta respuesta. Así empezó y terminó mi carrera como periodista política. Seguí garrapateando horóscopos de factura doméstica, decoración, jardín y crianza de hijos, realizando entrevistas con personajes estrambóticos, el Correo del Amor, crónicas de cultura, arte y viajes. Delia desconfiaba de mí, me acusaba de inventar reportajes sin moverme de mi casa y de poner mis opiniones en boca de los entrevistados, por eso rara vez me asignaba temas importantes.

A medida que el abastecimiento empeoraba, la tensión se hizo insoportable y la Granny comenzó a beber más. Siguiendo las instrucciones de su marido, salía a menudo a la calle con las vecinas para protestar contra la escasez de alimentos del modo usual, golpeando cacerolas. Los hombres permanecían invisibles mientras las mujeres desfilaban con sartenes y cucharones en una sonajera de fin de mundo. El ruido es inolvidable, empezaba como un gong solitario, se sumaba el martilleo en los patios de las casas hasta que el bullicio se contagiaba y se repartía exaltando los ánimos, pronto las mujeres salían a la calle y una algarabía ensordecedora convertía media ciudad en un infierno. La Granny lograba ponerse a la cabeza de la manifestación y la desviaba para evitar que pasara frente a nuestra casa, donde se sabía que vivía alguien de la familia Allende. De todos modos, en la eventualidad de que las agresivas señoras nos atacaran, la manguera estaba siempre preparada para disuadirlas con chorros de agua fría. Las diferencias ideológicas no alteraron la camaradería con mi suegra, compartíamos los niños, las cargas de la vida cotidiana, planes y esperanzas, en el fondo ambas pensábamos que nada podría separarnos. Para darle cierta independencia le abrí una cuenta en el banco, pero al cabo de tres meses debí cerrarla porque ella nunca entendió el mecanismo, creía que mientras le quedaran cheques en el libreto había dinero en la cuenta, no anotaba los gastos y en menos de una semana consumió los fondos en regalos para los nietos. La política tampoco alteró la paz entre Michael y yo, nos amábamos y éramos buenos compañeros.

En esa época comenzó mi pasión por el teatro. El tío Ramón fue nombrado Embajador justo cuando en América Latina se ponían de moda los secuestros de personajes públicos. La posibilidad de que eso le sucediera me inspiró una obra de teatro: un grupo de guerrilleros rapta a un diplomático para canjearlo por presos políticos. La escribí a gran velocidad, me senté a la máquina y no pude dormir ni comer hasta que puse la palabra fin tres días más tarde. Una prestigiosa compañía aceptó ponerla en escena y así fue como me encontré una noche leyéndola con los actores en torno a una mesa en un escenario desnudo, a media luz, entre ráfagas de corrientes de aire, con los abrigos puestos y provistos de termos con té. Cada actor leyó y analizó su parte poniendo en evidencia los garrafales errores del texto. A medida que avanzaba la lectura me sumía en la silla hasta que desaparecí bajo la mesa, por último recogí los libretos avergonzada, partí a casa y los rehíce desde la primera línea, estudiando cada personaje por separado para darles coherencia. La segunda versión estaba algo mejor, pero faltaba más tensión y un desenlace dramático. Asistí a todos los ensayos e incorporé la mayor parte de las modificaciones que me señalaron, así aprendí algunos trucos que más tarde resultaron útiles para las novelas. Diez años después, al escribir *La casa de los espíritus*, recordé esas sesiones en torno a una mesa en el teatro y procuré que cada personaje tuviera una biografía completa, un carácter definido y una voz propia, aunque en el caso de ese libro los desafueros de la historia y la tenaz indisciplina de los espíritus malograron mis intenciones. La obra se llamó lógicamente *El embajador* y la dediqué al tío Ramón, quien no pudo verla porque estaba en Buenos Aires. Se estrenó con buena crítica, pero no puedo atribuirme el mérito porque fueron el director y los actores quienes realmente hicieron el trabajo, de mi idea original sólo quedaron unas hilachas. Se me ocurre que salvó a mi padrastro de ser raptado, porque de acuerdo con la ley de probabilidades era imposible que le ocurriera en la vida real lo que yo había puesto sobre un escenario, sin embargo no protegió a otro diplomático que fue secuestrado en Uruguay y sufrió las pruebas que imaginé en la seguridad de mi casa en Santiago. Ahora tengo más cuidado con lo que escribo porque he comprobado que si algo no es cierto ahora, mañana puede serlo. Otra compañía me pidió un guión y terminé haciendo un par de comedias musicales que llamamos *café-concierto* a falta de un nombre para definir su género y que se estrenaron con éxito inesperado. La segunda resultó memorable porque contaba con un coro de damas gordas para animar el espectáculo con cantos y bailes. No fue fácil conseguir mujeres obesas y atractivas dispuestas a hacer el ridículo sobre un escenario; con el director nos colocamos en una esquina concurrida del centro y a cada señora rubicunda que veíamos pasar la deteníamos para preguntarle si deseaba ser actriz. Muchas aceptaban con entusiasmo, pero apenas comprendían las exigencias del trabajo partían en estampida, nos costó varias semanas conseguir seis aspirantes. Como el teatro estaba ocupado con otra producción, los ensayos se llevaban a cabo en la exigua sala de nuestra casa, que debíamos vaciar de muebles. Contábamos con un piano desafinado, al que en un arranque fantasioso yo había pintado de verde limón y decorado con una cortesana recostada en un diván. La casa entera retumbaba con estremecimientos telúricos cuando ese coro monumental danzaba como vestales griegas, brincaban al ritmo de un *rock'n roll*, lucían las enaguas en un frenético cancán y saltaban en punta de pies bajo los acordes levísimos de un *Lago de los cisnes* que hubiera liquidado a Tchaikovsky de un síncope. Michael debió reforzar el piso del escenario y el de nuestra casa para que no se hundieran con aquellas embestidas de paquidermos. Esas mujeres, que nunca habían hecho ejercicio físico, comenzaron a adelgazar de modo alarmante y para evitar que sus carnes sensuales se derritieran, la Granny las alimentaba con grandes ollas de tallarines con crema y tartas de manzana. Para el estreno de la obra pusimos un letrero en el foyer pidiendo que en vez de ofrecer a las coristas ramos de flores, por favor les mandaran pizza. Así mantuvieron las colinas redondas y hondanadas profundas de sus vastos territorios carnales a lo largo de dos años de arduo trabajo, incluyendo giras por el resto del país. Michael, entusiasmado con esas aventuras artísticas, pasaba seguido al teatro y vio esos espectáculos tantas veces que los conocía de memoria y en una emergencia hubiera podido reemplazar a cualquiera de los actores, incluyendo a las voluminosas vestales del coro. También Nicolás y tú se aprendieron las canciones y diez años más tarde, cuando yo no recordaba ni los títulos de las obras, ustedes todavía podían representarlas enteras. Mi abuelo asistió varias veces, primero por sentido de familia y luego por darse un gusto, y en cada oportunidad al caer el telón aplaudía y gritaba de pie, enarbolando su bastón. Se enamoró de las coristas y me daba largas disertaciones sobre la gordura como parte de la hermosura y el horror contra natura que significaban las modelos desnutridas de las revistas de moda. Su ideal de belleza era la dueña de la licorería con su pechuga de valkiria, su trasero epopéyico y su buena disposición para venderle ginebra disimulada en botellas de agua mineral, con ella soñaba a hurtadillas para que no lo sorprendiera el fantasma vigilante de la Memé.

Los bailes de Aurelia, la poetisa epiléptica de tu sala, con sus boas de plumas despelucadas y sus vestidos de lunares, me recuerdan aquellas obesas bailarinas y también una aventura personal. Ataviada con sus ropajes de zarzuela, Aurelia se contonea en la madurez de su vida con mucha más gracia de la que yo tenía en mi juventud. Un día apareció un aviso en el periódico ofreciendo trabajo en un teatro frívolo a muchachas jóvenes, altas y bonitas. La directora de la revista me ordenó conseguir el empleo, introducirme tras las bambalinas y escribir un reportaje sobre las vidas de esas *pobres mujeres*, como las definió con su máximo rigor feminista. Yo estaba lejos de cumplir los requisitos que exigía el aviso, pero se trataba de uno de esos reportajes que nadie más quería hacer. No me atreví a ir sola y le pedí a una buena amiga que me acompañara. Nos vestimos con las ropas vistosas que suponíamos usan las bataclanas en la calle y le pusimos un broche de brillantes falsos en el copete a mi perro, un bastardo de mal carácter a quien bautizamos Fifí para la ocasión. Su verdadero nombre era Drácula. Al vernos así ataviadas, Michael decidió que no podíamos salir de la casa sin protección y como no teníamos con quién dejar a los niños, fuimos todos. El teatro quedaba en pleno centro de la ciudad, fue imposible estacionar el automóvil cerca y debimos caminar varias cuadras. Adelante marchábamos mi amiga y yo con Drácula en brazos y en la retaguardia Michael a la defensiva con sus dos hijos de la mano. El trayecto fue como una corrida de toros, los varones nos embestían con entusiasmo lanzándonos cornadas y gritando olé; eso nos dio confianza. Una larga fila aguardaba ante la boletería para comprar entradas, sólo hombres, por supuesto, la mayoría viejos, algunos conscriptos en su día libre y un curso de adolescentes bulliciosos en uniforme escolar, que naturalmente enmudecieron al vernos. El portero, tan decrépito como el resto del lugar, nos condujo por una vetusta escalera hacia un segundo piso. Como en las películas, esperábamos encontrarnos ante un pandillero gordo con anillo de rubí y un cigarro masticado, pero en un enorme desván en penumbra, cubierto de polvo y sin muebles, nos recibió una señora con aspecto de tía de provincia arropada en un abrigo parduzco, con gorro de lana y guantes de dedos recortados. Cosía un vestido de lentejuelas bajo una lámpara, a sus pies ardía un brasero a carbón como única fuente de calor, y en otra silla descansaba un gato gordo, quien al ver a Drácula se erizó como un puercoespín. En una esquina se alzaba un triple espejo de cuerpo entero con un marco desportillado y del techo colgaban en grandes bolsas de plástico los vestidos del espectáculo, incongruentes pájaros de plumas iridiscentes en aquel lúgubre lugar.

—Venimos por el aviso —dijo mi amiga, con forzado acento de barrio del puerto.

La buena mujer nos miró de pies a cabeza con expresión de duda, algo no calzaba en sus esquemas. Nos preguntó si teníamos experiencia en el oficio y mi amiga se lanzó en un resumen de su biografía: se llamaba Gladys, era peluquera de día y cantante nocturna, tenía buena voz, pero no sabía bailar, aunque estaba dispuesta a aprender, seguro no era tan difícil. Antes de que yo alcanzara a proferir palabra me señaló con un dedo y agregó que su compañera se llamaba Salomé y era estrella frívola con larga trayectoria en Brasil, donde tenía un espectáculo de gran éxito, en el cual aparecía desnuda en escena, Fifí, el can amaestrado, traía la ropa en el hocico y un mulato grandote me la ponía. El artista de color no se había presentado por hallarse en el hospital recién operado de apendicitis, dijo. Cuando mi amiga terminó su perorata, la mujer había dejado de coser y nos observaba con la boca abierta.

—Desnúdense —nos ordenó. Creo que sospechaba algo.

Con esa falta de pudor de las personas delgadas, mi compañera se quitó la ropa, se colocó unos zapatos dorados de tacones altos y desfiló ante la señora del abrigo color musgo. Hacía un frío glacial.

—Está bien, no tiene senos, pero aquí rellenamos todo. Ahora le toca a Salomé —me apuntó la tía con un índice perentorio.

No había anticipado ese detalle, pero no me atreví a negarme. Me desnudé tiritando, me sonaban los dientes, y descubrí con horror que llevaba calzones de lana tejidos por la Abuela Hilda.

Sin soltar al perro, que le gruñía al gato, me encaramé en los zapatos dorados, demasiado grandes para mí, y eché a andar arrastrando los pies con aire de pato herido. De súbito mis ojos dieron con el espejo y me vi en esa facha, por triplicado y desde todos los ángulos. Aún no me repongo de aquella humillación.

—A usted le falta estatura, pero no está mal. Le pondremos plumas más largas en la cabeza y bailará adelante, para que no se note. El perro y el negro están de más, aquí tenemos nuestro propio espectáculo. Vengan mañana para comenzar los ensayos. El sueldo no es mucho, pero si son gentiles con los caballeros, hay buenas propinas.

Eufóricas, nos reunimos en la calle con Michael y los niños, sin poder creer el tremendo honor de haber sido aceptadas al primer intento. No sabíamos que había una crisis permanente de coristas y en su desesperación los empresarios del teatro estaban dispuestos a contratar hasta un chimpancé. Pocos días después me encontré vestida con los verdaderos atuendos de una bataclana, es decir, un rectángulo de lentejuelas brillantes en el pubis, una esmeralda en el ombligo, pompones luminosos en los pezones y sobre la cabeza un casco de plumas de avestruz pesado como un saco de cemento. Por detrás nada. Me miré en el espejo y comprendí que el público me recibiría con una lluvia de tomates, los espectadores pagaban por ver carnes firmes y profesionales, no las de una madre de familia sin atributos naturales para aquel oficio. Para colmo se había presentado un equipo de la Televisión Nacional a filmar el espectáculo de esa noche, estaban instalando sus cámaras mientras el coreógrafo intentaba enseñarme a bajar por una escalera, entre doble fila de mozos musculosos, pintados de dorado y vestidos de gladiadores, que sostenían antorchas encendidas.

—Levanta la cabeza, baja los hombros, sonríe mujer, no mires el suelo, camina cruzando las piernas lentamente una delante de la otra. ¡Te repito que sonrías! No aletees con los brazos porque con tantas plumas pareces una gallina clueca. ¡Cuidado con las antorchas, no me vayas a quemar las plumas, mira que cuestan carísimas! Ondula las caderas, hunde la barriga, respira. Si no respiras te mueres.

Procuré seguir sus órdenes, pero él suspiraba y se tapaba los ojos con una mano lánguida, mientras las antorchas se consumían rápidamente y los romanos dirigían la vista hacia el techo con expresión de fastidio. En un descuido me asomé por la cortina y eché una mirada al público, una bulliciosa masa de hombres impacientes porque llevábamos quince minutos de atraso. No me alcanzó el valor para enfrentarlos, decidí que la muerte era preferible y escapé hacia la salida. La cámara de televisión me había filmado de frente durante el ensayo, descendiendo por la escalera alumbrada por las antorchas olímpicas de los atletas de oro, después registró la imagen por atrás de una corista verdadera bajando la misma escalera con las cortinas abiertas y los aullidos de la muchedumbre. Editaron la película en el Canal y aparecí en el programa con mi cara y mis hombros, pero con el cuerpo perfecto de la estrella máxima del teatro frívolo del país. Los chismes cruzaron la cordillera y alcanzaron a mis padres en Buenos Aires. El señor Embajador debió explicar a la prensa amarilla que la sobrina del Presidente Allende no bailaba desnuda en un espectáculo pornográfico, se trataba de un lamentable alcance de nombre. Mi suegro esperaba su telenovela favorita cuando me vio aparecer sin ropa y el susto le cortó el aire en los pulmones. Mis compañeras de la revista celebraron mi reportaje sobre el mundo del bataclán, pero el gerente de la editorial, católico observante y padre de cinco hijos, lo consideró una afrenta grave. Entre tantas actividades yo dirigía la única revista para niños del mercado y ese escándalo constituía un pésimo ejemplo para la juventud. Me llamó a su oficina para preguntarme cómo me atrevía a exhibir el trasero prácticamente desnudo ante todo el país y debí confesar que por desgracia no era el mío, se trataba de un truco de televisión. Me miró de arriba abajo y me creyó al instante. Por lo demás, el asunto no tuvo mayores consecuencias. Nicolás y tú llegaron desafiantes al colegio contando a quien quisiera oír que la señora de las plumas era su mamá, eso cortó las burlas en seco y hasta me tocó firmar algunos autógrafos. Michael se encogió de hombros divertido y no dio explicaciones a los amigos que comentaron envidiosos el cuerpo espectacular de su mujer. Más de uno me quedaba mirando con expresión desconcertada, sin imaginar cómo ni por qué yo ocultaba bajo mis largos vestidos hippies los formidables atributos físicos que había mostrado tan generosamente en la pantalla. Por prudencia no aparecí delante del Tata en un par de días, hasta que me llamó muerto de la risa para decirme que el programa le había parecido casi tan bueno como la lucha libre en el Teatro Caupolicán, y que era una maravilla cómo en la televisión todo se veía mucho mejor que en la vida real. A diferencia de su marido, quien se negó a salir a la calle durante un par de semanas, la Granny se vanagloriaba de mi hazaña. En privado me confesó que cuando me vio descender por aquella escalera entre doble fila de áureos gladiadores, se sintió plenamente realizada porque ésa había sido siempre su fantasía más secreta. Para entonces mi suegra ya había empezado a cambiar, se veía agitada y a veces abrazaba a los niños con los ojos llenos de lágrimas, como si tuviera la intuición de que una sombra terrible amenazaba su precaria felicidad. Las tensiones en el país habían alcanzado proporciones violentas y ella, con esa sensibilidad profunda de los más inocentes, presentía algo grave. Bebía pisco ordinario y ocultaba los envases en sitios estratégicos. Tú, Paula, que la amabas con una compasión infinita, descubrías uno a uno los escondites y sin decir palabra te llevabas las botellas vacías y las enterrabas entre las dalias del jardín.

Entretanto mi madre, agotada por las presiones y el trabajo de la Embajada, había partido a una clínica en Rumania, donde la famosa doctora Aslan hacía milagros con pildoritas geriátricas. Pasó un mes en una celda conventual curándose de males reales e imaginarios y revisando en su memoria las viejas cicatrices del pasado. La habitación del lado estaba ocupada por un venezolano encantador que se conmovió al oír su llanto y un día se atrevió a golpear su puerta. ¿Qué es lo que te pasa, chica? No hay nada que no pueda curarse con un poco de música y un trago de ron, dijo al presentarse. Durante las siguientes semanas ambos se instalaban en sus sillas de reposo bajo los cielos nublados de Bucarest, vestidos con sus batas reglamentarias y chancletas como dos viejos plañideros, a contarse las vidas sin pudor porque suponían que jamás volverían a verse. Mi madre compartió su pasado y a cambio él le confió sus secretos; ella le mostró algunas de mis cartas y él las fotografías de su mujer y sus hijas, únicas pasiones verdaderas de su existencia. Al término del tratamiento se encontraron en la puerta del hospital para despedirse, mi madre en su elegante atuendo de viaje, con los ojos verdes lavados por el llanto y rejuvenecida por el prodigioso arte de la doctora Aslan, y el caballero venezolano con su traje de viaje y su ancha sonrisa de dientes impecables, y casi no se reconocieron. Conmovido, él intentó besar la mano de esa amiga que había escuchado sus confesiones, pero antes que alcanzara a terminar el gesto ella lo abrazó. Nunca te olvidaré, le dijo. Si alguna vez me necesitas, estaré siempre a tus órdenes, replicó él. Se llamaba Valentín Hernández, era un político poderoso en su país y fue fundamental en el futuro de nuestra familia pocos años más tarde, cuando los vientos de la violencia nos lanzaron en diferentes direcciones.

Los reportajes en la revista y los programas de televisión me dieron una cierta visibilidad; tanto me felicitaba o me insultaba la gente en la calle, que terminé por pensar que era una especie de celebridad. En el invierno de 1973 Pablo Neruda me invitó a visitarlo en Isla Negra. El poeta estaba enfermo, dejó su puesto de la Embajada en París y se instaló en Chile en su casa de la costa, donde dictaba sus memorias y escribía sus últimos versos mirando el mar. Me preparé mucho para esa cita, compré una grabadora nueva, hice listas de preguntas, releí parte de su obra y un par de biografías, también hice revisar el motor de mi viejo Citroën, para que no me fallara en tan delicada misión. El viento silbaba entre pinos y eucaliptos, el mar estaba gris y lloviznaba en el pueblo de casas cerradas y calles vacías. El poeta vivía en un laberinto de madera y piedra, criatura caprichosa formada de construcciones añadidas y parches. En el patio había una campana marinera, esculturas, maderos de naufragios rescatados del mar y por un acantilado de rocas se divisaba la playa, donde se estrellaba infatigable el Pacífico. La vista se perdía en la extensión sin límites del agua oscura contra un cielo de plomo. El paisaje, de una pureza de acero, gris sobre gris, palpitaba. Pablo Neruda, con un poncho en los hombros y una gorra coronando su gran cabeza de gárgola, me recibió sin formalidades, diciendo que le divertían mis artículos de humor, a veces les sacaba fotocopia y se los enviaba a los amigos. Estaba débil, pero le alcanzó la fuerza para conducirme por los maravillosos vericuetos de esa cueva atiborrada de modestos tesoros, mostrándome sus colecciones de conchas, de botellas, de muñecas, de libros y cuadros. Era un comprador infatigable de objetos: *Amo todas las cosas, no sólo las supremas, sino las infinitamente chicas, el dedal, las espuelas, los platos, los floreros...* También gozaba la comida. Nos sirvieron de almuerzo congrio al horno, ese pez de carne blanca y firme, rey de los mares chilenos, con vino blanco seco y frío. Habló de las memorias que intentaba escribir antes que se las birlara la muerte, de mis artículos de humor –sugirió que los recopilara en un libro– y de cómo había descubierto en diversos lugares del mundo sus mascarones de proa, esas enormes tallas de madera con rostro y senos de sirena, que presidían las naves antiguas. Estas bellas muchachas nacieron para vivir entre las olas, dijo, se sienten desgraciadas en tierra firme, por eso las rescato y las coloco mirando hacia el mar. Se refirió largamente a la situación política, que lo llenaba de angustia, y se le quebró la voz al hablar de su país dividido en extremos violentos. Los diarios de la derecha publicaban titulares a seis columnas: ¡Chilenos, junten odio! e incitaban a los militares a tomar el poder y a Allende a renunciar a la Presidencia o cometer suicidio, como había hecho el Presidente Balmaceda el siglo pasado para evitar una guerra civil.

–Debieran tener más cuidado con lo que piden, no vaya a ser que lo consigan –suspiró el poeta.

–En Chile nunca habrá un golpe militar, don Pablo. Nuestras Fuerzas Armadas respetan la democracia –traté de tranquilizarlo con los clichés tantas veces repetidos.

Después del almuerzo empezó a llover, la habitación se llenó de sombras y la mujer portentosa de un mascarón de proa cobró vida, se desprendió del madero y nos saludó con un estremecimiento de sus senos desnudos. Comprendí entonces que el poeta estaba cansado, a mí se me había ido el vino a la cabeza y debía apresurarme.

—Si le parece, hacemos la entrevista... —le sugerí.

—¿Qué entrevista?

—Bueno... a eso vine ¿no?

—¿A mí? ¡Jamás permitiría que me sometiera a semejante prueba! —se rió—. Usted debe ser la peor periodista de este país, hija. Es incapaz de ser objetiva, se pone al centro de todo, y sospecho que miente bastante y cuando no tiene una noticia, la inventa. ¿Por qué no se dedica a escribir novelas mejor? En la literatura esos defectos son virtudes.

Mientras te cuento esto, Aurelia se prepara para recitar una poesía compuesta especialmente para ti, Paula. Le pedí que no lo hiciera porque sus versos me desmoralizan, pero ella insiste. No tiene confianza en los médicos, cree que no te recuperarás.

—¿Usted cree que se pusieron todos de acuerdo para mentirme, Aurelia?

—¡Ay, mujer, qué inocente es usted! ¿No ve que entre ellos siempre se protegen? Nunca admitirán que fregaron a su niña, son unos bribones con poder sobre la vida y la muerte. Se lo digo yo, que he vivido de hospital en hospital. Si supiera las cosas que me ha tocado ver...

Su extraño poema es sobre un pájaro con las alas petrificadas. Dice que ya estás muerta, que quieres irte, pero no puedes hacerlo porque yo te retengo, te peso como un ancla en los pies.

—No se afane tanto por ella, Isabel. ¿No ve que en realidad está luchando contra ella? Paula ya no está aquí, mírele los ojos, son como agua negra. Si no conoce a su madre es que ya se fue, acéptelo de una vez.

—Cállese, Aurelia...

—Déjela que hable, los locos no mienten —suspira el marido de Elvira.

¿Qué hay al otro lado de la vida? ¿Es sólo noche silenciosa y soledad? ¿Qué queda cuando no hay deseos, recuerdos ni esperanzas? ¿Qué hay en la muerte? Si pudiera permanecer inmóvil, sin hablar ni pensar, sin suplicar, llorar, recordar o esperar, si pudiera sumergirme en el silencio más completo, tal vez entonces podría oírte, hija.

A comienzos de 1973 Chile parecía un país en guerra, el odio gestado en la sombra día a día se había desatado en huelgas, sabotaje y actos de terrorismo de los cuales se acusaban mutuamente los extremistas de izquierda y derecha. Grupos de la Unidad Popular se apoderaban de terrenos privados donde establecían poblaciones, fábricas para nacionalizarlas y bancos para intervenirlos, creando tal clima de inseguridad que la oposición al Gobierno no tuvo que esmerarse demasiado para sembrar el pánico. Los enemigos de Allende perfeccionaron sus métodos agravando los problemas económicos hasta convertirlos en ciencia, circulaban rumores de espanto incitando a la gente a retirar el dinero de los bancos, quemaban cosechas y mataban ganado, hacían desaparecer del mercado artículos fundamentales, desde cauchos para camiones hasta minúsculas piezas de los más sofisticados aparatos electrónicos. Sin agujas ni algodón, los hospitales se paralizaban, sin repuestos para las máquinas, no funcionaban las fábricas. Bastaba eliminar una sola pieza y se detenía una industria completa, así quedaron miles de obreros en la calle. En respuesta, los trabajadores se organizaban en comités, expulsaban a los jefes, tomaban el mando en sus manos y levantaban campamentos en la puerta, vigilando día y noche para que los dueños no arruinaran sus propias empresas. Empleados de bancos y funcionarios de la administración pública también montaban guardia para evitar que sus colegas del bando contrario mezclaran papeles en los archivos, destruyeran documentos y colocaran bombas en los baños. Se perdían horas preciosas en interminables reuniones donde se pretendía tomar decisiones colectivas, pero todos se disputaban la palabra para exponer sus puntos de vista sobre insignificancias y rara vez se lograba un acuerdo; aquello que normalmente decidía el jefe en cinco minutos, a los empleados les tomaba una semana de discusiones bizantinas y votaciones democráticas. En mayor escala, lo mismo ocurría en el Gobierno, los partidos de la Unidad Popular se repartían el poder en cuotas y las decisiones pasaban por tantos filtros, que cuando finalmente algo se aprobaba no se parecía ni remotamente al proyecto original. Allende no tenía mayoría en el Congreso y sus proyectos se estrellaban contra el muro inflexible de la oposición. Aumentó el caos, se vivía un clima de precariedad y violencia latente, la pesada maquinaria de la patria estaba atascada. Por las noches Santiago tenía el aspecto de una ciudad devastada por un cataclismo, las calles permanecían oscuras y casi vacías porque pocos se atrevían a circular a pie, la locomoción colectiva funcionaba a medias por las huelgas y la gasolina estaba racionada. En el centro ardían las fogatas de los *compañeros*, como se llamaban los partidarios del Gobierno, que durante la noche custodiaban edificios y calles. Brigadas de jóvenes comunistas pintaban murales panfletarios en los muros y grupos de extrema derecha circulaban en automóviles de vidrios oscuros disparando a ciegas. En los campos donde se había aplicado la reforma agraria, los patrones planeaban la revancha provistos de armas que introducían de contrabando por la larga frontera de la cordillera andina. Miles de cabezas de ganado fueron llevadas a Argentina por los pasos del sur y otras fueron sacrificadas para evitar su distribución en los mercados. A veces los ríos se teñían de sangre y la corriente arrastraba cadáveres hinchados de vacas lecheras y cerdos de engorde. Los campesinos, que habían vivido por generaciones obedeciendo órdenes, se reunieron en asentamientos para trabajar, pero les faltaban iniciativa, conocimiento y crédito. No sabían usar su libertad y muchos añoraban secretamente el regreso del patrón, ese padre autoritario y a menudo odiado, pero que al menos daba órdenes claras y en caso de necesidad los protegía contra las sorpresas del clima, las plagas de los sembrados y las pestes de los animales, tenía amigos y conseguía lo necesario, en cambio ellos no se atrevían a cruzar la puerta de un banco y eran incapaces de descifrar la letra chica de los papeles que les ponían por delante para firmar. Tampoco entendían qué diablos mascullaban los asesores enviados por el Gobierno, con sus lenguas enredadas y sus palabras difíciles, gentes de ciudad con las uñas limpias que no sabían usar un arado y nunca habían tenido que arrancar a mano un ternero mal colocado de las entrañas de una vaca. No guardaron granos para replantar los campos, se comieron los toros reproductores y perdieron los meses más útiles del verano discutiendo de política mientras las frutas se caían de maduras de los árboles y las verduras se secaban en los surcos. Por último los camioneros se declararon en huelga y no hubo manera de trasladar carga a lo largo del país, algunas ciudades quedaron sin alimento mientras en otras se pudrían hortalizas y productos del mar. Salvador Allende se quedó sin voz de tanto denunciar el sabotaje, pero nadie le hizo caso y no dispuso de gente ni poder suficientes para arremeter contra sus enemigos por la fuerza. Acusó a los norteamericanos de financiar la huelga; cada camionero recibía cincuenta dólares diarios si no trabajaba, de modo que no había esperanza alguna de resolver el conflicto, y cuando mandó al Ejército a poner orden, comprobaron que faltaban piezas de los motores y no podían mover las carcasas atascadas en las carreteras, además el suelo estaba sembrado de clavos torcidos que molieron los cauchos de los vehículos militares. La televisión mostró desde un helicóptero aquel estropicio de hierros inútiles oxidándose sobre el asfalto de los caminos. El abastecimiento se convirtió en una pesadilla, pero nadie pasaba hambre porque los que podían hacerlo pagaban el mercado negro y los pobres se organizaban por barrios para conseguir lo esencial. El Gobierno pedía paciencia y el Ministerio de Agricultura repartía panfletos para enseñar a la ciudadanía a cultivar hortalizas en los balcones y en las tinas de baño. Temiendo que faltara comida empecé a acaparar alimentos conseguidos con astucias de contrabandista. Antes me había burlado de mi suegra diciendo que si no hay pollos comemos tallarines y si no hay azúcar tanto mejor, porque así adelgazamos, pero finalmente mandé los escrúpulos al carajo.

Antes hacía cola por horas para comprar un kilo de piltrafas de dudosa procedencia, ahora los revendedores venían a dejar la mejor carne a la casa, eso sí que a un costo diez veces mayor que el precio oficial. Esa solución me duró poco porque necesitaba mucho cinismo para atosigar a mis hijos de prédicas sobre moral socialista mientras les servía chuletas del mercado negro en la cena.

A pesar de las graves dificultades de ese tiempo, el pueblo seguía celebrando su victoria y cuando en marzo se llevaron a cabo las elecciones parlamentarias, la Unidad Popular subió su porcentaje de votos. La derecha comprendió entonces que la presencia de un montón de clavos torcidos en las carreteras y la ausencia de pollos en los mercados no sería suficiente para derrotar al Gobierno socialista y decidió entrar en la última fase de la conspiración. Desde ese momento comenzaron los rumores de un golpe militar. La mayoría no sospechábamos de qué se trataba, habíamos escuchado que en otros países del continente los soldados se tomaban el poder con fastidiosa regularidad y nos vanagloriábamos de que eso jamás sucedería en Chile, teníamos una sólida democracia, no éramos una de esas república bananeras de Centroamérica ni Argentina, donde por cincuenta años todos los Gobiernos civiles habían sido derrocados por alzamientos militares. Nos considerábamos los suizos del continente. El Jefe de las Fuerzas Armadas, el General Prats, era partidario de respetar la Constitución y permitir a Allende terminar su período en paz, pero una fracción del Ejército se alzó y en junio salieron con tanques a la calle. Prats logró imponer disciplina en la tropa, pero ya se había desencadenado el zafarrancho, el Parlamento declaró ilegal el Gobierno de la Unidad Popular y los generales exigieron la salida de su Comandante en Jefe, pero no dieron la cara, sino que mandaron a sus mujeres a manifestar frente a la casa de Prats en un bochornoso espectáculo público. El general se vio obligado a renunciar y el Presidente nombró en su lugar a Augusto Pinochet, un oscuro hombre de armas de quien nadie había oído hablar hasta entonces, amigo y compadre de Prats, que juró permanecer leal a la democracia. El país parecía fuera de control y Salvador Allende anunció un plebiscito para que el pueblo decidiera si continuaba gobernando o renunciaba para llamar a nuevas elecciones; la fecha propuesta fue el 11 de septiembre. El ejemplo de las esposas de los militares actuando en vez de sus maridos fue rápidamente imitado. Mi suegro, como tantos otros, mandó a la Granny a la Escuela Militar a tirar maíz a los cadetes, a ver si dejaban de comportarse como gallinas y salían a defender a la patria como era debido. Estaba tan entusiasmado con la posibilidad de derrocar al socialismo de una vez para siempre, que él mismo aporreaba cacerolas en el patio para apoyar a las vecinas que protestaban en la calle. Pensaba que los militares, legalistas como la mayoría de los chilenos, sacarían a Allende del sillón presidencial, pondrían orden en el descalabro, limpiarían el país de izquierdistas y revoltosos y enseguida llamarían a otra elección y entonces, si todo salía bien, el péndulo iría en sentido contrario y tendríamos otra vez un Presidente conservador. No se haga ilusiones, en el mejor de los casos tendremos uno demócrata-cristiano, le advertí, conocedora de su odio contra ese partido, superior al que sentía por los comunistas. La idea de que los soldados pudieran perpetuarse en el poder no se le ocurría a nadie, ni siquiera a mi suegro, excepto a los que estaban en el secreto de la conspiración.

Celia y Nicolás me ruegan que regrese a California en mayo para la llegada de su bebé al mundo. Me invitaron a participar en el nacimiento de mi nieta, dicen que después de tantos meses expuesta a muerte, dolor, despedidas y lágrimas, será una fiesta recibir a esta criatura cuando asome la cabeza a la vida. Si se cumplen las visiones que he tenido en sueños, tal como ha sucedido en otras ocasiones, será una niña morena y simpática de carácter firme. Tienes que mejorar pronto, Paula, para que vayas conmigo a casa y seas la madrina de Andrea. ¿Para qué te hablo así, hija? No podrás hacer nada por mucho tiempo, nos esperan años de paciencia, esfuerzo y organización, a ti te tocará la parte más difícil, pero estaré a tu lado para ayudarte, nada te faltará, estarás rodeada de paz y comodidades, te ayudaremos a sanar. Me han dicho que la rehabilitación es muy lenta, tal vez la necesites por el resto de tu vida, pero puede hacer prodigios. El especialista en porfiria sostiene que sanarás por completo, pero el neurólogo ha pedido una batería de exámenes, que comenzaron ayer. Te hicieron uno muy doloroso para comprobar el estado de los nervios periféricos. Te llevé en una camilla por los dédalos del hospital hasta otra ala del edificio, allí te pincharon los brazos y las piernas con agujas y luego aplicaron electricidad para medir tus reacciones. Lo soportamos juntas, tú en las nubes de la inconsciencia y yo pensando en tantos hombres, mujeres y niños que fueron torturados en Chile de manera similar, punzándolos con una picana eléctrica. Cada vez que el corrientazo entraba en tu cuerpo, yo lo sentía en el mío agravado por el terror. Traté de relajarme y respirar contigo, a tu mismo ritmo, imitando lo que Celia y Nicolás hacen juntos en los cursos de parto natural; el dolor es inevitable en el paso por esta vida, pero dicen que casi siempre es tolerable si no se le opone resistencia y no se agregan miedo y angustia.

Celia tuvo su primer niño en Caracas, atontada de drogas y sola porque no dejaron entrar a su marido al pabellón. Ni ella ni el bebé fueron los protagonistas del evento, sino el médico, sumo sacerdote vestido de blanco y enmascarado, quien decidió cómo y cuándo oficiaría la ceremonia; indujo el nacimiento el día más conveniente en su calendario porque deseaba irse a la playa por el fin de semana, así fue también cuando nacieron mis hijos hace más de veinte años, los procedimientos han cambiado poco, por lo visto. Hace algunos meses llevé a mi nuera a caminar a un bosque y allí, entre altivas secoyas y murmullo de vertientes, le zampé un sermón sobre el antiguo arte de las comadronas, el alumbramiento natural y el derecho a vivir a plenitud esa experiencia única en la cual la madre encarna el poder femenino en el universo. Oyó mi perorata impasible, lanzándome de vez en cuando unas elocuentes miradas de reojo, me juzga por los vestidos largos y el cojín para meditar que llevo en el automóvil, cree que estoy convertida en una beata de la Nueva Era. Antes de conocer a Nicolás pertenecía a una organización católica de extrema derecha, no le estaba permitido fumar ni usar pantalones, la lectura y el cine eran censurados, el contacto con el sexo opuesto reducido al mínimo y cada instante de su existencia reglamentado. En esa secta los hombres deben dormir sobre una tabla una vez por semana para evitar tentaciones de la carne, pero las mujeres lo hacen todas las noches porque su naturaleza se supone más licenciosa. Celia aprendió a usar un látigo y un cilicio con púas metálicas, fabricados por las monjas de la Candelaria, para disciplinarse por amor al Creador y saldar culpas propias y ajenas. Hace tres años poco tenía en común con ella, formada en el desprecio de izquierdistas, homosexuales, artistas, gentes de diferentes razas y condición social, pero nos salvó una simpatía mutua que a fin de cuentas superó las barreras. San Francisco se encargó del resto. Uno a uno fueron cayendo los prejuicios, el cilicio y el látigo pasaron a formar parte del anecdotario familiar, se empeñó en leer sobre política e historia y por el camino se le dieron vuelta las ideas, conoció algunos homosexuales y se dio cuenta que no eran demonios encarnados, como le habían dicho, y acabó aceptando también a mis amigos artistas, a pesar de que algunos se adornan con aros atravesados en la nariz y una cresta de pelo verde en la cima del cráneo. El racismo se le pasó antes de una semana cuando averiguó que en los Estados Unidos nosotros no somos blancos, sino *hispánicos* y ocupamos el peldaño más bajo de la escala social. Nunca intento imponerle mis ideas, porque es una leona salvaje que no lo soportaría, sólo sigue los caminos señalados por su instinto y su inteligencia, pero ese día en el bosque no pude evitarlo y puse en práctica los mejores trucos de oratoria aprendidos del tío Ramón para convencerla de que buscáramos otros métodos menos clínicos y más humanos para el parto. Al regresar a casa encontramos a Nicolás esperando en la puerta. Dile a tu mamá que te explique la vaina ésa de la música del universo, le zampó a su marido esta nuera irreverente, y desde entonces nos referimos al nacimiento de Andrea como la *música del universo*. A pesar del escepticismo del comienzo, aceptaron mi sugerencia y ahora planean parir como los indios. Más adelante tendré que convencerte a ti de lo mismo, Paula. Tú eres la protagonista de esta enfermedad, tú tienes que dar a luz tu propia salud, sin miedo, con fuerza. Tal vez ésta es una oportunidad tan creadora como el alumbramiento de Celia; podrás nacer a otra vida a través del dolor, cruzar un umbral, crecer.

Ayer íbamos solos con Ernesto en un ascensor del hospital, cuando subió una mujer indescriptible, uno de esos seres sin ningún rasgo sobresaliente, sin edad ni aspecto definidos, una sombra. A los pocos segundos me di cuenta que mi yerno había perdido el color, respiraba a bocanadas con los ojos cerrados, apoyado en la pared para no caerse. Di un paso en su dirección para ayudarlo y en ese instante el ascensor se detuvo y la mujer salió. Nosotros debíamos hacerlo también, pero Ernesto me retuvo por el brazo; se cerró la puerta y nos quedamos dentro. Entonces percibí el olor de tu perfume, Paula, tan claro y sorprendente como un grito, y comprendí la reacción de tu marido. Apreté un botón para detenernos y nos quedamos entre dos pisos aspirando los últimos rastros de ese olor tuyo que conocemos tan bien, mientras a él le caía un río de lágrimas por la cara. No sé cuánto rato estuvimos así, hasta que se oyeron golpes y gritos desde afuera, apreté otro botón y empezamos a descender. Salimos a tropezones, él trastabillando y yo sosteniéndolo, ante las miradas suspicaces de la gente en el pasillo. Lo llevé a una cafetería y nos sentamos temblando ante una taza de chocolate.

—Me estoy volviendo medio loco... –me dijo–. No logro concentrarme en el trabajo. Veo números en la pantalla del computador y me parece caligrafía china, me hablan y no contesto, ando tan distraído que no sé cómo me toleran en la oficina, cometo errores garrafales. ¡Siento a Paula tan lejos! Si supieras cuánto la quiero y la necesito... Sin ella mi vida perdió el color, todo se ha vuelto gris. Siempre estoy esperando que suene el teléfono y seas tú con la voz alborotada anunciándome que Paula despertó y me llama. En ese instante seré tan feliz como el día en que la conocí y nos enamoramos al primer vistazo.

—Necesitas desahogarte, Ernesto, esto es una tortura insoportable, tienes que quemar un poco de energía.

—Corro, levanto pesas, hago aikido, nada ayuda. Este amor es como hielo y fuego.

—Perdona que sea tan indiscreta... ¿no has pensado que podrías salir con alguna muchacha...?

—¡Quién diría que eres mi suegra, Isabel! No, no puedo tocar a otra mujer, no deseo a nadie más. Sin Paula mi vida no tiene sentido. ¿Qué quiere Dios de mí? ¿por qué me atormenta de esta manera? Hicimos tantos planes... Hablamos de envejecer juntos y seguir haciendo el amor a los noventa años, de los lugares que visitaríamos, de cómo seríamos el centro de una gran familia y tendríamos una casa abierta para los amigos. ¿Sabías que Paula quería fundar un asilo para viejos pobres? Quería brindar a otros ancianos los cuidados que no alcanzó a dar a la Granny.

—Ésta es la prueba más difícil de sus vidas, pero la superarán, Ernesto.

—Estoy tan cansado...

Acaba de pasar por tu sala un profesor de medicina con un grupo de estudiantes. No me conoce y gracias a mi delantal y zuecos blancos pude estar presente mientras te examinaban. Necesité toda la sangre fría adquirida tan duramente en el colegio del Líbano, para mantener una expresión indiferente mientras te manipulaban sin respeto alguno como si ya fueras un cadáver y hablaban de tu caso como si no pudieras oírlos. Dijeron que la recuperación sucede normalmente en los primeros seis meses y tú llevas cuatro, no vas a evolucionar mucho más, es posible que dures años así y no se puede destinar una cama del hospital a un enfermo incurable, que te mandarán a una institución, supongo que se referían a un asilo o un hospicio. No les creas nada, Paula. Si entiendes lo que oyes por favor olvida todo eso, jamás te abandonaré, de aquí irás a una clínica de rehabilitación y luego a casa, no permitiré que sigan atormentándote con agujas eléctricas ni con pronósticos lapidarios. Ya basta. Tampoco es cierto que no hay cambios en tu estado; ellos no los ven porque aparecen por tu sala muy rara vez, pero los que estamos siempre contigo podemos comprobar tus progresos. Ernesto asegura que lo reconoces; se sienta a tu lado, te busca los ojos, te habla en voz baja y veo cómo te cambia la expresión, te tranquilizas y a veces pareces emocionada, te caen lágrimas y mueves los labios como para decirle algo, o alzas levemente una mano, como si quisieras acariciarlo. Los médicos no lo creen y tampoco tienen tiempo para observarte, sólo ven una enferma paralizada y espástica que ni siquiera pestañea cuando gritan su nombre. A pesar de la lentitud aterradora de este proceso, sé que estás saliendo paso a paso del abismo donde has estado perdida por varios meses y que un día de estos te conectarás con el presente. Me lo repito una y otra vez, pero a veces me falla la esperanza. Ernesto me sorprendió cavilando en la terraza.

—Piensa un poco ¿qué es lo peor que puede pasar?

—No es la muerte, Ernesto, sino que Paula se quede como está.

—¿Y tú crees que la vamos a querer menos por eso?

Como siempre, tu marido tiene razón. No vamos a quererte menos, sino mucho más, nos organizaremos, tendremos un hospital en casa y cuando yo falte te cuidará tu marido, tu hermano o mis nietos, ya veremos, no te preocupes, hija.

Llego al hotel por las noches y me sumerjo en un silencio quieto, indispensable para recuperar los despojos de mi energía dispersa en el bullicio del hospital. Mucha gente visita tu sala por las tardes, hay calor, confusión y no faltan quienes se atreven a fumar mientras los enfermos se sofocan. Mi cuarto del hotel se ha convertido en un refugio santo donde puedo ordenar mis pensamientos y escribir. Willie y Celia me llaman a diario desde California, mi madre me escribe a cada rato, estoy bien acompañada. Si pudiera descansar me sentiría más fuerte, pero duermo a saltos y a menudo los sueños tormentosos son más vívidos que la realidad. Despierto mil veces en la noche, asaltada por pesadillas y recuerdos.

El 11 de septiembre de 1973 al amanecer se sublevó la Marina y casi enseguida lo hicieron el Ejército, la Aviación y finalmente el Cuerpo de Carabineros, la policía chilena. Salvador Allende fue advertido de inmediato, se vistió de prisa, se despidió de su mujer y partió a su oficina dispuesto a cumplir lo que siempre había dicho: de La Moneda no me sacarán vivo. Sus hijas, Isabel y Tati, quien entonces estaba embarazada, corrieron junto a su padre. Pronto se regó la mala noticia y acudieron al Palacio ministros, secretarios, empleados, médicos de confianza, algunos periodistas y amigos, una pequeña multitud que daba vueltas por los salones sin saber qué hacer, improvisando tácticas de batalla, trancando puertas con muebles de acuerdo a las confusas instrucciones de los guardaespaldas del Presidente. Voces apremiantes sugirieron que había llegado la hora de llamar al pueblo a una manifestación multitudinaria en defensa del Gobierno, pero Allende calculó que habría millares de muertos. Entretanto intentaba disuadir a los insurrectos por medio de mensajeros y llamadas telefónicas, porque ninguno de los generales alzados se atrevió a enfrentarlo cara a cara. Los guardias recibieron órdenes de sus superiores de retirarse porque también los carabineros se habían plegado al Golpe, el Presidente los dejó ir pero les exigió que le entregaran sus armas. El Palacio quedó desvalido y las grandes puertas de madera con remaches de hierro forjado fueron cerradas por dentro. Poco después de las nueve de la mañana Allende comprendió que toda su habilidad política no alcanzaría para desviar el rumbo trágico de ese día, en verdad los hombres encerrados en el antiguo edificio colonial estaban solos, nadie iría a su rescate, el pueblo estaba desarmado y sin líderes. Ordenó que salieran las mujeres y sus guardias repartieron armas entre los hombres, pero muy pocos sabían usarlas. Al tío Ramón le habían llegado las noticias a la Embajada en Buenos Aires y logró hablar por teléfono con el Presidente. Allende se despidió de su amigo de tantos años: *no renunciaré, saldré de La Moneda sólo cuando termine mi período presidencial, cuando el pueblo me lo exija, o muerto.* Entretanto las unidades militares a lo largo y ancho del país caían una a una en manos de los golpistas y en los cuarteles comenzaba la purga entre aquellos que permanecieron

214

leales a la Constitución, los primeros fusilados de ese día vestían uniforme. El Palacio estaba rodeado de soldados y tanques, se oyeron unos disparos aislados y luego una balacera cerrada que perforó los gruesos muros centenarios e incendió muebles y cortinas en el primer piso. Allende salió al balcón con un casco y un fusil, y disparó un par de ráfagas, pero pronto alguien lo convenció de que eso era una locura y lo obligó a entrar. Se acordó una breve tregua para sacar a las mujeres y el Presidente pidió a todos que se rindieran, pero pocos lo hicieron, la mayoría se atrincheró en los salones del segundo piso, mientras él se despedía con un abrazo de las seis mujeres que aún permanecían a su lado. Sus hijas no querían abandonarlo, pero a esa hora ya se había desencadenado el fin y por orden de su padre las sacaron a viva fuerza. En la confusión salieron a la calle y caminaron sin que nadie las detuviera, hasta que un automóvil las recogió y las condujo a lugar seguro. Tati nunca se repuso del dolor de esa separación y de la muerte de su padre, el hombre que más amó en su vida, y tres años más tarde, desterrada en Cuba, le encargó sus hijos a una amiga y sin despedirse de nadie se mató de un tiro. Los generales, que no esperaban tanta resistencia, no sabían cómo actuar y no deseaban convertir a Allende en héroe, le ofrecieron un avión para que se fuera con su familia al exilio. Se equivocaron conmigo, traidores, fue su respuesta. Entonces le anunciaron que comenzaría el bombardeo aéreo. Quedaba muy poco tiempo. El Presidente se dirigió por última vez al pueblo a través de la única emisora de radio que aún no estaba en manos de los militares insurrectos. Su voz era tan pausada y firme, sus palabras tan determinadas, que esa despedida no parece el postrer aliento de un hombre que va a morir, sino el saludo digno de quien entra para siempre en la historia. *Seguramente Radio Magallanes será acallada y el metal tranquilo de mi voz no llegará a ustedes. No importa. Lo seguirán oyendo. Siempre estaré junto a ustedes. Por lo menos mi recuerdo será el de un hombre digno, que fue leal a la lealtad de los trabajadores..... Tienen la fuerza, podrán avasallarnos, pero no se detienen los procesos sociales ni con el crimen ni con la fuerza. La historia es nuestra y la hacen los pueblos.... Trabajadores de mi patria: tengo fe en Chile y su destino. Superarán otros hombres este momento gris y amargo donde la traición pretende imponerse. Sigan ustedes sabiendo que mucho más temprano que tarde se abrirán las grandes alamedas por donde pase el hombre libre para construir una sociedad mejor. ¡Viva Chile! ¡Viva el pueblo! ¡Vivan los trabajadores!*

Los bombarderos volaron como pájaros fatídicos sobre el palacio de La Moneda lanzando su carga con tal precisión, que los explosivos entraron por las ventanas y en menos de diez minutos ardía toda un ala del edificio, mientras desde la calle los tanques disparaban gas lacrimógeno. Simultáneamente otros aviones y tanques atacaban la residencia presidencial en el barrio alto. El fuego y el humo envolvieron el primer piso del palacio y comenzaron a invadir los salones del segundo, donde Salvador Allende y unos cuantos de sus seguidores aún se mantenían atrincherados. Había cuerpos tirados por todas partes, algunos heridos desangrándose rápidamente. Los sobrevivientes, ahogados por el humo y los gases, no lograban hacerse oír por encima del ruido de la balacera, los aviones y las bombas. La tropa de asalto del Ejército entró por los boquetes del incendio, ocupó la planta baja en llamas y ordenó con altavoces a los ocupantes que bajaran por una escalera exterior de piedra que daba a la calle. Allende comprendió que toda resistencia acabaría en una masacre y ordenó a su gente que se rindiera, porque serían más útiles al pueblo vivos que muertos. Se despidió de cada uno con un firme apretón de manos, mirándolos a los ojos. Salieron en fila india con los brazos en alto. Los soldados los recibieron a culatazos y patadas, los lanzaron rodando y abajo terminaron de aturdirlos a golpes antes de arrastrarlos a la calle, donde quedaron tendidos de boca en el pavimento, mientras la voz de un oficial enloquecido amenazaba con pasarles por encima con los tanques. El Presidente permaneció con el fusil en la mano junto a la bandera chilena rota y ensangrentada del Salón Rojo en ruinas. Los soldados irrumpieron con las armas listas. La versión oficial es que se puso el cañón del arma en la barbilla, disparó y el tiro le destrozó la cabeza.

Ese martes inolvidable salí de mi casa rumbo a la oficina como cada mañana, Michael partió también y supongo que poco más tarde los niños se fueron caminando al colegio con sus bolsones a la espalda, sin saber que las clases estaban suspendidas. A las pocas cuadras me llamó la atención que las calles estaban casi desiertas, se veían algunas dueñas de casa desconcertadas frente a las panaderías cerradas y unos cuantos trabajadores a pie con el paquete de su almuerzo bajo el brazo porque no pasaban buses, sólo circulaban vehículos militares, entre los cuales mi coche pintado con flores y angelotes parecía una burla. Nadie me detuvo. No disponía de radio para oír noticias, pero aunque la hubiera tenido, toda información ya estaba censurada. Pensé pasar a saludar al Tata, tal vez él sabía qué diablos estaba ocurriendo, pero no quise molestarlo tan temprano. Seguí hacia la oficina con la sensación de haberme perdido entre las páginas de unos de esos libros de ciencia ficción que tanto me gustaban en la adolescencia, la ciudad parecía congelada en un cataclismo de otro mundo. Encontré la puerta de la editorial cerrada con cadena y candado; a través de un vidrio el conserje me hizo señas de que me fuera, era un hombre detestable que espiaba al personal para dar cuenta de la menor falta. Así es que esto es un Golpe Militar, pensé, y di media vuelta para ir a tomar una taza de café con la Abuela Hilda y comentar los acontecimientos. En eso escuché los helicópteros y poco después los primeros aviones que pasaban rugiendo a baja altura.

La Abuela Hilda estaba en la puerta de su casa mirando la calle con aire desolado y apenas vio acercarse el auto pintarrajeado que tan bien conocía, corrió a mi encuentro con las malas noticias. Temía por su marido, un abnegado profesor de francés, que había salido muy temprano a su trabajo y ella no había vuelto a saber de él. Tomamos café con tostadas tratando de comunicarnos con él por teléfono, pero nadie contestaba. Hablé con la Granny que nada sospechaba y con los niños que jugaban tranquilos, la situación no me pareció alarmante y se me ocurrió que podía pasar la mañana cosiendo con la Abuela Hilda, pero ella estaba inquieta. El colegio donde enseñaba su marido quedaba en pleno centro, a pocas cuadras del palacio de La Moneda, y por la única radio que aún daba noticias ella se había enterado que ese sector estaba tomado por los golpistas. Hay disparos, están matando gente, dicen que no hay que salir a la calle por las balas perdidas, me llamó una amiga que vive en el centro y dice que se ven muertos, heridos y camiones repletos de detenidos, parece que hay toque de queda ¿sabes lo que es eso? balbuceaba la Abuela Hilda. No, no lo sabía. Aunque su angustia me pareció exagerada, mal que mal yo había circulado sin que nadie me molestara, me ofrecí para ir a buscar a su esposo. Cuarenta minutos más tarde estacioné frente al colegio, entré por la puerta entreabierta y tampoco allí vi a nadie, patios y aulas estaban silenciosos. Salió un viejo portero arrastrando los pies y me indicó con un gesto dónde estaba mi amigo. ¡No puede ser, se alzaron los milicos! repetía incrédulo. En una sala de clases encontré al profesor sentado frente al pizarrón, con una ruma de papeles sobre la mesa, una radio encendida y la cara entre las manos, sollozando. Escucha, dijo. Así es como oí las últimas palabras del Presidente Allende. Después subimos al piso más alto del edificio, desde donde se vislumbraban los techos de La Moneda, y esperamos sin saber qué, porque ya no había noticias, todas las emisoras transmitían himnos marciales. Cuando vimos pasar los aviones volando muy bajo, oímos el estruendo de las bombas y se elevó una gruesa columna de humo hacia el cielo, nos pareció que estábamos atrapados en un mal sueño. No podíamos creer que se atrevieran a atacar La Moneda, corazón de la democracia chilena. ¿Qué será del compañero Allende? preguntó mi amigo con la voz quebrada. No se rendirá jamás, dije. Entonces comprendimos por fin el alcance de la tragedia y el peligro que corríamos, nos despedimos del portero, quien se negó a abandonar su puesto, nos subimos a mi automóvil y partimos en dirección al barrio alto por calles laterales, evitando a los soldados. No me explico cómo llegamos sin inconvenientes hasta su casa ni cómo hice todo el trayecto hasta la mía, donde me esperaba Michael muy inquieto y los niños felices por esas vacaciones inesperadas.

A media tarde supe por una llamada confidencial que Salvador Allende había muerto.

Las líneas estaban sobrecargadas y las comunicaciones internacionales prácticamente interrumpidas, pero logré llamar a mis padres a Buenos Aires para darles la terrible noticia. Ya lo sabían, la censura que teníamos en Chile no corría para el resto del mundo. El tío Ramón puso la bandera a media asta en señal de duelo y de inmediato presentó a la Junta Militar su renuncia indeclinable. Con mi madre hicieron un inventario riguroso de cuantos bienes públicos contenía la residencia y dos días después entregaron la Embajada. Así terminaron para ellos treinta y nueve años de carrera diplomática; no estaban dispuestos a colaborar con la Junta, prefirieron la incertidumbre y el anonimato. El tío Ramón tenía cincuenta y siete años y mi madre cinco menos, ambos sentían el corazón roto, su país había sucumbido a la insensatez de la violencia, su familia estaba dispersa, sus hijos lejos, los amigos muertos o en exilio, se encontraban sin trabajo y con pocos recursos en una ciudad extranjera, donde ya se presentía también el horror de la dictadura y el comienzo de lo que después se llamó la *Guerra Sucia*. Se despidieron del personal, que les demostró cariño y respeto hasta el último momento, y cogidos de la mano salieron con la cabeza en alto. En los jardines había una multitud gritando las consignas de la Unidad Popular, miles de jóvenes y viejos, de hombres, mujeres y niños llorando la muerte de Salvador Allende y sus sueños de justicia y libertad. Chile se había convertido en un símbolo.

El terror comenzó ese mismo martes al amanecer, pero algunos no lo supieron hasta varios días más tarde, otros se demoraron mucho más en aceptarlo y, a pesar de todas las evidencias, un puñado de privilegiados pudo ignorarlo durante diecisiete años y lo niega hasta el día de hoy. Los cuatro generales de las Fuerzas Armadas y Carabineros aparecieron en televisión explicando los motivos del Pronunciamiento Militar, como llamaron al Golpe, mientras flotaban decenas de cadáveres en el río Mapocho, que cruza la ciudad, y millares de prisioneros se amontonaban en cuarteles, prisiones y nuevos campos de concentración organizados en pocos días a lo largo de todo el país. El más violento de los generales de la Junta parecía el de la Aviación, el más insignificante el de Carabineros, el más gris un tal Augusto Pinochet del cual pocos habían oído hablar. Nadie sospechó en esa primera aparición pública, que ese hombre con aspecto de abuelo bonachón se tornaría en aquella figura siniestra de lentes oscuros, con el pecho tapizado de insignias y capa de emperador prusiano que dio la vuelta al mundo en reveladoras fotografías. La Junta Militar impuso toque de queda por muchas horas, sólo personal de las Fuerzas Armadas podía circular por las calles. En ese tiempo allanaron los edificios de Gobierno y de la administración pública, bancos, universidades, industrias, asentamientos campesinos y poblaciones completas en busca de los partidarios de la Unidad Popular. Políticos, periodistas, intelectuales y artistas de izquierda fueron tomados presos en el acto, dirigentes obreros fueron fusilados sin trámite, no alcanzaban las prisiones para tantos detenidos y habilitaron escuelas y estadios deportivos. Estábamos sin noticias, la televisión transmitía dibujos animados y las radios tocaban marchas militares, a cada rato promulgaban nuevos bandos con las órdenes del día y volvían a verse en las pantallas los cuatro generales golpistas, con el escudo y la bandera de la patria como telón de fondo. Explicaron a la ciudadanía el Plan Zeta, según el cual el Gobierno derrocado tenía una interminable lista negra con miles de personas de la oposición que pensaba masacrar en los próximos días en un genocidio sin precedentes, pero ellos se habían adelantado para evitarlo. Dijeron que la patria estaba en manos de asesores soviéticos y guerrilleros cubanos, y que Allende, borracho, se había suicidado de vergüenza no sólo por el fracaso de su gestión, sino sobre todo porque las honorables Fuerzas Armadas habían desenmascarado sus depósitos de armamento ruso, su despensa llena de pollos, su corrupción, sus robos y sus bacanales, como demostraban una serie de fotografías pornográficas que por decencia no se podían exhibir. Por prensa, radio y televisión conminaron a cientos de personas a entregarse en el Ministerio de Defensa y algunos incautos lo hicieron de buena fe y lo pagaron muy caro. Mi hermano Pancho figuraba entre ellos y se salvó porque andaba en misión diplomática en Moscú, donde quedó atrapado con su familia por varios años. La casa del Presidente fue tomada por asalto, después de haber sido bombardeada, y hasta la ropa de la familia fue expuesta al pillaje. Los vecinos y los soldados se llevaron de recuerdo los objetos personales, los documentos más íntimos y las obras de arte que los Allende habían coleccionado a lo largo de sus vidas. En las poblaciones obreras la represión fue implacable, en el país entero hubo ejecuciones sumarias, innumerables prisioneros, desaparecidos y torturados, no había dónde esconder a tantos perseguidos ni cómo alimentar a los millares de familias sin trabajo. ¿Cómo surgieron de pronto tantos delatores, colaboradores, torturadores y asesinos? Tal vez estuvieron siempre allí y no supimos verlos. Tampoco podíamos explicarnos el odio feroz de la tropa que provenía de los sectores sociales más bajos y ahora martirizaba a sus hermanos de clase.

La viuda, las hijas y algunos colaboradores cercanos de Salvador Allende se refugiaron en la Embajada de México. Al día siguiente del Golpe Militar, Tencha salió con un salvoconducto, escoltada por militares, para enterrar secretamente a su marido en una tumba anónima. No le permitieron ver su cadáver. Poco después partió con sus hijas al exilio en México, donde fueron recibidas con honores por el Presidente y amparadas generosamente por todo el pueblo. El destituido General Prats, quien se negó a respaldar a los golpistas, fue sacado de Chile y llevado a Argentina entre gallos y medianoche porque contaba con un sólido prestigio entre las filas y temían que encabezara una posible división de las Fuerzas Armadas, pero esa idea no se le pasó nunca por la mente. En Buenos Aires llevó una vida retirada y modesta, contaba con muy pocos amigos, entre ellos mis padres, estaba separado de sus hijas y temía por su vida. Encerrado en su apartamento empezó a escribir calladamente las amargas memorias de los últimos tiempos.

Al día siguiente del Golpe un bando militar dio orden de poner la bandera en todos los techos para celebrar la victoria de los valientes soldados, que tan heroicamente defendían la civilización cristiano-occidental contra la conspiración comunista. Un jeep se detuvo ante nuestra puerta para averiguar por qué no cumplíamos la orden. Michael y yo explicamos mi parentesco con Allende, estamos de duelo, si quiere ponemos la bandera a media asta con una cinta negra, dijimos. El oficial se quedó pensando un rato y como no tenía instrucciones al respecto, se fue sin mayores comentarios. Habían comenzado las delaciones y esperábamos que en cualquier momento habría un llamado acusándonos de quizás qué crímenes, pero no fue así, tal vez el cariño que la Granny inspiraba en el barrio lo impidió. Michael se enteró que había un grupo de trabajadores atrapados en uno de sus edificios en construcción, no alcanzaron a salir en la mañana y luego no pudieron hacerlo por el toque de queda, estaban incomunicados y sin alimentos. Avisamos a la Granny, quien se las arregló para cruzar la calle agazapada y acudir junto a sus nietos, sacamos provisiones de nuestra despensa y, tal como habían indicado por la radio para casos de emergencia, salimos en el automóvil avanzando con lentitud de tortuga, con un pañuelo blanco enarbolado en un palo y las ventanas abiertas. Nos detuvieron cinco veces y siempre le exigían a Michael que se bajara, revisaban bruscamente el destartalado Citroën y luego nos permitían continuar. A mí nada me preguntaron, ni siquiera me vieron, y pensé que el espíritu protector de la Memé me había cubierto con un manto de invisibilidad, pero después comprendí que en la idiosincrasia militar las mujeres no cuentan, salvo como botín de guerra. Si hubieran examinado mis documentos y visto mi apellido, tal vez no habríamos entregado nunca el canasto de alimento. En esa oportunidad no sentimos miedo porque aún desconocíamos los mecanismos de la represión y creíamos que bastaba con explicar que no pertenecíamos a ningún partido político para estar fuera de peligro, la verdad se nos reveló muy pronto, cuando se levantó el toque de queda y pudimos comunicarnos.

En la editorial despidieron de inmediato a quienes habían tenido alguna participación activa en la Unidad Popular; yo quedé en la mira. Delia Vergara, pálida pero firme, anunció lo mismo que había dicho tres años antes: nosotros seguimos trabajando como siempre. Sin embargo esta vez era diferente, varios de sus colaboradores habían desaparecido y la mejor periodista del equipo andaba enloquecida tratando de esconder a su hermano. Tres meses después ella misma debió asilarse y terminó refugiada en Francia, donde ha vivido durante más de veinte años. Las autoridades reunieron a la prensa para comunicar las normas de estricta censura bajo la cual se debía operar, no sólo había temas prohibidos, también había palabras peligrosas, como *compañero*, que fue borrada del vocabulario, y otras que debían usarse con extrema prudencia, como pueblo, sindicato, asentamiento, justicia, trabajador y muchas más identificadas con el lenguaje de la izquierda. La palabra democracia sólo se podía emplear acompañada de un adjetivo: democracia condicionada, autoritaria y hasta totalitaria. Mi primer contacto directo con la censura fue una semana más tarde, cuando apareció en los kioskos la revista juvenil que yo dirigía con una ilustración en la portada de cuatro feroces gorilas y en su interior un largo reportaje sobre esos animales. Las Fuerzas Armadas lo consideraron una alusión directa a los cuatro generales de la Junta. Preparábamos las páginas a color con dos meses de anticipación, cuando la idea de un Golpe Militar todavía era bastante remota, fue una rara coincidencia que los gorilas estuvieran en la tapa de la revista justamente en ese momento. El dueño de la editorial, que había regresado en su avión privado apenas se aplacó un poco el caos de los primeros días, me despidió y nombró otro director, el mismo hombre que poco después logró convencer a la Junta Militar de cambiar los mapas, volteando los continentes para que la benemérita patria apareciera a la cabeza de la página y no en el culo, poniendo el sur arriba y extendiendo las aguas territoriales hasta Asia. Perdí mi trabajo de directora y muy pronto perdería también mi puesto en la revista femenina, tal como le ocurriría al resto del equipo porque a los ojos de los militares el feminismo resultaba tan subversivo como el marxismo. Los soldados cortaban a tijeretazos los pantalones de las mujeres en la calle, porque a su juicio sólo los machos pueden llevarlos, las melenas de los hombres fueron consideradas indicio de mariconería, y las barbas rapadas porque se temía que tras ellas se ocultaran comunistas. Habíamos vuelto a los tiempos de la autoridad masculina incuestionable. Bajo las órdenes de una nueva directora, la revista dio un brusco viraje y quedó convertida en una réplica exacta de docenas de otras publicaciones frívolas para mujeres. El dueño de la empresa volvió a fotografiar sus bellas adolescentes.

La Junta Militar terminó por decreto con huelgas y protestas, devolvió la tierra a los antiguos patrones y las minas a los norteamericanos, abrió el país a los negocios y al capital extranjero, vendió los milenarios bosques nativos y la fauna marítima a compañías japonesas y estableció el sistema de suculentas comisiones y corrupción como una forma de Gobierno. Surgió una nueva casta de jóvenes ejecutivos educados en las doctrinas del capitalismo puro, que circulaban en motos cromadas y manejaban los destinos de la patria con despiadada frialdad. En nombre de la eficiencia económica los generales frigorizaron la historia, combatieron la democracia como una *«ideología foránea»* y la reemplazaron por una doctrina de *«ley y orden»*. Chile no fue un caso aislado, pronto la larga noche del totalitarismo habría de extenderse por toda América Latina.

SEGUNDA PARTE
Mayo-Diciembre 1992

Ya no escribo para que cuando mi hija despierte no esté tan perdida, porque no despertará. Estas páginas no tienen destinatario, Paula nunca podrá leerlas...

¡No! ¿Por qué repito lo que otros dicen si en verdad no lo creo? La han descartado entre los irrecuperables. Daño cerebral, me dijeron... Después de ver los últimos exámenes, el neurólogo me llevó a su oficina y con toda la suavidad posible me mostró las placas contra la luz, dos grandes rectángulos negros donde la excepcional inteligencia de mi hija queda reducida a una inservible mancha oscura. Su lápiz me señaló los caminos enmarañados del cerebro mientras explicaba las consecuencias terribles de esas sombras y esas líneas.

—Paula tiene daño severo, no hay nada que hacer, su mente está destruida. No sabemos cuándo ni cómo se produjo, puede haber sido causado por pérdida de sodio, falta de oxígeno o exceso de drogas, pero también se puede atribuir al proceso devastador de la enfermedad.

—¿Quiere decir que puede quedar mentalmente retardada?

—El pronóstico es muy malo, en el mejor de los casos alcanzaría un nivel de desarrollo infantil.

—¿Qué significa eso?

—No puedo decirlo en esta etapa, cada caso es diferente.

—¿Podrá hablar?

—No lo creo. Lo más probable es que tampoco pueda caminar. Será siempre una inválida —añadió mirándome con tristeza por encima de los lentes.

—Aquí hay un error. ¡Tiene que repetir esos exámenes!

—Me temo que ésta es la realidad, Isabel.

—¡Usted no sabe lo que está diciendo! ¡Nunca vio a Paula sana, no sospecha cómo es mi hija! Es brillante, la más inteligente de la familia, siempre la primera en todo lo que emprende. Su espíritu es indomable. ¿Usted cree que se dará por vencida? ¡Jamás!

—Lo lamento mucho... —murmuró tomándome las manos, pero ya no lo oía. Su voz me llegaba desde muy lejos mientras el pasado completo de Paula surgía ante mí en rápidas imágenes. La vi en todas sus edades: recién nacida, desnuda y con los ojos abiertos, mirándome con la misma expresión alerta que tuvo hasta el último instante de su vida consciente; dando sus primeros pasos con la seriedad de una pequeña maestra; escondiendo sigilosa las botellas tristes de su abuela; a los diez años, bailando como una marioneta enloquecida los ritmos de la televisión, y a los quince, recibiéndome con un abrazo forzado y ojos duros cuando volví a casa, después de la aventura fracasada con un amante cuyo nombre no puedo recordar; con el pelo hasta la cintura en la última fiesta del colegio y después con toga y birrete de graduación. La vi como un hada envuelta en los encajes albos de su traje de novia, y con su blusa verde de algodón y sus gastadas zapatillas de piel de conejo, doblada de dolor, con la cabeza en mis rodillas, cuando la enfermedad ya la había golpeado. Esa tarde, hace exactamente cuatro meses y veintiún días, todavía hablábamos de una gripe y discutíamos con Ernesto la tendencia de Paula a exagerar sus males para llamar nuestra atención. Y la vi en esa madrugada fatídica, cuando empezó a morirse en mis brazos vomitando sangre. Aparecieron esas visiones como fotografías desordenadas y sobrepuestas en un tiempo muy lento e inexorable en el cual todos nos movíamos pesadamente, como si estuviéramos en el fondo del mar, incapaces de dar un salto de tigre para detener en seco la rueda del destino que giraba rápida hacia la fatalidad. Durante casi cincuenta años he toreado la violencia y el dolor, confiada en la protección que me otorga el sol de la buena suerte que llevo en la espalda, pero en el fondo siempre sospeché que tarde o temprano me caería encima el zarpazo de la desgracia. Nunca imaginé, sin embargo, que el golpe sería en uno de mis hijos. Oí de nuevo la voz del neurólogo.

—Ella no se da cuenta de nada, créamelo, su hija no sufre.

—Sí sufre y está asustada. Me la llevaré a mi casa en California lo antes posible.

—Aquí está cubierta por la Seguridad Social, en Estados Unidos la medicina es un robo. Además el viaje es muy arriesgado, Paula aún no retiene bien el sodio, no controla presión y temperatura, tiene dificultad respiratoria; no es conveniente moverla en esta etapa, tal vez no resista el viaje. En España hay un par de instituciones donde pueden cuidarla bien, ella no echará de menos a nadie, no reconoce, ni siquiera sabe dónde está.

—¿No entiende que nunca la dejaré? Ayúdeme, doctor, cueste lo que cueste, tengo que llevármela...

Cuando miro hacia atrás el largo trayecto de mi vida, creo que el Golpe Militar de Chile fue una de esas encrucijadas dramáticas que cambiaron mi rumbo. En unos años más tal vez recordaré el día de ayer como otra tragedia que marcó mi existencia. Nada volverá a ser como antes para mí. Me aseguran que no hay remedio para Paula, pero no lo creo, la trasladaré a los Estados Unidos, allá podrán ayudarnos. Willie consiguió lugar para ella en una clínica, lo único que falta es convencer a Ernesto que la deje ir, él no puede cuidarla y jamás la pondremos en un asilo; encontraré la forma de viajar con Paula, no es el primer enfermo grave que se transporta; me la llevaré, aunque tenga que robarme un avión.

Nunca había estado tan bella la bahía de San Francisco, con un millar de botes navegando con sus velas multicolores desplegadas para celebrar el inicio de la primavera, la gente en pantalones cortos trotando por el puente del Golden Gate y las montañas verdes porque ha llovido al fin después de seis años de sequía. No se habían visto árboles tan frondosos ni cielos tan azules en mucho tiempo, el paisaje nos recibió vestido de fiesta, como un saludo. Terminó el largo invierno de Madrid. Antes de partir llevé a Paula a la capilla, que estaba en penumbra y solitaria, como casi siempre lo está, pero llena de lirios para la Virgen por el Día de la Madre. Coloqué la silla de ruedas frente a esa estatua de madera ante la cual mi madre tanto llanto derramó durante los cien días de su pesadumbre, y encendí una vela en celebración a la vida. Mi madre le pedía a la Virgen que envolviera a Paula en su manto y la protegiera del dolor y de la angustia, que si pensaba llevársela por lo menos no la hiciera sufrir más. Yo le pedí a la Diosa que nos ayudara a llegar a California sanos y salvos, que nos ampare en la segunda etapa que comienza y nos dé fortaleza para recorrerla. Paula, con la cabeza inclinada y los ojos fijos en el suelo, totalmente espástica, comenzó a llorar y sus lágrimas caían una a una, como las notas de un ejercicio de piano. ¿Qué entenderá mi hija? A veces pienso que quiere decirme algo, creo que quiere decirme adiós...

Fuimos con Ernesto a preparar su maleta. Entré a ese pequeño apartamento limpio, ordenado, preciso, donde fueron tan felices por tan corto tiempo, y como siempre me impactó la sencillez franciscana en que vivían. En sus veintiocho años en este mundo Paula alcanzó una madurez que otros nunca logran, comprendió cuán efímera es la existencia y se desprendió de casi todo lo material, más preocupada por las inquietudes del alma. A la tumba iremos envueltas en una sábana ¿para qué te afanas tanto? me dijo una vez en una tienda de ropa, cuando quise comprarle tres blusas. Fue lanzando por la borda hasta las últimas hilachas de vanidad, no quería adornos, nada innecesario o superfluo; en su mente clara sólo había espacio y paciencia para lo esencial. Ando buscando a Dios y no lo encuentro, me dijo poco antes de caer en coma. Ernesto puso en un bolso algo de ropa, unas cuantas fotografías de su luna de miel en Escocia, sus viejas zapatillas de piel de conejo, el azucarero de plata que heredó de la Granny, y la muñeca de trapo —ya sin lanas en la peluca y medio tuerta— que le hice cuando nació y que ella siempre llevaba consigo como una apolillada reliquia. En un canasto quedaron las cartas que le he escrito en estos años y que, como mi madre, ella guardaba ordenadas por fechas. Sugerí eliminarlas de una vez, pero mi yerno dijo que un día ella se las pediría. El apartamento quedó barrido por un viento desolado; el 6 de diciembre Paula salió de allí rumbo al hospital y no regresó más. Su espíritu vigilante estaba presente cuando disponíamos de sus pocas cosas y metíamos mano en su intimidad. De pronto Ernesto cayó de rodillas, abrazado a mi cintura, sacudido por los sollozos que había reprimido en esos largos meses. Creo que en ese momento asumió por completo su tragedia y comprendió que su mujer no volvería nunca más a ese piso de Madrid, partió a otra dimensión, dejándole sólo el recuerdo de la belleza y la gracia que lo enamoraron.

—¿Será que nos hemos amado demasiado, que Paula y yo consumimos como glotones toda la felicidad a que teníamos derecho? ¿Es que nos tragamos la vida? Tengo reservado un amor incondicional para ella, pero parece que ya no lo necesita —me dijo.

—Lo necesita más que nunca, Ernesto, pero ahora más me necesita a mí porque tú no puedes cuidarla.

—No es justo que tú cargues sola con esta tremenda responsabilidad. Ella es mi mujer...

—No estaré sola, cuento con una familia. Además tú puedes venir también, mi casa es tuya.

—¿Qué pasará si no logro conseguir trabajo en California? No puedo vivir allegado bajo tu ala. Tampoco quiero separarme de ella...

—En una carta Paula me contó que cuando apareciste en su vida todo cambió, se sintió completa. Me dijo que a veces, cuando ustedes estaban con otra gente, medio aturdidos por el ruido de las conversaciones cruzadas, les bastaba una mirada para decirse cuánto se querían. El tiempo se congelaba y se establecía un espacio mágico en el cual sólo ella y tú existían. Tal vez así será de ahora en adelante, a pesar de la distancia el amor de ustedes vivirá intacto en un compartimiento separado, más allá de la vida y la muerte.

En el último momento, antes de cerrar definitivamente la puerta, me entregó un sobre sellado con cera. Escrito con la inconfundible letra de mi hija decía: *Para ser abierto cuando yo muera.*

—Hace algunos meses, en plena luna de miel, Paula despertó una noche gritando —me contó—. No sé lo que soñaba, pero debe haber sido algo muy inquietante porque no pudo volver a dormir, escribió esta carta y me la entregó. ¿Crees que debemos abrirla?

—Paula no ha muerto, Ernesto...

—Entonces guárdala tú. Cada vez que veo este sobre siento una garra aquí en el pecho.

Adiós Madrid... Atrás quedó el corredor de los pasos perdidos donde di varias veces la vuelta al mundo, el cuarto de hotel y las sopas de lentejas. Abracé por última vez a Elvira, Aurelia y los demás amigos del hospital que lloraban al despedirse, a las monjas, que me dieron un rosario bendito por el Papa, a los sanadores que acudieron por última vez a aplicar su arte de campanas tibetanas y al neurólogo, único médico que estuvo a mi lado hasta el final, preparando a Paula y consiguiendo firmas y permisos para que la línea aérea aceptara trasladarla. Tomé varios asientos de primera clase, instalé una camilla, oxígeno y los aparatos necesarios, contraté una enfermera especializada y llevé a mi hija en una ambulancia hasta el aeropuerto, donde la esperaban para conducirnos directamente al avión. Iba dormida con unas gotas que el doctor me dio en el último instante. La peiné con media cola atada con un pañuelo, como a ella le gustaba, y con Ernesto la vestimos por primera vez en esos largos meses, le pusimos una falda mía y un chaleco de él porque al buscar en su closet apenas había dos bluyines, unas cuantas blusas y un chaquetón imposibles de colocar en su cuerpo rígido.

El viaje entre Madrid y San Francisco fue un safari de más de veinte horas, alimentando a la enferma gota a gota, controlando sus signos vitales y sumiéndola en un sopor piadoso con las gotas prodigiosas cuando se inquietaba. Sucedió hace menos de una semana, pero ya he olvidado los detalles, apenas recuerdo que estuvimos un par de horas en Washington, donde nos aguardaba un funcionario de la Embajada de Chile para agilizar la entrada a los Estados Unidos. La enfermera y Ernesto se ocuparon de Paula, mientras yo corría por el aeropuerto con el equipaje, los pasaportes y los permisos, que los funcionarios timbraron sin hacer preguntas a la vista de esa pálida muchacha desmayada en una camilla. En San Francisco nos recogió Willie en una ambulancia y una hora después llegamos a la Clínica de Rehabilitación, donde un equipo de médicos recibió a Paula, que venía con la tensión muy baja, mojada de sudor frío. Celia, Nicolás y mi nieto nos esperaban en la puerta; Alejandro corrió a saludarme trastabillando en sus piernecitas torpes y con los brazos extendidos, pero debe haber percibido la tremenda calamidad en el aire, porque se detuvo a medio camino y retrocedió asustado. Nicolás había seguido los detalles de la enfermedad día a día a través del teléfono, pero no estaba preparado para lo que vio. Se inclinó sobre su hermana y la besó en la frente, ella abrió los ojos y por un momento pareció fijarle la mirada. ¡Paula, Paula! murmuró mientras le corrían lágrimas por la cara. Celia, muda y aterrada, protegiendo con los brazos al bebé en su barriga, desapareció detrás de una columna, en el rincón menos iluminado de la sala.

Esa noche Ernesto se quedó en la clínica y yo partí a la casa con Willie. No había estado allí en muchos meses y me sentí extranjera, como si nunca antes hubiera cruzado ese umbral ni visto esos muebles o esos objetos que alguna vez compré con entusiasmo. Todo estaba impecable y mi marido había cortado sus mejores rosas para llenar los jarrones. Vi nuestra cama con el baldaquín de batista blanca y los grandes cojines bordados, los cuadros que me han acompañado por años, mi ropa ordenada por colores en el closet, y me pareció todo muy bonito, pero completamente ajeno, mi hogar era todavía la sala común del hospital, el cuarto del hotel, el pequeño apartamento desnudo de Paula. Sentí que nunca había estado en esa casa, que mi alma había quedado olvidada en el corredor de los pasos perdidos y tardaría un buen tiempo en encontrarla. Pero entonces Willie me abrazó apretadamente y me llegaron su calor y su olor a través de la tela de la camisa, me envolvió la inconfundible fuerza de su lealtad y presentí que lo peor había pasado, de ahora en adelante no estaba sola, a su lado tendría valor para soportar las peores sorpresas.

Ernesto pudo quedarse en California sólo por cuatro días y debió volar de vuelta a su trabajo. Está negociando un traslado a los Estados Unidos para permanecer cerca de su mujer.

–Espérame, amor, regresaré pronto y ya no volveremos a separarnos, te lo prometo. Ánimo, no te des por vencida –le dijo besándola antes de partir.

Por las mañanas a Paula le hacen ejercicios y la someten a complicadas pruebas, pero por las tardes hay tiempo libre para estar con ella. Los médicos parecen sorprendidos por la excelente condición de su cuerpo, su piel está sana, no se ha deformado ni ha perdido flexibilidad en las articulaciones, a pesar de la parálisis. Los improvisados movimientos que yo le hacía son los mismos que ellos practican, mis férulas con libros y vendas elásticas son parecidas a las que aquí le han fabricado a medida, los golpes en la espalda para ayudarla a toser y las gotas de agua para humedecer la traqueotomía tienen el mismo efecto que estas sofisticadas máquinas respiratorias. Paula ocupa una pieza individual llena de luz, con una ventana que da a un patio de geranios; hemos puesto fotografías de la familia en las paredes y música suave, tiene un televisor donde le mostramos plácidas imágenes de agua y bosque. Mis amigas trajeron lociones aromáticas y la frotamos con aceite de romero por la mañana para estimularla, de lavanda por la noche para adormecerla, de rosas y camomila para refrescarla. Viene a diario un hombre con largas manos de ilusionista a darle masajes japoneses y se turnan para atenderla media docena de terapeutas, unos trabajan con ella en el gimnasio y otros intentan comunicarse mostrándole cartones con letras y dibujos, tocando instrumentos y hasta poniéndole limón o miel en la boca, por si reacciona con los sabores. Acudió también un especialista en porfiria, de los pocos que existen, esta rara condición a nadie interesa; algunos la conocen de referencia porque dicen que en Inglaterra hubo un rey con fama de loco que en realidad era porfírico. Leyó los informes del hospital de España, la examinó y determinó que el daño cerebral no es producto de la enfermedad, posiblemente hubo un accidente o un error en el tratamiento.

Hoy sentamos a Paula en una silla de ruedas, sostenida por almohadones en la espalda, y la sacamos a pasear por los jardines de la clínica. Hay un sendero ondulante entre matas de jazmines salvajes cuyo olor es tan penetrante como el de sus lociones. Esas flores me traen la presencia de la Granny, es mucha casualidad que Paula esté rodeada de ellas. Le pusimos un sombrero de alas anchas y anteojos oscuros para protegerla del sol y así ataviada parecía casi normal. Nicolás empujaba la silla, mientras Celia, que ya está muy pesada, y yo, con Alejandro en brazos, los observábamos desde lejos. Nicolás había cortado unos jazmines, se los había puesto a su hermana en la mano y le hablaba como si ella pudiera contestarle. ¿Qué le diría? También yo le hablo todo el tiempo, por si tuviera instantes de lucidez y en uno de esos destellos lográramos comunicarnos, cada amanecer le repito que está en el verano de California junto a su familia y le digo la fecha para que no flote a la deriva fuera del tiempo y del espacio; por las noches le cuento que ha terminado otro día, que es hora de soñar y le soplo al oído una de esas dulces oraciones en inglés de la Granny, con las cuales se crió. Le explico lo que le pasó, que soy su madre, que no tenga miedo porque de esta prueba saldrá fortalecida, que en los momentos más desesperados, cuando todas las puertas se cierran y nos sentimos atrapados en un callejón sin salida, siempre se abre un resquicio inesperado por donde podemos asomarnos. Le recuerdo las épocas más difíciles de terror en Chile y de soledad en el exilio, que fueron también los tiempos más importantes de nuestras vidas, porque nos dieron impulso y fuerza.

A menudo me he preguntado, como miles de otros chilenos, si hice bien en escapar de mi país durante la dictadura, si tenía derecho a desarraigar a mis hijos y arrastrar a mi marido a un futuro incierto en un país extranjero, o si hubiera sido preferible quedarnos tratando de pasar desapercibidos, pero esas preguntas no tienen respuesta. Las cosas se dieron inexorablemente, como en las tragedias griegas; la fatalidad estaba ante mis ojos, pero no pude evitar los pasos que conducían a ella.

El 23 de septiembre de 1973, doce días después del Golpe Militar, murió Pablo Neruda. Estaba enfermo y los tristes acontecimientos de esos días acabaron con sus ganas de vivir. Agonizó en su cama de Isla Negra mirando sin ver el mar que se estrellaba contra las rocas bajo su ventana. Matilde, su esposa, había establecido un círculo hermético a su alrededor para que no entraran noticias de lo que estaba sucediendo en el país, pero de alguna manera el poeta se enteró de los millares de presos, supliciados y muertos. Le destrozaron las manos a Víctor Jara, fue como matar a un ruiseñor, y dicen que él cantaba y cantaba y eso los enardecía aún más; qué es lo que pasa, se han vuelto todos locos, murmuraba con la vista extraviada. Comenzó a ahogarse y se lo llevaron en una ambulancia a una clínica de Santiago, mientras llegaban cientos de telegramas de varios Gobiernos del mundo ofreciendo asilo político para el poeta del Premio Nobel; algunos embajadores fueron personalmente a convencerlo de partir, pero él no quería estar lejos de su tierra en esos tiempos de cataclismo. No puedo abandonar a mi pueblo, no puedo huir, prométame que usted tampoco se irá, le pidió a su mujer y ella se lo prometió. Las últimas palabras de ese hombre que le cantó a la vida fueron: los van a fusilar, los van a fusilar. La enfermera le colocó un calmante, se durmió profundamente y no volvió a despertar. La muerte le dejó en los labios la sonrisa irónica de sus mejores días, cuando se disfrazaba para divertir a los amigos. En ese mismo instante en una celda del Estadio Nacional torturaban salvajemente a su chofer para arrancarle quién sabe qué inútil confesión sobre ese viejo y pacífico poeta. Lo velaron en su casa azul del Cerro San Cristóbal, allanada por la tropa que la dejó en ruinas; esparcidos por todas partes quedaron pedazos de sus figuras de cerámica, sus botellas, sus muñecas, sus relojes, sus cuadros, lo que no pudieron llevarse lo rompieron y lo quemaron. Corría agua y barro por el suelo cubierto de vidrios rotos, que al pisarlos producían un sonido de cloquear de huesos. Matilde pasó la noche en medio del estropicio sentada en una silla junto al ataúd del hombre que compuso para ella los más hermosos versos de amor, acompañada por los pocos amigos que se atrevieron a cruzar el cerco policial en torno a la casa y desafiar el toque de queda. Lo enterraron al día siguiente en una tumba prestada, en un funeral erizado de ametralladoras bordeando las calles por donde pasó el magro cortejo. Pocos pudieron estar con él en su último trayecto, sus amigos estaban presos o escondidos y otros temían las represalias. Con mis compañeras de la revista desfilamos lentamente con claveles rojos en las manos gritando «¡Pablo Neruda! ¡Presente, ahora y siempre!» ante las miradas enardecidas de los soldados, todos iguales bajo sus cascos de guerra, las caras pintadas para no ser reconocidos y las armas temblando en sus manos. A medio camino alguien gritó «¡Compañero Salvador Allende!» y todos contestamos en una sola voz «¡Presente, ahora y siempre!». Así el entierro del poeta sirvió también para honrar la muerte del Presidente, cuyo cuerpo yacía en una tumba anónima en un cementerio de otra ciudad. Los muertos no descansan en sepulcros sin nombre, me dijo un viejo que marchaba a mi lado. Al volver a casa escribí la carta diaria a mi madre describiendo el funeral; permaneció guardada junto a otras y ocho años más tarde me la entregó y pude incluirla casi textualmente en mi primera novela. También se lo conté a mi abuelo, quien me escuchó con los dientes apretados hasta el final y luego, cogiéndome por los brazos con sus zarpas de hierro, me gritó que para qué diablos había ido al cementerio, si no me daba cuenta de lo que estaba pasando en Chile, y por amor a mis hijos y por respeto a él, que ya no estaba para pasar esas angustias, me cuidara. ¿No era suficiente aparecer en televisión con mi apellido? ¿Para qué me exponía? Ésas no eran cosas de mi incumbencia.

—Se ha desatado el mal, Tata.

—¡De qué mal me habla! Son cosas de su imaginación, el mundo siempre ha sido igual.

—¿Será que negamos la existencia del mal porque no creemos en el poder del bien?

—¡Prométame que se va a quedar callada en su casa! —me exigió.

—No puedo prometer eso, Tata.

Y en verdad no podía, ya era tarde para tales promesas. Dos días después del Golpe Militar, apenas se levantó el toque de queda de las primeras horas, me vi atrapada sin saber cómo en esa red que se formó de inmediato para ayudar a los perseguidos.

Supe de un joven extremista de izquierda a quien era necesario esconder; había escapado de una emboscada con un tiro en una pierna y sus perseguidores pisándole los talones. Logró refugiarse en el garaje de un amigo, donde a medianoche un médico de buena voluntad le extrajo la bala y le hizo las primeras curaciones. Se volaba de fiebre a pesar de los antibióticos, no era posible mantenerlo más tiempo en ese lugar y tampoco se podía pensar en llevarlo a un hospital, donde sin duda lo habrían detenido. En esas condiciones no resistiría un viaje de esfuerzo para cruzar la frontera por los pasos cordilleranos del sur, como hacían algunos, su única posibilidad era asilarse, pero sólo la gente bien relacionada —personajes de la política, periodistas, intelectuales y artistas conocidos— podía entrar a las embajadas por la puerta ancha, los pobres diablos, como él y miles de otros, estaban desamparados. Yo no sabía muy bien qué significaba asilo, sólo había escuchado esa palabra en el himno nacional, que ahora sonaba irónico: *o la patria será de los libres, o el asilo contra la opresión*, pero el caso me pareció de novela y sin pensarlo dos veces me ofrecí para ayudarlo sin medir el riesgo, porque en ese momento nadie sabía cómo opera el terror, todavía nos regíamos por los principios de la normalidad. Decidí evitar rodeos y me dirigí a la Embajada de Argentina, estacioné mi automóvil lo más cerca posible y caminé hacia la entrada con el corazón arrebatado, pero el paso firme. A través de la reja se veían las ventanas del edificio con ropa colgada y gente asomada gritando. La calle era un hervidero de soldados, había una tanqueta frente a la puerta y nidos de ametralladoras. Apenas me aproximé me encañonaron dos fusiles. ¿Qué hay que hacer para asilarse aquí? pregunté. ¡Sus documentos! ladraron los soldados al unísono. Entregué mi carnet de identidad, me cogieron por los brazos y me condujeron a una caseta de guardia junto a la puerta, donde había un oficial a quien le repetí la pregunta procurando disimular el temblor de la voz. El hombre me miró con tal expresión de sorpresa, que los dos nos sonreímos. Estoy aquí justamente para evitar que se asilen, replicó, estudiando el apellido en mis documentos. Después de una pausa eterna dio orden de retirarse a los otros y quedamos solos en el pequeño espacio de la caseta. A usted la he visto en televisión... seguro que esto es un reportaje, dijo. Fue amable, pero terminante: mientras él estuviera a cargo nadie se asilaría en esa Embajada, no como en la de México, allí la gente se metía cuando le daba la gana, todo era cuestión de hablar con el mayordomo. Entendí. Me devolvió mis papeles, nos despedimos con un apretón de manos, me advirtió que no me metiera en líos, y me fui directamente a la Embajada de México, donde ya había cientos de asilados, pero la hospitalidad azteca alcanzaba para uno más.

Pronto me enteré que algunas poblaciones marginales estaban cercadas por el ejército, en otras el toque de queda regía la mitad del día; había mucha gente pasando hambre. Los soldados entraban con tanques, rodeaban las casas y obligaban a salir a todo el mundo; a los hombres de catorce años para arriba los conducían al patio de la escuela o a la cancha de fútbol, que por lo general era sólo un sitio vacío con unas rayas de tiza, y después de golpearlos metódicamente a la vista de las mujeres y los niños, sorteaban a varios y se los llevaban. Unos cuantos regresaban contando pesadillas y mostrando huellas de tortura; los cuerpos destrozados de otros eran arrojados de noche en los basurales, para que los demás conocieran la suerte de los subversivos. En ciertos vecindarios había desaparecido la mayoría de los hombres, las familias estaban desamparadas. Me tocó juntar alimentos y dinero para ollas comunes organizadas por la Iglesia para dar un plato caliente a los niños más pequeños. El espectáculo de los hermanos mayores aguardando en la calle con el estómago vacío, en la esperanza de que sobraran unos panes, lo tengo para siempre grabado en la memoria. Adquirí audacia para pedir; mis amistades se negaban en el teléfono y creo que se escondían apenas me veían aparecer. Calladamente, mi abuelo me daba cuanto podía, pero no deseaba saber qué hacía yo con su dinero. Asustado, se atrincheró frente al televisor entre las paredes de su casa, pero las malas nuevas entraban por las ventanas, brotaban como musgo por los rincones, era imposible evitarlas. No sé si el Tata tenía tanto miedo porque sabía más de lo que confesaba o porque sus ochenta años de experiencia le habían enseñado las infinitas posibilidades de la maldad humana. Para mí fue una sorpresa descubrir que el mundo es violento y predatorio, regido por la ley implacable de los más fuertes. La selección de la especie no ha servido para que florezca la inteligencia o evolucione el espíritu, a la primera oportunidad nos destrozamos unos a otros como ratas prisioneras en una caja demasiado estrecha.

Me puse en contacto con un sector de la Iglesia Católica que en cierta forma me reconcilió con la religión, de la cual me había alejado por completo hacía quince años. Hasta entonces sabía de dogmas, ritos, culpa y pecados, del Vaticano que regía los destinos de millones de fieles en el mundo, y de la Iglesia oficial, siempre partidaria de los poderosos, a pesar de sus encíclicas sociales. Había oído vagamente de la Teología de la Liberación y movimientos de curas obreros, pero no conocía la Iglesia militante, los miles y miles de cristianos dedicados a servir a los más necesitados en la humildad y el anonimato. Ellos constituyeron la única organización capaz de ayudar a los perseguidos a través de la Vicaría de la Solidaridad, creada para ese fin por el Cardenal en los primeros días de la dictadura. Un grupo numeroso de sacerdotes y monjas habrían de arriesgar sus vidas durante diecisiete años para salvar las de otros y denunciar los crímenes. Fue un cura quien me indicó los caminos más seguros para el asilo político. Algunas de las personas que ayudé a saltar un muro terminaron en Francia, Alemania, Suecia, Canadá o los países escandinavos, que recibieron centenares de refugiados chilenos. Una vez lanzada en esa dirección fue imposible retroceder, porque un caso llevaba a otro y a otro más, y así me comprometí en actividades clandestinas, escondiendo o transportando gente, pasando información que otros conseguían sobre los torturados o los desaparecidos y cuyo destino final era Alemania, donde se publicaba, y grabando entrevistas con víctimas para llevar un registro de lo que sucedía en Chile, tarea que varios periodistas asumieron en esos tiempos. No sospechaba entonces que ocho años más tarde usaría ese material para escribir dos novelas. Al principio no medí el peligro y actuaba en pleno día, en el bullicio del centro de Santiago, en un verano caliente y un otoño dorado; no fue hasta mediados de 1974 cuando me di cuenta de los riesgos. Sabía tan poco sobre los mecanismos del terror, que tardé mucho en percibir los signos premonitorios; nada indicaba que existiera un mundo paralelo en las sombras, una cruel dimensión de la realidad. Me sentía invulnerable. Mis motivaciones no eran heroicas, ni mucho menos, sólo compasión por esa gente desesperada y, debo admitirlo, una atracción irresistible por la aventura. En los momentos de mayor peligro recordaba el consejo del tío Ramón en la noche de mi primera fiesta: *acuérdate que los demás tienen más miedo que tú...*

En esa época de incertidumbre se reveló el verdadero rostro de las personas; los dirigentes políticos más combativos fueron los primeros en sumirse en el silencio o escapar del país, en cambio otra gente que había llevado existencias sin bulla, demostraron un extraordinario valor. Tenía un buen amigo, psicólogo sin trabajo que se ganaba la vida como fotógrafo en la revista, un hombre suave y algo ingenuo con quien compartíamos domingos familiares con los niños y a quien jamás antes había oído hablar de política. Yo lo llamaba Francisco, aunque su nombre era otro, y nueve años después me sirvió de modelo para el protagonista de *De amor y de sombra*. Estaba relacionado con grupos religiosos porque su hermano era sacerdote-obrero y a través de él se enteró de las atrocidades que se cometían en el país; varias veces se expuso por ayudar a otros. En paseos secretos al Cerro San Cristóbal, donde pensábamos que nadie podía oírnos, me contaba las noticias. En algunas ocasiones colaboré con él y en otras debí actuar sola. Había diseñado un sistema bastante torpe para el primer encuentro, que por lo general era el único: nos poníamos de acuerdo en la hora, yo pasaba muy lentamente en torno a la Plaza Italia en mi inconfundible vehículo, captaba una breve seña, me detenía un instante y alguien subía rápidamente al automóvil. Nunca supe los nombres ni las historias que ocultaban esos pálidos semblantes y esas manos temblorosas, porque la consigna era intercambiar el mínimo de palabras, me quedaba con un beso en la mejilla y las gracias murmuradas a media voz y no volvía a saber más de esa persona. Cuando había niños era más difícil. Supe de un bebé que introdujeron a una Embajada a reunirse con sus padres, dopado con un somnífero y escondido al fondo de un canasto con lechugas para burlar la vigilancia de la puerta.

Michael conocía mis actividades y nunca se opuso, aunque se tratara de ocultar a alguien en la casa. Serenamente me advertía los riesgos, algo extrañado porque a mí me caían tantos casos en las manos, mientras que él rara vez se enteraba de algo. No lo sé, supongo que mi condición de periodista tuvo que ver con eso, andaba en la calle hablando con la gente, en cambio él circulaba entre empresarios, la casta que más se benefició durante la dictadura. Me presenté una vez al restaurante donde él almorzaba a diario con los socios de la compañía constructora, a explicarles que gastaban en una sola comida lo suficiente para alimentar veinte niños del comedor de los curas durante un mes, y les pedí que un día a la semana comieran un sandwich en la oficina y me dieran el dinero ahorrado. Un asombro glacial acogió mis palabras, hasta el mozo se detuvo petrificado con la bandeja en la mano, y todos los ojos se volvieron hacia Michael, supongo que se preguntaban qué clase de hombre era ése, incapaz de controlar la insolencia de su mujer. El director de la empresa se quitó los lentes, los limpió lentamente con su pañuelo y luego me escribió un cheque por diez veces la cantidad que le había pedido. Michael no volvió a almorzar con ellos y con ese gesto dejó clara su posición. Para él, criado en la rigidez de los sentimientos más nobles, resultaba difícil creer las historias de espanto que yo le contaba o imaginar que podíamos perecer todos, incluso los niños, si cualquiera de esos infelices que pasaban por nuestras vidas era detenido y confesaba en la tortura haber estado bajo nuestro techo. Nos llegaban rumores espeluznantes, pero mediante un misterioso mecanismo de la mente, que a veces se niega a ver lo obvio, los descartábamos como exageraciones, hasta que ya no fue posible seguir negándolos. Por las noches solíamos despertar sudando porque un carro se detenía en la calle durante el toque de queda, o porque sonaba el teléfono y nadie replicaba, pero a la mañana siguiente salía el sol, venían los niños y el perro a nuestra cama, preparábamos café y la vida empezaba de nuevo como si todo fuera normal. Pasaron meses antes que las evidencias fueran irrefutables y el miedo terminara por paralizarnos. ¿Cómo pudo cambiar todo tan súbita y totalmente? ¿Cómo se distorsionó la realidad de esa manera? Todos fuimos cómplices, la sociedad entera enloqueció. El Diablo en el espejo... A veces, cuando estaba sola en algún lugar secreto del Cerro San Cristóbal con algo de tiempo para pensar, volvía a ver el agua negra de los espejos de mi niñez donde Satanás aparecía de noche, y al inclinarme sobre el cristal comprobaba aterrada que el Mal tenía mi propio rostro. No estaba limpia, nadie lo estaba, dentro de cada uno de nosotros había un monstruo agazapado, todos teníamos un lado oscuro y malvado. Dadas las condiciones ¿podría yo también torturar y matar? Digamos, por ejemplo, que alguien le hiciera daño a mis hijos... ¿de cuánta crueldad sería capaz en ese caso? Los demonios habían escapado de los espejos y andaban sueltos por el mundo.

A finales del año siguiente, cuando el país estaba completamente sometido, se puso en práctica un sistema de capitalismo puro que principalmente favorecía a los empresarios, porque los trabajadores habían perdido sus derechos, y que sólo pudo implantarse mediante el empleo de la fuerza. No se trataba de la ley de oferta y demanda, como decían los jóvenes ideólogos de derecha, puesto que la fuerza laboral estaba reprimida y a merced de los patrones. Se terminaron las previsiones sociales que el pueblo había conseguido décadas antes, se abolió el derecho a reunión y a huelga, los dirigentes obreros desaparecían o eran asesinados. Las empresas, lanzadas en una carrera de competencia despiadada, exigían de sus trabajadores el máximo rendimiento por el mínimo de sueldo. Había tanta gente cesante haciendo cola frente a las puertas de las industrias para solicitar empleo, que se conseguía mano de obra a niveles de esclavitud. Nadie se atrevía a protestar porque en el mejor de los casos perdía el puesto, pero también podía ser acusado de comunista o de subversivo y terminar en una celda de tortura de la policía política. Se creó un aparente milagro económico a un gran costo social, no se había visto en Chile tanta exhibición desvergonzada de riqueza, ni tanta gente sobreviviendo en extrema pobreza. Michael, como gerente administrativo, tuvo que despedir a cientos de obreros; los llamaba a su oficina por lista para anunciarles que a partir del día siguiente no se presentaran al trabajo y explicarles que, de acuerdo a los nuevos reglamentos, habían perdido el derecho de cobrar desahucio. Sabía que cada uno de esos hombres tenía familia y le sería imposible conseguir otro empleo, ese despido equivalía a una sentencia irrevocable de miseria. Volvía a casa desmoralizado y triste, en pocos meses se encogió de hombros y se le llenó la cabeza de canas. Un día reunió a los socios de la empresa para decirles que las cosas estaban llegando a límites obscenos, que sus capataces ganaban el equivalente a tres litros de leche al día. Le contestaron con una risotada que no importaba porque «de todos modos esa gente no toma leche». Para entonces yo había perdido mi puesto en las dos revistas y grababa mi programa vigilada por un guardia con ametralladora en el estudio. No sólo la censura me impedía trabajar, pronto caí en cuenta que a la dictadura le convenía que alguien de la familia Allende hiciera humor por televisión, qué mejor prueba de normalidad en el país. Renuncié. Me sentía observada, el miedo me hacía pasar las noches en blanco, se me cubrió la piel de ronchas que rascaba hasta sangrar. Muchos de mis amigos partieron al extranjero, algunos desaparecieron y nadie volvió a mencionarlos, como si nunca hubieran existido. Una tarde me visitó un dibujante, a quien no había visto en meses, y a solas conmigo se quitó la camisa para mostrarme las cicatrices aún frescas. Le habían tallado a cuchillo en la espalda la A de Allende. Desde Argentina mi madre me imploraba que tuviera cuidado y no hiciera bulla para no provocar una desgracia. No podía olvidar las profecías de María Teresa Juárez, la vidente, y pensaba que tal como había ocurrido el baño de sangre anunciado por ella, también podía cumplirse esa condena de inmovilidad o parálisis que me había pronosticado. ¿No se trataría de años en prisión? Empecé a contemplar la posibilidad de irme de Chile, pero no me atreví a manifestarla en alta voz, porque me parecía que al ponerla en palabras podía echar a andar los engranajes de una máquina implacable de muerte y destrucción. Iba a menudo a vagar por los senderos del Cerro San Cristóbal, los mismos que muchos años antes recorría en los picnics familiares, me escondía entre los árboles para gritar con un dolor de lanzazo en el pecho; otras veces ponía una merienda y una botella de vino en un canasto y partía cerro arriba con Francisco, quien trataba inútilmente de ayudarme con sus conocimientos de psicólogo. Sólo con él podía hablar de mis actividades clandestinas, mis temores y los deseos inconfesables de escapar. Estás loca, replicaba, cualquier cosa es mejor que el exilio ¿cómo vas a dejar tu casa, tus amigos, tu patria?

Mis hijos y la Granny fueron los primeros en darse cuenta de mi estado de ánimo. Paula, quien entonces era una niña sabia de once años, y Nicolás, que tenía tres menos, comprendieron que a su alrededor cundía el miedo y la pobreza como un reguero incontenible. Se tornaron silenciosos y prudentes. Se enteraron que el marido de una maestra del colegio, un escultor que antes del Golpe Militar hizo un busto de Salvador Allende, fue detenido por tres hombres sin identificación que entraron a su taller a rompe y raja y se lo llevaron. Se desconocía su paradero y su mujer no se atrevía a mencionar aquella desgracia para no perder su empleo, era la época en que todavía se pensaba que si una persona desaparecía seguro era culpable. No sé cómo lo supieron mis hijos y esa noche hablaron conmigo. Habían ido a visitar a la maestra, que vivía a pocas cuadras de nuestra casa, y la encontraron arropada en chales y a oscuras, porque no podía pagar las cuentas de electricidad ni comprar parafina para las estufas, apenas le alcanzaba el sueldo para alimentar a sus tres hijos y había tenido que retirarlos de la escuela. Queremos darles nuestras bicicletas porque no tienen plata para el bus, me notificó Paula. Así lo hicieron y desde ese día sus tráficos misteriosos aumentaron, ya no sólo escondía botellas de su abuela y llevaba regalos a los ancianos de la residencia geriátrica, también acarreaba en su bolsón tarros de conserva y paquetes de arroz para la maestra. Meses más tarde, cuando el escultor regresó a su casa después de sobrevivir tortura y prisión, fabricó en hierro y bronce un Cristo en la Cruz y se lo regaló a los niños. Desde entonces Nicolás lo tiene siempre colgado en la pared junto a su cama.

Mis hijos nada repetían de lo que se hablaba en familia, tampoco mencionaban los desconocidos que a veces pasaban por la casa. Nicolás comenzó a mojar la cama por la noche, despertaba avergonzado, venía cabizbajo a mi pieza y me abrazaba, temblando. Debíamos prodigarle más cariño que nunca, pero Michael andaba agobiado por los problemas de sus obreros y yo vivía corriendo de un trabajo a otro, visitando poblaciones de pobres, escondiendo gente y con los nervios en ascuas; creo que ninguno de los dos pudimos ofrecer a los niños la seguridad o el consuelo que necesitaban. Entretanto a la Granny la desgarraban fuerzas opuestas, por un lado su marido celebraba la fanfarria de la dictadura y por otro nosotros le contábamos de la represión, su inquietud se transformó en pánico, su pequeño mundo estaba amenazado por fuerzas de huracán. Ten cuidado, me decía a cada rato sin saber ni ella misma a qué se refería, porque su mente se negaba a aceptar los peligros que su corazón de abuela le advertía. Su existencia entera giraba en torno a esos dos nietos. Mentiras, son todas mentiras del comunismo soviético para desprestigiar a Chile, le decía mi suegro cuando ella se refería a los funestos rumores que infectaban el aire. Tal como hicieron mis hijos, se acostumbró a callar sus dudas y evitar comentarios que pudieran atraer la desgracia.

Un año después del Golpe la Junta Militar hizo asesinar en Buenos Aires al General Prats porque creyó que desde allá el antiguo Jefe de las Fuerzas Armadas podía encabezar una rebelión de militares democráticos. También se temía que Prats publicara sus memorias revelando la traición de los generales; para entonces se había difundido la versión oficial de los acontecimientos del 11 de septiembre, justificando los hechos y exaltando hasta el heroísmo la imagen de Pinochet. Mensajes por teléfono y notas anónimas le habían advertido al General Prats que su vida estaba en peligro. El tío Ramón, de quien se sospechaba que guardaba copia de las memorias del General, también fue amenazado en los mismos días, pero en el fondo no lo creyó. Prats, en cambio, conocía bien los métodos de sus colegas y sabía que en Argentina empezaban a actuar los escuadrones de la muerte, que mantenían con la dictadura chilena un horrendo tráfico de cuerpos, prisioneros y documentos de identidad de los desaparecidos. Trató en vano de conseguir un pasaporte para abandonar ese país e irse a

Europa; el tío Ramón habló con el Embajador de Chile, antiguo funcionario que había sido su amigo por muchos años, para rogarle que ayudara al General desterrado, pero lo enredaron en promesas que nunca se cumplieron. Poco antes de la medianoche del 29 de septiembre de 1974 explotó una bomba en el automóvil de los Prats al llegar a su casa después de cenar con mis padres. La fuerza de la explosión lanzó trozos de metal ardiente a cien metros de distancia, desmembró al General y mató a su esposa en una hoguera de infierno. Minutos después se congregaron en el sitio de la tragedia periodistas chilenos que acudieron antes que la policía argentina, como si hubieran estado esperando el atentado a la vuelta de la esquina.

El tío Ramón me llamó a las dos de la madrugada para pedirme que avisara a las hijas de los Prats y anunciarme que había salido de su casa con mi madre y estaban escondidos en un lugar secreto. Al día siguiente tomé un avión rumbo a Buenos Aires en una extraña misión a ciegas, porque no sabía siquiera dónde ubicarlos. En el aeropuerto me salió al encuentro un hombre muy alto, me tomó de un brazo y me llevó casi a la rastra hacia un coche negro que aguardaba en la puerta. No temas, soy un amigo, me dijo en un español con fuerte acento alemán, y había tanta bondad en sus ojos azules, que le creí. Era un checoslovaco, representante de las Naciones Unidas, que estaba gestionando la forma de conducir a mis padres a terreno más seguro, donde el largo brazo del terror no los alcanzara. Me llevó a verlos a un apartamento del centro de la ciudad, donde los encontré serenos organizándose para escapar. Mira de lo que son capaces esos asesinos, hija, tienes que salir de Chile, me rogó una vez más mi madre. No tuvimos mucho tiempo para estar juntos, apenas alcanzaron a contarme lo ocurrido y darme sus disposiciones, ese mismo día el amigo checo logró sacarlos del país. Nos despedimos con un abrazo desesperado, sin saber si nos volveríamos a ver. Sigue escribiéndome todos los días y guarda las cartas hasta que exista una dirección donde enviármelas, dijo mi madre en el último instante. Protegida por el hombre alto de los ojos compasivos permanecí en esa ciudad para embalar muebles, pagar cuentas, devolver el apartamento que mis padres habían alquilado y obtener permisos para llevarme la perra suiza, a quien la bomba que estalló en la Embajada había dejado medio lunática. Ese animal acabó convertido en la única compañía de la Granny, cuando todos los demás tuvimos que abandonarla.

Pocos días más tarde en Santiago, en la residencia del Comandante en Jefe donde vivieron los Prats hasta que debieron renunciar al cargo, la mujer de Pinochet vio al General Prats a plena luz de día sentado a la mesa en el comedor, de espaldas a la ventana, iluminado por un sol tímido de primavera. Pasado el primer sobresalto, comprendió que era una visión de la mala conciencia y no le dio mayor importancia, pero en las semanas siguientes el fantasma del amigo traicionado volvió muchas veces, aparecía de cuerpo entero en los salones, bajaba pisando fuerte por la escalera y se asomaba por las puertas, hasta que su obstinada presencia se hizo intolerable. Pinochet hizo construir un gigantesco búnker rodeado por un muro de fortaleza capaz de protegerlo de sus enemigos vivos y muertos, pero los encargados de su seguridad descubrieron que era un blanco fácil para bombardearlo desde el aire. Entonces hizo reforzar los muros y blindar las ventanas de la casa embrujada, duplicó los guardias armados, instaló nidos de ametralladora a su alrededor y cerró la calle para que nadie pudiera acercarse. No sé cómo se las arregla el General Prats para burlar tanta vigilancia...

A mediados de 1975 la represión se había perfeccionado y yo caí víctima de mi propio terror. Temía usar el teléfono, censuraba las cartas a mi madre por si las abrían en el correo y media mis comentarios incluso en el seno de la familia. Amigos relacionados con los militares me habían advertido que mi nombre figuraba en las listas negras y poco después recibimos dos amenazas de muerte por teléfono. Sabía de gente dedicada a molestar por el gusto de sembrar pánico y tal vez no habría prestado oídos a esas voces anónimas, pero después de lo ocurrido a los Prats y la milagrosa escapada de mis padres, no me sentía segura. Una tarde de invierno fuimos con Michael y los niños al aeropuerto a despedir a unos amigos que, como tantos otros, habían optado por partir. Se habían enterado que en Australia ofrecían terrenos a los nuevos inmigrantes y decidieron tentar suerte como granjeros. Mirábamos el avión que partía, cuando una mujer desconocida se me acercó preguntando si yo era la de la televisión; insistía que la acompañara porque tenía algo que decirme en privado. Sin darme tiempo de reaccionar me haló del brazo en dirección al baño y una vez a solas extrajo de su cartera un sobre y me lo puso en las manos.

—Entrega esto, es un asunto de vida o muerte. Tengo que irme en el próximo avión, mi contacto no apareció y no puedo esperar más –dijo. Me hizo repetir la dirección dos veces, para estar segura de que la había memorizado, y luego partió corriendo.

—¿Quién era? –preguntó Michael cuando me vio salir del baño.

—No tengo idea. Me pidió que entregue esto, dijo que es muy importante.

—¿Qué es? ¿Por qué lo recibiste? Puede ser una trampa...

Todas esas preguntas y otras que se nos ocurrieron después nos dejaron buena parte de la noche sin dormir, no queríamos abrir el sobre porque era preferible no saber su contenido, no nos atrevíamos a llevarlo a la dirección que la mujer había indicado y tampoco podíamos destruirlo. En esas horas creo que Michael comprendió que yo no buscaba problemas, sino que éstos me salían al encuentro. Pudimos ver al fin cuánto se había distorsionado la realidad si un encargo tan sencillo como entregar una carta podía costarnos la vida y si el tema de la tortura y la muerte era parte de la conversación cotidiana, como algo plenamente aceptado. Al amanecer extendimos un mapa del mundo sobre la mesa del comedor para ver adónde ir. Para entonces la mitad de la población de América Latina vivía bajo una dictadura militar; con el pretexto de combatir al comunismo las Fuerzas Armadas de varios países se habían transformado en mercenarios de las clases privilegiadas y en instrumentos de represión para los más pobres. En la década siguiente los militares llevaron a cabo una guerra sin cuartel contra sus propios pueblos, murieron, desaparecieron y se exilaron millones de personas, no se había visto en el continente un movimiento tan vasto de masas humanas cruzando fronteras. Ese amanecer descubrimos con Michael que quedaban muy pocas democracias donde buscar refugio y que en varias de ellas, como México, Costa Rica o Colombia, ya no otorgaban visas para chilenos porque en el último año y medio habían emigrado demasiados. Apenas se levantó el toque de queda dejamos a los niños con la Granny, impartimos algunas instrucciones para el caso que no volviéramos, y fuimos a entregar el sobre a la dirección señalada. Tocamos el timbre de una casa vieja en una calle del centro, nos abrió un hombre vestido con bluyines y comprobamos con profundo alivio que llevaba un collarín de sacerdote. Reconocimos su acento belga porque habíamos vivido en ese país.

Después que huyeron de Argentina, el tío Ramón y mi madre se encontraron sin un lugar donde establecerse y durante meses debieron aceptar la hospitalidad de amigos en el extranjero, sin un sitio donde desempacar definitivamente sus maletas. En eso mi madre se acordó del venezolano que había conocido en el hospital geriátrico de Rumanía y siguiendo una corazonada buscó la tarjeta que había guardado todos esos años y lo llamó a Caracas para contarle en pocas palabras lo sucedido. Vente, chica, aquí hay espacio para todos, fue la respuesta inmediata de Valentín Hernández. Eso nos dio la idea de instalarnos en Venezuela, supusimos que era un país verde y generoso, donde contábamos con un amigo y podíamos quedarnos por un tiempo, hasta que cambiara la situación en Chile. Con Michael comenzamos a planear el viaje, debíamos alquilar la casa, vender los muebles y conseguir trabajo, pero todo se precipitó en menos de una semana. Ese miércoles los niños volvieron del colegio aterrorizados; unos desconocidos los habían agredido en la calle y después de amenazarlos les dieron un mensaje para mí: díganle a la puta de su madre que tiene los días contados.

Al día siguiente vi a mi abuelo por última vez. Lo recuerdo

como siempre en el sillón que le compré muchos años atrás en un remate, con su melena de plata y su bastón de campesino en la mano. Cuando joven debe haber sido alto, porque cuando estaba sentado todavía lo parecía, pero con la edad se le deformaron los pilares del cuerpo y se desmoronó como un edificio con las fundaciones falladas. No pude despedirme de él, no tuve valor para decirle que me iba, pero supongo que lo presintió.

—Tengo una inquietud desde hace mucho tiempo, Tata... ¿Alguna vez ha matado a un hombre?

—¿Por qué me hace esa pregunta tan descabellada?

—Porque usted tiene mal carácter —insinué, pensando en el cuerpo del pescador de boca sobre la arena, en los tiempos remotos de mis ocho años.

—Nunca me ha visto empuñar un arma ¿verdad? Tengo buenas razones para desconfiar de ellas —dijo el viejo—. Cuando era joven me desperté una madrugada con un golpe en la ventana de mi cuarto. Salté de la cama, tomé mi revólver y todavía medio dormido, me asomé y apreté el gatillo. Me despertó el ruido del balazo y entonces caí en cuenta, espantado, que había disparado contra unos estudiantes que volvían de una fiesta. Uno de ellos había tocado la persiana con el paragua. Gracias a Dios no lo maté, me libré por un pelo de asesinar a un inocente. Desde entonces las armas de caza están en el garaje. Hace muchos años que no las uso.

Era cierto. Colgando de un poste de su cama había unas boleadoras como las que usan los gauchos argentinos, dos bolas de piedra unidas por una larga tira de cuero, que él mantenía al alcance de la mano por si entraban a robar.

—¿Nunca usó las boleadoras o un garrote para matar a alguien? Alguno que lo ofendió o que le hizo daño a un miembro de su familia...

—No sé de qué diablos me está hablando, hija. Este país está lleno de asesinos, pero yo no soy uno de ellos.

Era la primera vez que se refería a la situación que vivíamos en Chile, hasta entonces se había limitado a escuchar en silencio y con los labios apretados las historias que yo le contaba. Se puso de pie con una sonajera de huesos y maldiciones, le costaba mucho caminar pero nadie se atrevía a mencionar en su presencia la posibilidad de una silla de ruedas, y me indicó que lo siguiera. Nada había cambiado en esa habitación desde los tiempos en que murió mi abuela, los muebles negros en la misma disposición, el reloj de torre y el olor de los jabones ingleses que guardaba en su armario. Abrió su escritorio con una llave que siempre llevaba en el chaleco, buscó en uno de los cajones, sacó una antigua caja de galletas y me la pasó.

—Esto era de su abuela, ahora es suyo —dijo con la voz quebrada.

—Tengo que confesarle algo, Tata...

—Va a decirme que me robó el espejo de plata de la Memé...

—¿Cómo supo que era yo?

—Porque la vi. Tengo el sueño liviano. Ya que tiene el espejo, bien puede quedarse con lo demás. Es todo lo que hay de la Memé, pero no necesito esas cosas para recordarla y prefiero que estén en sus manos, porque cuando me muera no quiero que las tiren a la basura.

—No piense en la muerte, Tata.

—A mi edad no se piensa en otra cosa. Seguro moriré solo, como un perro.

—Yo estaré con usted.

—Ojalá no se le olvide que me hizo una promesa. Si está pensando en irse a alguna parte, acuérdese que cuando llegue el momento tiene que ayudarme a morir con decencia.

—Me acuerdo, Tata, no se preocupe.

Al día siguiente me embarqué sola rumbo a Venezuela. No sabía que no volvería a ver a mi abuelo. Pasé las formalidades del aeropuerto con las reliquias de la Memé apretadas contra el pecho. La caja de galletas contenía los restos de una corona de azahares de cera, unos guantes infantiles de gamuza color del tiempo y un manoseado libro de oraciones con tapas de nácar. También llevaba una bolsita de plástico con un puñado de tierra de nuestro jardín, con la idea de plantar un nomeolvides en otra parte. El funcionario que revisó mi pasaporte vio los timbres de entradas y salidas frecuentes a la Argentina y mi carnet de periodista, y como supongo que no encontró mi nombre en su lista, me dejó salir. El avión se elevó a través de un colchón de nubes y minutos más tarde cruzaba los picos nevados de la cordillera de los Andes. Esas cimas blancas asomadas entre nubes invernales fueron la última imagen que tuve de mi patria. Volveré, volveré, repetía como una oración.

Andrea, mi nieta, nació en el cuarto de la televisión, en uno de los primeros días calientes de primavera. El apartamento de Celia y Nicolás queda en un tercer piso sin ascensor; no es práctico en caso de una emergencia, por eso escogieron nuestra planta baja para traer a la criatura al mundo, una pieza grande con ventanales asomados a la terraza, donde transcurre la vida cotidiana; en días claros pueden verse tres puentes de la bahía y en la noche titilan al otro lado del agua las luces de Berkeley. Celia se ha adaptado tanto al estilo de California, que decidió aplicar la *música del universo* hasta las últimas consecuencias, saltándose el hospital y los médicos para dar a luz en familia. Los primeros síntomas comenzaron a medianoche, al amanecer Celia se encontró de súbito bañada en aguas amnióticas y poco después se trasladaron a nuestra casa. Los vi aparecer con el aire ofuscado de las víctimas de catástrofes naturales, en chancletas, con una gastada bolsa negra con sus pertenencias y cargando a Alejandro en pijama y todavía medio dormido. El chiquillo no sospechaba que dentro de pocas horas tendría que compartir su espacio con una hermana y terminaría para siempre su reinado totalitario de hijo y nieto único. Un par de horas más tarde llegó la matrona, una mujer joven, dispuesta a correr el riesgo de trabajar a domicilio, manejando una camioneta cargada con los equipos de su oficio, y vestida de caminante con pantalones cortos y zapatillas de gimnasia. Se integró tan bien a la rutina familiar, que al poco rato estaba en la cocina preparando desayuno con Willie. Entretanto Celia paseaba sin perder nunca la calma apoyada en Nicolás, respirando corto cuando el dolor la doblaba, y descansando cuando la criatura en su vientre le daba tregua. Mi nuera lleva en las venas canciones secretas que marcan el ritmo de sus pasos cuando camina, durante las contracciones jadeaba y se mecía como si escuchara por dentro una irresistible tamborera venezolana. Hacia el final me pareció que en algunos momentos empuñaba las manos y un ramalazo de terror pasaba por sus ojos, pero enseguida su marido encontraba su mirada, le susurraba algo en la clave privada de los esposos y ella aflojaba la tensión. Así pasó el tiempo, vertiginoso para mí y muy lento para ella, que soportó esa prueba sin un quejido, calmantes ni anestesia. Nicolás la sostuvo, mi humilde participación consistió en ofrecerle hielo picado y jugo de manzana, y la de Willie en entretener a Alejandro, mientras desde una distancia prudente la partera seguía los acontecimientos sin intervenir y yo recordaba mi propia experiencia cuando nació Nicolás, tan diferente a ésta. Desde el instante en que crucé el umbral del hospital perdí mi sentido de identidad y pasé a ser un paciente sin nombre, sólo un número. Me desnudaron, me entregaron una bata abierta en la espalda y me llevaron a un sitio aislado, donde fui sometida a algunas humillaciones adicionales y luego quedé sola. De vez en cuando alguien exploraba entre mis piernas, mi cuerpo se había convertido en una sola caverna palpitante y adolorida; pasé un día, una noche y buena parte del día siguiente en esa laboriosa tarea, cansada y medio muerta de miedo, hasta que finalmente me anunciaron que se acercaba el desenlace y me llevaron a un pabellón. De espaldas sobre una mesa metálica, con los huesos convertidos en ceniza y cegada por las luces, me abandoné al sufrimiento. Ya nada dependía de mí, el bebé braceaba por salir y mis caderas se abrían para ayudarlo sin intervención de mi voluntad. Todo lo aprendido en los manuales y en los cursos previos no me sirvió de nada. Hay un momento en que el viaje iniciado no puede detenerse, rodamos hacia una frontera, pasamos a través de una puerta misteriosa y amanecemos al otro lado, en otra vida. El niño entra al mundo y la madre a otro estado de conciencia, ninguno de los dos vuelve a ser el mismo. Con Nicolás me inicié en el universo femenino, la cesárea anterior me había privado de un rito único que sólo las hembras de los mamíferos comparten. El proceso alegre de engendrar un niño, la paciencia de gestarlo, la fortaleza para traerlo a la vida y el sentimiento de profundo asombro en que culmina, sólo puedo compararlo al de crear un libro. Los hijos, como los libros, son viajes al interior de una misma en los cuales el cuerpo, la mente y el alma cambian de dirección, se vuelven hacia el centro mismo de la existencia.

El clima de tranquila alegría que reinaba en nuestra casa cuando nació Andrea en nada se parecía a mi angustia en ese pabellón de maternidad veinticinco años atrás. A media tarde Celia hizo una señal, Nicolás la ayudó a subir a la cama y en menos de un minuto se materializaron en la habitación los aparatos e instrumentos que la matrona traía en su camioneta. Esa muchacha en pantalones cortos pareció envejecer de súbito, le cambió el tono de voz y milenios de experiencia femenina se reflejaron en su cara pecosa. Lávese las manos y prepárese, que ahora le toca trabajar a usted, me dijo con un guiño. Celia se abrazó a su marido, apretó los dientes y empujó. Y entonces, en una oleada de sangre surgió una cabeza cubierta de pelo oscuro y un pequeño rostro aplastado y púrpura, que sostuve como un cáliz con una mano, mientras con la otra desprendía de un gesto rápido la cuerda azulada que envolvía el cuello. Con otro brutal empeño de la madre apareció el resto del cuerpo de mi nieta, un paquete ensangrentado y frágil, el·más extraordinario regalo. Con un sollozo abismal sentí en el centro de mí misma la experiencia sagrada de dar a luz, el esfuerzo, el dolor, el pánico y agradecí maravillada el valor heroico de mi nuera y el prodigio de su cuerpo sólido y su espíritu noble, hechos para la maternidad. A través de un velo me pareció ver a Nicolás emocionado, que tomaba a la criatura de mis manos para acomodarla sobre el regazo de su madre. Ella se irguió entre las almohadas, jadeando, mojada de sudor y transformada por una luz interior, indiferente por completo al resto de su cuerpo que seguía pulsando y sangrando, cerró los brazos en torno a su hija y, doblada sobre ella, le dio la bienvenida con una catarata de palabras dulces en un lenguaje recién inventado, besándola y olisqueándola como hacen todas las hembras, y se la puso al pecho en el gesto más antiguo de la humanidad. El tiempo se congeló en el cuarto y el sol se detuvo sobre las rosas de la terraza, el mundo retuvo el aliento para celebrar el prodigio de esa nueva vida. La matrona me pasó unas tijeras, corté el cordón umbilical y Andrea inició su destino separada de su madre. ¿De dónde viene esta pequeña? ¿Dónde estaba antes de germinar en el vientre de Celia? Tengo mil preguntas que hacerle, pero temo que cuando pueda contestarme ya habrá olvidado cómo era el cielo... Silencio antes de nacer, silencio después de la muerte, la vida es puro ruido entre dos insondables silencios.

Paula pasó un mes en la clínica de rehabilitación, terminaron de examinarla y medirla por dentro y por fuera y nos entregaron un informe demoledor. Michael vino de Chile y Ernesto también estaba aquí con un permiso especial de su trabajo. Consiguió que su oficina lo trasladara a Nueva York, al menos quedamos en el mismo país, a seis horas de distancia en caso de una emergencia y al alcance del teléfono cada vez que la tristeza nos derrote. No había estado con su mujer desde que la trajimos desde Madrid en aquel viaje de pesadilla y a pesar de que lo mantengo informado de cada detalle, le impresionó verla tan bella y tanto más ausente. Este hombre es como algunos árboles que aguantan vientos huracanados inclinándose, pero sin quebrarse. Llegó con regalos para Paula, entró apurado a su pieza, la tomó en brazos y la besó murmurando cuánto la echaba de menos y qué bonita se había puesto, mientras ella miraba fijamente al frente con sus grandes ojos sin luz, como una muñeca. Después se recostó a su lado para mostrarle fotografías de su luna de miel y recordarle los tiempos felices del año pasado, por último ambos se durmieron, como una pareja normal a la hora de la siesta. Ruego para que encuentre una mujer sana, de alma bondadosa como Paula, y sea feliz lejos de aquí, no debe permanecer atado a una enferma por el resto de su vida; pero todavía no puedo hablarle de eso, es demasiado pronto. Médicos y terapeutas que trataron a Paula reunieron a la familia y dieron su veredicto: su nivel de conciencia es nulo, no hay signos de cambio en estas cuatro semanas, no pudieron establecer ninguna comunicación con ella y lo más realista es suponer que se irá deteriorando. No volverá a hablar ni tragar, nunca podrá moverse por voluntad propia, es muy difícil que llegue a reconocer a alguien, aseguraron que la rehabilitación es imposible pero los ejercicios son necesarios para mantenerla flexible. Por último recomendaron colocarla en una institución para enfermos de este tipo, porque requiere cuidados permanentes y no puede estar sola ni un minuto. Un silencio largo siguió a las últimas palabras del informe. Al otro lado de la mesa estaban Nicolás y Celia con los niños en brazos y Ernesto con la cabeza entre las manos.

—Es importante decidir qué se hará en caso de neumonía u otra infección grave. ¿Optarán por tratamiento agresivo? —preguntó uno de los médicos.

Ninguno de nosotros entendió sus palabras.

—Si le administran dosis masivas de antibióticos, o la colocan en Cuidados Intensivos cada vez que eso ocurra, podrá vivir muchos años. Si no recibe tratamiento, morirá antes —explicó.

Ernesto levantó la cara y nuestros ojos se encontraron. Miré también a Nicolás y a Celia y sin vacilar ni ponerse de acuerdo, los tres me hicieron un gesto.

—Paula no volverá a la Unidad de Cuidados Intensivos, tampoco la torturaremos con nuevas transfusiones de sangre, drogas o exámenes dolorosos. Si su estado es grave, estaremos a su lado para ayudarla a morir —dije, con una voz tan firme, que no pude reconocer como mía.

Michael salió de la sala descompuesto y pocos días más tarde regresó a Chile. En ese instante quedó claro que mi hija volvía a mi regazo y sería sólo yo quien tendría la responsabilidad de su vida y tomaría las decisiones en el momento de su muerte. Las dos juntas y solas, como el día de su nacimiento. Sentí una oleada de fuerza que me sacudió el cuerpo como un corrientazo y comprendí que las vicisitudes de mi largo camino fueron una feroz preparación para esta prueba. No estoy derrotada, todavía me queda mucho por hacer, la medicina occidental no es la única alternativa para estos casos, voy a golpear otras puertas y recurrir a otros medios, incluso los más improbables, para salvarla. Desde el principio tuve la idea de llevarla a casa, por eso durante el mes que estuvo en la clínica de rehabilitación me entrené en sus cuidados y en el uso de los aparatos de fisioterapia. En menos de tres días conseguí el equipo necesario, desde una cama eléctrica hasta una grúa para movilizarla, y contraté cuatro mujeres de Centroamérica para que me ayuden en turnos de día y de noche. Entrevisté a quince postulantes y escogí las que me parecieron más cariñosas, porque ha terminado la etapa de la eficiencia y entramos a la del amor. Todas cargan con un pasado trágico, pero mantienen la frescura de una sonrisa maternal. Una de ellas tiene piernas y brazos marcados de navajazos; asesinaron a su marido en El Salvador y a ella la dejaron por muerta en un charco de sangre, con sus tres hijos pequeños. De algún modo logró arrastrarse hasta encontrar ayuda y poco después escapó del país, dejando a los niños con la abuela. Otra viene de Nicaragua, no ha visto a sus cinco hijos en muchos años, pero piensa traerlos uno a uno, trabaja y ahorra hasta el último centavo para reunirse con ellos algún día. El primer piso de la casa se convirtió en el reino de Paula, pero también sigue siendo el cuarto familiar, como lo era antes, donde están la televisión, la música y los juegos de los niños. En esa pieza nació Andrea hace apenas una semana y allí vivirá su tía por el tiempo que desee permanecer en este mundo. Por los ventanales asoman los geranios del verano y las rosas plantadas en barriles, compañeras leales de muchas épocas de infortunio. Nicolás pintó las paredes de blanco, rodeamos la cama con fotografías de sus años felices, parientes y amigos, y pusimos sobre una repisa su muñeca de trapo. Resulta imposible disimular los enormes aparatos que necesita, pero al menos la habitación es más acogedora que los cuartos de hospital donde ha vivido los últimos meses. Esa mañana asoleada en que mi hija llegó en una ambulancia, la casa pareció abrirse alegremente para acogerla. Durante la primera media hora todo fue actividad, ruido y afanes, pero de pronto ya no hubo más trajín, ella estaba instalada en su cama y las rutinas empezaban, la familia partió a sus quehaceres, quedamos las dos solas y entonces percibí el silencio y la calma de la casa en reposo. Me senté a su lado y le tomé la mano. El tiempo se arrastraba muy lento, pasaron las horas y vi cambiar el color de la bahía y luego se fue el sol y empezó a caer la oscuridad tardía de junio. Una gata grande con manchas pardas, que no había visto antes, entró por el ventanal abierto, dio unas vueltas por la habitación reconociendo el terreno y luego se subió de un salto a la cama y se echó a los pies de Paula. A ella le gustan los gatos, tal vez la llamó con el pensamiento para que le haga compañía. La carrera apresurada de la existencia ha terminado para mí, he entrado en el ritmo de Paula, el tiempo está quieto en los relojes. Nada que hacer. Dispongo de días, semanas, años junto a la cama de mi hija, haciendo hora sin saber qué espero. Sé que nunca volverá a ser la de antes, su mente se ha ido quién sabe adónde, pero su cuerpo y su espíritu están aquí. La inteligencia era su rasgo más deslumbrante, su bondad se descubría a la segunda mirada, me cuesta imaginar que su cerebro privilegiado está reducido a un nubarrón en una radiografía, que desaparecieron para siempre su inclinación al estudio, su sentido del humor, su memoria para los detalles más pequeños. Es como una planta, dijeron los médicos. La gata puede seducirme para que le dé comida y la deje dormir sobre la cama, pero mi hija no me reconoce y no puede siquiera apretarme la mano para indicar algo. He tratado de enseñarle a parpadear, una vez para sí, dos para no, pero es tarea inútil. Al menos la tengo aquí conmigo, a salvo en esta casa, protegida por todos nosotros. Nadie volverá a invadirla con agujas y sondas, de ahora en adelante sólo recibirá caricias, música y flores. Mi tarea es mantener su cuerpo sano y evitarle dolores, así su espíritu tendrá paz para cumplir el resto de su misión en la tierra. Silencio. Sobran horas para hacer nada. Tomo conciencia de mi cuerpo, de mi respiración, de la forma como mi peso se distribuye en la silla, la columna me sostiene y los músculos obedecen mis deseos. Decido, voy a tomar agua y mi brazo se levanta y coge el vaso con la fuerza y velocidad exactas; bebo y siento los movimientos de la lengua y los labios, el sabor fresco en la boca, el líquido frío bajando por la garganta. Nada de eso puede hacer mi pobre hija, si desea beber no puede pedirlo, debe esperar que otro adivine su necesidad y acuda a echarle agua con una jeringa por el tubo insertado en su estómago. No siente el alivio de la sed satisfecha, sus labios están siempre secos, apenas puedo humedecerlos un poco, porque si los mojo el líquido puede irse a los pulmones. Detenidas, las dos detenidas en este brutal paréntesis. Mis amigas me recomendaron a la doctora Cheri Forrester que tiene experiencia en pacientes terminales y fama de compasiva; la llamé y tuve la sorpresa que había leído mis libros y estaba dispuesta a ver a Paula en la casa. Es una mujer joven de ojos oscuros y expresión intensa, que me saludó con un abrazo y escuchó con el corazón abierto el relato de lo ocurrido.

—¿Qué quieres de mí? —me preguntó al final.

—Ayuda para mantener a Paula sana y cómoda; ayuda para el momento de su muerte, y ayuda para buscar otros recursos. Sé que los médicos no pueden hacer nada por ella, voy a intentar con medicina alternativa: santones, plantas, homeopatía, todo lo que pueda conseguir.

—Es lo mismo que haría yo si se tratara de mi hija, pero esos experimentos deben tener un límite. No puedes vivir de ilusiones y esas cosas aquí no son gratis. Paula puede permanecer en esta condición por muchos años, tienes que administrar bien tus fuerzas y recursos.

—¿Cuánto tiempo?

—Digamos tres meses. Si en ese plazo no hay resultados apreciables, te quedas tranquila.

—Está bien

Ella me presentó al doctor Miki Shima, un pintoresco acupuntor japonés, a quien tengo reservado como personaje para una novela, si es que vuelvo a escribir ficción. Se corrió la voz y pronto empezó un desfile de curanderos ofreciendo sus servicios: uno que vende colchones magnéticos para la energía, un hipnotista que graba cuentos al revés y se los hace oír a Paula con audífonos, una santa de la India que encarna a la Madre Universal, un apache que combina la sabiduría de sus bisabuelos con el poder de los cristales y un astrólogo que ve el futuro, pero sus visiones son tan confusas que pueden interpretarse de maneras contradictorias. A todos escucho procurando no alterar la comodidad de Paula. También hice un peregrinaje donde un famoso psíquico en Oregón, un caballero con el pelo teñido en una oficina llena de animales de peluche, quien sin moverse de su casa pudo examinar a la enferma con su tercer ojo. Recomendó una combinación de polvos y gotas bastante complicada de administrar, pero Nicolás, que es muy escéptico para estas cosas, comparó la receta con un frasco de Centrum, multivitamínico de uso corriente, y resultaron casi exactos. Ninguno de estos extraños doctores ha prometido devolver la salud a mi hija, pero tal vez puedan mejorar la calidad de sus días y lograr alguna forma de comunicación. Las cuidadoras me ofrecen también sus oraciones y remedios naturales; una de ellas consiguió agua bendita de una vertiente sagrada en México y se la administra con tanta fe, que tal vez suceda un milagro. El doctor Shima viene cada semana y nos levanta el ánimo, la revisa cuidadosamente, le pone sus delgadas agujas en las orejas y los pies y le receta homeopatía. A veces le acaricia el pelo como si fuera su hija y se le llenan los ojos de lágrimas, qué bonita es, me dice, si logramos mantenerla sana tal vez la ciencia descubra una manera de renovar las células dañadas y hasta de trasplantar cerebros ¿por qué no? Ni de vaina, doctor, le respondo, no le permitiré a nadie hacer experimentos de Frankenstein con Paula. Para mí trajo unas yerbas orientales cuya traducción exacta es «para la tristeza provocada por duelo o pérdida del amor» y supongo que gracias a ellas sigo funcionando con relativa normalidad. La doctora Forrester observa todo esto sin dar su opinión y cuenta los días en el calendario; tres meses, es todo, me recuerda en cada visita. También ella parece preocupada por mi salud, cree que estoy deprimida y agotada, y me ha recetado pastillas para dormir, advirtiéndome que no tome más de una porque pueden ser mortales.

Me hace bien escribir, a pesar de que a veces me cuesta hacerlo porque cada palabra es como una quemadura. Estas páginas son un viaje irrevocable por un largo túnel al cual no le veo salida, pero sé que debe haberla; imposible volver atrás, todo es cuestión de seguir avanzando paso a paso hasta el final. Escribo buscando una señal, esperando que Paula rompa su implacable silencio y me conteste sin voz en estas hojas amarillas, o tal vez lo hago sólo para sobreponerme al espanto y fijar las imágenes fugaces de la mala memoria. También me hace bien caminar. A media hora de la casa hay cerros y bosques tupidos donde voy a respirar profundo cuando me ahoga la angustia o me agobia el cansancio. El paisaje, verde, húmedo y algo sombrío, se parece al del sur de Chile, los mismos árboles centenarios, el aroma intenso de eucalipto, pino y menta salvaje, los riachuelos que en invierno se convierten en cascadas, gritos de pájaros y chillar de grillos. He descubierto un lugar solitario donde las copas vegetales forman una alta cúpula de catedral gótica y un hilo de agua se desliza con música propia entre las piedras. Allí me instalo escuchando el agua y el ritmo de la sangre en mis venas, tratando de respirar con calma y de volver a los límites de mi propia piel, pero no encuentro paz, se atropellan en mi mente las premoniciones y los recuerdos. En los momentos más difíciles del pasado buscaba también la soledad de un bosque.

Desde el momento en que crucé la cordillera que marca la frontera de Chile, todo empezó a ir mal y fue empeorando en los años siguientes. No lo sabía aún, pero había comenzado a cumplirse la profecía de la vidente argentina: tendría por delante muchos años de inmovilidad. No sería entre los muros de una celda o en una silla de ruedas, como imaginamos con mi madre, sino en el aislamiento del exilio. Perecieron las raíces de un solo hachazo y tardaría seis años en desarrollar otras plantadas en la memoria y en los libros que escribiría. Durante ese largo tiempo la frustración y el silencio serían mi cárcel. La primera noche en Caracas, sentada sobre una cama ajena en un cuarto sin adornos, mientras por un ventanuco entraba el bullicio incansable de la calle, saqué la cuenta de lo perdido y adiviné un largo camino de obstáculos y soledades. El impacto de la llegada fue como haber caído en otro planeta; venía del invierno, el orden aterrador de la dictadura y la pobreza generalizada, y llegué a un país caliente y anárquico en plena bonanza petrolera, una sociedad saudita donde el despilfarro llegaba a límites absurdos: se importaban de Miami hasta el pan y los huevos del día porque resultaba más cómodo que producirlos. En el primer periódico que cayó en mis manos me enteré de la fiesta de cumpleaños, con orquesta y champaña, de un perro faldero perteneciente a una dama de la alta sociedad, a la cual asistieron otros canes con sus amos vestidos de gala. Para mí, criada en la sobriedad de la casa del Tata, era difícil creer tanto exhibicionismo, pero con el tiempo no sólo me acostumbré, sino que aprendí a celebrarlo. La disposición a la parranda, el sentido del presente y la visión optimista de los venezolanos, que al principio me espantaban, fueron después las mejores lecciones de esa época. Me costó muchos años entender las reglas de esa sociedad y descubrir la forma de deslizarme sin demasiado roce en el terreno incierto del exilio, pero cuando finalmente lo conseguí me sentí libre de las cargas que había llevado sobre los hombros en mi país. Perdí el temor al ridículo, a las sanciones sociales, a «bajar de nivel», como llamaba mi abuelo a la pobreza y a mi propia sangre caliente. La sensualidad dejó de ser un defecto que debía ocultar por señorío y la acepté como un ingrediente fundamental de mi temperamento y más tarde de mi escritura. En Venezuela me curé de algunas heridas antiguas y de rencores nuevos, dejé la piel y anduve en carne viva hasta que me salió otra más resistente, allí eduqué a mis hijos, adquirí una nuera y un yerno, escribí tres libros y terminé con mi matrimonio. Cuando pienso en los trece años que pasé en Caracas siento una mezcla de incredulidad y alegría. Cinco semanas después de mi llegada, cuando fue evidente que el regreso a Chile a corto plazo era imposible, Michael se embarcó con los niños, dejando la casa cerrada con nuestras pertenencias dentro porque no pudo alquilarla. Tanta gente abandonaba el país en ese tiempo, que era más conveniente comprar una propiedad a precio de ganga que pagar renta; por lo demás la nuestra era una cabaña rústica sin más valor que el sentimental. Mientras permaneció desocupada rompieron las ventanas y se robaron su contenido, pero no lo supimos hasta un año después y para entonces ya no nos importaba. Esas cinco semanas separada de mis hijos fueron una pesadilla, todavía recuerdo con claridad fotográfica las caras de Paula y Nicolás cuando bajaron del avión de la mano de su padre y los recibió el vaho caliente y húmedo de aquel verano eterno. Venían vestidos de lana, Paula traía su muñeca de trapo bajo el brazo y Nicolás el pesado Cristo de hierro regalo de su maestra, me pareció más pequeño y delgado, después supe que en mi ausencia se negaba a comer. Pocos meses más tarde la familia completa logró reunirse gracias a las visas obtenidas con ayuda de Valentín Hernández, que no había olvidado la promesa hecha a mi madre en el hospital de Rumanía. Mis padres se instalaron dos pisos más arriba en el mismo edificio nuestro, y después de engorrosas gestiones mi hermano Pancho pudo salir con los suyos de Moscú rumbo a Venezuela. También Juan llegó con intención de quedarse, pero no pudo resistir el calor y el bochinche y se las arregló para partir a los Estados Unidos con una beca de estudiante. En Chile quedó la Granny agobiada por la soledad y la pena, de la noche a la mañana había perdido a los nietos que había criado y se encontró con la vida vacía, cuidando a un viejo que pasaba los días en cama frente a la televisión y a la neurótica perra suiza heredada de mi madre. Empezó a beber cada vez más y como ya no estaban los niños ante quienes guardar las apariencias, no se preocupaba de ocultarlo. Las botellas se acumulaban por los rincones, mientras su marido fingía no verlas, dejó prácticamente de comer y de dormir, pasaba las noches en vela con un vaso en la mano, balanceándose sin consuelo en la silla mecedora donde por años hizo dormir a los nietos en sus brazos. Los gusanos de la tristeza la fueron carcomiendo por dentro, perdió el color aguamarina de sus ojos y el pelo se le caía a mechones, su piel se volvió gruesa y agrietada, como la de una tortuga, dejó de bañarse y vestirse, andaba en bata y chancletas, secándose las lágrimas con las mangas. Un par de años más tarde la hermana de Michael, que vivía en el Uruguay, se llevó a sus padres con ella, pero ya era tarde para salvar a la Granny.

Caracas en 1975 era alegre y caótica, una de las ciudades más caras del mundo. Brotaban por todas partes edificios nuevos y anchas autopistas, el comercio exhibía un derroche de lujos, en cada esquina había bares, bancos, restaurantes y hoteles para amores clandestinos y las calles estaban permanentemente atochadas por millares de vehículos de último modelo que no podían moverse en el desorden del tráfico, nadie respetaba los semáforos, pero se detenían en la autopista para que cruzara un peatón distraído. El dinero parecía crecer en los árboles, los fajos de billetes pasaban de mano en mano a tal velocidad que no había tiempo para contarlos; los hombres mantenían a varias amantes, las mujeres iban los fines de semana de compras a Miami y los niños consideraban un viaje anual a Disneyworld como un derecho natural. Sin dinero nada se podía hacer, como comprobé a los pocos días, cuando fui al banco a cambiar los dólares comprados en Chile en el mercado negro y descubrí horrorizada que la mitad eran falsos. Había barrios marginales donde la gente vivía miserablemente y regiones donde el agua contaminada todavía diezmaba igual que en la época de la Colonia, pero en la euforia de la riqueza fácil nadie se acordaba de eso. El poder político se distribuía a lo amigo entre los dos partidos más poderosos, la izquierda había sido anulada y la guerrilla de los años sesenta, que llegó a ser una de las más organizadas del continente, derrotada. Viniendo de Chile, era refrescante comprobar que nadie hablaba de política ni de enfermedades. Los hombres, alardeando de poder y virilidad, ostentaban cadenas y anillos de oro, hablaban a gritos y bromeaban, siempre con el ojo puesto en las mujeres. A su lado los discretos chilenos con sus voces atipladas y su lenguaje cargado de diminutivos parecían alfeñiques. Las mujeres más hermosas del planeta, producto espléndido de la combinación de muchas razas, se desplazaban con ritmo de salsa en las caderas exhibiendo cuerpos exuberantes y ganando todos los concursos internacionales de belleza. El aire vibraba, cualquier pretexto era bueno para cantar, las radios atronaban en el vecindario, en los automóviles, en todas partes. Tambores, cuatros, guitarras, canto y baile, el país estaba enfiestado en la parranda del petróleo. Inmigrantes de los cuatro puntos cardinales llegaban a esa tierra buscando fortuna, más que nada colombianos, que cruzaban la frontera por millones para ganarse la vida en empleos que nadie más deseaba. Los extranjeros eran aceptados de mal talante al principio, pero pronto la generosidad natural de ese pueblo les abría las puertas. Los más odiados eran los del Coño Sur, como llamaban a argentinos, uruguayos y chilenos, porque en su mayoría se trataba de refugiados políticos, intelectuales, técnicos y profesionales que competían con los mandos medios venezolanos. Aprendí pronto que al emigrar se pierden las muletas que han servido de sostén hasta entonces, hay que comenzar desde cero, porque el pasado se borra de un plumazo y a nadie le importa de dónde uno viene o qué ha hecho antes. Conocí verdaderas eminencias en sus países que no lograron revalidar sus títulos profesionales y terminaron vendiendo seguros de puerta en puerta; también patanes que inventaban diplomas y jerarquías y de alguna manera conseguían colocarse en puestos altos, todo dependía de la audacia y las buenas conexiones. Todo se podía conseguir con un amigo o pagando la tarifa de la corrupción. Un profesional extranjero sólo podía obtener un contrato a través de un socio venezolano, que prestara su nombre y lo apadrinara, si no, no tenía la menor oportunidad. El precio era cincuenta por ciento; uno hacía el trabajo y el otro ponía su firma y cobraba su porcentaje al principio, apenas se recibían los primeros pagos. A la semana de llegar surgió un empleo para Michael en el oriente del país, en una zona caliente que comenzaba a desarrollarse gracias al tesoro inacabable del suelo. Venezuela entera descansa en un mar de oro negro, donde clavan un pico sale un grueso chorro de petróleo, la riqueza natural es paradisíaca, hay regiones donde trozos de oro y brillantes en bruto yacen sobre la tierra como semillas. Todo crece en ese clima, a lo largo de las autopistas se ven los bananos y las piñas salvajes, basta tirar una pepa de mango al suelo para que surja un árbol a los pocos días; a la antena de acero de nuestra televisión le brotó una planta con flores. La naturaleza se mantiene aún en la edad de la inocencia: playas tibias de arenas blancas y palmeras chasconas, montañas de cumbres nevadas donde aún andan perdidos los fantasmas de los Conquistadores, extensas sabanas lunares interceptadas de pronto por prodigiosos tepuys, altísimos cilindros de roca viva que parecen colocados allí por gigantes de otros planetas, selvas impenetrables habitadas por antiguas tribus que aún desconocen el uso de los metales. Todo se da a manos llenas en esa región encantada. A Michael le tocó parte del gigantesco proyecto de una de las represas más grandes del mundo en un verde y enmarañado territorio de culebras, sudor y crímenes. Los hombres se instalaban en campamentos provisorios, dejando a sus familias en las ciudades cercanas, pero mis posibilidades de encontrar trabajo por esos lados y de educar a los niños en buenos colegios eran nulas, de modo que nos quedamos en la capital y Michael venía a visitarnos cada seis o siete semanas. Vivíamos en un apartamento en el barrio más ruidoso y denso de la ciudad; para los niños, acostumbrados a caminar al colegio, pasear en bicicleta, jugar en su jardín y visitar a la Granny, eso era el infierno, no podían salir solos por el tráfico y la violencia de la calle, se aburrían encerrados entre cuatro paredes mirando televisión y me rogaban a diario que por favor volviéramos a Chile. No los ayudé a sobrellevar la angustia de esos primeros años, al contrario, mi mal humor enrarecía el aire que respirábamos. No pude emplearme en ninguno de los trabajos que sabía hacer, de nada sirvió la experiencia ya ganada, las puertas estaban cerradas. Mandé centenares de solicitudes, me presenté a innumerables avisos del periódico y llené una montaña de formularios, sin que nadie contestara, todo quedaba colgado en el aire esperando una respuesta que nunca llegaba. No capté que allí la palabra «no» es de mala educación. Cuando me indicaban que volviera mañana, renacían mis esperanzas, sin comprender que la postergación era una manera amable de rechazo. De la pequeña celebridad que gocé en Chile con la televisión y mis reportajes feministas, pasé al anonimato y la humillación cotidiana de quienes buscan empleo. Gracias a un amigo chileno pude publicar una columna semanal de humor en un periódico y la mantuve durante muchos años para tener un espacio en la prensa, pero lo hacía por amor al arte, el pago equivalía a la carrera en taxi para ir a dejar el artículo. Hice algunas traducciones, guiones de televisión y hasta una obra de teatro; algunos de esos trabajos me los pagaron a precio de oro y nunca vieron la luz, otros se usaron y no me los pagaron jamás. Dos pisos más arriba el tío Ramón se vestía cada mañana con sus trajes de Embajador y salía también a solicitar trabajo, pero a diferencia de mí, él no se quejaba jamás. Su caída era más lamentable que la mía, porque venía de más arriba, había perdido mucho, era veinticinco años mayor y la dignidad le debe haber pesado el doble, sin embargo nunca lo vi deprimido. Los fines de semana organizaba paseos a la playa con los niños, verdaderos safaris que él enfrentaba decidido al volante del coche, sudando, con música caribeña en la radio, el chiste en los labios, rascándose las picadas de mosquitos y recordándonos que éramos *inmensamente ricos*, hasta que por fin podíamos remojarnos en ese tibio mar color turquesa, codo a codo con centenares de otros seres que habían tenido la misma idea. A veces algún miércoles bendito me escapaba a la costa y entonces podía gozar de la playa limpia y vacía, pero esas excursiones solitarias estaban llenas de riesgos. En esos tiempos de soledad y de impotencia necesitaba más que nunca el contacto con la naturaleza, la paz de un bosque, el silencio de una montaña o el arrullo del mar, pero las mujeres no debían ir solas ni al cine, mucho menos a un descampado, donde cualquier desgracia podía suceder. Me sentía prisionera en el apartamento y en mi propia piel, tal como se sentían mis hijos, pero al menos estábamos a salvo de la violencia de la dictadura, acogidos por los vastos espacios de Venezuela. Había encontrado un lugar seguro donde poner la tierra de mi jardín y plantar un nomeolvides, pero aún no lo sabía.

Aguardaba las raras visitas de Michael con impaciencia, pero cuando finalmente lo tenía al alcance de la mano sentía una inexplicable desilusión. Venía cansado por el trabajo y la vida de campamento, no era el hombre que yo había inventado en las noches sofocantes de Caracas. En los meses y años siguientes se nos terminaron las palabras, apenas lográbamos mantener conversaciones neutras, salpicadas de lugares comunes y frases de cortesía. Sentía el impulso de cogerlo por la camisa y sacudirlo a gritos, pero me detenía el riguroso sentido de justicia aprendido en colegios ingleses y terminaba dándole la bienvenida con una ternura que surgía espontánea al verlo llegar, pero desaparecía a los pocos minutos. Ese hombre había pasado semanas metido en la selva para ganar el pan de la familia, había dejado Chile, sus amigos y la seguridad de su trabajo por seguirme a una aventura incierta, yo no tenía derecho a molestarlo con las impaciencias de mi corazón. Sería mucho más sano que ustedes se agarraran de las mechas como nosotros, me aconsejaban mi madre y el tío

Ramón, únicos confidentes de esa época, pero era imposible enfrentarse con aquel marido que no oponía resistencia; toda agresividad se hundía hasta desaparecer convertida en fastidio en la algodonosa textura de nuestra relación. Traté de convencerme que a pesar de las circunstancias difíciles nada de fondo había cambiado entre nosotros. No lo logré, pero en el intento engañé a Michael. Si hubiera hablado claro tal vez habríamos evitado el descalabro final, pero no tuve valor para hacerlo. Ardía de deseos e inquietudes insatisfechas, ésa fue una época de varios amoríos para distraer la soledad. Nadie me conocía, a nadie tenía que dar explicaciones. Buscaba alivio donde menos podía encontrarlo, porque en realidad no sirvo para la clandestinidad, soy muy torpe en las enmarañadas estrategias de la mentira, dejaba huellas por todas partes, pero la decencia de Michael le impedía imaginar la falsedad ajena. Me debatía en secretos y hervía de culpa, dividida entre el disgusto y la rabia contra mí misma y el rencor contra ese marido remoto que flotaba imperturbable en la niebla de la ignorancia, siempre amable y discreto, con su inalterable ecuanimidad, sin pedir nada y haciéndose servir con un aire distante y vagamente agradecido. Necesitaba un pretexto para romper de una vez por todas con ese matrimonio, pero él jamás me lo dio, por el contrario, en esos años aumentó su fama de santo a los ojos de los demás. Supongo que estaba tan absorto en su trabajo y tenía tanta necesidad de un hogar, que prefería no indagar sobre mis sentimientos o mis actividades; un abismo crecía bajo nuestros pies, pero no quiso ver las evidencias y siguió aferrado a sus ilusiones hasta el último momento, cuando todo se vino abajo con estrépito. Si algo sospechaba, tal vez lo atribuyó a una crisis existencial y decidió que se me pasaría sola, como fiebre de un día. No comprendí hasta muchos años más tarde que esa ceguera ante la realidad era el rasgo más fuerte de su carácter, siempre asumí la culpa completa del fracaso del amor: yo no era capaz de quererlo como aparentemente él me quería a mí. No me preguntaba si ese hombre merecía más dedicación, sólo me preguntaba por qué yo no podía dársela. Nuestros caminos divergían, yo estaba cambiando y me alejaba sin poder evitarlo. Mientras él trabajaba en el verdor exuberante y la caliente humedad de un territorio salvaje, yo me estrellaba como rata enloquecida contra las paredes de cemento del apartamento en Caracas, siempre mirando hacia el sur y contando los días para el regreso. Nunca imaginé que la dictadura duraría dieciséis años.

El hombre del cual me enamoré en 1978 era músico, un refugiado político más entre los miles provenientes del sur que llegaron a Caracas en la década del setenta. Había escapado de los escuadrones de la muerte, dejando atrás en Buenos Aires una mujer y dos hijos, mientras él buscaba donde instalarse y trabajar, con una flauta y una guitarra como únicas cartas de presentación. Supongo que ese amor que compartimos le cayó encima por casualidad, cuando menos lo deseaba y menos le convenía, tal como me sucedió a mí. Un productor de teatro chileno que aterrizó en Caracas buscando fortuna, como tantos atraídos por la bonanza petrolera, se puso en contacto conmigo y me pidió que escribiera una comedia con un tema local. Era una oportunidad que no podía dejar escapar, estaba sin trabajo y bastante desesperada porque mis escasos ahorros se habían esfumado. Se necesitaba un compositor con experiencia en ese tipo de espectáculo para crear las canciones y no sé por qué el empresario prefirió a uno del sur, en vez de contratar a cualquiera de los excelentes músicos venezolanos. Así conocí junto a un empolvado piano de cola a quien sería mi amante. Poco recuerdo de ese primer día, no me sentí cómoda con aquel argentino arrogante y de mal carácter, pero me impresionó su talento, podía interpretar sin el menor esfuerzo mis vagas ideas en frases musicales precisas y tocar cualquier instrumento de oído. Para mí, que no soy capaz de cantar «Cumpleaños Feliz», el hombre resultaba un genio. Era delgado y tenso como un torero, con una barba de mago bien recortada, irónico y agresivo. Se encontraba tan solo y perdido en Caracas como yo, supongo que esas circunstancias nos unieron. Pocos días después fuimos a un parque a revisar sus canciones lejos de oídos indiscretos, él llevó su guitarra y yo un cuaderno y una canasta de picnic. Ésa y otras extensas sesiones musicales resultaron inútiles, porque el productor se hizo humo de la noche a la mañana, dejando el teatro contratado y nueve personas comprometidas a quienes nunca les pagó. Algunos gastamos tiempo y esfuerzo, otros invirtieron dinero que desapareció sin dejar huella, al menos a mí me quedó una aventura memorable. En esa primera merienda al aire libre nos contamos el pasado, le hablé del Golpe Militar, él me puso al día sobre los horrores de la *Guerra Sucia* y las razones que tuvo para salir de su tierra, y al final me sorprendí defendiendo a Venezuela de sus ataques, que eran los mismos que hacía yo el día anterior. Si no te gusta este país, por qué no te vas, yo estoy agradecida de vivir con mi familia en esta democracia, al menos aquí no asesinan a la gente como en Chile o Argentina, le dije con una pasión desproporcionada. Se echó a reír, tomó la guitarra y empezó a tararear un tango burlón; me sentí como una provinciana, lo cual me pasaría muchas veces en nuestra relación. Era uno de esos intelectuales noctámbulos de Buenos Aires, parroquiano de antiguos mesones y cafeterías, amigo de teatreros, músicos y escritores, lector voraz, hombre peleador y de respuestas rápidas, había visto mundo y conocido gente famosa, un contrincante feroz que me sedujo con sus historias y su inteligencia, en cambio dudo que yo lo impresionara demasiado, a sus ojos era una inmigrante chilena de treinta y cinco años, vestida de hippie y con costumbres burguesas. La única vez que pude deslumbrarlo fue cuando le conté que el Che Guevara había cenado en la casa de mis padres en Ginebra, a partir de ese momento puso verdadero interés en mí. A lo largo de mi vida he descubierto que esa cena con el heroico guerrillero de la revolución cubana es un afrodisíaco irresistible para la mayoría de los hombres. A la semana comenzaron las lluvias del verano y los bucólicos encuentros en el parque se cambiaron por sesiones de trabajo en mi casa, donde había muy poca privacidad. Un día me invitó al apartamento donde vivía, uno de esos cuartos pobretones y ruidosos que se alquilan por semana. Tomamos café, me mostró las fotografías de su familia, luego una canción llevó a otra y a otra más, hasta que terminamos tocando la flauta en cama. No es una de esas groseras metáforas que horrorizan a mi madre, realmente me ofreció un concierto con ese instrumento. Me enamoré como una adolescente. Al mes la situación era insostenible, me anunció que iba a divorciarse de su mujer, me presionó para que dejara todo y me fuera con él a España, donde ya estaban instalados con éxito otros artistas argentinos y podía encontrar amigos y trabajo. La rapidez con que tomó esas decisiones me pareció una prueba irrefutable de su amor por mí, pero después descubrí que era un Géminis algo inestable y que con la misma prontitud con que se disponía a huir conmigo a otro continente, podía cambiar de opinión y volver al punto de partida. Si yo hubiera tenido algo más de astucia, o si al menos hubiera estudiado astrología cuando improvisaba el horóscopo de la revista en Chile, habría observado su carácter y actuado con más prudencia, pero tal como se dieron las cosas, caí de cabeza en un melodrama trivial que por poco me cuesta los hijos y hasta la vida. Andaba tan nerviosa que chocaba el automóvil a cada rato, en una ocasión me salté una luz roja, me estrellé contra tres vehículos en marcha y el golpetazo me aturdió por varios minutos; desperté bastante maltrecha y rodeada de ataúdes; manos misericordiosas me habían transportado al local más cercano, que resultó ser una funeraria. En Caracas existía un código no escrito que reemplazaba las leyes del tránsito: al llegar a una esquina los conductores se miraban y en una fracción de segundo quedaba establecido quién pasaba primero. El sistema era justo y funcionaba mejor que los semáforos –no sé si ha cambiado, supongo que aún es así– pero había que estar atenta y saber interpretar la expresión de los demás. En el estado emocional en que me encontraba entonces, ésas y otras señales para circular por el mundo se me confundían. Entretanto el ambiente en mi casa parecía electrificado, los niños presentían que el piso se movía bajo sus pies y por primera vez empezaron a dar problemas. Paula, que siempre había sido una niña demasiado madura para su edad, sufrió las únicas pataletas de su vida, daba portazos y se encerraba a llorar por horas. Nicolás se portaba como un bandido en el colegio, sus notas eran un desastre y vivía lleno de vendajes, se caía, se cortaba, se partía la cabeza y se quebraba huesos con sospechosa frecuencia. En esa época descubrió el placer de disparar huevos con una honda a los apartamentos cercanos y a la gente que pasaba por la calle. Me negué a aceptar las acusaciones de los vecinos, a pesar de que consumíamos noventa huevos semanales y la pared del edificio del frente estaba cubierta por una gigantesca tortilla cocinada por el sol del trópico, hasta el día en que uno de los proyectiles aterrizó sobre la cabeza de un Senador de la República que pasaba bajo nuestras ventanas. Si el tío Ramón no interviene con su talento diplomático, tal vez nos habrían revocado las visas y expulsado del país. Mis padres, que sospechaban la causa de mis salidas nocturnas y mis ausencias prolongadas, me interrogaron hasta que acabé confesando mis amores ilegales. Mi madre me llevó aparte para recordarme que tenía dos hijos por quienes velar, hacerme ver los riesgos que corría y decirme que, a pesar de todo, contara con su ayuda en caso de necesidad. El tío Ramón también me llevó aparte para aconsejarme que fuera más discreta —no hay necesidad de casarse con los amantes— y cualquiera que fuese mi decisión, él estaría a mi lado. Te vienes conmigo a España ahora o no nos vemos más, me amenazó el de la flauta entre dos apasionados acordes musicales, y como no pude decidirme empacó sus instrumentos y se fue. A las veinticuatro horas comenzaron sus telefonazos urgentes desde Madrid que me mantenían en ascuas durante el día y en vela buena parte de la noche. Entre los problemas de los niños, las reparaciones del automóvil y las perentorias exigencias amorosas perdí la cuenta de los días y cuando Michael llegó de visita me llevé una sorpresa.

Esa noche traté de hablar con mi marido para explicarle lo que estaba sucediendo, pero antes que alcanzara a mencionarlo me anunció un viaje a Europa por un asunto de negocios y me invitó a acompañarlo, mis padres cuidarían a los nietos por una semana. Hay que preservar la familia, los amantes pasan y se van sin dejar cicatrices, ándate con Michael a Europa, les hará mucho bien estar solos, me aconsejó mi madre. Jamás se debe admitir una infidelidad, aunque te sorprendan en la misma cama con otro, porque nunca te lo perdonarán, me advirtió el tío Ramón. Nos fuimos a París y mientras Michael hacía su trabajo, yo me sentaba en los cafetines de les Champs Élysées a pensar en la telenovela en que estaba sumida, torturada entre los recuerdos de aquellas calientes tardes de lluvias tropicales oyendo la flauta y los naturales aguijonazos de culpa, deseando que cayera un rayo del cielo y pusiera drástico fin a mis dudas. Los rostros de Paula y Nicolás se me aparecían en cada menor de edad que se me cruzaba por delante, de algo estaba segura: no podía separarme de mis hijos. No tienes que hacerlo, tráelos contigo, me dijo la voz persuasiva del amante, que había averiguado el hotel donde estaba y me llamaba desde Madrid. Decidí que nunca me perdonaría si no le daba una oportunidad al amor, tal vez el último de mi existencia, porque me parecía que a los treinta y seis años estaba al borde de la decrepitud. Michael regresó a Venezuela y yo, pretextando la necesidad de estar sola por unos días, me fui en tren a España.

Esa luna de miel clandestina, caminando del brazo por calles de adoquines, cenando a la luz de un candil en viejos mesones, durmiendo abrazados y celebrando la suerte increíble de haber tropezado con ese amor único en el universo, duró exactamente tres días, hasta que Michael fue a buscarme. Lo vi llegar pálido y descompuesto, me abrazó y los muchos años de vida en común me cayeron encima como un manto ineludible. Comprendí que sentía un gran cariño por ese hombre discreto que me ofrecía un amor fiel y representaba la estabilidad y el hogar. Nuestra relación carecía de pasión, pero era armoniosa y segura, no tuve fuerzas para enfrentar un divorcio y producir más problemas a mis hijos, que ya tenían suficientes con su condición de inmigrantes. Me despedí de ese amor prohibido entre los árboles del parque del Retiro, que despertaba después de un largo invierno, y tomé el avión a Caracas. No importa lo que ha pasado, todo se arreglará, no volveremos a mencionar esto, dijo Michael y cumplió su palabra. En los meses siguientes quise hablar con él algunas veces, pero no fue posible, siempre terminábamos eludiendo el tema. Mi infidelidad quedó sin resolución, un sueño inconfesable suspendido como una nube sobre nuestras cabezas, y si no hubiera sido por las llamadas persistentes de Madrid la hubiera atribuido a otro invento de mi exaltada imaginación. En sus visitas a la casa Michael buscaba paz y descanso, necesitaba desesperadamente creer que nada había cambiado en su apacible existencia y que su mujer había superado por completo ese episodio de locura. En su mentalidad no cabía la traición, no entendía los matices de lo ocurrido, supuso que si yo había regresado con él era porque ya no amaba al otro, creyó que nuestra pareja podía volver a ser la de antes y que el silencio cicatrizaría las heridas. Sin embargo nada volvió a ser igual, algo se había roto y nunca podríamos repararlo. Me encerraba en el baño a llorar a gritos y él, desde el dormitorio, fingía leer el periódico para no tener que averiguar la causa del llanto. Tuve otro accidente serio en el automóvil, pero esta vez alcancé a darme cuenta una fracción de segundo antes del impacto, que había apretado a fondo el acelerador en vez del freno.

La Granny comenzó a morir el día en que se despidió de sus dos nietos y la agonía le duró tres largos años. Los médicos culparon al alcohol, dijeron que le había estallado el hígado, estaba hinchada y con la piel de un color tierroso, pero en verdad se murió de pena. Llegó un momento en que perdió el sentido del tiempo y del espacio y le parecía que los días duraban dos horas y las noches no existían, se quedaba junto a la puerta esperando a los niños y no dormía porque escuchaba sus voces llamándola. Descuidó la casa, cerró su cocina que no volvió a impregnar el barrio con su aroma de galletas de canela, dejó de limpiar los cuartos y de regar su jardín, languidecieron las dalias y se apestaron los árboles de ciruelas cargados de fruta enferma que ya nadie cosechaba. La perra suiza de mi madre, que ahora vivía con la Granny, también se echó en un rincón a morirse de a poco, como su nueva dueña. Mi suegro pasó ese invierno en cama cuidando un resfrío imaginario, porque no pudo enfrentar el miedo de quedarse sin su mujer y creyó que ignorando las evidencias podía cambiar la realidad. Los vecinos, que consideraban a la Granny como el hada madrina de la comunidad, se turnaban al principio para darle compañía y mantenerla ocupada, pero luego comenzaron a evitarla. Esa señora de ojos celestes, impecable en su vestido floreado de algodón, siempre afanada en las delicias de su cocina y con las puertas abiertas para los niños de los alrededores, se transformó rápidamente en una anciana despelucada que hablaba incoherencias y preguntaba a medio mundo si habían visto a sus nietos. Cuando ya no pudo ubicarse dentro de su propia casa y miraba a su marido como si no lo conociera, la hermana de Michael decidió intervenir. Fue a visitar a sus padres y los encontró viviendo en una pocilga, nadie había limpiado en meses, se acumulaban la basura y las botellas vacías, el estropicio había entrado definitivamente en la casa y en el alma de sus habitantes. Comprendió espantada que la situación había llegado al límite, ya no se trataba de enjabonar los pisos, poner orden y contratar una persona para que cuidara a los viejos, como pensó al principio, sino de llevárselos con ella. Vendió algunos muebles, metió el resto en el desván, cerró la casa y se embarcó con sus padres hacia Montevideo. En el tumulto de última hora la perra salió sigilosamente y nadie volvió a verla más. Antes de una semana nos avisaron a Caracas que la Granny había gastado sus últimas fuerzas, ya no podía levantarse y se encontraba en un hospital. Michael pasaba por un momento crítico de su trabajo, la selva estaba devorándose la obra en construcción, las lluvias y los ríos se habían llevado los diques y amanecían cocodrilos navegando en los huecos cavados para las fundaciones. Dejé a los niños de nuevo con mis padres y volé a despedirme de la Granny.

Uruguay en aquella época era un país en venta. Con el pretexto de eliminar a la guerrilla, la dictadura militar había establecido el calabozo, la tortura y las ejecuciones sumarias como un estilo de gobierno; desaparecieron y murieron millares de personas, casi un tercio de la población emigró escapando del horror de esos tiempos, mientras los militares y un puñado de sus colaboradores se enriquecían con los despojos. Los que partían no llevaban mucho consigo y estaban obligados a vender sus pertenencias, en cada cuadra surgían letreros de ventas y remates, en esos años era posible comprar propiedades, muebles, coches y obras de arte a precio de ganga, los coleccionistas del resto del continente acudían como pirañas a ese país en busca de antigüedades. El taxi me llevó del aeropuerto al hospital en un amanecer triste de agosto, pleno invierno en el sur del mundo, pasando por calles vacías donde la mitad de las casas estaban deshabitadas. Dejé mi maleta en la portería, subí dos pisos y me encontré con un enfermero trasnochado, quien me condujo hacia el cuarto donde estaba la Granny. No la reconocí, en esos tres años se había transformado en un pequeño lagarto, pero entonces ella abrió los ojos y entre las nubes vislumbré un chispazo color turquesa y caí de rodillas junto a su cama. Hola, mijita ¿cómo están mis niños? murmuró y no alcanzó a oír la respuesta, porque una oleada de sangre la sumió en la inconsciencia y ya no despertó más. Me quedé a su lado esperando el día, escuchando el gorgoriteo de las mangueras que le succionaban el estómago y le echaban aire en los pulmones, repasando los años felices y los años trágicos que estuvimos juntas y agradeciéndole su cariño incondicional. Abandónese, Granny, ya no siga luchando ni sufriendo, por favor váyase pronto, le rogaba mientras acariciaba sus manos y besaba su frente afiebrada. Cuando salió el sol me acordé de Michael y lo llamé para decirle que tomara el primer avión y acudiera a acompañar a su padre y a su hermana, pues no debía estar ausente en ese trance.

La dulce Granny aguardó con paciencia hasta el otro día, para que su hijo alcanzara a verla con vida por unos minutos. Estábamos los dos junto a su cama cuando ella dejó de respirar. Michael salió a consolar a su hermana y yo me quedé para ayudar a la enfermera a lavar a mi suegra, devolviéndole en la muerte los infinitos cuidados que ella prodigó a mis hijos en vida, y mientras le pasaba una esponja húmeda por el cuerpo y le peinaba los cuatro pelos que le quedaban en el cráneo y la rociaba con agua de colonia y le ponía una camisa de dormir prestada por su hija, le contaba de Paula y de Nicolás, de nuestra vida en Caracas, de cómo la echaba de menos y cuánto la necesitaba en esa desafortunada etapa de mi vida en que nuestro hogar peligraba sacudido por vientos adversos. Al día siguiente dejamos a la Granny en un cementerio inglés, bajo una mata de jazmines, en el sitio preciso que ella hubiera escogido para descansar. Fui a despedirla por última vez con la familia de Michael y me sorprendió verlos sin lágrimas ni aspavientos, contenidos por esa delicada sobriedad de los anglosajones para enterrar a sus muertos. Alguien leyó las palabras rituales, pero no las oí, porque sólo escuchaba la voz de la Granny tatareando canciones de abuela. Cada uno puso una flor y un puñado de tierra sobre el ataúd, nos abrazamos en silencio y después nos retiramos lentamente. Ella quedó sola, soñando en ese jardín. Desde entonces cuando huelo jazmines viene la Granny a saludarme.

Al volver a la casa mi suegro fue a lavarse las manos mientras su hija preparaba el té. Poco después entró al comedor con su traje oscuro, peinado con gomina y un botón de rosa en la solapa, buenmozo y todavía joven, retiró la silla con los codos para no tocarla con los dedos y se sentó.

—¿Dónde está mi *young lady*? —preguntó extrañado de no ver a su mujer.

—Ya no está con nosotros, papá —dijo su hija y todos nos miramos asustados.

—Dígale que el té está servido, la estamos esperando.

Entonces nos dimos cuenta que el tiempo se había congelado para él y que aún no sabía que su mujer había muerto. Seguiría ignorándolo por el resto de su vida. Asistió al funeral distraídamente, como si fuera el sepelio de un pariente ajeno, y a partir de ese instante se encerró en sus recuerdos, bajó ante sus ojos una cortina de locura senil y no volvió a pisar la realidad. La única mujer que había amado permaneció para siempre a su lado joven y alegre, olvidó que había salido de Chile y perdido todas sus posesiones. Durante los diez años siguientes, hasta que murió reducido al tamaño de un niño en un hogar para ancianos dementes, siguió convencido que se encontraba en su casa frente a la cancha de golf, que la Granny estaba en la cocina fabricando dulce de ciruelas y que esa noche dormirían juntos, como cada noche durante cuarenta y siete años.

Había llegado el momento de hablar con Michael sobre aquellas cosas calladas por tanto tiempo, no podía seguir instalado confortablemente en una fantasía, como su padre. En una tarde de llovizna salimos a caminar por la playa arropados con ponchos de lana y bufandas. No recuerdo en qué momento acepté por fin la idea que debía separarme de él, tal vez fue junto a la cama de la Granny al verla morir, o cuando nos retiramos del cementerio dejándola entre jazmines, o tal vez ya lo había decidido varias semanas antes; tampoco recuerdo cómo le anuncié que no regresaría con él a Caracas, me iba a España a tentar suerte y tenía intención de llevarme a los niños. Le dije que sabía cuán difícil sería para ellos y lamentaba no poder evitarles esa nueva prueba, pero los hijos deben seguir el destino de la madre. Hablé con cuidado, midiendo las palabras para herirlo lo menos posible, agobiada por el sentido de culpa y por la compasión que él me inspiraba, en pocas horas ese hombre perdía a su madre, su padre y su mujer. Replicó que yo estaba fuera de mis cabales y no era capaz de tomar decisiones, de modo que él las tomaría por mí, para protegerme y proteger a los hijos; podía irme a España si así lo deseaba, esta vez no saldría a buscarme y tampoco haría nada por evitarlo, pero no me entregaría jamás a los niños; tampoco me podía llevar una parte de nuestros ahorros, porque al abandonar el hogar perdía todos mis derechos. Me rogó que recapacitara y prometió que si yo renunciaba a esa idea desquiciada, él perdonaría todo, haríamos borrón y cuenta nueva y podríamos comenzar otra vez. Comprendí entonces que había trabajado durante veinte años y al sacar cuentas, nada tenía, mi esfuerzo se había hecho humo en los gastos cotidianos, en cambio Michael había invertido sabiamente su parte y los pocos bienes que poseíamos estaban a su nombre. Sin dinero para mantener a los niños no podía llevármelos, aun en caso de que su padre los dejara ir. Fue una discusión pausada, sin alzar la voz, que duró escasamente veinte minutos, y terminó en un abrazo sincero de despedida.

—No les hables mal de mí a Paula y Nicolás —le pedí.

—Nunca les hablaré mal de ti. Acuérdate que los tres te queremos mucho y estaremos esperándote.

—Iré a buscarlos apenas tenga trabajo.

—No te los entregaré. Podrás verlos cuando quieras, pero si te vas ahora los pierdes para siempre.

—Eso ya lo veremos...

En el fondo no estaba alarmada, suponía que muy pronto Michael debería ceder, no tenía idea de lo que significa criar hijos, porque hasta entonces había cumplido sus funciones de padre desde una cómoda distancia. Su trabajo no facilitaba las cosas, no podía llevarse a los niños al entorno medio salvaje donde pasaba la mayor parte de su tiempo, y tampoco era posible dejarlos solos en Caracas; estaba segura que antes de un mes me rogaría desesperado que me hiciera cargo de ellos.

Salí del invierno fúnebre de Montevideo y aterricé al otro día en el agosto hirviente de Madrid, dispuesta a vivir el amor hasta las últimas consecuencias. De la ilusión romántica que había inventado en encuentros clandestinos y cartas apresuradas, caí en la realidad sórdida de la pobreza, que noches y días de incansables abrazos no lograban mitigar. Alquilamos un apartamento pequeño y sin luz en una población obrera de las afueras de la ciudad, entre docenas de edificios de ladrillo rojo exactamente iguales. No había nada verde, no crecía un solo árbol por esos lados, sólo se veían patios de tierra, canchas deportivas, cemento, asfalto y ladrillo. Sentía esa fealdad como un bofetón. Eres una burguesa muy mimada, se burlaba sonriendo el amante entre beso y beso, pero en el fondo su reproche era en serio. Adquirimos en el mercado de las pulgas una cama, una mesa, tres sillas, unos cuantos platos y ollas, que un hombronazo malhumorado transportó en su destartalada camioneta. En un capricho irresistible compré también un florero, pero nunca sobró dinero para ponerle flores. Por las mañanas salíamos a buscar trabajo, por las tardes volvíamos extenuados y con las manos vacías. Sus amigos nos evitaban, las promesas se hacían sal y agua, las puertas se cerraban, nadie respondía nuestras solicitudes y el dinero disminuía rápidamente. En cada niño que jugaba en la calle me parecía reconocer a los míos, la separación de mis hijos me dolía físicamente; llegué a pensar que esa quemadura constante en el estómago eran úlceras o cáncer. Hubo momentos en que debí elegir entre comprar pan o estampillas para una carta a mi madre y pasé días en ayunas. Traté de escribir una obra musical con él, pero la complicidad simpática de las meriendas en el parque y las tardes junto al piano empolvado del teatro en Caracas se había agotado, la angustia nos separaba, las diferencias eran cada vez más visibles, los defectos de cada uno se magnificaban. De los hijos preferíamos no hablar, porque cada vez que los mencionábamos crecía un abismo entre los dos; yo andaba triste y él huraño. Los asuntos más superfluos se convertían en motivos de pelotera, las reconciliaciones eran verdaderos torneos apasionados que nos dejaban medio aturdidos. Así pasaron tres meses. En ese tiempo no encontré empleo ni amigos, se terminaron mis últimos ahorros y se agotó mi pasión por un hombre que seguramente merecía mejor suerte. Debe haber sido un infierno para él soportar mi angustia por los niños ausentes, mis carreras al correo y mis viajes nocturnos al aeropuerto, donde un chileno ingenioso conectaba cables a los aparatos de teléfono para lograr comunicaciones internacionales sin pagar. Allí nos juntábamos a espaldas de la policía los refugiados pobres de América del Sur –los *sudacas*, como nos llamaban con desprecio– a hablar con nuestras familias al otro lado del mundo. Así me enteré que Michael había vuelto a su trabajo y los niños estaban solos, vigilados por mis padres desde su apartamento dos pisos más arriba, que Paula había asumido las tareas de la casa y el cuidado de su hermano con severidad de sargento, y que Nicolás se había fracturado un brazo y estaba adelgazando a ojos vista, porque no quería comer. Entretanto mi amor se deshacía en hilachas, destrozado por los inconvenientes de la miseria y la nostalgia. Pronto descubrí que mi enamorado se desmoralizaba con facilidad ante los problemas cotidianos y caía en depresiones o arranques de humor frenético; no pude imaginar a mis hijos con tal padrastro y por eso cuando Michael aceptó finalmente que no podía cuidarlos y se dispuso a enviármelos, supe que había tocado fondo y no podía continuar engañándome con cuentos de hadas. Había seguido al flautista en un trance hipnótico como las ratas de Hamelín, pero no podía arrastrar a mi familia a igual suerte. Esa noche examiné con claridad mis innumerables errores de los últimos años, desde los riesgos absurdos que había corrido en plena dictadura y que me obligaron a salir de Chile, hasta los silencios educados que me separaron de Michael y la forma imprudente en que escapé de mi casa sin dar una explicación ni encarar los aspectos básicos de un divorcio. Esa noche terminó mi juventud y entré en otra etapa de la existencia. Basta, dije. A las cinco de la madrugada me fui al aeropuerto, conseguí pasar una llamada gratis y hablé con el tío Ramón para que me mandara dinero para el pasaje en avión. Le dije adiós al amante con la certeza de que no volvería a verlo y once horas después aterricé en Venezuela derrotada, sin equipaje y sin otros planes que abrazar a mis hijos y no soltarlos nunca más. En el aeropuerto me esperaba Michael, me recibió con un beso casto en la frente y los ojos llenos de lágrimas, dijo emocionado que lo sucedido era responsabilidad suya por no haberse ocupado mejor de mí, y me pidió que por consideración a los años compartidos y por amor a la familia le diera otra oportunidad y empezáramos de nuevo. Necesito tiempo, respondí agobiada por su nobleza y furiosa sin saber por qué. En silencio condujo el automóvil cerro arriba hacia Caracas y al llegar a casa anunció que me daría todo el tiempo que quisiera, él partiría a su trabajo en la selva y tendríamos pocas ocasiones de vernos.

Hoy es mi cumpleaños, cumplo medio siglo. Tal vez por la tarde vengan amigos a visitarnos, aquí llega la gente sin previo aviso, es una casa abierta donde los vivos y los muertos andan de la mano. La adquirimos hace unos años, cuando Willie y yo comprendimos que el amor a primera vista no daba señales de disminuir y necesitábamos una casa más grande que la suya. Al verla nos pareció que nos estaba esperando, mejor dicho, nos estaba llamando. Tenía un aspecto cansado, las maderas estaban descascaradas, necesitaba muchas reparaciones y por dentro era oscura, pero tenía una vista espectacular de la bahía y un alma benevolente. Nos dijeron que la antigua propietaria había muerto aquí hacía pocos meses y pensamos que había sido feliz entre estas paredes, porque los cuartos aún contenían su memoria. La compramos en media hora sin regatear y en los años siguientes se convirtió en el refugio de una verdadera tribu anglo-latina, donde resuenan palabras en español y en inglés, hierven en la cocina cacerolas de comistrajos picantes y se sientan a la mesa muchos comensales. Las piezas se estiran y multiplican para acomodar a todos los que llegan: abuelos, nietos, hijos de Willie y ahora Paula, esta niña que lentamente se va convirtiendo en ángel. En sus cimientos habita una colonia de zorrillos y cada tarde aparece la misteriosa gata parda, que por lo visto nos ha adoptado. Días atrás depositó sobre la cama de mi hija un pájaro de alas azules recién cazado, todavía sangrante, imagino que es su fina manera de retribuir las atenciones. En los últimos cuatro años la casa se ha transformado con grandes claraboyas para que entren el sol y las estrellas, alfombras y paredes blancas, baldosas mexicanas y un pequeño jardín. Contratamos a un equipo de chinos para hacer un cuarto de guardar, pero no entendían inglés, se les confundieron las instrucciones y cuando nos dimos cuenta habían agregado en la planta baja dos piezas, un baño y un extraño recinto que terminó convertido en la carpintería de Willie. En el sótano he escondido horribles sorpresas para los nietos: un esqueleto de yeso, mapas con tesoros, baúles con disfraces de piratas y joyas de fantasía. Tengo la esperanza de que un subterráneo siniestro sea buen incentivo para la imaginación, al menos para mí lo fue el de mi abuelo. Por lás noches la casa se sacude, gime y bosteza, se me ocurre que deambulan por los cuartos los recuerdos de sus habitantes, los personajes que escapan de los libros y de los sueños, el suave fantasma de la antigua dueña y el alma de Paula, que a ratos se libera de las dolorosas ataduras de su cuerpo. Las casas necesitan nacimientos y muertes para convertirse en hogares. Hoy es un día de celebración, tendremos una torta de cumpleaños y Willie volverá de la oficina cargado de bolsas del mercado y dispuesto a dedicar la tarde a plantar sus rosales en tierra firme. Ése es su regalo para mí. Esas pobres matas en barriles simbolizan la actitud trashumante de su dueño, quien siempre se dejaba una puerta abierta para salir escapando si las cosas se ponían color de hormiga. Así fue antes con todas sus relaciones, llegaba un punto en que empacaba su ropa y partía acarreando sus barriles a otro destino. Creo que aquí nos quedaremos por mucho tiempo, ya es hora de plantar mis rosas en el jardín, me anunció ayer. Me gusta este hombre de otra raza, que camina a grandes zancadas, se ríe fuerte, habla con un vozarrón, destroza los pollos de la cena a hachazos y cocina sin alharacas, tan distinto a otros que he amado. Celebro sus despliegues de energía masculina porque los compensa con una reserva inagotable de gentileza, a la cual siempre puedo echar mano. Ha sobrevivido a grandes infortunios sin mancharse de cinismo y hoy puede entregarse sin restricciones a este amor tardío y a esta tribu latina donde ahora ocupa un lugar principal. Más tarde vendrá el resto de la familia, Celia y Nicolás se instalarán a ver televisión mientras Paula dormita en su silla, llenaremos de agua la piscina de plástico en la terraza para que chapotee Alejandro, ya familiarizado con su silenciosa tía. Creo que hoy será otro domingo apacible.

Tengo cincuenta años, he entrado en la última mitad de mi vida, pero siento la misma fuerza de los veinte, el cuerpo todavía no me falla. Vieja... así me llamaba Paula por cariño. Ahora la palabra me asusta un poco, sugiere un mujerón con verrugas y várices. En otras culturas las ancianas se visten de negro, se amarran un pañuelo en la cabeza, se dejan el bigote a la vista y se retiran de la agitación mundana para consagrarse a ritos piadosos, lamentar sus muertos y atender a sus nietos, pero en Norteamérica realizan esfuerzos grotescos para verse siempre saludables y contentas. Tengo un abanico de arrugas finas en torno a los ojos, como tenues cicatrices de risas y llantos del pasado; me parezco a la fotografía de mi abuela clarividente, la misma expresión de intensidad teñida de tristeza. Estoy perdiendo mechones en las sienes; a la semana que cayó enferma Paula me aparecieron unas peladuras redondas como monedas, dicen que es por la pena y que después vuelve a salir pelo, pero en realidad no me importa. A Paula tuve que cortarle su larga melena y ahora tiene una cabeza de muchacho, parece mucho más joven, ha vuelto a la niñez. Me pregunto cuánto más viviré y para qué. La edad y las circunstancias me han colocado junto a esta silla de ruedas para velar por mi hija. Soy su guardiana y la de mi familia... Estoy aprendiendo a toda prisa las ventajas del desprendimiento. ¿Volveré a escribir? Cada etapa del camino es diferente y tal vez la de la literatura ya se cumplió. Lo sabré dentro de unos meses, el próximo 8 de enero, cuando me siente ante la máquina para comenzar otra novela y compruebe la presencia o el silencio de los espíritus. En estos meses he ido quedando vacía, se me agotó la inspiración, pero también es posible que las historias sean criaturas con vida propia que existen en las sombras de una misteriosa dimensión, y en ese caso todo sea cuestión de abrirme nuevamente para que entren en mí, se organicen a su antojo y salgan convertidas en palabras. No me pertenecen, no son mis creaciones, pero si logro romper los muros de la angustia donde estoy encerrada, puedo volver a servirles de médium. Si eso no ocurre, tendré que cambiar de oficio. Desde que Paula se enfermó, una cortina de tinieblas oculta el mundo fantástico donde antes me paseaba libremente; la realidad se ha vuelto implacable. Las experiencias de hoy son los recuerdos del mañana; antes no me faltaron acontecimientos extremos para alimentar la memoria y de allí nacieron todas mis historias. Eva Luna dice al final de mi tercer libro: *cuando escribo cuento la vida como me gustaría que fuera, como una novela.* No sé si mi camino ha sido extraordinario o si he escrito estos libros a partir de una existencia banal, pero mi memoria está hecha sólo de aventuras, amores, alegrías y sufrimientos; los eventos mezquinos del quehacer cotidiano desaparecieron. Cuando miro hacia atrás me parece que soy la protagonista de un melodrama, en cambio ahora todo se ha detenido, no hay nada que contar, el presente tiene la brutal certeza de la tragedia. Cierro los ojos y surge ante mí la imagen dolorosa de mi hija en su silla de ruedas, con la vista fija en el mar, mirando más allá del horizonte, donde empieza la muerte.

¿Qué sucederá con este gran espacio vacío que ahora soy? ¿con qué me llenaré cuando ya no quede ni una brizna de ambición, ningún proyecto, nada de mí? La fuerza de la succión me reducirá a un hoyo negro y desapareceré. Morir... Abandonar el cuerpo es una idea fascinante. No quiero seguir viva y morir por dentro, si he de continuar en este mundo debo planear los años que me faltan. Tal vez la vejez es otro comienzo, tal vez se pueda volver al tiempo mágico de la infancia, ese tiempo anterior al pensamiento lineal y a los prejuicios, cuando percibía el universo con los sentidos exaltados de un demente y era libre para creer lo increíble y explorar mundos que después, en la época de la razón, desaparecieron. Ya no tengo mucho que perder, nada que defender ¿será esto la libertad? Se me ocurre que a las abuelas nos toca el papel de brujas protectoras, debemos velar por las mujeres más jóvenes, los niños, la comunidad y también, por qué no, por este maltratado planeta, víctima de tantas violaciones. Me gustaría volar en una escoba y danzar con otras brujas paganas en el bosque a la luz de la luna, invocando las fuerzas de la tierra y ahuyentando demonios, quiero convertirme en una vieja sabia, aprender antiguos encantamientos y secretos de curandero. No es poco lo que pretendo. Las hechiceras, como los santos, son estrellas solitarias que brillan con luz propia, no dependen de nada ni de nadie, por eso carecen de miedo y pueden lanzarse ciegas al abismo con la certeza de que en vez de estrellarse saldrán volando. Pueden convertirse en pájaros para ver el mundo desde arriba o en gusanos para verlo por dentro, pueden habitar otras dimensiones y viajar a otras galaxias, son navegantes en un océano infinito de conciencia y conocimiento.

Cuando renuncié definitivamente a la pasión carnal por un indeciso músico argentino, se extendió ante mis ojos un inacabable desierto de fastidio y soledad. Tenía treinta y siete años y, confundiendo el amor en general con el amante en particular, había decidido curarme para siempre del vicio del enamoramiento, que a fin de cuentas sólo me había traído complicaciones. Por fortuna no lo logré del todo, la inclinación quedó latente, como una semilla aplastada bajo dos metros de hielo polar, que brota testaruda a la primera brisa tibia. Después que volví a Caracas con mi marido, el amante insistió por algún tiempo, más por cumplir que por otro motivo, me parece. Sonaba el teléfono, se oía el clic característico de las llamadas internacionales y yo colgaba sin contestar; con la misma determinación rompí sus cartas sin abrirlas, hasta que el flautista dio por terminados sus intentos de comunicación. Han pasado quince años y si me hubieran dicho entonces que llegaría a olvidarlo, jamás lo habría creído, porque estaba segura de haber compartido uno de esos raros amores heroicos que, por su fin trágico, constituyen material de ópera. Ahora tengo una visión más modesta y espero simplemente que si en una de las curvas del camino vuelvo a encontrarlo, al menos pueda reconocerlo. Esa relación frustrada fue una herida abierta durante más de dos años; estuve literalmente enferma de amor, pero no lo supo nadie, ni mi madre, que me observaba de cerca. Algunas mañanas no tenía fuerzas para salir de la cama, derrotada por la frustración, y algunas noches me agobiaban recuerdos y deseos hirvientes, que combatía con duchas heladas, como las de mi abuelo. En la fiebre de barrer con el pasado rompí incluso las partituras de sus canciones y mi obra de teatro, de lo cual he tenido ocasión de arrepentirme, porque se me ocurre que tal vez no eran del todo malas. Me curé con el remedio de burro sugerido por Michael: enterré el amor en un arenal de silencio. No comenté lo ocurrido por varios años, hasta que dejó de dolerme, y fui tan drástica en el propósito de eliminar hasta el recuerdo de las mejores caricias, que se me pasó la mano y tengo una laguna alarmante en la memoria donde se ahogaron no sólo las desgracias de ese tiempo, sino también buena parte de las alegrías.

Esa aventura me recordó la primera lección de mi infancia, que no me explico cómo se me había olvidado: no hay libertad sin independencia económica. Durante los años de casada me coloqué sin darme cuenta en la misma situación vulnerable en que estaba mi madre cuando dependía de la caridad de mi abuelo. De niña prometí que eso no me sucedería, estaba decidida a ser fuerte y productiva como el patriarca de la familia para no tener que pedir nada a nadie y cumplí la primera parte, pero en vez de administrar el beneficio de mi trabajo, lo confié por pereza en las manos de un marido cuya reputación de santo consideré garantía suficiente. Ese hombre sensato y práctico, con perfecto control de sus emociones y aparentemente incapaz de cometer un acto injusto o poco honorable, me pareció más adecuado que yo para velar por mis intereses. No sé de dónde saqué tal idea. En el tumulto de la vida en común y de mi propia vocación por el despilfarro, perdí todo. Al volver a su lado decidí que el primer paso para la etapa que comenzaba era conseguir un empleo seguro, ahorrar lo más posible y cambiar las reglas de la economía doméstica para que sus ingresos se destinaran a los gastos cotidianos y los míos a inversiones. No era mi intención juntar dinero para divorciarme, no había necesidad alguna de estrategias cínicas, porque una vez que el trovador desapareció en el horizonte al marido se le pasó la rabia y sin duda habría negociado una separación en términos más justos de los planteados en aquella playa invernal de Montevideo. Me quedé con él durante nueve años en pleno uso de buena fe, pensando que con algo de suerte y mucho empeño podíamos cumplir las promesas de eternidad hechas ante el altar. Sin embargo, se había roto la fibra misma de nuestra pareja por razones que poco tenían que ver con mi infidelidad, y mucho con cuentas más antiguas, tal como descubrí más tarde. En ese reencuentro pesaron en la balanza los dos hijos, la media vida invertida en nuestra relación, el cariño tranquilo y los intereses comunes que nos unían. No tuve en cuenta mis pasiones, que al final resultaron más fuertes que aquellos prudentes propósitos. Durante muchos años sentí un cariño sincero por ese hombre; lamento que la mala calidad de los últimos tiempos desgastara los buenos recuerdos de la juventud.

Michael partió a la provincia remota donde los cocodrilos amanecían en los huecos de las fundaciones, dispuesto a terminar la obra y buscar un trabajo que exigiera menos sacrificio, y yo me quedé con mis hijos, que habían cambiado mucho en mi ausencia, parecían instalados definitivamente en su nuevo país y ya no hablaban de regresar a Chile. En esos tres meses Paula dejó atrás la niñez y se convirtió en una bella joven consumida por la obstinación de aprender: sacaba las mejores notas de su clase, estudiaba guitarra sin la menor aptitud y después que dominó el inglés comenzó a hablar francés e italiano con ayuda de discos y diccionarios. Entretanto Nicolás creció un palmo y apareció un día con los pantalones a media pierna, las mangas a medio brazo y el mismo porte de su abuelo y su padre; tenía un costurón en la cabeza, varias cicatrices y la ambición secreta de escalar sin cuerdas el más alto rascacielos de la ciudad. Lo veía arrastrar grandes tambores metálicos para almacenar excremento de seres humanos y diversos animales, ingrata tarea de su clase de ciencias naturales. Pretendía demostrar que esos gases putrefactos podían servir de combustible, y que mediante un proceso de reciclaje era factible usar heces para cocinar en vez de mandarlas al océano por los alcantarillados. Paula, que había aprendido a manejar, lo llevaba en el automóvil a establos, gallineros, cochineras y baños de amistades a recoger la materia prima del experimento, que guardaba en la casa con peligro de que el calor hiciera estallar los gases y el barrio completo quedara cubierto de caca. La camaradería de la infancia se había transformado en una sólida complicidad, la misma que los unió hasta el último día consciente de Paula. Ese par de espigados adolescentes entendió tácitamente mi intención de enterrar aquel penoso episodio de nuestras vidas; supongo que les dejó graves cicatrices y quién sabe cuánto rencor contra mí por haberlos traicionado, pero ninguno de los dos mencionó lo ocurrido hasta nueve años más tarde, cuando por fin pudimos sentarnos los tres a comentarlo y entonces descubrimos, divertidos, que ninguno se acordaba de los detalles y a todos se nos había olvidado el nombre de aquel amante que estuvo a punto de convertirse en padrastro.

Como casi siempre ocurre cuando uno enfila por el camino señalado en el libro de los destinos, una serie de coincidencias me ayudó a poner en práctica mis planes. Durante tres años no había logrado hacer amigos ni conseguir trabajo en Venezuela, pero apenas enfoqué toda mi energía a la tarea de adaptarme y sobrevivir, lo logré en menos de una semana. Las cartas del Tarot de mi madre, que antes habían predicho la clásica intervención de un hombre moreno de bigotes —supongo que se referían al flautista— volvieron a manifestarse anunciando esta vez a una mujer rubia. En efecto, a los pocos días de regresar a Caracas apareció en mi existencia Marilena, una profesora de áurica melena que me ofreció empleo. Era dueña de un Instituto donde enseñaba arte y daba clases a niños con problemas de aprendizaje. Mientras su madre, una enérgica dama española, administraba la academia en su papel de secretaria, Marilena enseñaba diez horas al día y dedicaba otras diez a la investigación de unos ambiciosos métodos con los cuales pretendía cambiar la educación en Venezuela y, por qué no, en el mundo. Mi trabajo consistía en ayudarla a supervisar a los maestros y organizar las clases, atraer alumnos con una campaña publicitaria y mantener buenas relaciones con los padres. Nos hicimos muy amigas. Era una mujer tan clara como su pelo de oro, pragmática y directa, que me obligaba a aceptar la áspera realidad cuando yo divagaba en confusiones sentimentales o nostalgias patrióticas, y que liquidaba de raíz cualquier intento de compasión por mí misma. Con ella compartí secretos, aprendí otro oficio y me sacudí la depresión que me mantuvo paralizada por mucho tiempo. Me enseñó los códigos y las sutiles claves de la sociedad caraqueña, que hasta entonces no había logrado entender porque aplicaba mi criterio chileno para analizarla, y un par de años más tarde me había adaptado tan bien, que sólo me faltaba hablar con acento caribeño. Un día encontré en el fondo de una maleta una pequeña bolsa de plástico con un puñado de tierra y recordé que la había traído de Chile con la idea de plantar en ella las mejores semillas de la memoria, pero no lo había hecho porque no tenía intención de establecerme, vivía pendiente de las noticias del sur, esperando que cayera la dictadura para regresar. Decidí que ya había aguardado bastante y en una discreta ceremonia íntima mezclé la tierra de mi antiguo jardín con otra venezolana, la puse en un macetero y planté un nomeolvides. Brotó una planta raquítica, inadecuada para ese clima, y pronto murió chamuscada; con el tiempo la reemplacé por una exuberante mata tropical que creció con voracidad de pulpo.

También mis hijos se adaptaron. Paula se enamoró de un joven de origen siciliano, inmigrante de primera generación como ella, que aún permanecía fiel a las tradiciones de su tierra. Su padre, que había hecho fortuna con materiales de construcción, esperaba que Paula terminara el colegio –puesto que ella así lo deseaba– y aprendiera a cocinar pasta para celebrar la boda. Me opuse con una ferocidad despiadada, a pesar de que en el fondo sentía una simpatía inevitable por ese bondadoso muchacho y su encantadora parentela, una numerosa familia alegre y sin complicaciones metafísicas o intelectuales, que se juntaba a diario a celebrar la vida con ágapes suculentos de la mejor cocina italiana. El novio era hijo y nieto mayor, un hombronazo alto, rubio y de temperamento polinésico, que gastaba su tiempo en plácidas diversiones en su yate, en la residencia de la playa, en su colección de automóviles y en fiestas inocentes. Mi única objeción era que ese yerno potencial no tenía empleo ni estudiaba, su padre le pasaba una generosa pensión y le había prometido casa amoblada cuando se casara con Paula. Un día me enfrentó, pálido y tembloroso, pero con la voz firme, para decirme que nos dejáramos de indirectas y habláramos claro, estaba cansado de mis preguntas capciosas. Me explicó que a sus ojos el trabajo no era una virtud, sino una necesidad, si podía comer sin trabajar, sólo un imbécil lo haría. No entendía nuestra compulsión por el sacrificio y el esfuerzo, pensaba que si fuéramos «inmensamente ricos», como pregonaba el tío Ramón, igual nos levantaríamos al amanecer y pasaríamos doce horas diarias laborando, porque a nuestros ojos ésa era la única medida de integridad. Confieso que hizo trastabillar la estoica escala de valores heredada de mi abuelo y desde entonces encaro el trabajo con espíritu algo más juguetón. El casamiento se postergó porque al graduarse del colegio Paula anunció que aún no estaba lista para las cacerolas y en cambio pensaba estudiar psicología. El novio acabó por aceptarlo, puesto que ella no lo consultó, y además esa profesión podía servir para criar mejor a la media docena de niños que pensaba tener. Sin embargo, no pudo digerir la idea que ella se inscribiera en un seminario de sexualidad y transitara con una maleta de objetos bochornosos, midiendo penes y orgasmos. A mí tampoco me pareció buena idea, mal que mal no estábamos en Suecia y la gente seguramente no aprobaría esa especialidad, pero no manifesté mi opinión porque Paula me habría destrozado con los mismos argumentos feministas que yo le había inculcado desde su más temprana infancia. Sólo me atreví a sugerirle que fuera discreta, porque si adquiría fama de sexóloga nadie tendría agallas para cortejarla, los hombres temen las comparaciones, pero me fulminó con una mirada profesional y allí terminó la conversación. Hacia el final del seminario, tuve que hacer un viaje a Holanda y ella me encargó cierto material didáctico difícil de conseguir en Venezuela. Así es como me encontré una noche en los barrios más sórdidos de Amsterdam, buscando en comercios indecentes los artefactos de su lista, pirulos telescópicos de goma, muñecas con orificios y videos con imaginativas combinaciones de mujeres con esforzados parapléjicos o con perros libidinosos. El rubor al comprarlos no fue tanto comparado con el que tuve en el aeropuerto de Caracas, cuando me abrieron la maleta y aquellos curiosos objetos pasaron por las manos de las autoridades, ante las miradas burlonas de los demás pasajeros, y tuve que explicar que no eran para mi uso personal, sino para mi hija. Eso marcó el fin del noviazgo de Paula con aquel siciliano de corazón gentil. Con el tiempo él sentó cabeza, terminó el colegio, empezó a trabajar en la firma de su padre, se casó y tuvo un hijo, pero no olvidó su primer amor. Desde que se enteró que Paula está enferma me suele llamar para ofrecerme apoyo, tal como lo hacen media docena de otros hombres que lloran cuando les doy las malas noticias. Ignoro quiénes son esos desconocidos, qué papel cumplieron en la suerte de mi hija, ni qué huellas profundas ella marcó en sus almas. Paula pasaba por las vidas ajenas plantando firmes semillas, he visto los frutos en estos eternos meses de agonía. En cada sitio donde estuvo dejó amigos y amores, personas de todas las edades y condiciones se comunican conmigo para preguntar por ella, no pueden creer que le haya caído encima tanta desgracia.

Entretanto Nicolás escalaba los picos más abruptos de los Andes, exploraba cavernas submarinas para fotografiar tiburones, y se rompía los huesos con tanta regularidad, que cada vez que sonaba el teléfono me echaba a temblar. Si no surgían motivos reales para preocuparme, él se encargaba de inventarlos con el mismo ingenio empleado en su experimento de gases naturales. Un día regresé de la oficina por la tarde y encontré la casa a oscuras y aparentemente vacía. Divisé una luz al final del corredor, hacia allá me dirigí llamando, medio distraída, y en el umbral del baño tropecé de súbito con mi hijo colgando de una cuerda al cuello. Alcancé a distinguir su expresión de ajusticiado, con la lengua asomada y los ojos en blanco, antes de desplomarme en el suelo como una piedra. No perdí el conocimiento, pero no podía moverme, estaba transformada en hielo. Al ver mi reacción, Nicolás se quitó el arnés del cual se había colgado primorosamente, y corrió a socorrerme, me daba besos arrepentidos y juraba que nunca más me haría pasar un susto semejante. Los buenos propósitos le duraban un par de semanas, hasta que descubría la forma de sumergirse en la bañera respirando por un fino tubo de vidrio para que yo lo encontrara ahogado, o bien aparecía con un brazo en cabestrillo y un parche en un ojo. Según los manuales de psicología de Paula, esos accidentes revelaban una solapada tendencia suicida y su afán de torturarme con bromas espantosas estaba motivado por un rencor inconfesable, pero para tranquilidad de todos concluimos que los textos suelen equivocarse. Nicolás era un chiquillo medio bruto, pero no era un loco suicida, y su cariño por mí era tan evidente, que mi madre diagnosticó un complejo de Edipo. El tiempo probó nuestra teoría, a los diecisiete años mi hijo despertó una mañana convertido en hombre, puso sus tambores experimentales, patíbulos, cuerdas de trepar montañas, arpones para matar escualos y su maletín de primeros auxilios en una caja al fondo del garaje y anunció que pensaba dedicarse a la computación. Cuando ahora lo veo aparecer, con su serena expresión de intelectual y un niño en cada brazo, me pregunto si no habré soñado la visión pavorosa de Nicolás balanceándose en una horca casera.

En esos años Michael terminó la obra en la selva y se trasladó a la capital con la idea de armar su propia empresa constructora. Con cautela fuimos poco a poco parchando el tejido roto de nuestra relación, hasta que llegó a ser tan amable y armoniosa que a los ojos ajenos parecíamos enamorados. Mi empleo nos permitió mantenernos por un tiempo, mientras él buscaba contratos en esa Caracas explosiva, donde a diario echaban abajo árboles, cortaban cerros y demolían casas para levantar en un abrir y cerrar de ojos nuevos rascacielos y autopistas. El negocio de la academia de mi amiga rubia era tan inestable, que a veces debíamos recurrir a la pensión de su madre o a nuestros ahorros para cubrir los gastos a fin de mes. Los alumnos acudían en tropel poco antes de los exámenes finales, cuando sus padres sospechaban que no pasarían de curso, y mediante clases especiales lograban ponerse al día, pero en vez de seguir estudiando para resolver las causas del problema, desaparecían apenas pasaban las pruebas. Durante varios meses los ingresos eran caprichosos y el Instituto sobrevivía a duras penas; con angustia enfrentábamos enero, cuando debían inscribirse los niños en número suficiente para mantener navegando aquel frágil velero. Ese año en diciembre la situación era crítica, la madre de Marilena y yo, que estábamos encargadas de la parte administrativa, repasamos una y otra vez el libro de contabilidad tratando infructuosamente de equilibrar las cifras negativas. En eso estábamos cuando pasó por delante de nuestro escritorio la señora de la limpieza, una colombiana cariñosa que solía festejarnos con un delicioso dulce de quesillo fabricado por su mano. Al vernos sacar cuentas desesperadas preguntó con sincero interés cuál era el problema y le contamos nuestras dificultades.

—Por las tardes yo trabajo en una funeraria y cuando la clientela se nos pone floja, lavamos el local con *Quitalapava* —dijo.

—¿Cómo es eso?

—Un conjuro, pues. Hay que hacer una buena limpieza. Primero se lavan los suelos desde el fondo hacia la puerta, para sacar la mala suerte, y después desde la puerta hacia adentro, para llamar a los espíritus de la luz y el consentimiento.

—¿Y entonces?

—Entonces empiezan a llegar los muertos.

—Aquí no necesitamos muertos, sino niños.

—Es lo mismo, *Quitalapava* sirve para mejorar cualquier negocio.

Le dimos algo de dinero y al día siguiente trajo un bidón con un líquido maloliente de aspecto sospechoso: al fondo se aconchaba una leche amarillenta, luego había una capa de caldo con gorgoritos y encima otra de un aceite verdoso. Debíamos batirlo antes de usarlo y protegernos la nariz con un pañuelo, porque el olor era capaz de aturdirnos. Que mi hija no se entere de esta barbaridad, suspiró la madre de Marilena, que iba para los setenta años, pero no había perdido nada de la vitalidad y el buen humor que la indujo a dejar su Valencia nativa treinta años antes para seguir a un marido infiel hasta el Nuevo Mundo, enfrentarlo cuando vivía con una concubina, exigirle el divorcio y enseguida olvidarlo de prisa. Prendada de ese país exuberante, donde por primera vez en su vida se sentía libre, se quedó con su hija y ambas salieron adelante con tenacidad e ingenio. Esta buena señora y yo lavamos a gatas el suelo con unos estropajos, murmurando las palabras rituales y conteniendo la risa, porque si nos burlábamos abiertamente se iba todo al carajo, las brujerías sólo funcionan con seriedad y fe. Echamos un par de días en esa labor, quedamos con las espaldas torcidas y las rodillas en carne viva y por más que ventilamos no pudimos quitar el tufo del local, pero valió la pena, la primera semana de enero había en la puerta una larga fila de padres con sus hijos de la mano. En vista de tan espectacular resultado se me ocurrió usar las sobras del bidón para mejorar la suerte de Michael y me trasladé sigilosamente a su oficina durante la noche para lavarla de arriba abajo, tal como habíamos hecho con la academia. No tuve noticias por varios días, salvo algunos comentarios sobre el extraño olor de la oficina. Consulté a la señora de la limpieza, quien me aseguró que el *empavado* era mi marido, todo se resolvería llevándolo a la Montaña Sagrada para contratar un ensalmo profesional, pero ese consejo estaba muy lejos de mis posibilidades. Un hombre como él, producto acabado de la educación británica, los estudios de ingeniería y el vicio del ajedrez, no se prestaría jamás para ceremonias mágicas, pero me quedé pensando en la lógica de la hechicería y deduje que si ese líquido prodigioso servía para fregar pisos, no había razón alguna para que no pudiera usarse para dar un remojón a un ser humano. A la mañana siguiente, cuando Michael estaba en la ducha, me aproximé por detrás y le lancé encima los restos del bidón. Dio un alarido de sorpresa y al poco rato tenía la piel color de cangrejo y se le cayeron algunos mechones de pelo, pero exactamente dos semanas más tarde había conseguido un socio venezolano y un contrato fabuloso.

Mi amiga Marilena nunca supo la causa de la extraordinaria bonanza de ese año, pero no creyó que fuera durable; estaba cansada de luchar con el presupuesto y contemplaba la posibilidad de un cambio de rumbo. Discutiendo el asunto, surgió la idea —inspirada por los efluvios del conjuro que aún perduraba en las ranuras del suelo— de transformar el Instituto en una escuela donde sería posible aplicar sus estupendas teorías educacionales para resolver en serio los problemas de aprendizaje y de paso eliminar los sobresaltos de nuestro libro de contabilidad. Ése fue el comienzo de una sólida empresa que se transformó en pocos años en uno de los más respetables colegios de esa ciudad.

Tengo mucho tiempo para meditar en este otoño de California. Debo acostumbrarme a mi hija y no recordarla como la joven graciosa y alegre de antes, ni perderme tampoco en visiones pesimistas del futuro, sino tomar cada día como venga, sin esperar milagros. Paula depende de mí para sobrevivir, ha vuelto a pertenecerme, está otra vez en mis brazos como un recién nacido, terminaron para ella las celebraciones y los esfuerzos de la vida. La instalo en la terraza arropada en chales, frente a la bahía de San Francisco y los rosales de Willie, cargados de flores desde que salieron de los barriles y echaron raíces en tierra firme. A veces mi hija abre los ojos y mira fijamente la superficie iridiscente del agua, me coloco en la línea de su mirada, pero no me ve, sus pupilas son como pozos sin fondo. Sólo puedo comunicarme con ella de noche, cuando viene a visitarme en sueños. Duermo a sobresaltos y a menudo despierto con la certeza de que me llama, me levanto apurada y corro a su pieza, donde casi siempre algo falla: su temperatura o su presión se han disparado, está transpirando o tiene frío, está mal colocada y tiene calambres. La mujer que la cuida de noche suele dormirse cuando terminan los programas de televisión en español. En esas ocasiones me tiendo en la cama con Paula y la sostengo contra mi pecho acomodándola lo mejor posible porque es más grande que yo, mientras pido paz para ella, pido que descanse en la serenidad de los místicos, que habite un paraíso de armonía y silencio, que encuentre a ese Dios que tanto buscó en su corta trayectoria. Pido inspiración para adivinar sus necesidades y ayuda para mantenerla cómoda, así su espíritu puede viajar sin perturbaciones hacia el lugar de los encuentros. ¿Qué sentirá? Suele estar asustada, temblorosa, con los ojos desorbitados, como si viera visiones de infierno, en cambio otras veces permanece ausente e inmóvil, como si ya se hubiera alejado de todo. La vida es un milagro y para ella terminó de súbito, sin darle tiempo de despedirse o de sacar sus cuentas, cuando iba lanzada hacia adelante en el vértigo de la juventud. Se le truncó el impulso cuando comenzaba a preguntarse por el sentido de las cosas y me dejó el encargo de encontrar la respuesta. A veces paso la noche deambulando por la casa, como los misteriosos zorrillos del sótano que suben a comerse el alimento de la gata, o el fantasma de mi abuela que escapa de su espejo para charlar conmigo. Cuando ella se duerme vuelvo a mi cama y me abrazo a la espalda de Willie con los ojos fijos en los números verdes del reloj, las horas pasan inexorables, agotando el presente, ya es futuro. Debiera tomar las pastillas de la doctora Forrester, no sé para qué las acumulo como un tesoro, escondidas en el canasto de las cartas de mi madre. Algunas madrugadas veo salir el sol en los grandes ventanales de la pieza de Paula; en cada amanecer el mundo se crea de nuevo, se tiñe el cielo en tonos de naranja y se levanta sobre el agua el vapor de la noche, envolviendo el paisaje en encajes brumosos, como una delicada pintura japonesa. Soy una balsa sin rumbo navegando en un mar de pena. En estos largos meses me he ido pelando como una cebolla, velo a velo, cambiando, ya no soy la misma mujer, mi hija me ha dado la oportunidad de mirar dentro de mí y descubrir esos espacios interiores, vacíos, oscuros y extrañamente apacibles, donde nunca antes había explorado. Son lugares sagrados y para llegar a ellos debo recorrer un camino angosto y lleno de obstáculos, vencer las fieras de la imaginación que me salen al paso. Cuando el terror me paraliza, cierro los ojos y me abandono con la sensación de sumergirme en aguas revueltas, entre los golpes furiosos del oleaje. Por unos instantes que son en verdad eternos, creo que me estoy muriendo, pero poco a poco comprendo que sigo viva a pesar de todo, porque en el feroz torbellino hay un resquicio misericordioso que me permite respirar. Me dejo arrastrar sin oponer resistencia y poco a poco el miedo retrocede. Flotando entro en una caverna submarina y allí me quedo un rato en reposo, a salvo de los dragones de la desgracia. Lloro sin sollozos, desgarrada por dentro, como tal vez lloran los animales, pero entonces termina de salir el sol y llega la gata a pedir su desayuno y escucho los pasos de Willie en la cocina y el olor del café invade la casa. Empieza otro día, como todos los días.

Año Nuevo de 1981. Ese día calculé que en agosto cumpliría cuarenta años y hasta entonces no había hecho nada realmente importante. ¡Cuarenta! Era el comienzo de la decrepitud y no me costaba mucho imaginarme sentada en una mecedora tejiendo calcetas. Cuando era una niña solitaria y rabiosa en la casa de mi abuelo, soñaba con proezas heroicas: sería una actriz famosa y en vez de comprarme pieles y joyas, daría todo mi dinero a un orfelinato, descubriría una vacuna contra los huesos quebrados, taparía con un dedo el hoyo del dique y salvaría otra aldea holandesa. Quería ser Tom Sawyer, el Pirata Negro o Sandokán, y después que leí a Shakespeare e incorporé la tragedia a mi repertorio, quería ser como esos personajes espléndidos que después de vivir exageradamente, morían en el último acto. La idea de convertirme en una monja anónima se me ocurrió mucho más tarde. En esa época me sentía diferente a mis hermanos y a otros niños, no lograba ver el mundo como los demás, me parecía que los objetos y las personas solían volverse transparentes y que las historias de los libros y los sueños eran más ciertas que la realidad. A veces me asaltaban instantes de lucidez aterradora y creía adivinar el futuro o el pasado remoto, mucho antes de mi nacimiento, como si todos los tiempos coincidieran simultáneamente en el mismo espacio y de pronto, a través de un ventanuco que se abría por una fracción de segundo, yo pasaba a otras dimensiones. En la adolescencia habría dado lo que tenía por pertenecer a la pandilla de muchachos ruidosos que bailaban rock n'roll y fumaban a escondidas, pero no lo intenté porque tenía la certeza de no ser uno de ellos. El sentimiento de soledad arrastrado desde la infancia se hizo aún más agudo, pero me consolaba la vaga esperanza de estar marcada por un destino especial que se me revelaría algún día. Más tarde entré de lleno en las rutinas del matrimonio y la maternidad, en las que se desdibujaron las desdichas y soledades de la primera juventud y se me olvidaron esos planes de grandeza. El trabajo de periodista, el teatro y la televisión me mantuvieron ocupada, no volví a pensar en términos de destino hasta que el Golpe Militar me enfrentó brutalmente con la realidad y me obligó a cambiar de rumbo. Esos años de autoexilio en Venezuela podrían resumirse en una sola palabra que para mí tenía el peso de una condena: mediocridad. A los cuarenta años ya era tarde para sorpresas, mi plazo se acortaba de prisa, lo único cierto eran la mala calidad de mi vida y el aburrimiento, pero la soberbia me impedía admitirlo. A mi madre –la única interesada en averiguarlo– le aseguraba que todo iba bien en mi pulcra nueva vida, me había curado del amor frustrado con una disciplina estoica, tenía un trabajo seguro, por primera vez estaba ahorrando dinero, mi marido parecía aún enamorado y mi familia había vuelto a los cauces normales, incluso me vestía como una inofensiva maestra ¿qué más se podía pedir? De los chales con flecos, las faldas largas y las flores en el pelo nada quedaba, sin embargo solía sacarlas sigilosamente del fondo de una maleta para lucirlas por unos minutos frente al espejo. Me sofocaba en mi papel de burguesa juiciosa y me consumían los mismos deseos de la juventud, pero no tenía el menor derecho a quejarme, había arriesgado todo una vez, había perdido y la vida me daba una segunda oportunidad, sólo cabía agradecer mi buena suerte. Es un milagro lo que has logrado, hija, nunca pensé que pudieras pegar los pedazos rotos de tu pareja y tu existencia, me dijo un día mi madre con un suspiro que no era de alivio y en un tono que me pareció irónico. Tal vez ella era la única que intuía el contenido de mi caja de Pandora, pero no se atrevió a destaparla. Ese Año Nuevo de 1981, mientras los demás celebraban con champaña y afuera estallaban fuegos artificiales anunciando el año recién nacido, me hice el propósito de vencer el tedio y resignarme con humildad a una vida sin brillo, como la de casi todo el mundo. Decidí que no era tan difícil renunciar al amor si tenía por sustituto una noble camaradería con mi marido, que sin duda era preferible mi empleo estable en el colegio a las inciertas aventuras del periodismo o el teatro, y que debía instalarme definitivamente en Venezuela, en vez de seguir suspirando por una patria idealizada en los últimos confines del planeta. Eran ideas razonables, de todos modos dentro de unos veinte o treinta años, una vez secas mis pasiones, cuando ya ni siquiera recordara el mal gusto del amor frustrado o del tedio, podría retirarme tranquila con la venta de las acciones que estaba adquiriendo en el negocio de Marilena. Ese plan razonable no alcanzó a durar más de una semana. El 8 de enero llamaron por teléfono de Santiago anunciando que mi abuelo estaba muy enfermo y esa noticia anuló mis promesas de buen comportamiento y me lanzó en una dirección inesperada. El Tata iba ya para los cien años, estaba convertido en un esqueleto de pájaro, semiinválido y triste, pero perfectamente lúcido. Cuando terminó de leer la última letra de la Enciclopedia Británica y aprenderse de memoria el Diccionario de la Real Academia, y cuando perdió todo interés en las desgracias ajenas de las telenovelas, comprendió que era hora de morirse y quiso hacerlo con dignidad. Se instaló en su sillón vestido con su gastado traje negro y el bastón entre las rodillas, invocando al fantasma de mi abuela para que lo ayudara en ese trance, en vista de que su nieta le había fallado de tan mala manera. Durante esos años nos habíamos mantenido en contacto mediante mis cartas tenaces y sus respuestas esporádicas. Decidí escribirle por última vez para decirle que podía irse en paz porque yo jamás lo olvidaría y pensaba legar su memoria a mis hijos y a los hijos de mis hijos. Para probarlo empecé la carta con una anécdota de mi tía-abuela Rosa, su primera novia, una joven de belleza casi sobrenatural muerta en misteriosas circunstancias poco antes de casarse, envenenada por error o por maldad, cuya fotografía en suave color sepia estuvo siempre sobre el piano de la casa, sonriendo con su inalterable hermosura. Años más tarde el Tata se casó con la hermana menor de Rosa, mi abuela. Desde las primeras líneas otras voluntades se adueñaron de la carta conduciéndome lejos de la incierta historia de la familia para explorar el mundo seguro de la ficción. En el viaje se me confundieron los motivos y se borraron los límites entre la verdad y la invención, los personajes cobraron vida y llegaron a ser más exigentes que mis propios hijos. Con la cabeza en el limbo cumplía doble horario en el colegio, desde las siete de la mañana hasta las siete de la tarde, cometiendo errores catastróficos en la administración; no sé cómo ese año no nos arruinamos, vigilaba los libros de contabilidad, los maestros, los alumnos y las clases con el rabillo del ojo, mientras toda mi atención estaba volcada en una bolsa de lona donde cargaba las páginas que garrapateaba de noche. Mi cuerpo cumplía funciones como autómata y mi mente estaba perdida en ese mundo que nacía palabra a palabra. Llegaba a casa cuando comenzaba a oscurecer, cenaba con la familia, me daba una ducha y luego me sentaba en la cocina o en el comedor frente a una pequeña máquina portátil, hasta que la fatiga me obligaba a partir a la cama. Escribía sin esfuerzo alguno, sin pensar, porque mi abuela clarividente me dictaba. A las seis de la madrugada debía levantarme para ir al trabajo, pero esas pocas horas de sueño eran suficientes; andaba en trance, me sobraba energía, como si llevara una lámpara encendida por dentro. La familia oía el golpeteo de las teclas y me veía perdida en las nubes, pero nadie hizo preguntas, tal vez adivinaron que yo no tenía respuesta, en verdad no sabía con certeza qué estaba haciendo, porque la intención de enviar una carta a mi abuelo se desdibujó rápidamente y no admití que me había lanzado en una novela, esa idea me parecía petulante. Llevaba más de veinte años en la periferia de la literatura —periodismo, cuentos, teatro, guiones de televisión y centenares de cartas— sin atreverme a confesar mi verdadera vocación; necesitaría publicar tres novelas en varios idiomas antes de poner «escritora» como oficio al llenar un formulario. Cargaba mis papeles para todas partes por temor a que se extraviaran o se incendiara la casa; esa pila de hojas amarradas con una cinta era para mí como un hijo recién nacido. Un día, cuando la bolsa se había puesto muy pesada, conté quinientas páginas, tan corregidas y vueltas a corregir con un líquido blanco, que algunas habían adquirido la consistencia del cartón, otras estaban manchadas de sopa o tenían añadidos pegados con adhesivo, que se desplegaban como mapas, bendita computadora, que hoy me permite corregir siempre en limpio. No tenía a quién mandar esa extensa carta, mi abuelo ya no estaba en este mundo. Cuando recibimos la noticia de su muerte sentí una especie de alegría, eso era lo que él deseaba desde hacía años, y seguí escribiendo con más confianza, porque ese viejo espléndido se había encontrado por fin con la Memé y los dos leían por encima de mi hombro. Los comentarios fantásticos de mi abuela y la risa socarrona del Tata me acompañaron cada noche. El epílogo fue lo más difícil, lo escribí muchas veces sin dar con el tono, me quedaba sentimental, o bien como un sermón o un panfleto político, sabía qué quería contar, pero no sabía cómo expresarlo, hasta que una vez más los fantasmas vinieron en mi ayuda. Una noche soñé que mi abuelo yacía de espalda en su cama, con los ojos cerrados, tal como estaba esa madrugada de mi infancia cuando entré a su cuarto a robar el espejo de plata. En el sueño yo levantaba la sábana, lo veía vestido de luto, con corbata y zapatos, y comprendía que estaba muerto, entonces me sentaba a su lado entre los muebles negros de su pieza a leerle el libro que acababa de escribir, y a medida que mi voz narraba la historia los muebles se convertían en madera clara, la cama se llenaba de velos azules y entraba el sol por la ventana. Desperté sobresaltada, a las tres de la madrugada, con la solución: Alba, la nieta, escribe la historia de la familia junto al cadáver de su abuelo, Esteban Trueba, mientras aguarda la mañana para enterrarlo. Fui a la cocina, me senté ante la máquina y en menos de dos horas escribí sin vacilar las diez páginas del epílogo. Dicen que nunca se termina un libro, que simplemente el autor se da por vencido; en este caso mis abuelos, molestos tal vez al ver sus memorias tan traicionadas, me obligaron a poner la palabra fin. Había escrito mi primer libro. No sabía que esas páginas me cambiarían la vida, pero sentí que había terminado un largo tiempo de parálisis y mudez.

Até la pila de hojas con la misma cinta que había usado durante un año y se la pasé tímidamente a mi madre, quien volvió a los pocos días preguntando, con expresión de horror, cómo me atrevía a revelar secretos familiares y a describir a mi padre como un degenerado, dándole además su propio apellido. En esas páginas yo había introducido a un conde francés con un nombre escogido al azar: Bilbaire. Supongo que lo oí alguna vez, lo guardé en un compartimiento olvidado y al crear al personaje lo llamé así sin la menor conciencia de haber utilizado el apellido materno de mi progenitor. Con la reacción de mi madre renacieron algunas sospechas sobre mi padre que atormentaron mi niñez. Para complacerla decidí cambiar el apellido y después de mucho buscar encontré una palabra francesa con una letra menos, para que cupiera con holgura en el mismo espacio, pude borrar Bilbaire con corrector en el original y escribir encima Satigny, tarea que me tomó varios días revisando página por página, metiendo cada hoja en el rodillo de la máquina portátil y consolándome de ese trabajo artesanal con la idea de que Cervantes escribió El Quijote con una pluma de pájaro, a la luz de una vela, en prisión y con la única mano que le quedaba. A partir de ese cambio mi madre entró con entusiasmo en el juego de la ficción, participó en la elección del título *La casa de los espíritus* y aportó ideas estupendas, incluso algunas para ese conde controversial. A ella, que tiene una imaginación morbosa, se le ocurrió que entre las fotografías escabrosas que coleccionaba ese personaje había *«una llama embalsamada cabalgando sobre una mucama coja»*. Desde entonces mi madre es mi editora y la única persona que corrige mis libros, porque alguien con capacidad de crear algo tan retorcido merece toda mi confianza. También fue ella quien insistió en publicarlo, se puso en contacto con editores argentinos, chilenos y venezolanos, mandó cartas a diestra y siniestra y no perdió la esperanza, a pesar de que nadie se dio la molestia de leer el manuscrito o de contestarnos. Un día conseguimos el nombre de una persona que podía ayudarnos en España. Yo no sabía que existieran agentes literarios, la verdad es que, como la mayor parte de los seres normales, tampoco había leído crítica y no sospechaba que los libros se analizan en universidades con la misma seriedad con que se estudian los astros en el firmamento. De haberlo sabido, no me habría atrevido a publicar ese montón de páginas manchadas de sopa y corrector líquido, que el correo se encargó de colocar sobre el escritorio de Carmen Balcells en Barcelona. Esa catalana magnífica, madraza de casi todos los grandes escritores latinoamericanos de las últimas tres décadas, se dio el trabajo de leer mi libro y a las pocas semanas me llamó para anunciarme que estaba dispuesta a ser mi agente y advertirme que si bien mi novela no estaba mal, eso no significaba nada, cualquiera puede acertar con un primer libro, sólo el segundo probaría que yo era una escritora. Seis meses más tarde fui invitada a España para la publicación de la novela. El día antes de partir mi madre ofreció a la familia una cena para celebrar el acontecimiento. A la hora de los postres el tío Ramón me entregó un paquete y al abrirlo apareció ante mis ojos maravillados el primer ejemplar recién salido de las máquinas, que él consiguió con malabarismos de viejo negociante, suplicando a los editores, movilizando a los Embajadores de dos continentes y utilizando la valija diplomática para que me llegara a tiempo. Es imposible describir la emoción de ese momento, basta decir que nunca más he vuelto a sentirla con otros libros, con traducciones a idiomas que creía ya muertos, o con las adaptaciones al cine o al teatro, ese ejemplar de *La casa de los espíritus* con una franja rosada y una mujer con pelo verde tocó mi corazón profundamente. Partí a Madrid con el libro en el regazo, bien expuesto a la vista de quien quisiera mirar, acompañada por Michael, tan orgulloso de mi proeza como mi madre. Ambos entraban a las librerías preguntando si tenían mi libro y armaban una escena si les decían que no y otra si les decían que sí, porque no lo habían vendido. Carmen Balcells nos recibió en el aeropuerto envuelta en un abrigo de piel morado y al cuello una bufanda de seda color malva que arrastraba por el suelo como la cola desmayada de un cometa, me abrió los brazos y desde ese momento se convirtió en mi ángel protector. Ofreció un festín para presentarme a la intelectualidad española, pero yo estaba tan asustada que pasé buena parte de la velada escondida en el baño. Esa noche en su casa vi por primera y única vez un kilo de caviar del Irán y cucharas soperas a disposición de los comensales, una extravagancia faraónica totalmente injustificada porque de todos modos yo era una pulga y ella no sospechaba entonces la trayectoria afortunada que tendría esa novela, pero seguro la conmovieron mi apellido ilustre y mi aspecto de provinciana. Aún recuerdo la pregunta inicial en la entrevista que me hizo el más renombrado crítico literario del momento: ¿puede explicar la estructura cíclica de su novela? Debo haberlo mirado con expresión bovina porque no sabía de qué diablos me hablaba, creía que sólo los edificios tienen estructura y lo único cíclico de mi repertorio eran la luna y la menstruación. Poco después los mejores editores europeos, desde Finlandia hasta Grecia, compraron la traducción y así se disparó el libro en una carrera meteórica. Se había producido uno de esos raros milagros que todo autor sueña, pero yo no alcancé a darme cuenta del éxito escandaloso hasta año y medio más tarde, cuando ya estaba a punto de terminar una segunda novela nada más que para probar a Carmen Balcells mi condición de escritora y demostrarle que el kilo de caviar no había sido pura pérdida.

Seguí trabajando doce horas diarias en el colegio, sin atreverme a renunciar, porque el contrato millonario de Michael, conseguido en parte con el ensalmo líquido de la señora de la limpieza, se había hecho humo. Por una de esas coincidencias tan precisas que parecen metáforas, su trabajo se vino al suelo el mismo día que yo presentaba mi libro en Madrid. Al descender del avión en el aeropuerto de Caracas nos salió al encuentro su socio con la mala noticia; se borró la alegría de mi triunfo y fue reemplazada por los nubarrones de su desgracia. Denuncias de corrupción y soborno en el banco que financiaba la obra obligaron a la justicia a intervenir, congelaron los pagos y se paralizó la construcción. La prudencia indicaba cerrar la oficina de inmediato y tratar de liquidar lo más posible, pero él creyó que el banco era demasiado poderoso y había muchos intereses políticos de por medio como para que el conflicto se eternizara, concluyó que si lograba mantenerse a flote por un tiempo todo se arreglaría y el contrato volvería a sus manos. Entretanto su socio, más diestro en esas reglas del juego, desapareció con su parte del dinero dejándolo sin trabajo y sumido en un creciente abismo de deudas. Las preocupaciones acabaron por agotar a Michael, pero se negó a admitir su fracaso y su depresión hasta que un día cayó desmayado. Paula y Nicolás lo llevaron en brazos a la cama y yo traté de reanimarlo con agua y bofetones, como había visto en las películas. Más tarde el médico diagnosticó azúcar en la sangre y comentó divertido que la diabetes no se cura con baldes de agua fría. Volvió a desmayarse con alguna frecuencia y todos acabamos por acostumbrarnos. No habíamos oído la palabra porfiria y nadie atribuyó sus síntomas a ese raro desorden del metabolismo, pasarían tres años antes que una sobrina cayera muy enferma y después de meses de exhaustivos análisis los médicos de una clínica norteamericana diagnosticaran la enfermedad; la familia completa debió examinarse y así descubrimos que Michael, Paula y Nicolás padecen esa condición. Para entonces nuestro matrimonio se había convertido en una burbuja de cristal que debíamos tratar con grandes precauciones para no hacerla trizas; cumplíamos con ceremoniosas reglas de cortesía y hacíamos porfiados esfuerzos por mantenernos juntos a pesar de que cada día nuestros caminos se separaban más. Nos teníamos respeto y simpatía, pero esa relación me pesaba sobre los hombros como un saco de cemento; en mis pesadillas avanzaba por un desierto arrastrando una carreta y en cada paso se hundían las ruedas y mis pies en la arena. En ese tiempo sin amor encontré evasión en la escritura. Mientras en Europa mi primera novela se abría camino, yo seguía escribiendo de noche en la cocina de nuestra casa en Caracas, pero me había modernizado, ahora lo hacía en una máquina eléctrica. Comencé *De amor y de sombra* el 8 de enero de 1983 porque ese día me había traído suerte con *La casa de los espíritus*, iniciando así una tradición que todavía mantengo y no me atrevo a cambiar, siempre escribo la primera línea de mis libros en esa fecha. Ese día trato de estar sola y en silencio por largas horas, necesito mucho tiempo para sacarme de la cabeza el ruido de la calle y limpiar mi memoria del desorden de la vida. Enciendo velas para llamar a las musas y a los espíritus protectores, coloco flores sobre mi escritorio para espantar el tedio y las obras completas de Pablo Neruda bajo la computadora con la esperanza de que me inspiren por ósmosis; si estas máquinas se infectan de virus no hay razón para que no las refresque un soplo poético. Mediante una ceremonia secreta dispongo la mente y el alma para recibir la primera frase en trance, así se entreabre una puerta que me permite atisbar al otro lado y percibir los borrosos contornos de la historia que espera por mí. En los meses siguientes cruzaré el umbral para explorar esos espacios y poco a poco, si tengo suerte, los personajes cobrarán vida, se harán cada vez más precisos y reales, y se me irá revelando el cuento. Ignoro cómo y por qué escribo, mis libros no nacen en la mente, se gestan en el vientre, son criaturas caprichosas con vida propia, siempre dispuestas a traicionarme. No decido el tema, el tema me escoge a mí, mi labor consiste simplemente en dedicarle suficiente tiempo, soledad y disciplina para que se escriba solo. Así sucedió con mi segunda novela. En 1978 fueron descubiertos en Chile, en la localidad de Lonquén a pocos kilómetros de Santiago, los cuerpos de quince campesinos asesinados por la dictadura y ocultos en unos hornos de cal abandonados. La Iglesia Católica denunció el hallazgo y estalló el escándalo antes que las autoridades pudieran acallarlo, era la primera vez que aparecían los restos de algunos desaparecidos y el dedo tembleque de la justicia chilena no tuvo más remedio que señalar a las Fuerzas Armadas. Varios carabineros fueron acusados, llevados a juicio, condenados por homicidio en primer grado y enseguida puestos en libertad por el General Pinochet mediante un decreto de amnistía. La noticia salió publicada en la prensa del mundo y así me enteré yo en Caracas. Para entonces desaparecían miles de personas en muchas parte del continente, Chile no era una excepción. En Argentina las madres de los desaparecidos desfilaban en la Plaza de Mayo con las fotografías de sus hijos y sus nietos ausentes, en Uruguay sobraban nombres de presos y faltaban cuerpos. Lo ocurrido en Lonquén fue como un puñetazo en la boca del estómago, el dolor no me abandonó en años. Cinco hombres de la misma familia, los Maureira, murieron asesinados por esos carabineros. A veces iba distraída manejando por una autopista y me asaltaba la visión conmovedora de las mujeres Maureira buscando por años a sus hombres, preguntando inútilmente en prisiones, campos de concentración, hospitales y cuarteles, como miles y miles de otras personas que en otros lugares inquirían también por los suyos. Ellas tuvieron mejor suerte que la mayoría, al menos supieron que sus hombres habían muerto y pudieron llorarlos y rezar por ellos, aunque no enterrarlos, porque los militares les birlaron los restos y dinamitaron los hornos de cal para evitar que se convirtieran en sitio de peregrinaje y devoción. Esas mujeres caminaron un día a lo largo de unos toscos mesones examinando los despojos, unas llaves, un peine, un trozo de chaleco azul, algo de pelo o unos pocos dientes, y dijeron: éste es mi marido, éste es mi hermano, éste es mi hijo. Siempre al pensar en ellas me volvía con implacable claridad el recuerdo de ese tiempo que viví en Chile bajo el pesado manto del terror, la censura y la autocensura, las delaciones, el toque de queda, los soldados de caras pintadas para no ser reconocidos, los automóviles con vidrios oscuros de la policía política, las detenciones en la calle, en las casas, en las oficinas, mis carreras para asilar perseguidos en las Embajadas, las noches en vela porque teníamos a alguien oculto bajo nuestro techo, las burdas estrategias para sacar sigilosamente información hacia el extranjero e introducir dinero para ayudar a las familias de los presos. Para mi segunda novela no tuve que pensar en el tema, las mujeres de la familia Maureira, las madres de la Plaza de Mayo y millones de otras víctimas me acosaron obligándome a escribir. La historia de los muertos de Lonquén tenía raíces en mi corazón desde 1978, desde entonces había archivado todos los recortes de prensa que cayeron en mis manos sin saber exactamente para qué, puesto que aún no sospechaba que mis pasos se encaminarían hacia la literatura. En 1983 disponía de una gruesa carpeta de información y sabía dónde buscar más datos, mi trabajo consistió solamente en trenzar esos hilos en una sola cuerda. Contaba con mi amigo Francisco en Chile, a quien pensaba utilizar como modelo para el protagonista, a una familia de refugiados republicanos españoles para los Leal y un par de compañeras de la revista femenina donde antes trabajaba, que inspiraron el personaje de Irene. Tomé a Gustavo Morante, el novio de Irene, de un oficial del Ejército en Chile, que me siguió al Cerro San Cristóbal un mediodía otoñal de 1974. Estaba sentada bajo un árbol mirando Santiago desde las alturas, con la perra suiza de mi madre, a quien solía llevar a tomar aire, cuando se detuvo un automóvil a pocos metros, descendió un hombre en uniforme y avanzó hacia mí. El pánico me paralizó, por un instante pensé echar a correr, pero enseguida comprendí la inutilidad de cualquier intento de escapatoria y temblando lo enfrenté sin voz. Ante mi sorpresa, el oficial no me ladró una orden, sino que se quitó la gorra, se disculpó por molestarme y preguntó si podía sentarse conmigo. Yo todavía no podía pronunciar palabra, pero me tranquilizó ver que estaba solo, las detenciones siempre se llevaban a cabo entre varios. Era un hombre de unos treinta años, alto y apuesto, con un rostro un poco ingenuo, sin líneas de expresión. Noté su angustia apenas comenzó a hablar. Me dijo que sabía quién era yo, había leído algunos de mis artículos y no le gustaban, pero se divertía con mis programas en televisión, me había visto subir al cerro a menudo y ese día me había seguido porque tenía algo que contarme. Dijo que provenía de una familia muy religiosa, era católico observante y de joven había contemplado la posibilidad de entrar al Seminario, pero había ingresado a la Escuela Militar para complacer a su padre. Pronto descubrió que le gustaba esa profesión y con el tiempo el Ejército se convirtió en su verdadero hogar. Estoy preparado para morir por mi patria, dijo, pero no sabía lo difícil que es matar por ella. Y entonces, después de una pausa muy larga, me describió su primer fusilamiento, cómo le tocó ejecutar a un prisionero político, tan torturado que no podía tenerse de pie y debieron amarrarlo en una silla, de cómo dio la orden de fuego en ese patio escarchado a las cinco de la mañana, y cómo cuando se disipó el ruido de los balazos se dio cuenta de que el hombre estaba vivo y lo miraba tranquilamente a los ojos, porque ya estaba más allá del miedo.

—Tuve que acercarme al prisionero, ponerle la pistola en la sien y apretar el gatillo. La sangre me salpicó el uniforme... No puedo quitármelo del alma, no puedo dormir, ese recuerdo me persigue.

—¿Por qué me lo cuenta a mí? –le pregunté.

—Porque no me basta habérselo dicho a mi confesor, quiero compartirlo con alguien que tal vez pueda usarlo. No todos los militares somos asesinos, como andan diciendo por ahí, muchos tenemos conciencia. —Se puso de pie, me saludó con una inclinación leve, se caló la gorra y partió en su automóvil.

Meses más tarde otro hombre, esta vez vestido de civil, me contó algo similar. Los soldados disparan a las piernas para obligar a los oficiales a dar el tiro de gracia y mancharse también con sangre, me dijo. Guardé esas historias conmigo por nueve años, al fondo de un cajón, anotadas en una hoja de papel, hasta que me sirvieron en *De amor y de sombra*. Algunos críticos consideraron ese libro sentimental y demasiado político; para mí está lleno de magia porque me reveló los extraños poderes de la ficción. En el lento y silencioso proceso de la escritura entro en un estado de lucidez, en el cual a veces puedo descorrer algunos velos y ver lo invisible, tal como hacía mi abuela con su mesa de tres patas. No es el caso mencionar todas las premoniciones y coincidencias que se dieron en esas páginas, basta una. Si bien disponía de abundante información, tenía grandes lagunas en la historia porque buena parte de los juicios militares quedó en secreto y lo que se publicó estaba desfigurado por la censura. Además me encontraba muy lejos y no podía ir a Chile a interrogar a las personas implicadas, como hubiera hecho en otras circunstancias. Mis años de periodismo me han enseñado que en esas entrevistas personales se obtienen las claves, los motivos y las emociones de la historia, ninguna investigación de biblioteca puede reemplazar los datos de primera mano conseguidos en una conversación cara a cara. Escribí la novela en esas calientes noches de Caracas con el material de mi carpeta de recortes, un par de libros, algunas grabaciones de Amnistía Internacional y las voces infatigables de las mujeres de los desaparecidos, que atravesaron distancias y tiempos para venir en mi ayuda. Así y todo, debí recurrir a la imaginación para llenar las lagunas. Al leer el original mi madre objetó una parte que le pareció absolutamente improbable: los protagonistas van de noche en una motocicleta durante el toque de queda a una mina cerrada por los militares, cruzan el cerco, se meten en un campo prohibido, abren la mina con picos y palas, encuentran los restos de los cuerpos asesinados, toman fotografías, vuelven con las pruebas y se las entregan al Cardenal, quien finalmente ordena abrir la tumba. Esto es imposible, dijo, nadie se atrevería a correr semejantes riesgos en plena dictadura. No se me ocurre otra manera de resolver el argumento, considéralo una licencia literaria, repliqué. El libro fue publicado en 1984. Cuatro años más tarde fue eliminada la lista de exilados que no podían regresar a Chile y me sentí libre de volver por primera vez a mi país para votar en un plebiscito, que finalmente derrocó a Pinochet. Una noche sonó el timbre de la casa de mi madre en Santiago y un hombre insistió en hablar conmigo en privado. En un rincón de la terraza me contó que era sacerdote, que se había enterado en secreto de confesión de los cuerpos enterrados en Lonquén, había ido en su motocicleta durante el toque de queda, abierto la mina prohibida con pico y pala, fotografiado los restos y llevado las pruebas al Cardenal, quien mandó a un grupo de sacerdotes, periodistas y diplomáticos a abrir la tumba clandestina.

—Nadie lo sospecha excepto el Cardenal y yo. Si se hubiera difundido mi participación en este asunto, seguramente no estaría aquí hablándole, también yo habría desaparecido. ¿Cómo lo supo usted? —me preguntó.

—Me lo soplaron los muertos —repliqué, pero no me creyó.

Ese libro también trajo a Willie a mi vida, por eso le estoy agradecida.

Mis dos primeras novelas demoraron bastante en cruzar el Atlántico, pero finalmente llegaron a las librerías de Caracas, algunas personas las leyeron, se publicaron un par de críticas favorables, y eso cambió la calidad de mi vida. Se me abrieron círculos a los cuales no había tenido acceso, conocí gente interesante, algunos medios de prensa me pidieron colaboraciones y me llamaron productores de televisión ofreciéndome entrada por la puerta ancha, pero para entonces ya sabía cuán inciertas son esas promesas y no quise dejar mi empleo seguro en el colegio. Un día en el teatro se me acercó un hombre de voz suave y cuidadosa pronunciación para felicitarme por mi primera novela, dijo que lo tocaba profundamente, entre otras cosas porque vivió con su familia en Chile durante el gobierno de Salvador Allende y presenció el Golpe Militar. Más tarde me enteré que también estuvo preso en esos primeros días de brutalidad indiscriminada, porque los vecinos, confundidos por su acento, creyeron que era un agente cubano y lo denunciaron. Así comenzó mi amistad con Ildemaro, la más significativa de mi vida, una mezcla de buen humor y de severas lecciones. A su lado aprendí mucho, él guiaba mis lecturas, revisaba algunos de mis escritos y discutíamos de política, cuando pienso en él me parece verlo apuntándome con el índice mientras me instruye sobre la obra de Benedetti o despeja las brumas de mi cerebro con un docto sermón socialista, pero esa imagen no es la única, también lo recuerdo muerto de la risa o rojo de vergüenza cuando le tumbábamos la solemnidad a punta de bromas. Nos incorporó a su familia y por primera vez en muchos años volvimos a tener el calor de una tribu, se reiniciaron los almuerzos dominicales, nuestros hijos se consideraban primos y todos tenían llaves de ambas casas. Ildemaro, que es médico pero tiene más vocación por la cultura, nos proveía de entradas a un sinfín de actos a los cuales asistíamos para no ofenderlo. Al principio Paula fue la única con valor suficiente para reírse en su presencia de las vacas sagradas del arte, y pronto los demás seguimos su ejemplo y terminamos formando un grupo de teatro doméstico con el propósito de parodiar los actos culturales y las prédicas intelectuales de nuestro amigo, pero él encontró rápidamente una manera astuta de desbaratar nuestros planes: se convirtió en el miembro más activo de la compañía. Bajo su dirección montamos algunos espectáculos que trascendieron los límites del sufrido círculo de amigos, como una conferencia sobre los celos en la cual presentamos una máquina de nuestra invención para medir «el nivel de celotipia» en las víctimas de ese grave flagelo. Una sociedad de psiquiatras –no recuerdo si junguianos o lacanianos– nos tomó en serio, fuimos invitados a hacer una demostración y una noche fuimos a parar a la sede del Instituto con nuestra descabellada charla. La máquina de los celos consistía en un cajón negro con caprichosos bombillos que se encendían y se apagaban y erráticas agujas que marcaban números, conectada mediante cables de batería a un casco en la cabeza de Paula, quien cumplía valientemente el papel de conejillo de experimentación, mientras Nicolás daba vueltas una manivela. Los psiquiatras escuchaban atentos y tomaban notas, algunos parecían algo perplejos, pero en general quedaron satisfechos y al día siguiente apareció en el periódico una docta reseña de la conferencia. Paula sobrevivió a la máquina de los celos y tanto se encariñó con Ildemaro que lo hizo depositario de sus confidencias más íntimas y para darle gusto aceptaba el papel de artista estelar en todas las producciones de la compañía. Ahora Ildemaro me llama a menudo para saber de ella, escucha los detalles en silencio y trata de darme ánimo, pero no esperanza, porque él no la tiene. En esa época nada indicaba que el destino de mi hija sufriría este descalabro, era entonces una bella estudiante en sus veinte años, brillante y alegre, a quien no le importaba hacer el ridículo sobre un escenario si Ildemaro se lo pedía. La infatigable Abuela Hilda, quien había salido de Chile siguiendo a la familia al exilio y vivía media vida en nuestra casa, mantenía abierto en permanencia un costurero en el comedor, donde fabricábamos disfraces y escenarios. Michael participaba con buen humor, a pesar que solían tambalear su salud y su entusiasmo. Nicolás, que sufría de pánico escénico y vergüenza ajena, se encargaba de los montajes técnicos: luz, sonido y efectos especiales, así podía mantenerse oculto tras las cortinas. Poco a poco la mayor parte de nuestros amigos se incorporaron al teatro y no quedó nadie para constituir el público, pero preparar las obras era tan divertido para los actores y músicos que no importaba hacer las representaciones ante una sala vacía. La casa se nos llenó de gente, de ruido y de risas, por fin teníamos una familia extendida y nos sentíamos a gusto en esa nueva patria.

Sin embargo no ocurría lo mismo con mis padres. El tío Ramón veía aproximarse sus setenta años y deseaba regresar a morir en Chile, como explicó con cierto dramatismo, provocando carcajadas entre nosotros, que lo sabemos inmortal. Un par de meses más tarde lo vimos preparar sus maletas y poco después partió con mi madre de vuelta a un país donde no había puesto los pies en muchos años y donde todavía gobernaba el mismo general. Me sentí huérfana, temía por ellos, presentía que no volveríamos a vivir en la misma ciudad y me preparé para reiniciar la antigua rutina de las cartas diarias. Para despedirlos ofrecimos una parranda con guisos y vinos chilenos y la última obra de la compañía de teatro. Mediante canciones, bailes, actores y títeres narramos las vidas tormentosas y los amores ilegales de mi madre y el tío Ramón, representados por Paula e Ildemaro, provisto de diabólicas cejas postizas. Esta vez tuvimos público, porque asistieron casi todos los buenos amigos que nos habían acogido en ese cálido país. En un sitio de honor estaba Valentín Hernández, cuyas visas generosas nos abrieron las puertas. Fue la última vez que lo vimos, poco después murió de una enfermedad repentina dejando en el desconsuelo a su mujer y sus descendientes. Era uno de aquellos patriarcas amorosos y vigilantes que cobijan bajo su capa protectora a todos los suyos. Le costó morir porque no quería irse dejando a su familia expuesta al vendaval de estos aterradores tiempos modernos y en el fondo de su corazón tal vez soñaba con llevárselos consigo. Un año después su viuda reunió a las hijas, los yernos y los nietos para conmemorar la muerte de su marido de una manera alegre, como a él le hubiera gustado, y se los llevó de paseo a Florida. El avión estalló en el aire y no quedó nadie de esa familia para llorar a los ausentes o recibir las condolencias.

En septiembre de 1987 se publicó en España mi tercera novela, *Eva Luna*, escrita a plena luz de día en una computadora, en el amplio estudio de una casa nueva. Los dos libros anteriores convencieron a mi agente que yo pensaba tomar la literatura en serio, y a mí que valía la pena correr el riesgo de dejar mi empleo y dedicarme a escribir, a pesar de que mi marido seguía en bancarrota y aún no terminábamos de pagar deudas. Vendí las acciones del colegio y compramos una casona encaramada en un cerro, algo destartalada, es cierto, pero Michael la remodeló convirtiéndola en un refugio asoleado donde sobraba espacio para visitas, parientes y amigos, y donde la Abuela Hilda pudo instalar con comodidad el taller de costura y yo mi oficina. A media altura del cerro la casa tenía entre sus fundaciones un sótano con luz y aire fresco, tan grande que plantamos en medio de un jardín tropical la mata que reemplazó al nomeolvides de mis nostalgias. Los muros estaban cubiertos de estanterías repletas de libros y como único mueble contaba con una enorme mesa al centro de la pieza. Ése fue un tiempo de grandes cambios. Paula y Nicolás, convertidos en jóvenes independientes y ambiciosos, iban a la universidad, viajaban solos y era evidente que ya no me necesitaban, pero la complicidad entre los tres se mantuvo inmutable. Después que terminaron los amores con el joven siciliano, Paula profundizó sus estudios de psicología y sexualidad. Su pelo castaño le caía hasta la cintura, no usaba maquillaje y acentuaba su aspecto virginal con largas faldas de algodón blanco y sandalias. Hacía trabajo voluntario en las más bravas poblaciones marginales, allí donde ni la policía se aventuraba después de la puesta del sol. Para entonces la violencia y el crimen se habían disparado en Caracas, nuestra casa había sido asaltada varias veces y circulaban rumores horribles de niños raptados en los centros comerciales para arrancarles las córneas y venderlas a bancos de ojos, de mujeres violadas en los estacionamientos, de gente asesinada sólo para robar un reloj. Paula partía manejando su pequeño automóvil con una bolsa de libros a la espalda y yo me quedaba temblando por ella. Le rogué mil veces que no se metiera en esos andurriales, pero no me escuchaba, porque se sentía protegida por sus buenas intenciones y creía que por allí todos la conocían. Poseía una mente clara, pero conservaba el nivel emocional de una chiquilla; la misma mujer que en el avión memorizaba el mapa de una ciudad donde nunca había puesto los pies, alquilaba un automóvil en el aeropuerto y conducía sin vacilar hasta el hotel, o bien era capaz de preparar en cuatro horas un curso sobre literatura para que yo me luciera en una universidad, se desmayaba cuando la vacunaban y temblaba de pánico en una película de vampiros. Practicaba sus pruebas psicológicas con Nicolás y conmigo, así comprobó que su hermano tiene un nivel intelectual cercano a la genialidad y en cambio su madre sufre de retardo profundo. Me pasó las pruebas una y otra vez y los resultados no variaron, siempre dieron un coeficiente intelectual bochornoso. Menos mal que nunca intentó ensayar con nosotros sus adminículos del seminario de sexualidad.

Con *Eva Luna* tomé finalmente conciencia de que mi camino es la literatura y me atreví a decir por primera vez: soy escritora. Cuando me senté ante la máquina para iniciar el libro no lo hice como en los dos anteriores llena de excusas y dudas, sino en pleno uso de mi voluntad y hasta con cierta dosis de altivez. Voy a escribir una novela, dije en voz alta. Luego encendí la computadora y sin pensarlo dos veces me lancé con la primera frase: *Me llamo Eva, que quiere decir vida...*

Mi madre llegó de visita a California. Casi no la reconozco en el aeropuerto, parecía una bisabuela de porcelana, una viejecita vestida de negro con voz temblorosa y la cara estragada de pena y cansancio por el viaje de veinte horas desde Santiago. Se echó a llorar al abrazarme y siguió haciéndolo todo el camino, pero al llegar a casa enfiló hacia el baño, se dio una ducha, se vistió de colores alegres y bajó sonriendo a saludar a Paula. Se impresionó al verla, a pesar de que esperaba encontrarla peor, todavía tiene vivo el recuerdo de su nieta favorita tal como era antes. La niña está en el limbo, doñita, junto a los bebés que murieron sin bautizar y otras almas salvadas del purgatorio, trató de consolarla una de las cuidadoras. ¡Qué pérdida, Dios mío, qué pérdida! murmura mi madre a menudo, pero nunca delante de Paula, porque piensa que tal vez puede oírla. No proyecte sus angustias y sus deseos en ella, señora, le advirtió el doctor Shima, la vida anterior de su nieta terminó, ahora vive en otro estado de conciencia. Como era previsible, mi madre se prendó del doctor Shima. Es un hombre sin edad, con el cuerpo gastado, cara y manos jóvenes y una mata de pelo oscuro, usa suspensores de elástico y los pantalones subidos hasta las axilas, camina con una leve cojera y se ríe con expresión maliciosa como un niño pillado en falta. Ambos rezan por Paula, ella con su fe cristiana y él con la budista. En el caso de mi madre es el triunfo de la esperanza sobre la experiencia, porque pasó diecisiete años rogando para que el General Pinochet pasara a mejor vida y no sólo se encuentra todavía en pleno uso de salud, sino que sigue teniendo la sartén por el mango en Chile. Dios tarda, pero cumple, replica ella cuando se lo recuerdo, te aseguro que Pinochet va camino a la tumba. Así estamos todos desde que nacemos, muriéndonos de a poco. Por las tardes esta abuela irónica se instala a tejer junto a su nieta y le habla sin importarle el silencio sideral donde caen sus palabras, le cuenta del pasado, repasa los chismes de última hora, comenta su propia vida y a veces le canta desafinado un himno a María, única canción que recuerda completa. Cree que desde su cama ella realiza milagros sutiles, nos obliga a crecer y nos enseña los caminos de la compasión y la sabiduría. Sufre por ella y sufre por mí, dos dolores que no puede evitar.

–¿Dónde estaba Paula antes de entrar al mundo a través de mí? ¿Dónde irá cuando muera?

–Paula ya está en Dios. Dios es *lo que une*, aquello que mantiene el tejido de la vida, lo mismo que tú llamas amor –replicó mi madre.

Ernesto apareció por aquí aprovechando una semana de vacaciones. Mantenía aún la ilusión de que su mujer se recuperara lo suficiente para tener una vida con ella, aunque fuera muy limitada. Imaginaba que sucedería un prodigio y ella despertaría de pronto con un bostezo largo, buscaría a tientas su mano y preguntaría qué pasó con la voz destemplada por falta de uso. Los médicos se equivocan muchas veces y de la mente se sabe poco, me dijo. Sin embargo ya no entró impetuoso a verla, sino con cautela, como asustado. La teníamos bien peinada y vestida con la ropa que él le trajo en una visita anterior. La abrazó con inmensa ternura mientras las cuidadoras escapaban hacia la cocina, conmovidas, y mi madre y yo buscábamos refugio en la terraza. Los primeros días pasó horas escudriñando las reacciones de Paula en busca de algún destello de inteligencia, pero poco a poco desistió, lo vi desinflarse, encogerse, hasta que el aura optimista de su llegada se convirtió en la penumbra que nos envuelve a todos. Le sugerí que Paula ya no es su esposa sino su hermana espiritual, que no debe considerarse atado a ella, pero me miró como si oyera un sacrilegio. La última noche se quebró y se dio cuenta por fin que no habrá milagro capaz de devolverle su novia eterna y por mucho que busque nada encontrará en el tremendo abismo de sus ojos vacíos. Despertó aterrado con un mal sueño y vino a oscuras a mi pieza, temblando y mojado de transpiración y lágrimas, a contármelo.

—Soñé que Paula subía por una larga escalera telescópica y al llegar arriba se lanzaba al vacío antes que yo pudiera detenerla, dejándome desesperado. Luego la veía muerta sobre una mesa y allí permanecía intacta por largo tiempo, mientras la vida transcurría para mí. Poco a poco comenzaba a perder peso y a caérsele el pelo, hasta que de pronto se levantaba y trataba de decirme algo, pero yo la interrumpía para reprocharle que me hubiera abandonado. Ella volvía a dormir sobre la mesa; cada vez se deterioraba más sin morir del todo. Finalmente me daba cuenta que la única manera de ayudarla era destruyendo su cuerpo, la tomaba en brazos y la colocaba sobre el fuego. Se reducía a cenizas, que yo esparcía a puñados en un jardín. Su espectro aparecía entonces para despedirse de la familia, por último se dirigía a mí para decirme que me amaba y enseguida empezaba a desvanecerse...

—Déjala ir, Ernesto —le supliqué.

—Si tú puedes despedirte de ella, también puedo hacerlo yo —contestó.

Y entonces pensé que desde siglos inmemoriales las mujeres han perdido hijos, es el dolor más antiguo e inevitable de la humanidad. No soy la única, casi todas las madres pasan por esta prueba, se les rompe el corazón, pero siguen viviendo porque deben proteger y amar a los que quedan. Sólo un grupo de mujeres privilegiadas en épocas muy recientes y en países avanzados donde la salud está al alcance de quienes pueden pagarla, confía en que todos sus hijos llegarán a la edad adulta. La muerte siempre está acechando. Fuimos con Ernesto a la pieza de Paula, cerramos la puerta y a solas procedimos a improvisar un breve rito de adiós. Le dijimos cuánto la amábamos, repasamos los espléndidos años vividos y le aseguramos que permanecerá siempre en nuestra memoria. Le prometimos que la acompañaremos hasta el último instante en este mundo y que nos encontraremos de nuevo en el otro, porque en realidad no hay separación. Muérete, mi amor, suplicó Ernesto de rodillas junto a la cama. Muérete, hija, agregué yo en silencio, porque no me salió la voz.

Willie sostiene que hablo y camino dormida, pero no es así. De noche vago descalza y callada por la casa, para no incomodar a los espíritus y a los zorrillos que acuden sigilosos a devorar la comida de la gata. A veces nos encontramos frente a frente y ellos levantan sus hermosas colas rayadas, como peludos pavos reales, y me miran con los hocicos temblorosos, pero deben haberse acostumbrado a mi presencia, porque hasta ahora no han disparado sus chorros fatídicos dentro de la casa, sólo en el sótano. No ando sonámbula, sólo ando triste. Tómate una pastilla y trata de descansar unas cuantas horas, me suplica Willie agotado, deberías ir donde un psiquiatra, estás obsesionada y de tanto pensar en Paula acabas viendo visiones. Me repite que mi hija no viene a nuestra pieza de noche, eso es imposible, no puede moverse, son sólo pesadillas mías, como tantas otras que me parecen más ciertas que la realidad. Quién sabe... tal vez existen otras vías de comunicación espiritual, no sólo los sueños, y en su terrible invalidez Paula ha descubierto la forma de hablarme. Se me han agudizado los sentidos para percibir lo invisible, pero no estoy loca. El doctor Shima viene muy seguido, asegura que Paula se ha convertido en su guía. Ya se cumplió el plazo de tres meses y han desaparecido los psíquicos, los hipnotistas, los videntes y los médiums, ahora sólo la doctora Forrester y el doctor Shima la cuidan. A veces él sólo medita unos minutos junto a ella, otras la examina meticulosamente, le coloca agujas para aliviar sus huesos, le administra medicamentos chinos, luego comparte conmigo una taza de té y podemos hablar sin pudores, porque nadie nos oye. Me atreví a contarle que Paula viene a visitarme por las noches y no le pareció extraño, dice que a él también le habla.

—¿Cómo le habla, doctor?

—En la madrugada despierto con su voz.

—¿Cómo sabe que es su voz? Nunca la ha oído...

—A veces la veo claramente. Me señala los puntos dolorosos, me indica cambios en las medicinas, me pide que ayude a su madre en esta prueba, sabe cuánto sufre. Paula está muy cansada y quiere irse, pero su naturaleza es fuerte y puede vivir mucho más.

—¿Cuánto tiempo más, doctor Shima?

Sacó de su maletín mágico una bolsa de terciopelo con sus palitos de I Ching, se concentró en una oración secreta, los batió un rato y los lanzó sobre la mesa.

—Siete...

—¿Siete años?

—O meses o semanas, no lo sé, el I Ching es muy vago...

Antes de irse me dio unas yerbas misteriosas, cree que la ansiedad desbarata las defensas del cuerpo y de la mente, que existe una relación directa entre el cáncer y la tristeza. También la doctora Forrester me recetó algo para la depresión, guardo el frasco cerrado en la cesta de las cartas de mi madre, escondido junto con las píldoras para dormir, porque he decidido no aliviarme con drogas; éste es un camino que debo recorrer sangrando. Las imágenes del parto de Celia me vuelven a menudo, la veo transpirando, desgarrada por el esfuerzo, mordiéndose los labios, paso a paso por esa larga prueba sin ayuda de calmantes, serena y consciente ayudando a su hija a nacer. La veo en su esfuerzo final, abierta como una herida cuando surge la cabeza de Andrea, oigo su grito triunfal y el sollozo de Nicolás y vuelvo a percibir la dicha de todos en la quietud sagrada de esta pieza donde ahora duerme Paula. Tal vez la extraña enfermedad de mi hija sea como ese parto; debo apretar los dientes y resistir con valor sabiendo que este tormento no será eterno, deberá terminar un día. ¿Cómo? Sólo puede ser con la muerte... Ojalá a Willie le alcance la paciencia para esperarme, el trayecto puede ser muy largo, tal vez dure los siete años del I Ching; es difícil mantener el amor sano en estas condiciones, todo conspira contra nuestra intimidad, ando con el cuerpo cansado y el alma ausente. Willie no sabe cómo aliviarme y tampoco sé qué pedirle, no se atreve a acercarse más por temor a importunarme y al mismo tiempo no desea dejarme sola; en su mentalidad pragmática lo más indicado sería colocar a Paula en un hospital y tratar de continuar con nuestras vidas, pero no menciona esa alternativa delante de mí porque sabe que nos separaría irrevocablemente. Quisiera quitarte este peso de encima y cargarlo yo que tengo los hombros más grandes, me dice desesperado, pero él ya tiene suficiente con sus propias desgracias. Mi hija decae con suavidad en mis brazos, pero la suya se está suicidando con drogas en los barrios más sórdidos del otro lado de la bahía, tal vez muera antes que la mía de una sobredosis, de una cuchillada o de Sida. Su hijo mayor vaga como un mendigo por las calles cometiendo raterías y tráficos indignos. Si suena el teléfono por la noche Willie salta de la cama con el recóndito presentimiento de que el cadáver de su hija yace en una zanja del puerto, o que la voz de un policía le anunciará otro crimen cometido por su hijo. Las sombras del pasado lo acechan siempre y tan a menudo le dan zarpazos, que ya ni las peores noticias lo quiebran, cae de rodillas, pero al día siguiente vuelve a ponerse de pie. A menudo me pregunto cómo vine yo a parar a este melodrama. Mi madre lo atribuye a mi gusto por las historias truculentas, cree que ése es el principal ingrediente de mi atracción por Willie, otra mujer con más sentido común habría escapado a perderse al ver tanto descalabro. Cuando lo conocí no intentó ocultar que su vida era un caos, desde el principio supe de sus hijos delincuentes, sus deudas y los enredos de su pasado, pero con la impetuosa arrogancia del amor recién descubierto, decidí que no habría obstáculos capaces de derrotarnos.

Resulta difícil imaginar dos hombres más distintos que Michael y Willie. A mediados de 1987 mi matrimonio ya no daba para más, el tedio se había instalado definitivamente entre nosotros y para no encontrarnos despiertos a la misma hora entre las mismas sábanas volví a mi antiguo hábito de escribir de noche. Deprimido, sin trabajo y encerrado en la casa, Michael pasaba por una mala época. Para evitar su presencia constante a veces yo escapaba a la calle y me perdía en la maraña de autopistas de Caracas. Luchando con el tráfico resolví muchas escenas de *Eva Luna* y se me ocurrieron otras historias. En una memorable tranca, donde quedé atrapada durante un par de horas en el automóvil bajo un calor de plomo líquido, escribí *Dos palabras* de un tirón en el reverso de mis cheques, una especie de alegoría sobre el poder alucinante de la narración y del lenguaje, que poco después me sirvió de clave para una colección de cuentos. Aunque por primera vez me sentía segura en el extraño oficio de la escritura —con los dos libros anteriores tuve la impresión de haber aterrizado por accidente en un resbaloso lodazal—. *Eva Luna* se iba escribiendo sola, casi a pesar mío. No tenía control sobre esa descabellada historia, no sospechaba hacia dónde se dirigía ni cómo terminarla, estuve a punto de masacrar a todos los personajes en una balacera para salir del embrollo y librarme de ellos. Para colmo, a medio camino me quedé sin protagonista masculino. Había planeado todo para que Eva y Huberto Naranjo, dos niños huérfanos y pobres, que sobreviven en la calle y crecen por caminos paralelos, se enamoren. En la mitad del libro se produjo el encuentro esperado, pero cuando finalmente se abrazaron, resultó que a él sólo le interesaban sus actividades revolucionarias y era un amante sumamente torpe; Eva merecía más, así me lo hizo saber y no hubo forma de convencerla de lo contrario. Me encontré en un callejón sin salida, con la heroína esperando aburrida mientras el héroe sentado a los pies de la cama limpiaba su fusil. En esos días tuve que partir a Alemania en una gira de promoción. Aterricé en Frankfurt y de allí seguí por el resto del país en auto con un impaciente conductor que volaba por las autopistas escarchadas a velocidad suicida. Una noche en una ciudad del norte se me acercó un hombre al término de mi charla, y me invitó a tomar una cerveza porque tenía una historia para mí, según dijo. Sentados en un cafetín donde apenas podíamos vernos las caras en la penumbra y el humo de los cigarrillos, mientras afuera caía la lluvia, el desconocido me fue revelando su pasado. Su padre había sido un oficial del ejército nazi, un hombre cruel que maltrataba a su mujer y a sus hijos y a quien la guerra dio oportunidad de satisfacer sus instintos más brutales. Me contó de su hermana menor retardada y cómo su padre, imbuido de soberbia racial, no la aceptó nunca y la obligó a vivir a gatas y en silencio bajo una mesa, tapada con un mantel blanco, para no verla. Anoté en una servilleta de papel todo eso y mucho más que me entregó como un regalo aquella noche. Antes de despedirnos le pregunté si podía usarlo y replicó que para eso me lo había contado. Al llegar a Caracas introduje la servilleta de papel en la computadora y apareció Rolf Carlé de cuerpo entero ante mis ojos, un fotógrafo austríaco que se convirtió en el protagonista de la novela y reemplazó a Huberto Naranjo en el corazón de Eva Luna.

Una de esas mañanas calientes de junio en Caracas, cuando empieza desde temprano a juntarse la tormenta por los cerros, Michael bajó a mi estudio en el sótano a traerme el correo, mientras yo andaba perdida en la selva amazónica con Eva Luna, Rolf Carlé y sus compañeros de aventuras. Al oír la puerta levanté la vista y vi una figura desconocida cruzando la amplitud desnuda del cuarto, un hombre alto, delgado, de barba gris y lentes, con los hombros caídos y un aura opaca de fragilidad y melancolía. Tardé algunos segundos en reconocer a mi marido y entonces comprendí cuán extraños nos habíamos vuelto, busqué en la memoria el rescoldo del amor airoso de los veinte años y no pude hallar ni las cenizas, sólo el peso de las insatisfacciones y el fastidio. Tuve la visión de un futuro árido envejeciendo día a día junto a ese hombre que ya no admiraba ni deseaba, y sentí un bramido de rebeldía que brotaba desde el centro mismo de mi naturaleza. En ese instante las palabras acalladas por años con fiera disciplina salieron con una voz que no reconocí como mía.

—No puedo más, quiero que nos separemos —dije sin atreverme a mirarlo a los ojos, y junto con decirlo desapareció ese vago dolor de buey cansado que llevaba por años en mis hombros.

—Desde hace tiempo te noto distante. Supongo que ya no me quieres y debemos pensar en una separación —balbuceó él.

—No hay mucho que pensar, Michael. Una vez dicho, lo mejor es hacerlo hoy mismo.

Así fue. Reunimos a los hijos, les explicamos que habíamos dejado de amarnos como pareja, aunque la amistad permanecía intacta, y les pedimos ayuda en los detalles prácticos de deshacer el hogar común. Nicolás se puso rojo, como siempre le ocurre cuando intenta controlar una emoción muy fuerte, y Paula se echó a llorar de compasión por su padre, a quien siempre protegía. Después supe que no fue una sorpresa para ellos, desde hacía mucho lo esperaban. Michael parecía paralizado, pero a mí me bajó una fiebre de actividad, empecé a sacar tazas y platos de la cocina, ropa de los armarios, libros de las estanterías y después salí a comprar ollas, cafetera, cortinas para la ducha, lámparas, alimentos y hasta plantas para instalarlo en otra parte; con la energía sobrante me puse a pegar parches de trapo en el taller de costura para hacer un cubrecama, que hasta hoy tengo en mi poder como recordatorio de esas horas frenéticas que decidieron la segunda parte de mi vida. Los hijos dividieron nuestros bienes, redactaron un acuerdo sencillo en una hoja de papel y los cuatro firmamos sin ceremonias ni testigos, luego Paula consiguió un apartamento para su padre y Nicolás un camión para trasladar la mitad de nuestras pertenencias. En pocas horas deshicimos veintinueve años de amor y veinticinco de casados, sin portazos, recriminaciones ni abogados, sólo con algunas lágrimas inevitables, porque a pesar de todo nos teníamos cariño y creo que todavía en cierta forma lo tenemos. Por la noche cayó la tormenta que durante el día se había ido gestando, una de esas escandalosas lluvias tropicales con truenos y relámpagos que suelen convertir a Caracas en zona de cataclismo, se tapan los alcantarillados, se inundan las calles, el tráfico se convierte en gigantescas serpientes de automóviles detenidos y el barro arrasa los barrios de los pobres en los cerros. Cuando finalmente se alejó el camión del divorcio, seguido por el coche de mis hijos que iban a instalar a su padre en su nuevo hogar, y quedé sola en la casa, abrí puertas y ventanas para que entraran el viento y el agua y barrieran y lavaran el pasado, y me puse a bailar y a girar como un derviche enloquecido, llorando de tristeza por todo lo perdido y riendo de alivio por todo lo ganado, mientras afuera cantaban grillos y sapos y adentro corría el torrente de lluvia por el suelo y el vendaval arrastraba hojas muertas y plumas de pájaros en un torbellino de despedidas y de libertad.

Tenía cuarenta y cuatro años, supuse que en adelante mi destino era envejecer sola y esperaba hacerlo con dignidad. Llamé al tío Ramón para pedirle que tramitara la nulidad matrimonial en Chile, procedimiento sencillo si la pareja está de acuerdo, si se paga un abogado y se cuenta con un par de amigos dispuestos a cometer perjurio. Escapando de explicaciones y para engañar mi sentido de culpa, acepté una serie de conferencias que me llevaron de Islandia a Puerto Rico, pasando por una docena de ciudades norteamericanas. En esa variedad de climas necesitaba toda mi ropa, pero decidí llevar sólo lo indispensable, la coquetería andaba lejos de mi ánimo, me sentía instalada sin apelación en una madurez desapasionada, así es que fue una grata sorpresa comprobar que no faltan galanes cuando una mujer está disponible. Escribí un documento con tres copias retractándome del otro que firmé en Bolivia, en el cual acusaba al tío Ramón de que por su culpa no conocería hombres, y se lo mandé a Chile por correo certificado. A veces es justo dar el brazo a torcer... En esos dos meses disfruté el abrazo de oso polar de un poeta en Reykjavik, la compañía de un joven mulato en las tórridas noches de San Juan y otros encuentros memorables. Me tienta inventar rituales salvajes de erotismo para adornar mis recuerdos, como supongo que otros hacen, pero en estas páginas trato de ser honesta. En algunos instantes creí tocar el alma del amante y alcancé a soñar con la posibilidad de una relación más profunda, pero al día siguiente tomaba otro avión y la exaltación se diluía en las nubes. Cansada de besos fugaces, la última semana decidí concentrarme en mi trabajo, total hay mucha gente que vive en castidad. No imaginaba que al final de ese atolondrado viaje me esperaba Willie y mi vida cambiaría de rumbo, me fallaron drásticamente las premoniciones.

En una ciudad del norte de California, donde fui a parar con mi penúltima conferencia, me tocó vivir uno de esos romances cursilones que constituyen el material de las novelas rosa que traducía en mi juventud. Willie había leído *De amor y de sombra*, los personajes le penaban y creía haber descubierto en ese libro la clase de amor que deseaba, pero hasta entonces no se le había presentado. Sospecho que no sabía dónde buscarlo, en esa época colocaba avisos personales en los periódicos para encontrar pareja, como me contó candorosamente en nuestra primera cita. Todavía dan vuelta por los cajones algunas cartas de respuesta, entre ellas el alucinante retrato de una dama desnuda envuelta por una boa constrictor, sin más comentario que un número de teléfono al pie de la foto. A pesar de la culebra –o tal vez debido a ella– a Willie no le importó manejar dos horas para conocerme. Una de las profesoras de la universidad que me invitaba me lo presentó como el último heterosexual soltero de San Francisco. Al final cené con un grupo en torno a una mesa redonda en un restaurante italiano; él estaba frente a mí, con un vaso de vino blanco en la mano, callado. Admito que también sentí curiosidad por ese abogado norteamericano con aspecto aristocrático y corbata de seda que hablaba español como un bandolero mexicano y lucía un tatuaje en la mano izquierda. Era una noche de luna llena y la voz aterciopelada de Frank Sinatra cantaba *Strangers in the Night* mientras nos servían ravioles; ésta es la clase de detalle vedado en la literatura, nadie se atrevería a juntar la luna llena con Frank Sinatra en un libro. El problema con la ficción es que debe ser creíble, en cambio la realidad rara vez lo es. No me explico qué atrajo a Willie, que tiene un pasado de mujeres altas y rubias, a mí me atrajo su historia. Y también, por qué no decirlo, su mezcla de refinamiento y rudeza, su fuerza de carácter y una íntima suavidad que intuí gracias a mi manía de observar a la gente para utilizarla más tarde en la escritura. Al principio no habló mucho, se limitó a mirarme a través de la mesa con una expresión indescifrable. Después de la ensalada le pedí que me contara su vida, truco que me ahorra el esfuerzo de una conversación, el interlocutor se explaya mientras mi mente vaga por otros mundos. En este caso, sin embargo, no tuve que fingir interés, apenas comenzó a hablar me di cuenta que había tropezado con una de esas raras gemas tan apreciadas por los narradores: la vida de ese hombre era una novela. Las muestras que me dio durante ese par de horas despertaron mi codicia, esa noche en el hotel no pude dormir, necesitaba saber más. Me acompañó la suerte y al día siguiente Willie me ubicó en San Francisco, última etapa de mi gira, para invitarme a ver la bahía desde de una montaña y comer en su casa. Imaginé una cita romántica en un apartamento moderno con vista del puente Golden Gate, un cactus en la puerta, champaña y salmón ahumado, pero no hubo nada de eso, su casa y su vida parecían restos de un naufragio. Me recogió en uno de esos automóviles deportivos donde escasamente caben dos personas y se viaja con las rodillas pegadas a las orejas y el trasero rozando el asfalto, sucio de pelos de animal, tarros aplastados de gaseosas, papas fritas fosilizadas y armas de juguete. El paseo a la cima de la montaña y el majestuoso espectáculo de la bahía me impresionaron, pero pensé que dentro de poco nada recordaría, he visto demasiados paisajes y no tenía intención de regresar al oeste de los Estados Unidos. Descendimos por un camino de curvas y grandes árboles oyendo un concierto en la radio y tuve la sensación de haber vivido ese momento antes, de haber estado en ese lugar muchas veces, de pertenecer allí. Después supe por qué: el norte de California se parece a Chile, las mismas costas abruptas, los cerros, la vegetación, los pájaros, la disposición de las nubes en el cielo.

Su casa de un piso, de un gris deslavado y techos chatos, quedaba junto al agua. Su único encanto era un muelle en ruinas donde flotaba un bote convertido en nido de gaviotas. Nos salió al encuentro su hijo Harleigh, un niño de diez años, tan hiperactivo que parecía demente; me sacó la lengua mientras pateaba las puertas y disparaba proyectiles de goma con un cañón. En una repisa vi feos adornos de cristal y porcelana, pero casi no había muebles, excepto los del comedor. Me explicaron que se había incendiado el pino de Navidad, chamuscando el mobiliario, entonces noté que aún quedaban bolas navideñas colgando del techo con telarañas acumuladas en diez meses. Me ofrecí para ayudar a mi anfitrión a preparar la comida, pero me sentí perdida en esa cocina atiborrada de artefactos y juguetes. Willie me presentó a los demás habitantes de la casa: su hijo mayor, por rara coincidencia nacido el mismo día del mismo año que Paula, tan drogado que apenas levantaba la cabeza, acompañado por una chica en las mismas condiciones; un exilado búlgaro con su hija pequeña, que llegaron a pedir refugio por una noche y se instalaron a buen vivir; y Jason, el hijastro que Willie acogió después de divorciarse de su madre, el único con quien pude establecer comunicación humana. Más tarde me enteré de la existencia de una hija perdida en heroína y prostitución a quien sólo he visto en la cárcel o el hospital, donde van a parar sus huesos con frecuencia. Tres ratas grises con las colas masticadas y sangrantes languidecían en una jaula y varios peces desmayados flotaban en un acuario de agua turbia; también había un perrazo que se orinó en la sala y después partió alegremente a meterse en el mar, para volver a la hora del postre arrastrando el cadáver putrefacto de un pajarraco. Estuve a punto de escapar de vuelta al hotel, pero la curiosidad pudo más que el pánico y me quedé. Mientras el búlgaro veía un partido de fútbol en la televisión con su niña dormida sobre las rodillas y los drogadictos roncaban en su paraíso particular, Willie hacía todo el trabajo: cocinaba, metía brazadas de ropa en la máquina lavadora, alimentaba a las numerosas bestias, escuchaba con paciencia una historia surrealista que Jason acababa de escribir y nos leía en voz alta y preparaba el baño de su hijo menor, que a los diez años no era capaz de hacerlo solo. No me había tocado aún ver un padre en labores de madre y me conmovió mucho más de lo que quise admitir; me sentí dividida entre un sano rechazo hacia esa desquiciada familia y una peligrosa fascinación por ese hombre con vocación maternal. Tal vez aquella noche comencé mentalmente a escribir *El plan infinito*. Al día siguiente me llamó de nuevo, la atracción mutua era evidente, pero comprendíamos que ese sentimiento no tenía futuro, porque además de todos los inconvenientes obvios —hijos, mascotas, idioma, diferencias culturales y estilos de vida— nos separaban diez horas en avión. De todos modos decidí postergar mis propósitos de castidad y pasar juntos una única noche, aunque a la mañana siguiente nos despidiéramos para siempre, como en las malas películas. Ese plan no pudo llevarse a cabo en la privacidad de mi hotel sino en su casa, porque no se atrevió a dejar a su hijo menor en manos del búlgaro, los drogadictos o el joven intelectual. Llegué con mi aporreado maletín a esa extraña morada donde el olor de los animales se mezclaba con el aire salado del mar y el aroma de diecisiete rosales plantados en barriles, pensando que podría vivir una noche inolvidable y que, en todo caso, nada tenía que perder. No te extrañes si Harleigh sufre una pataleta de celos, nunca invito amigas a esta casa, me advirtió Willie y suspiré aliviada porque al menos no encontraría la boa constrictor enrollada entre las toallas del baño; pero el niño me aceptó sin darme una segunda mirada. Al oír mi acento me confundió con alguna de las numerosas criadas latinas que después de la primera limpieza desaparecían para siempre, espantadas. Cuando averiguó que compartía la cama con su padre ya era demasiado tarde, yo había llegado para quedarme. Esa noche Willie y yo nos amamos a pesar de las patadas exasperantes del chiquillo en la puerta, de los aullidos del perro y las disputas de los otros muchachos. Su pieza era el único refugio en esa casa; por la ventana asomaban las estrellas y los despojos del bote en el muelle, creando una ilusión de paz. Junto a una cama grande vi un arcón de madera, una lámpara y un reloj, más allá un equipo de música. En el closet colgaban camisas y trajes de buena factura, en el baño –impecable– encontré el mismo jabón inglés que usaba mi abuelo. Me lo llevé a la nariz incrédula, no había olido esa mezcla de lavanda y desinfectante desde hacía veinte años y la imagen socarrona de ese viejo inolvidable me sonrió desde el espejo. Es fascinante observar los objetos del hombre que una empieza a amar, revelan sus hábitos y sus secretos. Abrí la cama y palpé las sábanas blancas y el edredón espartano, miré los títulos de los libros apilados en el suelo, hurgué entre los frascos de su botiquín y aparte de un antialérgico y píldoras para los gusanos del perro no encontré más remedios, olí su ropa sin rastros de tabaco o de perfume y en pocos minutos sabía mucho de él. Me sentí intrusa en ese mundo suyo donde no había huellas femeninas, todo era sencillo, práctico y viril. También me sentí segura. Esa pieza austera me invitaba a recomenzar limpiamente lejos de Michael, Venezuela y el pasado. Para mí Willie representaba otro destino en otra lengua y en un país diferente, era como volver a nacer, podía inventar una fresca versión de mí misma sólo para ese hombre. Me senté a los pies de la cama muy quieta, como un animal alerta, con las antenas dispuestas en todas direcciones, examinando con los cinco sentidos y la intuición las señales de ese espacio ajeno, registrando los signos más imperceptibles, la sutil información de las paredes, los muebles, los

333

objetos. Me pareció que esa habitación pulcra anulaba la terrible impresión del resto de la casa, comprendí que había una parte del alma de Willie que añoraba orden y refinamiento. Ahora, que hemos compartido la vida durante varios años, todo tiene mi sello, pero no se me ha olvidado quién era él entonces. A veces cierro los ojos, me concentro y vuelvo a encontrarme en ese cuarto y a ver a Willie antes de mi llegada. Me gusta recordar el aroma de su cuerpo antes que yo lo tocara, antes que nos mezcláramos y compartiéramos el mismo olor. Ese breve tiempo a solas en su dormitorio, mientras él lidiaba con Harleigh, fue decisivo; en esos minutos me dispuse a entregarme sin reservas a la experiencia de un nuevo amor. Algo esencial cambió dentro de mí, aunque todavía no lo sabía. Hacía nueve años, desde los tiempos confusos en Madrid, que me cuidaba de las pasiones. El fracaso con el trovador de la flauta mágica me había enseñado lecciones elementales de prudencia. Es cierto que no me faltaron amores, pero hasta esa noche en la casa de Willie no me había abierto para dar y recibir sin reservas; una parte de mí siempre vigilaba y aún en los encuentros más íntimos y especiales, aquellos que inspiraron las escenas eróticas de mis novelas, mantuve el corazón protegido. Antes que Willie cerrara la puerta y quedáramos solos y nos abrazáramos, primero con cautela y luego con una pasión extraña que nos sacudió como un relámpago, yo ya intuía que ésa no era una aventura intrascendente. Esa noche nos amamos con serenidad y lentitud, aprendiendo los mapas y los caminos como si dispusiéramos de todo el tiempo del mundo para ese viaje, hablando bajito en esa mezcolanza imposible de inglés y español que desde siempre fue nuestro propio esperanto, contándonos chispazos del pasado en las pausas de las caricias, ajenos por completo a los golpes en la puerta y los ladridos del perro. En algún momento hubo silencio, porque recuerdo con nitidez los murmullos del amor, cada palabra, cada suspiro. Por el ventanal se colaba un resplandor tenue de las luces lejanas de la bahía. Acostumbrada al calor de Venezuela, tiritaba de frío en ese cuarto sin calefacción, a pesar de que me puse un chaleco de cachemira de Willie que me envolvía hasta las rodillas como su abrazo y como el olor del jabón inglés. A lo largo de nuestras vidas habíamos acumulado experiencias que tal vez nos sirvieron para conocernos y desarrollar el instinto necesario para adivinar los deseos del otro, pero aunque hubiéramos actuado con torpeza de cachorros, creo que de todos modos esa noche habría sido decisiva para ambos. ¿Qué fue nuevo para él y para mí? No lo sé, pero me gusta imaginar que estábamos destinados a encontrarnos, reconocernos y amarnos. O tal vez la diferencia fue que navegamos entre dos corrientes igualmente poderosas, pasión y ternura. No pensé en mi propio deseo, mi cuerpo se movía sin ansiedad, sin buscar el orgasmo, con la tranquila confianza de que todo iba bien. Me sorprendí con los ojos llenos de lágrimas, ablandada por ese afecto súbito, acariciándolo agradecida y en calma. Deseaba quedarme a su lado, no me atemorizaron sus hijos, tampoco dejar mi mundo y cambiar de país; sentí que ese amor sería capaz de renovarnos, devolvernos cierta inocencia, lavar el pasado, iluminar los aspectos oscuros de nuestras vidas. Después dormimos en un nudo de brazos y piernas, profundamente, como si hubiéramos estado siempre juntos, y tal como seguimos haciéndolo cada noche desde entonces.

Mi avión a Caracas salía muy temprano, todavía estaba oscuro cuando nos despertó la alarma del reloj. Mientras yo me duchaba, mareada de cansancio y de impresiones inolvidables, Willie preparó un café retinto que tuvo la virtud de devolverme a la realidad. Me despedí de esa habitación que por algunas horas había servido de templo, con la extraña sospecha de que volvería a verla pronto. Camino al aeropuerto, mientras comenzaba a amanecer, Willie me insinuó con inexplicable timidez que yo *le gustaba*.

—Eso no significa mucho. Necesito saber si lo que pasó anoche es invento de mi mente ofuscada o si en verdad me quieres y tenemos algún tipo de compromiso.

Fue tal su sorpresa, que debió salir de la autopista y detener el automóvil; yo ignoraba que la palabra compromiso no se menciona jamás delante de un norteamericano soltero.

—¡Acabamos de conocernos y tú vives en otro continente!

—¿Es la distancia lo que te preocupa?

—Iré a visitarte en diciembre a Venezuela y entonces hablaremos.

—Estamos en octubre, de aquí a diciembre puedo estar muerta.

—¿Estás enferma?

—No, pero nunca se sabe... Mira, Willie, no tengo edad para esperar. Dime ahora mismo si podemos dar una oportunidad a este amor o si más vale olvidar todo el asunto.

Pálido, echó a andar el motor de nuevo y el resto del trayecto lo hicimos en silencio. Al despedirse me besó con prudencia y me reiteró que iría a verme durante las vacaciones de fin de año. Apenas despegó el avión intenté seriamente olvidarlo, pero es obvio que no me resultó porque apenas descendí en Caracas, Nicolás lo notó.

—¿Qué te pasa, mamá? Te ves rara.

—Estoy agotada, hijo, llevo dos meses viajando, debo descansar, cambiarme de ropa y cortarme el pelo.

—Ceo que hay algo más.

—Será que estoy enamorada...

—¿A tu edad? ¿De quién? —preguntó a carcajadas.

No estaba segura del apellido de Willie, pero tenía su número de teléfono y su dirección y por sugerencia de mi hijo, quien fue de opinión que pasara una semana en California para sacarme a ese gringo de la cabeza, le mandé por un correo especial un contrato de dos columnas, una detallando mis exigencias y otra lo que estaba dispuesta a ofrecer en una relación. La primera era bastante más larga que la segunda e incluía algunos puntos claves, tales como fidelidad, porque la experiencia me ha enseñado que lo contrario arruina el amor y cansa mucho, y otros anecdóticos, como reservarme el derecho a decorar nuestra casa a mi gusto. El contrato se basaba en la buena fe: ninguno haría nada a propósito para herir al otro, si eso ocurría sería por error, no por maldad. A Willie le causó tanta gracia, que olvidó su cautela de abogado, firmó el papel con ánimo de seguir la broma y me lo envió de vuelta. Entonces metí en un bolso algo de ropa y los fetiches que siempre me acompañan y le pedí a mi hijo que me llevara al aeropuerto. Te veo pronto, mamá, en pocos días estarás de vuelta con la cola entre las piernas, se despidió burlón. Desde Virginia, donde estudiaba una maestría, Paula manifestó por teléfono sus dudas sobre esa aventura.

—Te conozco, vieja, vas a meterte en un lío tremendo. No se te pasará la ilusión en una semana, como cree Nicolás. Si vas a visitar a ese hombre es porque estás dispuesta a quedarte con él; piensa que si lo haces estás frita, porque tendrás que cargar con todos sus problemas —me dijo, pero ya era tarde para advertencias juiciosas.

Los primeros tiempos fueron una pesadilla. Hasta entonces había considerado a los Estados Unidos como mi enemigo personal por su política exterior desastrosa para América Latina y su participación en el Golpe Militar de Chile. Fue necesario vivir en este imperio y recorrerlo de punta a cabo para entender su complejidad, conocerlo y aprender a amarlo. No había utilizado mi inglés en más de veinte años, apenas lograba descifrar el menú en un restaurante, no entendía las noticias de la televisión ni los chistes, mucho menos el lenguaje de los hijos de Willie. La primera vez que fuimos al cine y me encontré sentada en la oscuridad junto a un amante con camisa a cuadros y botas de vaquero sosteniendo sobre las rodillas una batea de palomas de maíz y un litro de soda, mientras en la pantalla un demente destrozaba los senos de una chica con un garfio para picar hielo, creí haber llegado al límite de mi resistencia. Esa noche hablé con Paula, como hacía a menudo. En vez de repetirme su advertencia me recordó los profundos sentimientos que me ataron a Willie desde el principio, y me aconsejó no perder energía en pequeñeces y concentrarme en los verdaderos problemas. En realidad existían asuntos mucho más graves que unas botas de vaquero o un balde de palomitas de maíz, desde lidiar con los insólitos personajes que nos invadían hasta adaptarme al estilo y al ritmo de Willie, quien llevaba ocho años de soltería y lo que menos deseaba era una mujer mandona en su destino. Empecé por comprar sábanas nuevas y quemar las suyas en una hoguera en el patio, ceremonia simbólica destinada a fijar en su mente la idea de la monogamia. ¿Qué está haciendo esta mujer? preguntó Jason medio asfixiado por el humo. No te preocupes, deben ser costumbres de los aborígenes de su país, lo tranquilizó Harleigh. Enseguida me lancé a ordenar y limpiar la casa con tal fervor, que en un descuido se me fueron a la basura todas las herramientas. Willie estuvo a punto de explotar en una rabieta volcánica, pero recordó el punto básico de nuestro contrato: no era maldad de mi parte, sólo un error. La escoba también se llevó por delante los añejos adornos de Navidad, las colecciones de figuras de cristal y fotografías de amantes de piernas largas y cuatro cajones de pistolas, metralletas, bazukas y cañones de Harleigh, que fueron reemplazados por libros y juguetes didácticos. Los pescados agónicos partieron por el desagüe y solté a las ratas de su jaula. De todos modos esos animales llevaban una existencia miserable, sin otra meta que masticarse los rabos mutuamente. Expliqué al niño que los infelices roedores encontrarían actividades más dignas en los jardines del vecindario, pero tres días más tarde sentimos unos rasguños leves en la puerta y al abrirla vimos uno de ellos con las tripas al aire, mirándonos con ojos afiebrados y suplicando entrar con gorgoritos de agonizante. Willie levantó la rata en brazos y durante las próximas semanas dormimos con ella en la pieza, curándola con emplastos cicatrizantes y antibióticos, hasta que recuperó la salud. Al ver tantos cambios el búlgaro se largó en busca de un hogar más estable y, después de robarse el automóvil de su padre, el hijo mayor y su novia también desaparecieron. A Jason, que había pasado el último año reposando de día y festejando de noche, no le quedó más remedio que levantarse temprano, darse una ducha, ordenar su cuarto y partir a regañadientes al colegio. Harleigh fue el único que aceptó mi presencia y toleró las nuevas reglas con buen humor porque por primera vez se sentía seguro y acompañado; tan contento estaba que con el tiempo perdonó la misteriosa desaparición de las mascotas y su arsenal de guerra. Hasta entonces no había recibido ningún tipo de límites, se comportaba como un pequeño salvaje capaz de romper los vidrios a puñetazos en un ataque de rebeldía. Tan insondable era el hueco en su corazón que a cambio de suficiente cariño y chacota para llenarlo se dispuso a adoptar a esa madrastra extranjera, que había llegado a trastornar su casa y quitarle buena parte de la atención de su padre. Más de cuatro años de experiencia en el colegio de Caracas tratando con criaturas difíciles no me sirvieron de mucho con Harleigh, sus problemas superaban al más experto y su afán de molestar al más paciente, pero por suerte compartíamos una burlona simpatía, bastante parecida al cariño, que nos ayudó a soportarnos mutuamente.

—No tengo obligación de quererte —me dijo con una mueca desafiante a la semana de conocernos, cuando ya tenía claro que no sería fácil librarse de mí.

—Yo tampoco. Podemos hacer un esfuerzo y tratar de querernos, o simplemente convivimos con buena educación ¿qué prefieres?

—Tratemos de querernos.

—Bueno, y si no resulta, siempre nos queda el respeto.

El chiquillo cumplió su palabra. Por años puso a prueba mis nervios con una tenacidad inquebrantable, pero también se metía en mi cama para leer cuentos, me dedicaba sus mejores dibujos y ni siquiera en las peores pataletas perdió de vista el pacto de respeto mutuo. Entró en mi vida como otro hijo, tal como lo hizo Jason. Ahora son dos hombronazos, uno en la universidad y el otro terminando la escuela después de haber superado los traumas de su infancia, con quienes todavía peleo para que saquen la basura y hagan sus camas, pero somos buenos amigos y podemos reírnos de las tremendas escaramuzas del pasado. Hubo ocasiones en que el temor me derrotaba antes de comenzar el enfrentamiento y otras en que me sentía tan cansada que buscaba pretextos para no llegar a la casa. En esos momentos recordaba la muletilla del tío Ramón: *acuérdate que los otros tienen más miedo que tú,* y volvía a la carga. Perdí todas las batallas con ellos, pero milagrosamente gané la guerra.

No estaba aún instalada cuando conseguí un contrato en la Universidad de California para enseñar narrativa a un grupo de jóvenes aspirantes a escritores. ¿Cómo se puede enseñar a contar una historia? Paula me dio la clave por teléfono: diles que escriban un libro malo, eso es fácil, cualquiera puede hacerlo, me aconsejó irónica. Y así lo hicimos, cada uno de los estudiantes olvidó su secreta vanidad de producir la Gran Novela Americana y se lanzó con entusiasmo a escribir sin miedo. Por el camino fuimos ajustando, corrigiendo, cortando y puliendo, y después de muchas discusiones y risas salieron adelante con sus proyectos, uno de los cuales fue publicado poco después con bombo y platillo por una gran editorial de Nueva York. Desde entonces, cuando entro en un período de dudas, me repito que voy a escribir un libro malo y así se me pasa el pánico. Trasladé una mesa al cuarto de Willie, y allí junto a la ventana escribía en un bloc de papel a rayas amarillo igual al que uso ahora para fijar estos recuerdos. En los ratos libres que me dejaban las clases, las tareas de los alumnos, los viajes a la Universidad en Berkeley, las labores domésticas y los problemas de Harleigh, casi sin darme cuenta, ese año de convulsionada vida en los Estados Unidos salieron varias historias con sabor del Caribe, que fueron publicadas poco después como *Cuentos de Eva Luna*. Fueron regalos enviados desde otra dimensión, cada uno lo recibí completo como una manzana desde la primera hasta la última frase, tal como me llegó *Dos palabras* en una tranca de la autopista de Caracas. La novela es un proyecto de largo aliento en el cual cuentan sobre todo la resistencia y la disciplina, es como bordar una compleja tapicería con hilos de muchos colores, se trabaja por el revés, pacientemente, puntada a puntada, cuidando los detalles para que no queden nudos visibles, siguiendo un diseño vago que sólo se aprecia al final, cuando se coloca la última hebra y se voltea el tapiz al derecho para ver el dibujo terminado. Con un poco de suerte, el encanto del conjunto disimula los defectos y torpezas de la tarea. En un cuento, en cambio, todo se ve, no debe sobrar o faltar nada, se dispone del espacio justo y de poco tiempo, si se corrige demasiado se pierde esa ráfaga de aire fresco que el lector necesita para echar a volar. Es como lanzar una flecha, se requieren instinto, práctica y precisión de buen arquero, fuerza para disparar, ojo para medir la distancia y la velocidad, buena suerte para dar en el blanco. La novela se hace con trabajo, el cuento con inspiración; para mí es un género tan difícil como la poesía, no creo que vuelva a intentarlo a menos que, como esos *Cuentos de Eva Luna*, me caigan del cielo. Una vez más comprobé que el tiempo a solas con la escritura es mi tiempo mágico, la hora de las brujerías, lo único que me salva cuando todo a mi alrededor amenaza con venirse abajo.

El último cuento de esa colección, *De barro estamos hechos*, está basado en una tragedia ocurrida en Colombia en 1985, cuando la violenta erupción del volcán Nevado del Ruiz provocó una avalancha de nieve derretida que se deslizó por la ladera de la montaña y sepultó por completo una aldea. Miles de personas perecieron, pero el mundo recuerda la catástrofe sobre todo por Omaira Sánchez, una niña de trece años que quedó atrapada en el barro. Durante tres días agonizó con pavorosa lentitud ante fotógrafos, periodistas y camarógrafos de televisión, que acudieron en helicópteros. Sus ojos en la pantalla me han penado desde entonces. Tengo todavía su fotografía sobre mi escritorio, una y otra vez la he contemplado largamente tratando de entender el significado de su martirio. Tres años más tarde en California traté de exorcizar esa pesadilla relatando la historia, quise describir el tormento de esa pobre niña sepultada en vida, pero a medida que escribía me fui dando cuenta que ésa no era la esencia del cuento. Le di otra vuelta, a ver si podía narrar los hechos desde los sentimientos del hombre que acompaña a la chica durante esos tres días; pero cuando terminé esa versión comprendí que tampoco se trataba de eso. La verdadera historia es la de una mujer –y esa mujer soy yo– que observa en una pantalla al hombre que sostiene a la niña. El cuento es sobre mis sentimientos y los cambios inevitables que experimenté al presenciar la agonía de esa criatura. Al publicarse en una colección de cuentos creí que había cumplido con Omaira, pero pronto advertí que no era así, ella es un ángel persistente que no me dejará olvidarla. Cuando Paula cayó en coma y la vi prisionera en una cama, inerte, muriendo de a poco ante la mirada impotente de todos nosotros, el rostro de Omaira Sánchez me vino a la mente. Mi hija quedó atrapada en su propio cuerpo, tal como esa niña lo estaba en el barro. Recién entonces comprendí por qué he vivido tantos años pensando en ella y pude descifrar por fin el mensaje de sus intensos ojos negros: paciencia, coraje, resignación, dignidad ante la muerte. Si escribo algo, temo que suceda, si amo demasiado a alguien temo perderlo; sin embargo no puedo dejar de escribir ni de amar...

Dado que la furia devastadora de mi escoba no había logrado penetrar realmente en el caos de esa vivienda, convencí a Willie que era más fácil mudarse que limpiar, y es así como vinimos a parar a esta casa de los espíritus. Ese año Paula conoció a Ernesto y se instalaron juntos por un tiempo en Virginia, mientras Nicolás, solo en el caserón de Caracas, nos reclamaba por haberlo abandonado. Al poco tiempo Celia apareció en su vida para revelarle ciertos misterios y en la euforia del amor recién descubierto su hermana y su madre pasaron a segundo término. Hablábamos por teléfono en complicadas comunicaciones triangulares para contarnos las últimas aventuras y comentar eufóricos la tremenda casualidad de habernos enamorado los tres al mismo tiempo. Paula esperaba terminar sus estudios para irse con Ernesto a España, donde iniciarían la segunda etapa de su vida juntos. Nicolás nos explicó que su novia pertenecía al sector más reaccionario de la Iglesia Católica, no era cuestión de dormir bajo el mismo techo sin casarse, por lo mismo planeaban hacerlo lo antes posible. Resultaba difícil entender qué tenía en común con una muchacha de ideas tan diferentes a las suyas, pero él replicó con gran parsimonia que Celia era sensacional en todo lo demás y si no la presionábamos seguro abandonaría su fanatismo religioso. Una vez más el tiempo le dio la razón. La estrategia imbatible de mi hijo es mantenerse firme en su posición, soltar la rienda y esperar, evitando confrontaciones inútiles. A la larga vence por cansancio. A los cuatro años, cuando le exigí que hiciera su cama, replicó en su media lengua que estaba dispuesto a hacer cualquier trabajo doméstico menos ése. Fue inútil tratar de obligarlo, primero sobornó a Paula y luego imploró a la Granny, que se metía a hurtadillas por una ventana para ayudarlo hasta que la sorprendí y tuvimos la única pelea de nuestras vidas. Pensé que la testarudez de Nicolás no sería eterna, pero cumplió veintidós años echado por el piso con los perros, como un mendigo. Ahora que tenía novia el problema de la cama salía de mis manos. Mientras se iniciaba en el amor con Celia y estudiaba computación en la universidad, aprendió karate y kun-fú para defenderse en una emergencia, porque el hampa caraqueña había marcado su casa y entraban a robar a plena luz de día, posiblemente con el beneplácito de la policía. A través de nuestra incansable correspondencia mi madre estaba enterada de los pormenores de mi aventura en los Estados Unidos, pero igual se llevó una sorpresa cuando vino de visita a mi nuevo hogar. Para darle una buena impresión almidoné los manteles, disimulé con maceteros de plantas las manchas del perro, hice jurar a Harleigh que se portaría como un ser humano y a su padre que no diría palabrotas en español delante de ella. Willie no sólo pulió su vocabulario, también se desprendió de las botas de vaquero y fue donde un dermatólogo para que le borrara el tatuaje de la mano con un rayo laser, pero se dejó la calavera en el brazo porque sólo yo la veo. Mi madre fue la primera en pronunciar la palabra matrimonio, tal como hizo con Michael muchos años atrás. ¿Hasta cuándo piensas ser su querida? Si vas a vivir en este desastre, al menos cásate, así la gente no murmura y consigues una visa decente ¿o piensas quedarte ilegal para siempre? preguntó en ese tono que tan bien conozco. La sugerencia provocó un arrebato de entusiasmo en Harleigh, quien ya se había habituado a mi presencia, y una crisis de pánico en Willie, que tenía dos divorcios a la espalda y un rosario de amores fracasados. Me pidió tiempo para pensarlo, lo cual me pareció razonable, y le di un plazo de veinticuatro horas o me volvía a Venezuela. Nos casamos.

Entretanto en Chile mis padres se preparaban para votar en el plebiscito que decidiría la suerte de la dictadura. Una de las cláusulas de la Constitución creada por Pinochet para legalizarse como Presidente, estipulaba que en 1988 se consultaría al pueblo para determinar la continuidad de su Gobierno, y en caso de ser rechazado se llamaría a elecciones democráticas al año siguiente; el General no imaginó que podía ser derrotado en su propio juego. Los militares, dispuestos a eternizarse en el poder, no calcularon que, a pesar de la modernización y el progreso económico, en esos años había aumentado el descontento y el pueblo había aprendido algunas duras lecciones y se había organizado. Pinochet orquestó una campaña masiva de propaganda, en cambio la oposición sólo obtuvo en la televisión quince minutos diarios a las once de la noche, cuando se esperaba que todo el mundo estuviera durmiendo. Instantes antes de la hora señalada sonaban las alarmas de tres millones de relojes y los chilenos se sacudían el sueño para ver ese fabuloso cuarto de hora en que el ingenio popular alcanzó niveles de genialidad. La campaña del NO se caracterizó por humor, juventud y espíritu de reconciliación y esperanza. La campaña del SÍ era un engendro de himnos militares, amenazas, discursos del General rodeado de emblemas patrióticos, trozos de antiguos documentales que mostraban al pueblo haciendo cola en tiempos de la Unidad Popular. Si todavía quedaban indecisos, la chispa del NO venció a la pesada majadería del SÍ y Pinochet perdió el plebiscito. Ese año aterricé con Willie en Santiago después de trece años de ausencia, en un glorioso día de primavera. De inmediato me rodeó un grupo de carabineros y alcancé a sentir nuevamente el mordisco del terror, pero pronto comprendí asombrada que no estaban allí para conducirme a prisión, sino para defenderme del acoso de una pequeña multitud que intentaba saludarme llamando mi nombre. Pensé que me confundían con mi prima Isabel, hija de Salvador Allende, pero varias personas se adelantaron con mis libros para que los firmara. Mi primera novela había desafiado la censura circulando de mano en mano en fotocopias hasta que pudo entrar por la puerta ancha a las librerías, ganando así el interés de lectores benevolentes que tal vez la leyeron por puro espíritu de contradicción. Después supe que un periodista amigo había anunciado mi llegada por la radio y la visita discreta que había planeado se convirtió en noticia. Por hacerme una broma también publicó que me había casado con un millonario de Texas, dueño de pozos petroleros, así adquirí un prestigio imposible de alcanzar con la literatura. No puedo describir la emoción que sentí al cruzar los picos majestuosos de la cordillera de los Andes y pisar otra vez mi tierra, respirar el aire tibio del valle, escuchar nuestro acento y recibir en Inmigración ese saludo en tono solemne, casi como una advertencia, típico de nuestros funcionarios públicos. Sentí que me flaqueaban las rodillas y Willie me sostuvo mientras pasába-

344

mos el control y luego vi a mis padres y a la Abuela Hilda con los brazos extendidos. Esa vuelta a mi patria es para mí la metáfora perfecta de mi existencia. Salí huyendo asustada y sola en un atardecer nublado de invierno y regresé triunfante de la mano de mi marido en una mañana espléndida de verano. Mi vida está hecha de contrastes, he aprendido a ver los dos lados de la moneda. En los momentos de más éxito no pierdo de vista que otros de gran dolor me aguardan en el camino, y cuando estoy sumida en la desgracia espero el sol que saldrá más adelante. En ese primer viaje tuve una acogida cariñosa, pero tímida, porque todavía apretaba el puño de la dictadura. Fui a Isla Negra a visitar la casa de Pablo Neruda, abandonada por muchos años, donde el fantasma del viejo poeta todavía se sienta frente al mar a escribir versos inmortales y donde el viento toca la gran campana marinera para llamar a las gaviotas. En la cerca de tablas que rodea la propiedad hay cientos de mensajes, muchos escritos a lápiz sobre las sombras desteñidas de otros ya borrados por los caprichos del clima, algunos tallados a cuchillo en la madera corroída por la sal del mar. Son recados de esperanza para el vate que aún vive en el corazón de su pueblo. Me encontré con mis amigas y volví a ver a Francisco, que había cambiado poco en esos trece años. Fuimos juntos al Cerro San Cristóbal a ver el mundo desde arriba y recordar la época en que nos refugiábamos allí para escapar de la brutalidad cotidiana y compartir un amor tan casto, que nunca nos hemos atrevido a ponerlo en palabras. Visité a Michael, casado y abuelo de otra familia, instalado en la casa que construyó su padre, viviendo exactamente la vida que planeó en la juventud, como si las pérdidas, las traiciones, el exilio y otras desgracias fueran sólo un paréntesis en la perfecta organización de su destino. Me recibió con amabilidad, anduvimos por las calles de nuestro antiguo barrio y tocamos el timbre de la casa donde se criaron Paula y Nicolás, insignificante, con su peluca de paja y el cerezo junto a la ventana. Nos abrió la puerta una mujer sonriente que escuchó nuestras razones sentimentales de buen talante y sin más nos dejó entrar y recorrerla entera. En el suelo había juguetes de otros niños y en las paredes las fotografías de otros rostros, pero todavía perduraban nuestros recuerdos en el ambiente. Todo parecía reducido de tamaño, con esa suave pátina sepia de las memorias casi olvidadas. Me despedí de Michael en la calle y apenas lo perdí de vista me eché a llorar sin consuelo. Lloraba por esos tiempos perfectos de la primera juventud, cuando nos amábamos sinceramente y pensábamos que sería para siempre, cuando los hijos eran pequeños y nos creíamos capaces de protegerlos de todo mal. ¿Qué nos pasó? Tal vez estamos en el mundo para buscar el amor, encontrarlo y perderlo, una y otra vez. Con cada amor volvemos a nacer y con cada amor que termina se nos abre una herida. Estoy llena de orgullosas cicatrices.

Un año más tarde regresé a votar para las primeras elecciones desde el Golpe Militar. Una vez perdido el plebiscito y cazado en las redes de su propia Constitución, Pinochet debió llamar a elecciones. Se presentó con la arrogancia del vencedor, sin imaginar jamás que la oposición pudiera derrotarlo, porque contaba con la unidad monolítica de las Fuerzas Armadas, el apoyo de los más poderosos sectores económicos, una millonaria campaña de propaganda y el temor que muchos sentían de la libertad. También tenía a su favor la trayectoria de disputas irreconciliables entre los partidos políticos, un pasado de tantos rencores y cuentas pendientes que resultaba casi imposible lograr un acuerdo; sin embargo, el rechazo a la dictadura pesó más que las diferencias ideológicas, se formó una concertación de partidos opositores al Gobierno y en 1989 su candidato ganó la elección, convirtiéndose en el primer Presidente legítimo después de Salvador Allende. Pinochet debió entregar la banda y el sillón presidenciales y dar un paso atrás, pero no se retiró del todo, su espada continuó suspendida sobre el cuello de los chilenos. El país despertó de un letargo de dieciséis años y dio sus primeros pasos en una democracia de transición en la cual el General Pinochet continuaba como Comandante en Jefe de las Fuerzas Armadas por ocho años más, una parte del Congreso y toda la Corte Suprema habían sido designadas por él y las estructuras militares y económicas permanecían intactas. No habría justicia para los crímenes cometidos, los autores estaban protegidos por una ley de amnistía que ellos mismos decretaron en su favor. No permitiré que se toque un pelo de mis soldados, amenazó Pinochet, y el país acató sus condiciones en silencio por temor a otro Golpe. Las víctimas de la represión, los Maureira y miles de otros debieron postergar sus duelos y seguir esperando. Tal vez la justicia y la verdad habrían ayudado a cicatrizar las profundas heridas de Chile, pero la soberbia de los militares lo impidió. La democracia debería avanzar con lento y torcido paso de cangrejo.

Paula vino de nuevo anoche, la sentí entrar a mi pieza con su paso liviano y su gracia conmovedora, como era antes de los ultrajes de la enfermedad, en camisa de dormir y zapatillas; se subió a mi cama y sentada a mis pies me habló en el tono de nuestras confidencias. Escucha, mamá, despierta, no quiero que pienses que sueñas. Vengo a pedirte ayuda... quiero morir y no puedo. Veo ante mí un camino radiante, pero no puedo dar el paso definitivo, estoy atrapada. En mi cama sólo está mi cuerpo sufriente desintegrándose día a día, me seco de sed y clamo pidiendo paz, pero nadie me escucha. Estoy muy cansada. ¿Por qué todo esto? Tú, que vives hablando de los *espíritus amigos*, pregúntales cuál es mi misión, qué debo hacer. Supongo que no hay nada que temer, la muerte es sólo un umbral, como el nacimiento; lamento no poder preservar la memoria, pero de todos modos ya me he ido desprendiendo de ella, cuando me vaya estaré desnuda. El único recuerdo que me llevo es el de los amores que dejo, siempre estaré unida a ti de alguna manera. ¿Te acuerdas de lo último que alcancé a murmurarte antes de caer en esta larga noche? Te quiero mamá, eso te dije. Te lo repito ahora y te lo diré en sueños todas las noches de tu vida. Lo único que me frena un poco es partir sola, contigo de la mano sería más fácil cruzar al otro lado, la soledad infinita de la muerte me da miedo. Ayúdame una vez más, mamá. Has luchado como una leona por salvarme, pero la realidad te va venciendo, ya todo es inútil, entrégate, déjate de médicos, hechiceros y oraciones porque nada me devolverá la salud, no ocurrirá un milagro, nadie puede cambiar el curso de mi destino y tampoco deseo hacerlo, ya he cumplido mi tiempo y es hora de despedirse. Todos en la familia lo entienden menos tú, no ven las horas de verme libre, eres la única que aún no acepta que nunca seré la de antes. Mira mi cuerpo dañado, piensa en mi alma que anhela evadirse y en los nudos terribles que la retienen. Ay, vieja, esto es muy difícil para mí y sé que también lo es para ti... ¿qué podemos hacer? En Chile mis abuelos rezan por mí y mi padre se aferra al recuerdo poético de una hija espectral, mientras al otro lado de este país Ernesto flota en un mar de ambigüedades sin entender todavía que ya me perdió para siempre. En verdad ya es viudo, pero no podrá llorar por mí o amar a otra mujer mientras mi cuerpo respire en tu casa. El breve tiempo que estuvimos juntos fuimos muy felices, le dejo tan buenos recuerdos que no le alcanzarán los años para agotarlos, dile que no lo abandonaré, nunca estará solo, seré su ángel protector, tal como lo seré para ti. También los veintiocho años que tú y yo compartimos fueron muy dichosos, no te atormentes pensando en lo que pudo ser y no fue, en lo que debiste hacer de otro modo, en las omisiones y errores... ¡sácate eso de la cabeza! Después de mi muerte estaremos en contacto tal como lo estás con tus abuelos y la Granny, me llevarás por dentro como una constante presencia, acudiré cuando me llames, la comunicación será más fácil cuando no tengas ante ti las miserias de mi cuerpo enfermo y puedas verme de nuevo como en los mejores momentos. ¿Te acuerdas cuando bailábamos un paso doble en las calles de Toledo, saltando sobre los charcos y riéndonos en la lluvia bajo un paraguas negro? ¿Y las caras espantadas de los turistas japoneses que nos tomaban fotos? Así quiero que me veas de ahora en adelante: íntimas amigas, dos mujeres contentas desafiando la lluvia. Sí... tuve una buena vida.... ¡Cómo cuesta desprenderse del mundo! Pero no soy capaz de llevar una existencia miserable por siete años más, como cree el doctor Shima; mi hermano lo sabe y es el único con suficiente coraje para liberarme, yo haría lo mismo por él. Nicolás no ha olvidado nuestra antigua complicidad, tiene las ideas diáfanas y el corazón sereno. ¿Te acuerdas cuando me defendía de las sombras del dragón de la ventana? No imaginas cuántos pecadillos nos tapábamos ni cuánto te engañamos para protegernos mutuamente, ni las veces que castigaste a uno por las faltas del otro sin que jamás nos acusáramos. No espero que tú me ayudes a morir, nadie puede pedirte eso, sólo que no me retengas más. Dale una oportunidad a Nicolás. ¿Cómo puede darme una mano si tú nunca me dejas sola? Por favor no te aflijas, mamá...

¡Despierta, estás llorando dormida! Oigo la voz de Willie que me llega de muy lejos y me hundo más en la oscuridad sin abrir los ojos para que Paula no desaparezca porque tal vez ésta sea su última visita, tal vez nunca más oiré su voz. Despierta, despierta, es una pesadilla... me sacude mi marido. ¡Espérame! ¡Quiero irme contigo! grito y entonces él enciende la luz y trata de recogerme en sus brazos, pero lo aparto bruscamente porque desde la puerta Paula me sonríe y me hace una señal de adiós con la mano antes de alejarse por el pasillo con su camisa blanca flotando como alas y sus pies descalzos rozando apenas la alfombra. Junto a mi cama quedan sus zapatillas de piel de conejo.

Llegó Juan que venía por dos semanas a participar en un Seminario Teológico. Anduvo muy ocupado analizando los motivos de Dios, pero se dio maña para pasar muchas horas conmigo y con Paula. Desde que abandonó sus convicciones marxistas para dedicarse a los estudios divinos, algo que no logro precisar ha cambiado en su aspecto, la cabeza ligeramente inclinada, los gestos más lentos, la mirada más compasiva, el vocabulario más cuidado, ya no termina cada frase con una palabrota, como antes. En estos días pienso espantarle ese aire de solemnidad, sería el colmo que la religión matara su sentido del humor. Mi hermano se describe en su papel de pastor como *gerente del sufrimiento*, se le van las horas consolando y tratando de ayudar a los sin esperanza, administrando los escasos recursos disponibles para agonizantes, drogados, prostitutas, niños abandonados y otros infelices de la inmensa Corte de los Milagros que es la humanidad, no le alcanza el corazón para tantas penas. Como vive en la región más conservadora de los Estados Unidos, California le parece tierra de lunáticos. Le tocó presenciar un desfile de homosexuales, un exuberante carnaval dionisíaco, y en Berkeley asistió a marchas frenéticas en pro y en contra del aborto, peloteras políticas en el campus de la universidad y una convención de predicadores callejeros vociferando sus doctrinas entre mendigos y viejos hippies, últimos despojos de los años sesenta, todavía con collares de abalorios y flores pintadas en las mejillas. Horrorizado, Juan comprobó que en el Seminario ofrecen cursos de *Teología del Hula-Hup* y *Cómo ganarse la vida burlándose de la Biblia*. Cada vez que viene este hermano tan querido lamentamos la suerte de Paula, ocultos en el último rincón de la casa para que nadie nos vea, pero también nos reímos como en la juventud, cuando estábamos descubriendo el mundo y nos creíamos invencibles. Con él puedo hablar hasta lo más secreto. Recibo sus consejos mientras revuelvo ollas en la cocina para ofrecerle nuevos guisos vegetarianos, labor inútil, porque él apenas picotea unas migajas, se alimenta de ideas y de libros. Pasa largos ratos a solas con Paula, creo que reza a su lado. Ya no apuesta a que sanará, dice que su espíritu es una presencia muy fuerte en la casa, que nos abre caminos espirituales y va barriendo las pequeñeces de nuestras vidas, dejando sólo lo esencial. En su silla de ruedas, con los ojos vacíos, inmóvil y pálida, ella es un ángel que nos entreabre las puertas divinas para que nos asomemos a su inmensidad.

–Paula se está despidiendo del mundo. Está extenuada, Juan.

–¿Qué piensas hacer?

–La ayudaría a morir, si supiera cómo hacerlo.

–¡Ni se te ocurra! Cargarías con un fardo de culpa para el resto de tus días.

–Más culpable me siento por dejarla en este martirio... ¿Qué pasa si me muero antes que ella? Imagínate que yo falle ¿quién se haría cargo de ella?

–Ese momento no ha llegado, no sacas nada con adelantarte. La vida y la muerte tienen su tranco. Dios no nos manda sufrimientos sin la fortaleza para soportarlos.

–Me estás sermoneando como un cura, Juan...

—Paula no te pertenece. No debes prolongar su vida artificialmente, pero tampoco puedes acortarla.

—¿Cuál es el límite del artificio? ¿Has visto el hospital que tengo instalado abajo? Controlo cada función de su cuerpo, mido con gotario hasta el agua que ingiere, hay una docena de frascos y jeringas sobre su mesa. Si no la alimento por ese tubo que tiene en el estómago, se muere de hambre en una semana porque ni siquiera puede tragar.

—¿Te sientes capaz de suprimirle la comida?

—No, jamás. Pero si supiera cómo acelerar su muerte sin dolor, creo que lo haría. Si no lo hago yo, tarde o temprano le tocará a Nicolás y no es justo que él se eche encima esa responsabilidad. Tengo un puñado de pastillas para dormir que estoy guardando desde hace meses, pero no sé si eso es suficiente.

—Ay, ay, hermana... ¿cómo se puede sufrir tanto?

—No lo sé. ¡Si pudiera entregarle mi vida y morir en su lugar! Estoy perdida, no sé quién soy, trato de recordar quién era yo antes, pero sólo encuentro disfraces, máscaras, proyecciones, imágenes confusas de una mujer que no reconozco. ¿Soy la feminista que creía ser, o soy esa joven frívola que aparecía en televisión con plumas de avestruz en el trasero? ¿La madre obsesiva, la esposa infiel, la aventurera temeraria o la mujer cobarde? ¿Soy la que asilaba perseguidos políticos o la que escapó porque no pudo soportar el miedo? Demasiadas contradicciones...

—Eres todo eso y también el samurai que ahora pelea contra la muerte.

—Peleaba, Juan. Ya estoy vencida.

Tiempos muy duros, han pasado semanas de tanta zozobra que no quiero ver a nadie, apenas puedo hablar, comer o dormir, escribo durante horas interminables. Sigo perdiendo peso. Hasta ahora estaba tan ocupada luchando contra la enfermedad que logré engañarme e imaginar que podía ganar esta batalla de titanes, pero ahora sé que Paula se va, mis afanes son absurdos, está agotada, así me lo repite en sueños por la noche y cuando despierto al amanecer, cuando voy a caminar al bosque y la brisa me trae sus palabras. En apariencia todo sigue más o menos igual, salvo estos mensajes urgentes, su voz cada vez más débil pidiendo ayuda. No soy la única que la escucha, también las mujeres que la cuidan empiezan a despedirse de ella. La masajista decidió que no valía la pena continuar con las sesiones porque de todos modos la niña no responde, como dijo; el fisioterapeuta llamó por teléfono, tartamudeando, enredado en disculpas hasta que acabó por confesar que esta enfermedad sin cura afecta su energía. Vino la dentista, una muchacha de la edad de Paula, con el mismo pelo largo y cejas gruesas, tan parecidas en verdad que pasarían por hermanas. Cada quince días le limpia los dientes con gran delicadeza para no hacerla sufrir, luego parte de prisa sin darme la cara, tratando de ocultar su expresión conmovida. Se niega a cobrar, hasta ahora no ha habido forma de que me pase la cuenta. Trabajamos juntas, porque Paula se pone rígida cuando intentan tocarle la cara, sólo yo puedo abrirle la boca y cepillarla. Esta vez la noté preocupada, por mucho que me esmero en el aseo diario hay problemas con las encías. El doctor Shima pasa por aquí a menudo de vuelta de su trabajo y me trae recados de sus palitos del I Ching. Nos quedamos junto a la cama conversando del alma y de la aceptación de la muerte. Cuando ella se nos vaya sentiré un gran vacío, me he acostumbrado a Paula, es muy importante en mi vida, dice. También la doctora Forrester parece inquieta, después del último examen guardó silencio por largo rato mientras meditaba su diagnóstico y al fin dijo que desde el punto de vista clínico poco ha cambiado, sin embargo Paula parece cada vez más ausente, duerme demasiado, tiene la mirada vidriosa, ya no se sobresalta con los ruidos, sus funciones cerebrales han disminuido. A pesar de todo ha embellecido, las manos y tobillos más finos, el cuello más largo, las mejillas pálidas donde resaltan dramáticas sus largas pestañas negras, su rostro tiene una expresión angélica, como si por fin hubiera expiado las dudas y encontrado la fuente divina que tanto buscó. ¡Qué distinta es a mí! No reconozco nada mío en ella. Tampoco hay algo de mi madre o de mi abuela, excepto los grandes ojos oscuros un poco melancólicos. ¿Quién es esta hija mía? ¿qué azar de cromosomas navegando de una generación a otra en los espacios más recónditos de la sangre y la esperanza determinaron a esta mujer?

Nicolás y Celia nos acompañan, pasamos juntos buena parte del día en la habitación de Paula, ahora cerrada. En el verano bañábamos a los niños en la terraza en una piscina de plástico donde flotaban zancudos muertos y pedazos de galleta ensopados, mientras la enferma descansaba bajo una sombrilla, pero ahora que pasó el otoño y comienza el invierno, la casa se ha recogido y nos instalamos en su pieza. Celia es una aliada incondicional, generosa y firme, me sirve de secretaria desde hace meses; no tengo ánimo para hacer mi trabajo y sin ella perecería aplastada bajo una montaña de papeles. Lleva siempre a los niños en brazos o colgados de sus caderas, con la blusa desabotonada, lista para amamantar a Andrea. Esta nieta mía siempre está contenta, juega sola y duerme tirada por el suelo chupando la punta de un pañal, tan callada que se nos olvida dónde la hemos puesto y en un descuido podríamos pisarla. Apenas me acostumbre a la tristeza iniciaré mis oficios de abuela, inventaré cuentos para los niños, cocinaré galletas, fabricaré títeres y vistosos disfraces para llenar el baúl del teatro. Me hace falta la Granny, si estuviera viva tendría como ochenta años y sería una anciana estrafalaria con cuatro pelos en el cráneo y medio chiflada, pero con su talento para criar bisnietos intacto.

Este año ha transcurrido con inmensa lentitud, sin embargo no sé dónde se me fueron las horas y los días. Necesito tiempo. Tiempo para despejar confusiones, cicatrizar y renovarme. ¿Cómo seré a los sesenta? La mujer que soy ahora no tiene una célula de la niña que fui, excepto la memoria que persiste y persevera. ¿Cuánto tiempo se requiere para recorrer este oscuro túnel? ¿Cuánto tiempo para volver a ponerme de pie?

Guardo la carta que Paula dejó sellada en la misma caja de lata donde están las reliquias de la Memé. A menudo la he sacado con reverencia, como un objeto sagrado, imaginando que contiene la explicación que ansío, tentada de leerla, pero también paralizada por un temor supersticioso. Me pregunto por qué una mujer joven, sana y enamorada, escribió en plena luna de miel una carta para ser abierta después de su muerte, qué vio en sus pesadillas... ¿Qué misterios guarda la vida de mi hija? Ordenando fotografías antiguas la reencuentro fresca y vital, siempre abrazada a su marido, su hermano o sus amigos, en todas salvo las de su matrimonio está en bluyines, con una blusa sencilla, el pelo atado con un pañuelo y sin adornos; así debo recordarla, sin embargo esa muchacha risueña ha sido reemplazada por una figura melancólica sumida en la soledad y el silencio. Abramos la carta, me urgió Celia por milésima vez. En los últimos días no he podido comunicarme con Paula, ya no me visita, antes me bastaba entrar a su pieza y desde la puerta adivinaba su sed, sus calambres o los altibajos de la presión y la temperatura, pero ya no puedo adelantarme a sus necesidades. Está bien, abramos la carta, acepté finalmente. Busqué la caja, temblando rompí el sobre, extraje dos páginas escritas con su caligrafía precisa y leí en alta voz. Sus palabras claras nos llegaron desde otro tiempo:

No quiero permanecer atrapada en mi cuerpo. Liberada de él podré acompañar de más cerca a los que amo, aunque estén en los cuatro extremos del planeta. Es difícil explicar los amores que dejo, lo profundo de los sentimientos que me unen a Ernesto, a mis padres, a mi hermano, a mis abuelos. Sé que me recordarán y mientras lo hagan estaré con ustedes. Quiero ser cremada y que repartan mis cenizas en la naturaleza, no deseo lápidas con mi nombre en parte alguna, prefiero quedar en el corazón de los míos y volver a la tierra. Tengo una cuenta de ahorros, úsenla para becar niños que necesiten educarse o comer. Repartan lo mío entre quienes deseen un recuerdo, no hay mucho, en verdad. Por favor no estén tristes, sigo con todos ustedes, pero más cerca que antes. En un tiempo más nos reuniremos en espíritu, pero por ahora seguiremos juntos mientras me recuerden. Ernesto... te he amado profundamente y lo sigo haciendo; eres un hombre extraordinario y no dudo que también podrás ser feliz cuando yo me vaya. Mamá, papá, Nico, abuelos: ustedes son lo mejor que pudo tocar-

me como familia. No me olviden y ¡alegren esas caras! Acuérden-
se que los espíritus ayudamos, acompañamos y protegemos mejor
a quienes están contentos. Los amo mucho. Paula.

El invierno ha vuelto, no deja de llover, hace frío y día a día tú decaes. Perdona por haberte hecho esperar tanto, hija... Me he demorado, pero ya no tengo dudas, tu carta es muy reveladora. Cuenta conmigo, te prometo que te ayudaré, sólo dame un poco más de tiempo. Me siento a tu lado en la quietud de tu cuarto en este invierno que será eterno para mí, las dos solas, tal como tantas veces hemos estado en estos meses, y me abro al dolor sin oponerle ya ninguna resistencia. Apoyo la cabeza en tu regazo y siento los latidos irregulares de tu corazón, el calor de tu piel, el ritmo lento del aire en tu pecho, cierro los ojos y por unos instantes imagino que simplemente estás dormida. Pero la tristeza me revienta por dentro con fragor de tempestad y se moja tu camisa con mis lágrimas, mientras un aullido visceral, que nace en el fondo de la tierra y sube por mi cuerpo como una lanza, me llena la boca. Me aseguran que no sufres. ¿Cómo lo saben? Tal vez has terminado por acostumbrarte a la armadura de hierro de la parálisis y no recuerdas cómo era el sabor de un durazno o el placer simple de pasarse los dedos por el pelo, pero tu alma está atrapada y quiere liberarse. Esta obsesión no me da tregua, comprendo que he fallado en el desafío más importante de mi existencia. ¡Basta! Mira el despojo que queda de ti, hija, por Dios... Esto es lo que viste en la premonición de tu luna de miel, por eso escribiste la carta. Paula ya es santa, está en el cielo, el sufrimiento la ha lavado de todos los pecados, me dice Inés, la cuidadora salvadoreña, la que está marcada de cicatrices, la que te mima como a un bebé. ¡Cómo te cuidamos! No estás sola de día ni de noche, cada media hora te movemos para mantener la poca flexibilidad que aún te queda, vigilamos cada gota de agua y cada gramo de tu alimento, recibes las medicinas a las horas exactas, antes de vestirte te bañamos y te damos masajes con bálsamos para fortalecer la piel. Es increíble lo que han conseguido, en ningún hospital estaría tan bien, dice la doctora Forrester. Durará siete años, predice el doctor Shima. ¿Para qué tanto afán? Eres como la bella durmiente del cuento en su urna de cristal, sólo que a ti no te salvará el beso de un príncipe, nadie puede despertarte de este sueño definitivo. Tu única salida es la muerte, hija, ahora me atrevo a pensarlo, a decírtelo y a escribirlo en mi cuaderno amarillo. Llamo a mi fornido abuelo y a mi abuela clarividente para que te ayuden a cruzar el umbral y nacer al otro lado, llamo sobre todo a la Granny, tu abuela de ojos transparentes, la que murió de pena cuando tuvo que separarse de ti, la llamo para que venga con sus tijeras de oro a cortar el hilo firme que te mantiene unida al cuerpo. Su retrato —todavía joven, con una sonrisa apenas insinuada y mirada líquida— está cerca de tu cama, como están los de los otros espíritus tutelares. Ven Granny, ven a buscar a tu nieta, le suplico, pero temo que no vendrá ella ni ningún otro fantasma a aliviarme de este cáliz de congoja. Estaré sola junto a ti para llevarte de la mano hasta el umbral mismo de la muerte y si es posible lo cruzaré contigo.

¿Puedo vivir por ti? ¿Llevarte en mi cuerpo para que existas los cincuenta o sesenta años que te robaron? No es recordarte lo que pretendo, sino vivir tu vida, ser tú, que ames, sientas y palpites en mí, que cada gesto mío sea un gesto tuyo, que mi voz sea tu voz. Borrarme, desaparecer para que tomes posesión de mí, hija, que tu incansable y alegre bondad sustituya por completo mis añejos temores, mis pobres ambiciones, mi agotada vanidad. Gritar hasta el último aliento, desgarrarme la ropa, arrancarme el pelo a puñados, cubrirme de ceniza, así quiero sufrir este duelo, pero llevo medio siglo practicando reglas de buen comportamiento, soy experta en negar la indignación y aguantar el dolor, no tengo voz para gritar. Tal vez los médicos se equivocan y las máquinas mienten, tal vez no estás del todo inconsciente y te das cuenta de mi ánimo, no debo agobiarte con mi llanto. Me estoy ahogando de pena contenida, salgo a la terraza y el aire no me alcanza para tantos sollozos y la lluvia no me alcanza para tantas lágrimas. Entonces tomo el automóvil y me alejo del pueblo rumbo a los cerros, y casi a ciegas llego al bosque de mis paseos, donde tantas veces me he refugiado para pensar a solas. Me interno a pie por los senderos que el invierno ha vuelto inservibles, corro tropezando con ramas y pedruscos, abriéndome paso en la humedad verde de este amplio espacio vegetal, similar a los bosques de mi infancia, aquellos que atravesé en una mula siguiendo los pasos de mi abuelo. Voy con los pies embarrados y la ropa empapada y el alma sangrando, y cuando oscurece y ya no puedo más de tanto andar y tropezar y resbalar y volver a levantarme y seguir trastabillando, caigo finalmente de rodillas, me tironeo la blusa, saltan los botones y con los brazos en cruz y el pecho desnudo grito tu nombre, hija. La lluvia es un manto de oscuro cristal y las nubes sombrías asoman entre las copas de los negros árboles y el viento me muerde los senos, se mete en mis huesos y me limpia por dentro con sus helados estropajos. Hundo las manos en el fango, cojo tierra a puñados y me la llevo a la cara, a la boca, masco grumos salados de lodo, aspiro a bocanadas el olor ácido del humus y el aroma medicinal de los eucaliptus. Tierra, acoge a mi hija, recíbela, envuélvela, diosa madre tierra, ayúdanos, le pido, y sigo gimiendo en la noche que se me viene encima, llamándote, llamándote. Por allá lejos pasa una bandada de patos salvajes y se llevan tu nombre hacia el sur. Paula, Paula...

EPÍLOGO
Navidad de 1992

En la madrugada del domingo 6 de diciembre, en una noche prodigiosa en que se descorrieron los velos que ocultan la realidad, murió Paula. Eran las cuatro de la madrugada. Su vida se detuvo sin lucha, ansiedad ni dolor, en su tránsito sólo hubo paz y el amor absoluto de quienes la acompañábamos. Murió sobre mi regazo, rodeada por su familia, por los pensamientos de los ausentes y los espíritus de sus antepasados que acudieron en su ayuda. Murió con la misma gracia perfecta que hubo en todos los gestos de su existencia.

Desde hacía un tiempo yo presentía el final; lo supe con la misma certeza inapelable con que desperté un día de 1963 segura que desde hacía tan sólo algunas horas había una hija gestándose en mi vientre. La muerte vino con paso leve. Los sentidos de Paula fueron clausurándose uno a uno en las semanas anteriores, creo que ya no oía, estaba casi siempre con los ojos cerrados, no reaccionaba cuando la tocábamos o la movíamos. Se alejaba inexorablemente. Escribí una carta a mi hermano describiendo esos síntomas imperceptibles para los demás, pero evidentes para mí, anticipándome con una rara mezcla de angustia y alivio. Juan me contestó con una sola frase: estoy rezando por ella y por ti. Separarme de Paula era un tormento insufrible, pero peor me resultaba verla agonizar despacio durante los siete años pronosticados por los palitos del I Ching. Aquel sábado llegó Inés temprano y preparamos los baldes de agua para bañarla y lavarle el cabello, su ropa del día y sábanas limpias, como hacíamos cada mañana. Cuando nos disponíamos a desnudarla notamos que estaba sumida en un sopor anormal, como un desmayo, lacia, con una expresión de infante, como si hubiera regresado a la edad inocente en que cortaba flores en el jardín de la Granny. Entonces adiviné que estaba lista para su última aventura y en un instante bendito la confusión y el terror de este año de quebrantos desaparecieron, dando paso a una diáfana tranquilidad. Váyase, Inés, quiero estar sola con ella, le pedí. La mujer se arrojó sobre Paula besándola, llévate mis pecados contigo y trata de que allá arriba me los perdonen, suplicaba, y no quiso irse hasta que le aseguré que ella la había escuchado y estaba dispuesta a servirle de correo. Fui a avisar a mi madre, quien se vistió de prisa y bajó a la habitación de Paula. Quedamos las tres solas, acompañadas por la gata instalada en un rincón con sus inescrutables pupilas de ámbar fijas en la cama, esperando. Willie hacía las compras del mercado y Celia y Nicolás no vienen los sábados, ese día asean su apartamento, así es que calculé que disponíamos de muchas horas para despedirnos sin interrupciones. Sin embargo mi nuera despertó esa mañana con un presentimiento y sin decir palabra dejó a su marido a cargo de las tareas domésticas, tomó a los dos niños y vino a vernos. Encontró a mi madre a un lado de la cama y a mí al otro, acariciando a Paula en silencio. Dice que apenas entró al cuarto percibió la inmovilidad del aire y la luz delicada que nos envolvía y comprendió que había llegado el momento tan temido y al mismo tiempo deseado. Se sentó junto a nosotras, mientras Alejandro jugaba con sus carritos en la silla de ruedas y Andrea dormitaba sobre la alfombra aferrada a su pañal. Un par de horas más tarde llegaron Willie y Nicolás y tampoco ellos necesitaron explicaciones. Encendieron fuego en la chimenea y pusieron la música preferida de Paula, conciertos de Mozart, Vivaldi, nocturnos de Chopin. Debemos llamar a Ernesto, decidieron, pero su teléfono en Nueva York no contestaba y calculamos que todavía venía volando desde la China y sería imposible ubicarlo. Las últimas rosas de Willie empezaron a deshojarse sobre la mesa de noche entre frascos de medicinas y jeringas. Nicolás salió a comprar flores y regresó poco después con brazadas de ramos silvestres como los que Paula escogió para su boda; el aroma de tuberosa y lirios se repartió suavemente por toda la casa mientras las horas, cada vez más lentas, se enredaban en los relojes.

A media tarde se presentó la doctora Forrester y confirmó que algo había cambiado en el estado de la enferma. No detectó fiebre ni signos de dolor, los pulmones estaban despejados, tampoco se trataba de otro ataque de porfiria, pero la complicada maquinaria de su organismo funcionaba apenas. Parece un derrame cerebral, dijo, y sugirió llamar una enfermera y conseguir oxígeno, en vista que habíamos acordado desde un principio que no la llevaríamos más a un hospital, pero me negué. No fue necesario discutirlo, todos en la familia estábamos de acuerdo en no prolongar su agonía, sólo aliviarla. La doctora se instaló discretamente cerca de la chimenea a esperar, atrapada también en la magia de esa noche única. Qué simple es la vida, al final de cuentas... En este año de suplicios renuncié poco a poco a todo, primero me despedí de la inteligencia de Paula, después de su vitalidad y su compañía, finalmente debía separarme de su cuerpo. Todo lo había perdido y mi hija se iba, pero en verdad me quedaba lo esencial: el amor. En última instancia lo único que tengo es el amor que le doy.

Por los grandes ventanales vi el cielo oscurecerse. A esa hora la vista desde el cerro donde vivimos es extraordinaria, el agua de la bahía se torna de un color acero fosforescente y el paisaje adquiere relieve de sombras y luces. Al caer la noche los niños agotados se durmieron en el suelo tapados con una manta y Willie se afanó en la cocina preparando algo de cenar, recién entonces caímos en cuenta que no habíamos comido en todo el día. Volvió poco después con una bandeja y la botella de champaña que teníamos reservada desde hacía un año para el momento en que Paula despertara en este mundo. No pude probar bocado, pero brindé por mi hija, para que despertara contenta a otra vida. Encendimos velas y Celia tomó la guitarra y cantó las canciones de Paula, tiene una voz profunda y cálida que parece surgir de la tierra misma y que siempre conmovía a su cuñada. Canta para mí sola, le pedía a veces, cántame bajito. Una lucidez gloriosa me permitió vivir esas horas a plenitud, con la intuición despejada y los cinco sentidos y otros cuya existencia desconocía alertas. Las llamas cálidas de las velas alumbraban a mi niña, su piel de seda,

363

sus huesos de cristal, las sombras de sus pestañas, durmiéndose para siempre. Abrumadas por la intensidad del cariño hacia ella y la dulce camaradería de las mujeres en los ritos fundamentales de la existencia, mi madre, Celia y yo improvisamos las últimas ceremonias, lavamos su cuerpo con una esponja, la frotamos con agua de colonia, la vestimos con ropa abrigada para que no tuviera frío, le pusimos sus zapatillas de piel de conejo y la peinamos. Celia colocó entre sus manos las fotografías de Alejandro y Andrea: cuida a tus sobrinos, le pidió. Escribí los nombres de todos nosotros en un papel, traje los azahares de novia de mi abuela y una cucharita de plata de la Granny y también se los puse sobre el pecho, para que los llevara de recuerdo, junto al espejo de plata de mi abuela, porque pensé que si me había protegido durante cincuenta años, seguro podía ampararla a ella en ese último trayecto. Paula se había vuelto de ópalo, blanca, transparente... ¡tan fría! La frialdad de la muerte proviene de las entrañas, como una hoguera de nieve ardiendo por dentro; al besarla el hielo quedaba en mis labios, como una quemadura. Reunidos en torno a la cama repasamos antiguas fotografías e hicimos memoria del pasado más alegre, desde el primer sueño en que Paula se me reveló mucho antes de nacer, hasta su cómico arrebato de celos cuando Celia y Nicolás se casaron; celebramos los dones que nos dio durante su vida y cada uno de nosotros se despidió de ella y rezó a su manera. A medida que transcurrían las horas algo solemne y sagrado llenó el ámbito, tal como ocurrió al nacer Andrea en esa misma habitación; ambos momentos se parecen mucho, el nacimiento y la muerte están hechos del mismo material. El aire se volvió más y más quieto, nos movíamos con lentitud para no alterar el reposo de nuestros corazones, nos sentíamos colmados por el espíritu de Paula, como si fuéramos uno solo, no había separación entre nosotros, la vida y la muerte se unieron. Por algunas horas experimentamos la realidad sin tiempo ni espacio del alma.

Me introduje en la cama junto a mi hija sosteniéndola contra mi pecho, como hacía cuando ella era pequeña. Celia quitó a la gata y acomodó a los dos niños dormidos para que con sus cuerpos calentaran los pies de su tía. Nicolás tomó a su hermana de la mano, Willie y mi madre se sentaron a los lados rodeados de seres etéreos, de murmullos y tenues fragancias del pasado, de duendes y apariciones, de amigos y parientes, vivos y muertos. Toda la noche aguardamos despacio, recordando los momentos duros, pero sobre todo los felices, contando historias, llorando un poco y sonriendo mucho, honrando la luz de Paula que nos alumbraba, mientras ella se hundía más y más en el sopor final, su pecho alzándose apenas en aleteos cada vez más lentos. Su misión en este mundo fue unir a quienes pasaron por su vida y esa noche todos nos sentimos acogidos bajo sus alas siderales, inmersos en ese silencio puro donde tal vez reinan los ángeles. Las voces se convirtieron en murmullos, el contorno de los objetos y los rostros de la familia comenzaron a esfumarse, las siluetas se mezclaban y confundían, de pronto me di cuenta que éramos más, la Granny estaba allí con su vestido de percala, su delantal manchado de mermelada, su olor fresco de ciruelas y sus grandes ojos de añil claro; el Tata con su boina vasca y su tosco bastón se había instalado en una silla cerca de la cama; a su lado distinguí una mujer pequeña y delgada de rasgos gitanos, que me sonreía cuando se cruzaban nuestras miradas, la Memé, supongo, pero no me atreví a hablarle para que no se desvaneciera como un tímido espejismo. Por los rincones de la pieza creí ver a la Abuela Hilda con su tejido en las manos, a mi hermano Juan orando junto a las monjas y los niños del colegio de Madrid, a mi suegro todavía joven, a una corte de ancianos benevolentes de la residencia geriátrica que Paula visitaba en su infancia. Poco después la mano inconfundible del tío Ramón se posó en mi hombro y oí nítidamente la voz de Michael y vi a mi derecha a Ildemaro mirando a Paula con la ternura que reserva para ella. Sentí la presencia de Ernesto materializándose a través del vidrio del ventanal, descalzo, vestido con su ropa de aikido, una sólida figura blanca que entró levitando y se inclinó sobre la cama para besar a su mujer en los labios. Hasta pronto, mi chica bella, espérame al otro lado, dijo, y se quitó la cruz que siempre lleva colgada y se la puso a ella en el cuello. Entonces le entregué el anillo de matrimonio, que yo había llevado durante un año exactamente, y él lo deslizó en su dedo como el día en que se casaron. Volví a encontrarme en la torre en forma de silo poblada de palomas de aquel sueño premonitorio en España, pero mi hija ya no tenía doce años, sino veintiocho bien cumplidos, no vestía su abrigo a cuadros sino una túnica blanca, no llevaba el pelo atado en media cola sino suelto a la espalda. Comenzó a elevarse y yo subí también colgada de la tela de su vestido. Escuché de nuevo la voz de la Memé: *No puedes ir con ella, ha bebido la poción de la muerte...*. Pero me impulsé con mis últimas fuerzas y logré aferrarme de su mano, dispuesta a no soltarla, y al llegar arriba vi abrirse el techo y salimos juntas. Afuera amanecía, el cielo estaba pintado con brochazos de oro y el paisaje extendido a nuestros pies refulgía recién lavado por la lluvia. Volamos sobre valles y cerros y descendimos por fin en el bosque de las antiguas secoyas, donde la brisa soplaba entre las ramas y un pájaro atrevido desafiaba al invierno con su canto solitario. Paula me señaló el arroyo, vi rosas frescas tiradas en la orilla y un polvo blanco de huesos calcinados en el fondo y oí la música de millares de voces susurrando entre los árboles. Sentí que me sumergía en esa agua fresca y supe que el viaje a través del dolor terminaba en un vacío absoluto. Al diluirme tuve la revelación de que ese vacío está lleno de todo lo que contiene el universo. Es nada y es todo a la vez. Luz sacramental y oscuridad insondable. Soy el vacío, soy todo lo que existe, estoy en cada hoja del bosque, en cada gota de rocío, en cada partícula de ceniza que el agua arrastra, soy Paula y también soy yo misma, soy nada y todo lo demás en esta vida y en otras vidas, inmortal.

Adiós, Paula, mujer.
Bienvenida, Paula, espíritu.

ESTE LIBRO HA SIDO IMPRESO
EN LOS TALLERES DE
PRINTER INDUSTRIA GRÁFICA, S. A.
CARRETERA N-II, KM. 600. CUATRO CAMINOS, S/N
SANT VICENÇ DELS HORTS (BARCELONA)